Mulheres, Direitos Humanos e Empresas

CB126158

Mulheres, Direitos Humanos e Empresas

2023

Ana Cláudia Ruy Cardia Atchabahian
Danielle Anne Pamplona
Melina Girardi Fachin
Coordenadoras

ALMEDINA

MULHERES, DIREITOS HUMANOS E EMPRESAS
© Almedina, 2023
COORDENADORES: Ana Claudia Ruy Cardia Atchabahian, Danielle Anne Pamplona e Melina Girardi Fachin

DIRETOR ALMEDINA BRASIL: Rodrigo Mentz
EDITORA JURÍDICA: Manuella Santos de Castro
EDITOR DE DESENVOLVIMENTO: Aurélio Cesar Nogueira
ASSISTENTES EDITORIAIS: Larissa Nogueira e Rafael Fulanetti
ESTAGIÁRIA DE PRODUÇÃO: Laura Roberti

DIAGRAMAÇÃO: Almedina
DESIGN DE CAPA: FBA

ISBN: 9786556277431
Janeiro, 2023

Dados Internacionais de Catalogação na Publicação (CIP)
(Câmara Brasileira do Livro, SP, Brasil)

Mulheres, direitos humanos e empresas /
Ana Claudia Ruy Cardia Atchabahian, Danielle Anne
Pamplona, Melina Girardi Fachin, (coordenadoras).
- São Paulo, SP : Almedina, 2023.

Várias autoras.
Bibliografia.
ISBN 978-65-5627-743-1

1. Arbitragem internacional 2. Direitos humanos
3. Direito empresarial 4. Direito do trabalho
5. Mulheres - Direitos 6. Pesquisa I. Atchabahian,
Ana Claudia Ruy Cardia. II. Pamplona, Danielle Anne.
III. Fachin, Melina Girardi.

22-134133 CDU-342.7

Índices para catálogo sistemático:

1. Direitos humanos : Direito 342.7
Eliete Marques da Silva – Bibliotecária - CRB-8/9380

Este livro segue as regras do novo Acordo Ortográfico da Língua Portuguesa (1990).

Todos os direitos reservados. Nenhuma parte deste livro, protegido por copyright, pode ser reproduzida, armazenada ou transmitida de alguma forma ou por algum meio, seja eletrônico ou mecânico, inclusive fotocópia, gravação ou qualquer sistema de armazenagem de informações, sem a permissão expressa e por escrito da editora.

EDITORA: Almedina Brasil
Rua José Maria Lisboa, 860, Conj.131 e 132, Jardim Paulista | 01423-001 São Paulo | Brasil
www.almedina.com.br

SOBRE AS COORDENADORAS

Ana Cláudia Ruy Cardia Atchabahian

Doutora e Mestre em Direito Internacional pela PUC/SP. Professora e Coordenadora Adjunta da Faculdade de Direito da Universidade Presbiteriana Mackenzie (UPM). Advogada. Sócia da Empresa RCA Ensino, Treinamento e Consultoria LTDA., focada na prestação de consultoria em Empresas e Direitos Humanos e ESG para empresas, governos e organizações da sociedade civil nacionais e internacionais. Conselheira da Academia Latino-Americana de Direitos Humanos e Empresas, vinculada à Global Business and Human Rights Scholars Association. Coordenadora do Grupo de Estudos "Mack DH&E: Direitos Humanos e Empresas" e Coordenadora do Grupo de Estudos "Pessoas Invisíveis: Prevenção eCombate ao Tráfico Interno e Internacional de Seres Humanos", ambos da UPM. Autora de obras em Empresas e Direitos Humanos e ESG.

Danielle Anne Pamplona

Professora Titular da Pós-Graduação e da Graduação da Pontifícia Universidade Católica do Paraná. International Visiting Scholar no Bonavero Institute of Human Rights em Oxford, UK (2022) e no Washington College of Law na American University em Washington, DC (2015-2016). Research Scholar no Instituto Max Planck de Direito Público Comparado e Direito Internacional, Heidelberg, Alemanha (Jan/Fev 2019). Doutora em Direito pela Universidade Federal de Santa Catarina (2006), Mestre em Direito pela Pontifícia Universidade Católica de São Paulo (2000) e Graduada em Direito pela Universidade Federal do Paraná (1995). Professora do Programa de Pós-Graduação em Direito da Pontifícia Universidade Católica do Paraná – PUCPR onde também coordena a Clínica de Direitos Humanos. Líder do Grupo de Pesquisa Direitos Humanos e Direito Internacional: convergências e divergências (CNPq). Membro do Conselho Diretor da Global Business and Human Rights Scholars Association e vice-diretora da Academia Latinoamericana de Direitos Humanos e Empresa. Consultora na área de direitos humanos e empresas.

Melina Girardi Fachin

Doutora em Direito Constitucional, com ênfase em direitos humanos, pela Pontifícia Universidade Católica de São Paulo (PUC/SP.) Visiting researcher da Harvard Law School. Mestre em Direitos Humanos pela Pontifícia Universidade Católica de São Paulo (PUC/SP). Bacharel em Direito pela Universidade Federal do Paraná (UFPR). É professora da Faculdade de Direito da Universidade Federal do Paraná (UFPR). Autora de diversas obras e artigos na seara do Direito Constitucional Internacional e Direito Internacional dos Direitos Humanos. Membro do Conselho da OAB/PR; membro do Conselho Permanente de Direitos Humanos do Estado do Paraná; da Comissão de Direitos Humanos do Instituto dos Advogados Brasileiros/IAB e OAB/PR. Advogada sócia do bureau Fachin Advogados Associados.

SOBRE AS AUTORAS

Ana Cristina Aguilar Viana
Doutoranda em Direito Público e Fiscal na Universidade Paris 1 Panthéon-Sorbonne e em Direito do Estado na Universidade Federal do Paraná. Advogada, professora e pesquisadora.

Ana Luíza Melo Aranha
Doutora (2015) e Mestre (2011) em Ciência Política pela Universidade Federal de Minas Gerais ("A Rede Brasileira de Instituições de Accountability" foi eleita a melhor tese do Departamento em 2015). Atualmente trabalha para o Programa das Nações Unidas para o Desenvolvimento (PNUD), coordenando a área temática Anticorrupção da Rede Brasil do Pacto Global. Pesquisadora do Centro de Política e Economia do Setor Público (CEPESP) e Professora na Fundação Getúlio Vargas (FGV-SP). Foi consultora da Transparência Internacional no Brasil para o desenvolvimento do seu Centro de Conhecimento Anticorrupção. Colabora com institutos de pesquisa internacionais como a Transparency International (Alemanha) e International Anti-Corruption Academy (Áustria). Foi bolsista do Programa Cátedras Brasil da Escola Nacional de Administração Pública (2017-2018). Foi pesquisadora visitante do Centre for the Study of Democratic Institutions, da University of British Columbia (Canadá). Ganhadora do Prêmio nacional Construindo a Igualdade de Gênero da ONU Mulheres e Presidência da República (2010) e selecionada como Jovem Pesquisadora para apresentar no Global Anti-Corruption and Integrity Forum da Organização para Cooperação e Desenvolvimento Econômico (OCDE) em Paris (2018). Bacharel e Licenciada em Ciências Sociais pela UFMG (2008) e certificada em Gestão de Projetos pela University of British Columbia

(2016). Tem experiência na área de Ciência Política, Corrupção, Accountability, Administração Pública, Monitoramento & Avaliação, Instituições Políticas, Democracia, Descentralização, Governo Local, Gênero, Educação e Direitos Humanos. Foi voluntária da Cruz Vermelha Canadense.

Angelina Colaci Tavares Moreira
Mestre em Direito pela Pontifícia Universidade Católica do Paraná. Integrante da Clínica de Direitos Humanos da PUCPR, sendo integrante do grupo de pesquisa de *Business and Human Rights* vinculado ao PPGD/PUCPR. Integrante da associação *Global Business and Human Rights Scholars Association*. Bolsista CAPES.

Bárbara Pincowsca Cardoso Campos
Mestre em Direito pela Universidade de Brasília – UnB (2014). Bacharel em Direito pelo Centro Universitário de Brasília (2005). Bacharel em Relações Internacionais pela UnB (2005). Doutoranda em Ciências Jurídicas pela Pontificia Universidad Javeriana na Colômbia. Professora na Universidade Católica de Pereira na Colômbia. Atua principalmente nos seguintes temas: Direito Internacional Público, Proteção Internacional dos Direitos Humanos, Migrações Internacionais e Políticas Públicas Sociais.

Flávia Silva Scabin
Professora, pesquisadora e consultora com experiência nas áreas de Empresas e Direitos Humanos e Meio Ambiente, envolvendo os seguintes temas: projetos de infraestrutura e mineração; cadeias globais, negócios com comunidades tradicionais e indígenas, diversidade. Nessas áreas, atua a partir da realização de diagnósticos e avaliações de impacto, construção de cenários e de soluções aplicadas para governo e empresas, em projetos nacionais e internacionais. É advogada, mestre em ciência política pela USP e doutorando em administração pública na FGV. Na FGV, além de professora da Escola de Direito de São Paulo, é também diretora do Centro de pesquisa aplicada em Direitos Humanos e Empresas da Fundação Getulio Vargas (FGV – CeDHE).

Gabriela Almeida
Mestranda em Direitos Humanos e Diversidade (University of Essex – UK), é graduada em Relações Internacionais (Facamp), pós-graduada em Estratégia de Negócios (PUC-SP) e possui curso de Extensão em Direitos Huma-

nos (FESPSP). Atualmente trabalha com consultorias no Reino Unido na área de Direitos Humanos e Empresas, Devida Diligência e escravidão moderna. Possui mais de 8 anos de experiência com sustentabilidade e direitos humanos. Atuou como gerente de Direitos Humanos na Rede Brasil do Pacto Global, responsável por gerir diversos projetos e parcerias, com agências do sistema ONU, empresas, governos e organizações da sociedade civil.

Gina Vidal Marcílio Pompeu
Estágio Pós-doutoral pela Faculdade de Direito da Universidade de Lisboa. Doutora em Direito Constitucional pela Universidade Federal de Pernambuco, Mestre em Direito e Desenvolvimento pela Universidade Federal do Ceará; professora do Programa de Pós-graduação em Direito, Mestrado e Doutorado da Universidade de Fortaleza. Advogada e Consultora Jurídica da Assembleia Legislativa do Estado do Ceará.

Giulia Fontana Bolzani
Mestre em Direito pela Universidade Federal do Paraná (2012-2017). Membro do Núcleo de Estudos em Sistemas de Direitos Humanos da UFPR (NESIDH-UFPR). Pós-graduanda em Direito Tributário. Advogada no escritório Fachin Advogados Associados.

Inês Virgínia Prado Soares
Desembargadora no Tribunal Regional Federal da 3ª Região. Mestre e Doutora em Direito pela Pontifícia Universidade Católica de São Paulo; realizou Pesquisa no Núcleo de Estudos da Violência da USP (NEV/USP). É pesquisadora e co-líder do Grupo de Pesquisa Arqueologia da Repressão e da Resistência da Universidade Federal de Pelotas (UFPel).

Isabel Penido de Campos Machado
Doutoranda em Direito Internacional pela Universidade de São Paulo. Mestre em Direitos Humanos pela Nottingham University (Inglaterra) – (2008) com bolsa do Programa Alban (Comissão Européia). Bacharela em Direito pela UFMG. Defensora Pública Federal em São Paulo (Brasil – área criminal). Exerceu o mandato de Defensora Pública Interamericana entre agosto de 2016 a agosto de 2019. Area de interesse: Direito Internacional dos Direitos Humanos, Sistema Interamericano e Direito Penal.

Jânia Saldanha
Professora do Programa de Pós-Graduação em Direito da Universidade do Vale do Rio dos Sinos – UNISINOS. Doutora em Direito Público pela Universidade do Vale do Rio dos Sinos – UNISINOS. Co-Coordenadora do CDHE – Centro de Direitos Humanos e Empresas da UNISINOS. Coordenadora do CULTIS – Centro de Culturas Jurídicas Comparadas, Internacionalização do Direito e Sistemas de Justiça.

Júlia Lambert Gomes Ferraz
Doutoranda em Filosofia do Direito pela Universidade de São Paulo. Mestre em Direito pela Universidade de São Paulo. Bacharel em Direito pela Universidade de São Paulo. Advogada e pesquisadora do Centro de Direitos Humanos e Empresas da Fundação Getulio Vargas.

Julia Stefanello Pires
Doutoranda em Direito Socioambiental pela Pontifícia Universidade Católica do Paraná (PUC/PR), com financiamento da CAPES/PROEX. Mestra em Fronteiras e Direitos Humanos pela Universidade Federal da Grande Dourados (UFGD). Graduada em Direito pela Universidade Federal da Grande Dourados (UFGD), tendo cursado um semestre na Universidad de Léon (ULE), na Espanha pelo programa de Mobilidade Acadêmica (AMICUS). Professora Universitária. Analista de Projetos em Empresas e Direitos Humanos na Proactiva. Colaboradora da Cátedra Sérgio Vieira de Mello (CSVM) vinculada a Faculdade de Direito e Relações Internacionais da UFGD. Membro da *Business and Human Rights Scholars Association*. Membro da LACLIMA – Rede de Advogados pelo Clima.

Juliana Bertholdi
Doutoranda e Mestre em Direito na Pontifícia Universidade Católica do Paraná, na linha de pesquisa de Direitos Humanos, Democracia e Justiça (bolsista CAPES-PROEX). Especialista em Direito Eleitoral pelo Instituto para o Desenvolvimento Democrático (2018). Especialista em Direito Público pelo UniBrasil – Centro Universitário Autônomo do Brasil (2015). Graduada em Direito pela Unicuritiba – Centro Universitário Curitiba (2014). Professora na Uniopet na área de Direito Público (2019-presente). Professora convidada da Pós-graduação da Uninter Educacional S/A na área de Direito Público (2018-presente). Membro do Grupo de Pesquisa

Direitos Humanos e Direito Internacional: convergências e divergências (CNPq). Associada do Instituto Brasileiro de Ciências Criminais (IBCCRIM). Membro dos Grupos de Pesquisa em Estudos Avançados em Direito Eleitoral e Direito Penal Internacional (IBCCRIM). Membro da Global Business and Human Rights Scholars Association.

Lívia Gaigher B. Campello
Possui pós-doutorado em Direito do Estado pela Universidade de São Paulo (USP), doutorado em Direito das Relações Econômicas e Internacionais pela Pontifícia Universidade Católica de São Paulo (PUC/SP) e mestrado em Políticas Públicas e Processo pelo Centro Universitário Fluminense (UNIFLU). Autora de várias obras e artigos científicos. É professora da graduação e mestrado na Faculdade de Direito (FADIR/UFMS). Coordenadora local do Programa de Doutorado Interinstitucional (DINTER – USP/UFMS). Líder do Grupo de Pesquisa "Direitos Humanos, Meio Ambiente e Desenvolvimento Sustentável Global" (UFMS/CNPq) desde 2016. Coordenadora da Liga Acadêmica de Direito Ecológico (FADIR/UFMS). Coordenadora do Projeto de Pesquisa "Cooperação Internacional e Meio Ambiente" (Fundect/MS).

Lucia Elena Arantes Ferreira Bastos
Advogada. Pós-Doutora pelo Núcleo de Estudos da Violência da USP (NEV/USP). Doutora em Direito Internacional pela Faculdade de Direito da USP. Mestra pelo Programa de Pós-graduação em Integração da América pela Universidade de São Paulo.

Marcella Oldenburg Almeida Britto
Mestre em Direitos Humanos, Justiça e Democracia pela Pontifícia Universidade Católica do Paraná – PUCPR. Pós-graduada em Direito Processual Civil pelo Instituto de Direito Romeu Felipe Bacellar. Graduada em Direito pela Unicuritiba – Centro Universitário Curitiba. Membro do Grupo de Pesquisa em Direitos Humanos do Ministério Público do Estado do Paraná. Integrante do Grupo de Pesquisa de Direitos Humanos e Direito Internacional: convergências e divergências (CNPq). Membro da Global Business and Human Rights Scholars Association. Atualmente desenvolve pesquisas nas áreas de Direitos Humanos, especialmente Direitos Humanos e Empresas, e Direito Internacional. Assessora Jurídica do Ministério Público do Estado do Paraná.

Mariana Lucena
Mestra em Direito pela Universidade Federal do Pará (UFPA). Graduada em Direito pela Universidade Federal do Maranhão (UFMA).

Mônia Clarissa Hennig Leal
Professora do Programa de Pós-Graduação em Direito – Mestrado e Doutorado da Universidade de Santa Cruz do Sul – UNISC (Santa Cruz do Sul, RS, Brasil), onde ministra as disciplinas de Jurisdição Constitucional e de Políticas Públicas, respectivamente. Doutorado em Direito pela Universidade do Vale do Rio dos Sinos – Unisinos (São Leopoldo, RS, Brasil), com pesquisas realizadas junto à Ruprecht-Karls Universität Heidelberg, na Alemanha. Pós-Doutorado na Ruprecht-Karls Universität Heidelberg (Alemanha). Coordenadora do Grupo de Pesquisa "Jurisdição Constitucional aberta", vinculado ao CNPq. Bolsista de produtividade em pesquisa do CNPq.

Muriele De Conto Boscatto
Discente do Programa de Pós-Graduação em Direito da Universidade do Vale do Rio dos Sinos – UNISINOS – Nível doutoramento. Mestre em Direito, Democracia e Sustentabilidade pela Faculdade Meridional Imed de Passo Fundo (Brasil).

Nathália de Oliveira Martins
Bacharela em Direito pela Pontifícia Universidade Católica do Paraná.

Nathália Soares de Mattos
Mestre em Direito pela Pontifícia Universidade Católica do Paraná. Integrante do grupo de pesquisa de *Business and Human Rights* vinculado ao PPGD/PUCPR. Especialista em Direito Aplicado pela Escola da Magistratura do Paraná – Núcleo de Curitiba/PR. Membro da Global *Business and Human Rights Scholars Association* (BR2R). Ex-Bolsista CAPES/PROEX.

Olívia Landi Corrales Guaranha
Mestranda em Administração Pública e Governo pela Escola de Administração de Empresas de São Paulo (EAESP) da Fundação Getúlio Vargas (FGV). Pesquisadora do Centro de Estudos em Direitos Humanos e Empresas (CeDHE), do Núcleo de Estudos da Burocracia (NEB) e do

Grupo de Estudos em Gênero e Políticas Públicas "Luiza Bairros", todos da FGV-SP. Bacharel em Direito pela Universidade de São Paulo (USP), cursou semestre acadêmico na Universidade de Glasgow, Escócia (2016). Foi pesquisadora no Núcleo de Estudos sobre o Crime e a Pena da Escola de Direito de São Paulo da Fundação Getúlio Vargas (2017). Foi bolsista do CNPq no Programa de Iniciação Científica da FGV-SP (2016). Foi bolsista do Núcleo de Direito à Cidade da USP (2014-2015). Advogada.

Patricia Almeida de Moraes
Doutoranda e Mestre em Direito pela Pontifícia Universidade Católica do Paraná, na linha de pesquisa Justiça, Democracia e Direitos Humanos. Bolsista CAPES. Membro do Global Business and Human Rights Scholars Association. Integrante da Clínica de Direitos Humanos do Programa de Pós-Graduação da PUCPR. Advogada associada na Pedroso de Moraes Advocacia.

Rafaela de Deus Lima
Mestre em Direito pela Universidade Federal de Mato Grosso do Sul (PPGD-UFMS) (2019-2021) com bolsa pela Coordenação de Aperfeiçoamento de Pessoal de Nível Superior (CAPES) (2020-2021). Graduada em Direito pela Universidade Federal de Mato Grosso do Sul (FADIR-UFMS). Assistente Editorial da Revista Direito UFMS. Integrante do grupo de pesquisa "Direitos Humanos, Meio Ambiente e Desenvolvimento Sustentável Global" – CNPq/UFMS desde 2016. Membro do projeto de pesquisa Saúde Planetária: uma abordagem a partir da efetividade dos direitos humanos ambientais na época do Antropoceno (UFMS). Estágio internacional junto aos Centres Internationaux Francophones de Lions Club de France em Toulouse/França (2017). Membro do Amicale des Centres Internationaux Francophones des Lions Clubs de France (AMICIF).

Sabrina Santos Lima
Doutoranda no Programa de Pós-Graduação *Stricto Sensu* em Direitos Sociais e Políticas Públicas da Universidade de Santa Cruz do Sul – UNISC, na linha de pesquisa Dimensões Instrumentais das Políticas Públicas. Bolsista PROSUC/CAPES. Mestre em Direito pela Universidade de Santa Cruz do Sul – UNISC, na linha de pesquisa Constitucionalismo Contemporâneo, com bolsa PROSUC/CAPES. Professora de Direito na Faculdade Dom

Alberto. Servidora Pública do Município de Santa Cruz do Sul/RS. Membro do Grupo de Pesquisa "Jurisdição Constitucional aberta: uma proposta de discussão da legitimidade e dos limites da jurisdição constitucional – instrumentos teóricos e práticos" (CNPq).

Sandra Mara Flügel Assad
Mestranda na Escola de Direito da PUCPR com período de intercâmbio para pesquisa junto à Université Paris 1 Panthéon-Sorbonne (segundo semestre do ano universitário 2021/2022). Membro dos Grupos de Pesquisa Direitos Humanos e Empresas, do PPGD da PUCPR, e Alteridade e Constituição, do PPGDH da PUCPR. Graduada em Direito pela Universidade Federal do Paraná (UFPR/1991), tendo recebido o Prêmio Faculdade de Direito como reconhecimento pelo melhor rendimento em todo o curso. Pós-graduada em Direito Processual pela Pontifícia Universidade Católica do Paraná (PUCPR/1994) e Especialista em Direito do Trabalho pela UniBrasil (2004). Aprovada em concursos públicos, exerceu a função de Procuradora do Estado do Paraná de agosto de 1992 a fevereiro de 1995 e em março de 1995 foi empossada como Juíza do Trabalho perante o Tribunal Regional do Trabalho da 9a. Região (TRT9). Atuou como Juíza Auxiliar da Presidência do TRT9 no biênio 2014/2015 e como Conselheira da Escola Judicial do mesmo tribunal no biênio 2019/2021.

Valena Jacob Chaves Mesquita
É professora Adjunto 4 da graduação em Direito, do Programa de Pós-Graduação em Direito da Universidade Federal do Pará (PPGD) e do Programa de Pós-Graduação em Direito e Desenvolvimento na Amazônia (PPGDDA). Diretora Geral do Instituto de Ciências Jurídicas da UFPA (04/05/2020). Coordenadora da Especialização em Direito do Trabalho e Direitos Humanos (03/2022 – 11/2023). Coordenadora Geral do Curso de Aperfeiçoamento à distância intitulado: "Métodos consensuais de gestão de conflitos e concretização dos direitos sócio ambientais" (02/2022 – 01/2023). Membro da Escola de Advocacia Trabalhista da ABRAT (2018/2020). Diretora da Revista Científica da ABRAT (2016/2018). Diretora da Associação Luso-Brasileira de Juristas Trabalhistas – JUTRA (2016-2018; 2018-2022). Possui graduação em Direito pela Universidade Federal do Pará (2000), mestrado (2005) e doutorado (2014) em direito pelo Programa de Pós-Graduação em Direito da UFPA.

Vivian Lima Lopez Valle

Doutora e Mestre em Direito do Estado pela Universidade Federal do Paraná – UFPR. Realiza estágio Pós-doutoral na Universitat Rovira i Virgili na Espanha. Possui especialização em Direito Administrativo pelo IBEJ e em Contratação Pública pelo Centro de Estudos de Direito Público e Regulação da Faculdade de Direito da Universidade de Coimbra, Portugal. Graduada em Direito pela Pontifícia Universidade Católica do Paraná – PUCPR. É advogada e tem experiência na área de Direito Público, com ênfase em Direito Constitucional, Administrativo e Previdenciário. Leciona no curso de graduação em Direito da PUCPR, ministrando principalmente as disciplinas de Direito Administrativo e Constitucional. Atua nos cursos de especialização da Pós-Graduação PUCPR, do Instituto de Direito Romeu Bacellar. Líder do Grupo de Estudos em Serviços Públicos e Administração Pública Digital GESPAD vinculado ao NUPED/PUCPR. Membro da direitoria acadêmica do Instituto Paranaense de Direito Administrativo – IPDA –, do Núcleo de Pesquisas em Políticas Públicas e Desenvolvimento Humano – NUPED/PUCPR. Foi Coordenadora Adjunta do curso de Graduação em Direito da PUCPR entre 2016 e 2020. Coordenadora dos Curso de Pós-Graduação em Licitações e Contratos Administrativos. Membro da Comissão de Gestão Pública da OAB Paraná, membro do IDASAN e do Foro Iberoamericano de Direito Administrativo.

NOTA DA COORDENAÇÃO

Esta obra nasce a partir do reconhecimento internacional da formatação de estudos sobre o tema que se convencionou chamar 'Empresas e Direitos Humanos', ou 'Business and Human Rights'. A popularização da expressão inglesa a afirmar o campo do conhecimento é reveladora de uma dinâmica de dominância do campo do saber. A produção acadêmica nesta área concentra-se especialmente no hemisfério norte – com destaque para Estados Unidos, Canadá, Inglaterra, França, Países Baixos e Alemanha, sobretudo após a criação, pela Cambridge University Press, do Business and Human Rights Journal, periódico voltado ao estudo exclusivo da temática.

As publicações de pesquisadores(as) brasileiros(as) em revistas estrangeiras sofrem diferentes e conhecidos constrangimentos que passam também, mas não somente, pela barreira linguística e cultural. A língua dominante na academia internacional é a inglesa. Qualquer idioma traz consigo elementos que indicam o modo de expressão dominante de uma população. Assim, conhecer determinada língua não é suficiente, é preciso sobretudo saber como expressar as ideias. Há uma crença preconceituosa que alimenta estes constrangimentos: trata-se da avaliação de que o bom e o bem-feito é oriundo tão-somente dos países do norte.

Todavia, não é apenas essa dinâmica afeta profundamente os pesquisadores do hemisfério sul. O olhar das interseccionalidades nos revela que o impacto é deveras maior para as pesquisadoras. A invisibilidade das autoras é ainda maior, eis que a barreira de gênero é também muito relevante na academia. As mulheres pesquisadoras produzem mais tardiamente, especialmente por dedicarem os anos iniciais de suas carreiras à construção de uma família; muitas precisam conciliar as atividades domésticas e compromissos familiares com a vida acadêmica; em tempos de pandemia, tornaram-se cristalinas não apenas as profundas desigualdades pré-existentes, mas o quanto os números, já alarmantes, pioraram. Nós, mulheres, temos um abismo de diferença para com os nossos pares do sexo masculino.

Isso tudo acentuado por um espaço-tempo complexo. Na pandemia de COVID-19, momento em que esta obra foi pensada e gestada, esta dinâmica se revelou ainda mais acentuada com as cargas do cuidado recaindo majoritariamente sobre os ombros femininos na dinâmica da divisão sexual do trabalho que atinge às pesquisadoras. No Brasil, a pandemia ainda foi acirrada pelo pandemônio político crescente que, a um só tempo, enfraquece a ciência e a pesquisa e, também, estimula preconceitos de gênero.

Ainda que reconheçamos tais dificuldades, é preciso identificar também que o Brasil é espaço privilegiado de diversas pesquisas e de atuante sociedade civil no tema das relações entre os direitos fundamentais e as atividades econômicas. Por ser detentor de vastos recursos naturais e de legislação que se abre às necessidades de desenvolvimento (aqui tomado não apenas no sentido econômico), é um território que conhece diferentes formas de exploração de riquezas e pessoas, acompanhadas de muitas violações de direitos e desigualdade imensurável.

Assim, apesar de a academia, no Brasil, não estar organizada sob o signo de *Empresas e Direitos Humanos*, ou *Direitos Humanos e Empresas* (como acadêmicas e acadêmicos do sul global têm preferido denominar este ramo), há um grande número de trabalhos publicados e pesquisas sendo realizadas na área. Além disso, temas relacionados estão cada vez mais em voga. Veja-se a discussão sobre Conduta Empresarial Responsável – termo utilizado pela Organização para Cooperação e Desenvolvimento Econômico – OCDE – que aos poucos se torna um mantra em um país desejoso em ser admitido ao seleto clube. Ou então, os Objetivos de Desenvolvimento Sustentável – ODS –, promovidos pela Organização das Nações Unidas, inseridos em discussões governamentais e empresariais como uma metodologia para alcançar um selo social de empresas que praticam o bem. Há ainda o fenômeno do acrônimo ESG ou, em português, ASG, por sua sigla que determina a proteção ao meio ambiente, e às questões sociais e de governança, difundida a partir de exigências que investidores passam a fazer das empresas para que preencham determinados critérios relacionados aos três temas como requisito para que aportem capital às suas atividades.

Todos esses termos, conceitos e significados indicam, por um lado, que há um enorme conjunto de relações, estratégias e desafios que podem ser visitados por diferentes disciplinas, quais sejam, por exemplo, o direito, a sociologia, a administração de empresas. Por outro lado, também indicam que pode não haver uma unicidade acerca dos significados, e que muitos acadêmicos podem estar desenvolvendo pesquisas sobre um ou outro tema, sem efetivamente se dar conta disso.

De fato, os Princípios Orientadores da ONU sobre Empresas e Direitos Humanos foram adotados pelo Conselho de Direitos Humanos em 2011, mas muito antes disso já se falava em Conduta Empresarial Responsável; era 2006 quando os Princípios para Investimentos Responsáveis das Nações Unidas se referiram ao tripé ASG; e, logo após, em 2015, foram adotados os ODS. A história, as similitudes e diferenças entre estes conceitos podem ser brevemente contadas a partir de uma percepção histórica comum: o crescimento do poder das corporações em influenciar positiva ou negativamente a fruição de direitos civis, políticos, econômicos, sociais, culturais e ambientais das pessoas. Assim, passa-se a, em maior ou menor medida, focar nas condutas positivas das empresas e em suas boas práticas; assim como em instrumentos que permitam que os impactos negativos sejam prevenidos e, na impossibilidade disso, sejam remediados. Tudo isso, acompanhado da leitura do papel do Estado de protetor de direitos.

Como se percebe, há diferentes possibilidades de apresentação do tema: desde o papel do Estado; do papel das empresas; dos instrumentos para prevenção de danos; das boas práticas realizadas; dos mecanismos de responsabilização; dos impactos negativos; de quaisquer um dos marcos internacionais citados, bem como de eventuais normas domésticas relacionadas; das relações das atividades econômicas com direitos específicos ou com ameaças reais, como as mudanças climáticas; das respostas dos judiciários nacionais e, finalmente, das respostas dos sistemas internacionais de proteção aos direitos humanos. Todas são pesquisas importantes para avançar o tema e, no Brasil, muito do que se produz sobre estes assuntos não é reconhecido como parte da discussão maior sobre as relações de direitos humanos com as atividades econômicas, ou Empresas e Direitos Humanos e, por que não, Direitos Humanos e Empresas.

São diversos os pontos de vista pelos quais a complexidade da temática pode ser enfocada e que varia também a partir dos articuladores e das articuladoras dessas ideias. Nossa escolha foi manter a complexidade que dá pluralidade e areja a matéria em seus múltiplos enfoques, mas com a escolha bem determinada das sujeitas da produção deste conhecimento: mulheres. As autoras convidadas, em um primeiro momento, podiam não se identificar como pesquisadoras do tema de Direitos Humanos e Empresas. Todavia, aos poucos, o fio condutor de todas as pesquisas expostas no livro foi se evidenciando.

Este volume pretende, portanto, dar visibilidade às mulheres pesquisadoras no tema e que pesquisem quaisquer dos assuntos supramencionados. A identificação da invisibilidade das mulheres na pesquisa acadêmica jurídica se dá em todas as áreas, e não somente no direito, nos direitos humanos e, especificamente, no tema aqui tratado. Uma rápida avaliação dos dados extraídos dos sítios eletrônicos dos Programas de Graduação em Direito aos quais foi atribuído pela CAPES o conceito 6, indica que dos mais de 450 professores(as) contratados nestes programas, somente 30% são mulheres. Há uma clara barreira na contratação das mulheres e seu trabalho é mais árduo, eis que, apesar de poderem estar cumulando outras funções domésticas, elas foram responsáveis por 32% das publicações nacionais e 48% das publicações internacionais dos anos de 2020 e 2021.

O que temos a apresentar à academia brasileira é, portanto, um texto cuja importância está no resultado das pesquisas apresentadas, mas vai além. O texto é relevante por ser a primeira iniciativa no Brasil para reunir pesquisadoras mulheres sobre o tema. A publicação do livro é relevante porque joga luzes sobre o trabalho destas pesquisadoras e ajuda a dar contornos à relevância do papel da mulher na pesquisa. As organizadoras estão certas de que há muitas outras mulheres pesquisadoras tão ou mais brilhantes se debruçando sobre o tema neste mesmo instante.

Honestamente, esperamos que este volume possa servir como catalisador e que, muito em breve, possa ser estabelecida uma rede de pesquisadoras brasileiras sobre o tema. O olhar da mulher, assim, é especialmente importante para esta discussão como *vítimas* preferenciais das grandes violações de direitos humanos perpetradas por empresas e como *agentes* da produção do conhecimento transformador destas realidades. É, em verdade, essencial mesmo quando a questão de gênero não está diretamente em pauta, posto que há sem dúvida uma contribuição diferenciada que a reflexão a partir deste lugar de fala traz.

Os textos tratam de diferentes assuntos, interconectados pelo tema Direitos Humanos e Empresas. Há trabalhos que refletem pesquisas sobre direitos econômicos, sociais, culturais e ambientais, atividades econômicas e as reflexões do Sistema Interamericano de Direitos Humanos; sobre a superficialidade da perspectiva de gênero nas discussões sobre direitos humanos e empresas; a relação com temas muito atuais como mudanças climáticas, regulamentação da arbitragem internacional, extraterritorialidade, medidas anticorrupção e os aplicativos de rastreamento de pessoas em tempos pandêmicos serão também encontrados nas páginas seguintes.

Por fim, podemos apenas desejar que este primeiro volume desperte novas pesquisas e debates e sinalize às inúmeras pesquisadoras brasileiras que se dedicam ao tema que há um alento: estamos unidas no esforço de reconhecimento da relevância de nossos olhares para ampliar o diálogo e encontrar soluções atentas às necessidades de desenvolvimento e sobrevivência digna de todos. Seguimos juntas e adiante como mulheres, pesquisadoras, defensoras de direitos humanos, professoras, mães, chefes de família (enfim, toda multiplicidade que o ser mulher congrega) e, principalmente, transformadoras de nossa realidade social.

Boa leitura!
ANA CLÁUDIA RUY CARDIA ATCHABAHIAN
DANIELLE ANNE PAMPLONA
MELINA GIRARDI FACHIN

SUMÁRIO

1. A RESPONSABILIDADE SOCIOAMBIENTAL DAS EMPRESAS E O COMBATE AO TRABALHO ANÁLOGO AO DE ESCRAVO NO SÉCULO XXI

Gina Vidal Marcílio Pompeu

Introdução

O estudo visa analisar a Responsabilidade Social e Ambiental das Empresas diante do desenvolvimento econômico e das relações de mercado que hodiernamente se operam em esfera mundial destacando-se a oposição ao trabalho análogo ao escravo nessa seara. Constata-se que a partir da década de mil novecentos e oitenta, o mercado transnacional passou a sofrer intensas modificações que priorizam o local de consumo, em detrimento do local de produção. Países periféricos ao privilegiarem a geração de empregos dotaram-se de legislação trabalhista mais flexível e garantiram incentivos fiscais visando atrair a implantação de empresas transnacionais. Para essas empresas, que buscam reduzir seus custos, o local de produção deixou de ser relevante, desde que ocorresse a possibilidade de conciliar mão de obra barata, estabilidade jurídica, e condições de infraestrutura garantidoras de agilidade na exportação. Nesse diapasão, sucederam denúncias de afronta aos direitos trabalhistas de pessoas em situações análogas a escravo, e depredação ambiental. Essa constatação de agressões das empresas transnacionais fomentou a reação do Conselho de Direitos Humanos da ONU que adotou a partir de 2011, um conjunto de "Princípios Orientadores sobre Empresas e Direitos Humanos," com o compromisso de "Proteger, Respeitar e Remediar" os direitos humanos. Noutro viés, muitas empresas, cientes do poder dos consumidores, que exigem preço, qualidade e respeito ao meio ambiente e aos direitos de personalidade do trabalhar, quando do processo produtivo, empreendem ações caracterizadas pelo que se convencionou chamar de responsabilidade social das empresas. Por meio dessas ações, o setor produtivo procura conciliar lucratividade com participação do empresariado no desenvolvimento econômico e social, na formação de capital humano e com respeito ao meio ambiente.

Assim, mais do que simplesmente obedecer à legislação dos países onde ocorre a produção, a ética do consumo passa a incorporar o respeito à dignidade humana, a não agredir a natureza, a se importar com a maneira utilizada para a produção da mercadoria a ser adquirida. Nesse viés o conceito de RSA deixou de ser considerado despesa para se tornar investimento na conexão entre cadeia de valor da empresa e impacto social. Essa perspectiva da RSE alcança três vertentes: 1) força de trabalho que se inicia no recrutamento de funcionários até a responsabilidade solidária no caso de utilização de serviços terceirizados; 2) preservação da imagem diante dos consumidores que acreditam fazer parte de um capital social positivo; 3) impacto econômico que concilia sustentabilidade ambiental unindo planeta, lucro e pessoas.

1. Da responsabilidade social e ambiental das empresas

A Responsabilidade Social e Ambiental das Empresas remonta a década de 1950, quando os Estados Unidos começaram a relacionar os direitos dos consumidores à degradação do meio ambiente. No Brasil, os primeiros registros dessas ideias sobre a RSE se dão a partir dos anos 1990, quando os setores empresariais começaram a ter relevante função para a solução dos problemas sociais, diante das transformações ocorridas no contexto econômico do séc. XX. A Responsabilidade Social das Empresas (RSE) vem ganhando espaço na realidade jurídica, se firmando pela atuação dos *stakeholders*, designando todas as pessoas ou empresas, que, de algum modo, são influenciados pelas ações de uma organização. Na lição de Carlos Nelson dos Reis (2007, p.301), assim pode ser definida a responsabilidade social das empresas:

> A responsabilidade social das empresas no Brasil pode ser definida como um modelo de comportamento ético e responsável na gestão das mesmas, que, em suas decisões e ações, resgatam valores e direitos humanos universais, preservando e respeitando interesses de todas as partes direta ou indi-

retamente envolvidas no negócio, assim como os de toda a sociedade, em uma relação na qual todos obtêm vantagens.

Assim, a RSE vem sendo encarada como uma mudança de postura do empresariado, compromissado a agir de acordo com a vida em sociedade e ser responsável também pelos problemas coletivos, contribuindo para a sustentabilidade do meio social. Deve "resultar de uma preocupação em se aliar o desenvolvimento econômico ao desenvolvimento da qualidade de vida." (Guimarães, 1984, p. 215). À RSE se acrescenta ou pode-se mesmo afirmar que está embutido no social o compromisso com a preservação do Meio Ambiente, bem de uso comum de todos.

De uma perspectiva mais ampla, entendem F. P. de Melo Neto e C. Froes (1999, p.84), que a RSE é vista como um compromisso com relação à sociedade e à humanidade em geral, e uma forma de prestação de contas do seu desempenho, baseada na apropriação e no uso de recursos que originalmente não lhe pertencem. Assim, segundo entendem, as empresas possuem uma espécie de "dívida social e ambiental".

Uma iniciativa de responsabilidade social deve revelar a crença da empresa em sua melhoria através de seus princípios e de sua contribuição para uma sociedade mais justa. Isso significa que não basta à empresa não infringir a lei se suas estruturas refletem os mesmos problemas sociais do meio. Ela deve contribuir para o desenvolvimento social e ambiental promovendo, de alguma forma, uma nova cultura, dando uma chance à melhoria dos padrões sociais (Zulzke, 2000, p. 05-11) e ambientais. A definição oficial de Responsabilidade Social das Empresas é a fornecida pelo Instituto Ethos (2008, *on line*)[1]:

> social é a forma de gestão que se define pela relação ética e transparente da empresa com todos os públicos com os quais ela se relaciona e pelo estabelecimento de metas empresariais compatíveis com o desenvolvimento

[1] O Instituto Ethos de Empresas e Responsabilidade Social, organização sem fins lucrativos fundada em 1998, tem como associados algumas centenas de empresas em operação no Brasil, de diferentes portes e setores de atividade. A entidade tem como missão mobilizar, sensibilizar e ajudar as empresas a gerirem seus negócios de forma socialmente responsável, tornando-as parceiras na construção de uma sociedade mais próspera e justa. O Instituto Ethos dissemina a prática da responsabilidade social por intermédio de atividades de intercâmbio de experiências, publicações, programas e eventos voltados para seus associados e para a comunidade de negócios em geral.

> sustentável da sociedade, preservando recursos ambientais e culturais para as gerações futuras, respeitando a diversidade e promovendo a redução das desigualdades sociais. A responsabilidade social é focada na cadeia de negócios da empresa e engloba preocupações com um público maior (acionistas, funcionários, prestadores de serviços, fornecedores, consumidores, governo e meio ambiente), cuja demanda e necessidade da empresa deve buscar entender e incorporar aos negócios. Assim, a responsabilidade social trata diretamente dos negócios da empresa e de como ela os conduz.

A concepção social que vem se firmando não fica limitada à satisfação dos acionistas ou sócios mediante a obtenção de lucros, pautados em uma gestão de política fechada. Essa mudança se traduz na consideração de valores sociais, que ultrapassam o ganho material. Desta forma, uma empresa socialmente responsável é aquela que, pela sua criatividade, atua ao lado de projetos sociais, de entidades da sociedade, na busca de melhorias da qualidade na vida. Diante da competitividade da dinâmica econômica e das pressões exercidas pela sociedade, as empresas tornar-se-iam cada vez mais parceiras e fomentadoras de programas de responsabilidade social.

Linda Starke (1999, p.09), orientada pelo modelo empresarial criado por Reidenbach e Robin (1991, p. 273-284), identifica cinco estágios do desenvolvimento ético das corporações, a saber: (a) corporação amoral; (b) corporação legalista; (c) corporação receptiva; (d) corporações éticas nascentes e (e) corporação ética. O estágio das corporações amorais (a) é o menos desenvolvido, buscam o lucro a qualquer custo; para tanto violam normas, valores sociais e consideram seus empregados como meras unidades econômicas de produção. Representa, neste diapasão, um empresariado descompromissado com o meio social e com as instituições jurídicas do Estado.

O segundo estágio de desenvolvimento é o da corporação legalista (b). Apegada à lei, ela adota códigos de conduta, que podem ser definidos, em apertada síntese, como uma declaração formal de valores e práticas corporativas, bem como de princípios e valores, ainda que não éticos, tem por finalidade definir a conduta da corporação. Em uma terceira etapa está a corporação receptiva (c), que se mostra responsável socialmente por conveniência; porque compreende que as decisões éticas podem ser do interesse da companhia a longo prazo, ainda que envolvam perdas de lucros econômicos imediatos. Os códigos de conduta das corporações receptivas começam a tomar forma de "códigos de ética". No quarto estágio, um pouco mais desenvolvido, estão as corporações éticas nascentes (d). Elas reconhecem a existência de um contrato social entre os negócios e a sociedade e assim procuram generalizar por todos os setores da corporação um equilíbrio entre as preocupações éticas e a lucratividade.

O quinto estágio da corporação ética (e) é o mais desenvolvido, nenhuma empresa o atingiu completamente até o presente momento. Ele representa o ideal para Reidenbach e Robin (Starke, 1999) e está consubstanciado no perfeito equilíbrio entre lucro, envolvendo a ética na recompensa aos empregados que se afastassem de ações comprometedoras, mentores para dar orientação moral aos novos empregados.

Adam Smith (século XVIII), um dos principais nomes da formação da Economia Política clássica, em sua obra "A Riqueza das Nações: investigação sobre sua natureza e suas causas", fundamentou a descrição da ordem econômica (Smith, 1988, v. I, p. XII) nos sentimentos morais, na busca da aprovação social e nas razões maiores da acumulação e conservação da fortuna material. Defendia que o papel do Estado estava restrito a três funções principais: defender a nação; promover a justiça, bem como a segurança dos cidadãos e empreender obras sociais necessárias que a iniciativa privada não conseguisse concretizar. Suas principais idéias foram: a identificação do bem-estar das nações com seu produto anual *per capita*; quando considerou como causa da riqueza das nações o trabalho humano, a livre iniciativa de mercado (*laissez faire*), e a especialização do trabalho como instrumento da produtividade – exemplo clássico da fábrica de alfinetes – (Smith, 1988, v. I, p. 41-47) e a teoria do bem-estar econômico ou da "Mão Invisível", segundo a qual as leis do mercado não devem sofrer intervenções e a economia se direcionará por si mesma para o melhor caminho, guiado por uma "mão invisível".

Ao analisar a atitude governamental frente às despesas públicas, Smith criticava a aplicação dos recursos estatais em setores que não eram adequados, sendo, portanto, um desperdício do tesouro nacional. Considerava que parte do que era pago a título de impostos poderia ter sido acumulada em forma de capital, para servir como uma espécie de reserva de fundos para ulteriores necessidades.

O liberalismo clássico concebia o mercado como a melhor forma de organização econômica e social. O egoísmo é um sentimento inerente da natureza humana, conduzindo à competição e à rivalidade, sendo estas consideradas pelos liberais como benéficas para a sociedade, por conta do incremento e da melhoria na qualidade dos produtos ofertados.

Um dos principais defensores do liberalismo da era contemporânea é Milton Friedman (1984), que deposita sua confiança no sistema de mercado como meio para alcançar os melhores resultados para a sociedade. Valoriza o binômio capitalismo – liberdade, como sendo a mola propulsora das oportunidades de prosperidade material da humanidade. Para ele, "um problema político, como o da liberdade individual, não está dissociado da organização econômica e ajusta-se somente a um sistema de economia de mercado". (Friedman, 1984, p. XV). Para Friedman, (1984) o governo tem o papel essencial de determinar as regras do jogo. Inclui dentre essas funções a promoção de mercados competitivos.

Como forma de atenuar essa intensidade mercantil, a Responsabilidade Social das Empresas representa um mecanismo que se contrapõe a esta lógica, sendo um elemento de regulação do mercado no estabelecimento de parâmetros para o seu funcionamento. Pela lógica do socialismo democrático, o Estado passaria a intervir no sistema de mercado para expandir o bem-estar social.

Milton Friedman (1984) considera que o progresso econômico numa economia de mercado reduz as desigualdades. Assim, sua política monetária e fiscal era ditada pela adoção de um imposto de renda progressivo que tinha como meta estimular o aumento da poupança dos indivíduos e o reinvestimento dos lucros nas empresas privadas. José Antônio Puppin de Oliveira (2008, p.67) conclui que "a única responsabilidade social das empresas era gerar lucro para seus acionistas, dentro das regras da sociedade (leis)."

O objetivo do governo deve ser limitado: sua principal função deve ser a de proteger a liberdade individual contra os inimigos externos e contra os próprios compatriotas; preservar a lei e a ordem; reforçar os contratos privados; promover mercados competitivos. (Friedman, 1984, p. 12).

Visão diversa é apresentada pelo teórico da democracia Robert Dahl (2001, p. 185-197), ao analisar as razões que levam o capitalismo de mercado a favorecer a democracia, e também aquelas que a prejudicam, ele compara a democracia e o capitalismo de mercado a duas pessoas ligadas por meio de um tempestuoso casamento. Assolado por conflitos, mas que resiste, porque nenhum dos parceiros deseja separar-se do outro. Vivendo em simbiose, para o autor, a democracia poliárquica resiste apenas nos países com economia predominantemente de mercado. A economia planificada prejudica as perspectivas democráticas. O capitalismo de mercado é favorável à democracia por suas consequências sociais e políticas. Ele cria um estrato intermediário de proprietários que buscam a educação, a autonomia, a liberdade pessoal, direitos de propriedade, a regra da lei, e a participação no governo.

Dahl (2001) salienta que o capitalismo de mercado cria desigualdades que limitam o potencial democrático ao gerar má distribuição de recursos e sistema econômico não democrático provoca por fim desigualdade na distribuição dos recursos políticos. No Brasil ocorreu a democracia eleitoral, acesso ao voto universal e periódico, porém a democracia econômica e política caracterizada pela distribuição igualitária de recursos essenciais, tais quais: a riqueza, os rendimentos, status, prestígio, informação, organização das instituições, educação e conhecimento dentre outros fatores, está distante de ser concretizada. O autor dispõe que "em nenhum país democrático existe uma economia capitalista de mercado (e provavelmente não existirá por muito tempo) sem ampla regulamentação e intervenção do governo para alterar seus efeitos nocivos." (Dahl, 2001, p.195).

Sobre o papel dos governos na economia global, Robert Kuttner (2004, p. 214-215) afirma que as grandes empresas globais se tornaram centros do poder econômico e financeiro concentrado e a tarefa do poder público era apoiar essa pauta de *laissez-faire*. Faz-se necessário, diante dessa realidade supranacional, a qual ele chama de globalismo, o desmantelamento das barreiras ao livre comércio e ao livre fluxo de capitais financeiros. Por outro lado, considera que o crescimento econômico é refém dos credores e especuladores financeiros. (Kuttner, 2004, p. 229).

Ao longo do século XX a eficiência do livre mercado começou a se chocar com a livre democracia, especialmente após as duas guerras mundiais. Atualmente os setores econômicos são liderados por grandes grupos, que assumem a forma de cartéis e sufocam a livre concorrência. No desenvolvimento desta análise, faz-se necessário uma passagem pelo capitalismo, que pode ser conceituado como "um regime social no qual os capitais não pertencem aos que tornam produtivos pelo seu trabalho, e sim às grandes indústrias de propriedade privada. (LALANDE, 1999, p. 136).

Em apertada síntese, os argumentos para a negação da responsabilidade social das empresas são os seguintes (SAVITZ, 2007, p. 100-107): a lucratividade, em vez da responsabilidade ambiental e social, é o principal objetivo das empresas; os líderes e gestores de negócios têm a obrigação de priorizar os lucros; as questões sociais, econômicas e ambientais devem ser atribuições dos governos; os ditames da RSE são incompatíveis com o livre mercado, que não incorpora esses custos; a ideia de RSE pode prejudicar o desenvolvimento econômico dos países subdesenvolvidos.

Robert Reich (2008, p. 02) possui posicionamento semelhante aos "céticos". Faz uma análise da evolução do capitalismo democrático até o Supercapitalismo, considerando que a democracia só pode ser alcançada com a participação dos cidadãos. Para ele, o capitalismo tem a função de aumentar o bolo da economia e a democracia exige centros de poderes privados, livres de uma intervenção estatal.

A transição para o Supercapitalismo se deu a partir do momento em que as grandes empresas, que não são nem morais nem imorais, segundo sua concepção, se tornaram mais competitivas, globais e inovadoras, passando a interferir nas decisões políticas. (REICH, 2008, p. 05-06). Assim, o triunfo do capitalismo e o enfraquecimento da democracia se deram com o objetivo de aumentar as riquezas dos empresários, jogando os países uns contra os outros. Sobre a Responsabilidade Social das Empresas, o autor é enfático em negá-la:

> Finalmente, chegarei a algumas conclusões que talvez sejam consideradas surpreendentes – entre elas, por que as iniciativas para melhorar a governança corporativa reduzem a probabilidade de que as empresas atuem com responsabilidade social; porque a promessa de democracia empresarial é ilusória; porque o imposto de renda incidente sobre as pessoas jurídicas deve ser abolido; porque as empresas não devem ter responsabilidade penal; e porque os acionistas devem ter meios para impedir que seu dinheiro seja usado pelas empresas para fins políticos, sem seu consentimento prévio. (REICH, 2008, p. 07). [...] As empresas não são cidadãs. São

> pilhas de contratos. O objetivo das empresas é participar do jogo econômico com o máximo de agressividade e eficácia. O desafio para nós cidadãos, é impedir que elas imponham as regras do jogo. Conter o supercapitalismo para que não transborde sobre a democracia é o único plano de mudança construtivo. Tudo o mais, como deixarei claro, é brincadeira e perda de tempo. (Reich, 2008, p. 12).

Von Hayek (1990, p. 190) considera em "O caminho da servidão" que a democracia moderna, para assegurar um desenvolvimento social, tem de manter o crescimento econômico e que a liberdade de decisão do indivíduo deve ser valorizada. Pode-se fazer uma ligação da sua postura liberal com a RSE nos seguintes termos:

> Pode parecer muito nobre dizer: 'deixemos de lado a economia, vamos construir um mundo decente'. Na realidade, porém, essa é uma atitude de todo irresponsável. Com a situação mundial que conhecemos, e existindo a convicção generalizada de que as condições materiais devem ser melhoradas em certos pontos, a única possibilidade de construirmos um mundo decente está em podermos continuar a melhorar o nível geral de riqueza. Pois a moderna democracia entrará em colapso se houver a necessidade de uma redução substancial dos padrões de vida em tempo de paz, ou mesmo uma estagnação prolongada das condições econômicas.

A legislação brasileira traz em seu bojo algumas previsões que interessam diretamente à questão da responsabilidade social das empresas e do consumidor para com o meio-ambiente (eco-consumidor). Exige transparência das informações empresariais; inserção de valores éticos nas atividades desempenhadas. Nesse sentido, a responsabilidade social do consumidor está diretamente relacionada com a busca de informações sobre a cobrança de uma postura ética por parte das empresas, dos governos e de outros consumidores, de modo a promover um debate mais amplo sobre esta temática. Surge um novo perfil: um consumidor preocupado não apenas com os produtos finais das empresas, mas também com o que acontece antes e depois da colocação dos produtos no mercado. A reflexão ao comprar significa a solidificação de um consumo consciente que deve ser compreendido como fator impulsionador da responsabilidade social empresarial. São os consumidores capazes de intervir significativamente nos rumos da produção e no padrão de qualidade. O fortalecimento dos SAC's (Serviço de Atendimento ao Consumidor) e das ouvidorias nas grandes empresas são exemplos dessa nova postura.

Noutro viés Norma Padilha adverte que se faz essencial a proteção e higidez do ambiente do trabalho, assim empregados e empregadores devem observar as normas existentes na esfera supraconstitucional, constitucional e infraconstitucional. A RSE enfrenta a missão de conciliar lucro aos acionistas, com a promoção de ações que repercutam positivamente no meio ambiente e no meio ambiente do trabalho. Assevera a autora que um dos valiosos instrumentos a ser utilizado na prevenção do equilíbrio do meio ambiente do trabalho "é o pleno exercício do direito à informação, que constitui mais um dos instrumentos da Política Nacional do Meio Ambiente." (Padilha, 2010, p. 402.) A possibilidade de efetivação do princípio da preservação ambiental para Norma Padilha (2006, p. 170)

> exige o reconhecimento da convivência simultânea, no texto constitucional, de diferentes 'gerações' de direitos, desde o direito do estado Liberal, do Social, e do Ecológico, cada uma a seu tempo histórico, reconhecida e proclamada a nível constitucional, impondo o compromisso básico do estado Democrático de Direito, em harmonizá-los e realizá-los, sem privilegiar o acatamento de um em detrimento do respeito devido ao outro, mas considerando, igualmente e sobretudo, que o direito à preservação ambiental é um direito voltado à preservação da vida(...)

Resta claro que a RSE perpassa desde a qualidade da matéria prima utilizada na produção, respeito ao meio ambiente, obediência às leis trabalhistas, à consciência ética de desenvolvimento coletivo, à formação de capital humano (educacional) até a formação de capital social, de rede de *stakeholders,* que acredita no bem-estar coletivo, e em produção e consumo responsáveis e sustentáveis.

2. Da responsabilidade especificamente socioambiental da empresa

A intervenção do Estado para incentivar a RSE tem sido significativa e se materializa nos benefícios fiscais, inclusão de obras sociais nas cotas de responsabilidade social das empresas. Aliado a este fator, a cobrança da população e das instituições representa um papel importante nesta dinâmica econômica. O mercado consumidor assume a posição de liderança que define o processo de produção ao preferir no ato do consumo comprar mercadorias de empresas sustentáveis ao invés de outras que não respeitam as normas indicadoras da responsabilidade empresarial diante do ambiente sustentável.

Resta claro que a responsabilidade social e ambiental das empresas resgata a sua própria função social, além da produtividade e do lucro, objetiva a qualidade nas relações com o público e constrói, desta forma, uma sociedade mais justa propiciando um desenvolvimento socioeconômico satisfatório. Assim a RSE é ferramenta viável a dirimir o descontentamento social global causado pelo capitalismo de mercado transnacional. A sua efetivação está estreitamente relacionada com a conscientização do escopo do mercado consumidor e constitui projeto de desenvolvimento compartilhado.

A construção de uma sociedade mais justa e igualitária é dever e compromisso individual e coletivo. É preciso provocar a conscientização do consumidor, para que vislumbre as formas de intervenção e o potencial de suas ações. O assunto vem sendo objeto de pesquisa de grupo coordenado pela professora, ora requerente, junto a Universidade de Fortaleza em programa de pós-graduação mestrado e doutorado em Direito. A responsabilidade social e ambiental das empresas é fenômeno recente e emergente. Dentre vários artigos enviados para o Congresso Mundial de Ciências Políticas no Chile, esse tema foi um dos poucos a ser aceito para fazer parte de Mesa de Debates em julho de 2009. Quando apresentado gerou interesse e intensos debates.

Em 2008 os países de língua francófonas realizaram em Rabat um seminário sobre a responsabilidade social das empresas, com o apoio do PNUD e do Alto Comissariado dos Direitos Humanos. Múltiplos foram os desdobramentos que necessitam continuidade e foram incorporados como ações do Master Europeu em Direitos Humanos e Democratização do Centro Inter-Universitário Europeu para os Direitos Humanos e a Democratização – EIUC, razão que levou o Prof. Dr. Fabrizio Marrella (Professor de Direito Internacional na Universidade Cà Foscari de Veneza e Diretor do Programa Europeu Master Europeu em Direitos Humanos e Democratização do Centro Inter-Universitário Europeu para os Direitos Humanos e a Democratização – EIUC), ao tomar ciência dos estudos desenvolvidos na UNIFOR, a convidar a proponente para compor grupo de estudos que investiga os direitos do homem e a responsabilidade social das empresas. Esse projeto resultou na publicação, pela editora Conceito, da obra Direitos Humanos, econômicos e a responsabilidade social das empresas em 2012.

Diante dos desastres ambientais que ocorrem repetidamente no Brasil no século XXI, provocados ou permitidos diante da omissão e falta de cuidados administrativos de certas empresas, bem como em razão da crise sanitária internacional que avassala os países, dentre eles o Brasil, o estudo sobre a Responsabilidade Socioambiental das Empresas é pedra angular. Ele tem o escopo de promover o respeito, a proteção do meio ambiente, tem o fito de verificar a existência de normas cogentes capazes de prever sanção e punição àqueles que agem com negligência, imprudência e imperícia ou ainda de forma dolosa e que prejudicam o meio ambiente natural e promovem o desequilíbrio no meio ambiente do trabalho.

3. Um panorama acerca da responsabilidade socioambiental das empresas e do trabalho em condição análoga à de escravo no século XXI

Falar em função social e ambiental da empresa e em trabalho análogo à condição de escravo no mesmo contexto parece um paradoxo, uma contradição em termos, visto que a função social e ambiental da empresa visa implementar vida digna ao trabalhador sempre em um sentido ascendente e o trabalho análogo à condição de escravo, bem este tipo de trabalho foi abolido no Brasil em 1888 pelo modo degradante como os agentes, que não eram pessoas, mas coisas e que não tinham nenhuma dignidade no seu labor, eram tratados.

Ocorre que essas duas expressões se encontram sim em vários discursos acadêmicos e fora da academia também, porque, na verdade, para muitos, no cotidiano da vida real, a escravidão não está efetivamente extinta. Muito pelo contrário, existem tipos de escravidão em que pessoas (na maioria das vezes meninas ou mulheres) são seduzidas a realizar trabalhos domésticos, a trabalhar como costureiras ou para prostituição. No que diz respeito aos homens, estes são aliciados, recebem promessa de emprego com bons salários e condições atraentes e terminam, na verdade, em jornadas exaustivas de trabalho, em um cotidiano degradante e privados até de sua própria liberdade de ir e vir.

Como dito acima, em 1888 a Lei Áurea tornou o trabalho escravo ilegal, sendo o Brasil um dos últimos países do mundo a abolir a escravidão. Hoje, o que se chama de condição análoga a de escravo, pelo Código Penal Brasileiro, é qualquer atividade que atente contra a Dignidade da Pessoa Humana, esse princípio tão amplo, mas de percepção tão concreta.

Em 1995 o Brasil tornou-se um dos primeiros países do mundo a reconhecer a existência de trabalho escravo em seu território e desde então realiza ações para o seu combate através de auditorias fiscais e de um grupo móvel de fiscalização.

Cumpre ressaltar que o trabalho em condições análogas à de escravo não existe apenas no meio rural, mas também em áreas urbanas, mesmo que nesta sua intensidade e características sejam menores e diferentes.

A escravidão urbana relaciona-se a horas excessivas de trabalho, tornando o cotidiano do trabalhador exaustivo, com baixíssimos salários, sem horários de descanso e em muitos casos são decorrência de imigração ilegal.

Independentemente de instrumentos internacionais, nossa própria legislação trata do assunto na Constituição Federal, em seu artigo inaugural, no art. 1, III e IV ao abordar temas como a Dignidade da Pessoa Humana e os valores sociais do trabalho e da livre iniciativa. No art. 4, que trata das relações internacionais que regem o Brasil, é abordada em seu inciso II a prevalência dos Direitos Humanos e no art. 5, III, defende-se que ninguém será submetido à tortura nem a tratamento desumano ou degradante; no inciso XXIII defende que a propriedade deve atender a sua função social e no art. 170 da CF ao abordar a valorização do trabalho humano e sua livre iniciativa Sem esquecer o inciso VI do referido artigo que trata da proteção ao meio ambiente, assim como no art. 200, VIII defende que o sistema único de saúde compete além de outras atribuições colaborar na proteção do meio ambiente, nele compreendido o do trabalho. Não se pode olvidar as normas do art. 7º que determinam ser direito dos trabalhadores urbanos e rurais, inciso XXII a redução dos riscos inerentes ao trabalho por meio de normas de saúde, higiene e segurança e o inciso XXIII que argumenta acerca do adicional de remuneração para as atividades penosas, insalubres ou perigosas. O art. 225, artigo dedicado especialmente à consolidação da proteção do meio ambiente inclui, é claro, o meio ambiente do trabalho em sua função socioambiental.

A escravidão contemporânea não pode mais ser caracterizada pela compra e venda de pessoas destinadas a relação de trabalho, como ocorria até o final do Século XIX, ou pelo fato de pessoas serem forçadas a exercer determinadas atividades contra sua vontade, sob ameaça de violência física ou psicológica ou qualquer outra forma de intimidação.

O trabalho escravo pode ser mais bem conceituado se pensarmos em todo tipo de trabalho que não reúna as condições mínimas necessárias para garantir os direitos do trabalhador, que limite sua liberdade, fira sua dignidade como ser humano ou o sujeite a condições impróprias, inclusive com relação ao meio ambiente do trabalho.

No Brasil, é de conhecimento já no senso comum, que o trabalho escravo tem sua origem no trabalho degradante com a privação de liberdade, quando o trabalhador fica atrelado a uma dívida, tem seus documentos retidos, trabalha em lugares geograficamente isolados.

A degradação se inicia com o constrangimento físico ou moral a que é submetido, como alojamento sem condições dignas de habitação, falta de instalação sanitária, falta de água potável, ou seja, péssimas condições físicas de trabalho e de remuneração, além da ausência de condições de segurança do trabalho, jornadas exaustivas, promoção de endividamento pela venda de mercadorias, remuneração irregular, dentre outros.

De acordo com o art. 149 do Código Penal, o trabalho em condições análogas as de escravo é tipificado penalmente diante de quatro condutas específicas, às quais já nos referimos acima: a) sujeição da vítima a trabalhos forçados; b) sujeição da vítima a trabalhos forçados; c) sujeição da vítima a condições degradantes; d) restrição de qualquer meio de locomoção da vítima em razão de dívida contraída com o empregador ou preposto.

O trabalho forçado seria aquele exigido sob ameaças de penalidade, estas poderiam ser de ordem moral, física ou psíquica. Na coação moral, o empregador tira proveito da ignorância do trabalhador e envolve-o em dívidas financeiras. Impede-o de deixar o local de trabalho sob ameaça. Pode-se citar como exemplo, a escravidão por dívida disposta na Consolidação das Leis do Trabalho.

Dispõe o art. 462, Parágrafo 2 da CLT:

> Art.426 – Ao empregador é vedado efetuar qualquer desconto nos salários do empregado salvo quando este resultar de adiantamentos, de dispositivos de lei ou de contrato coletivo.

Paragrafo 2. É vedado à empresa que mantiver armazém para venda de mercadorias aos empregados ou serviços estimados a proporcionar-lhes prestações in natura exercer qualquer coação ou induzimento no sentido de que os empregados se utilizem do armazém ou dos serviços.

Na escravidão por dívida (art. 462, parágrafo 2 da CLT), ou *truck system*, a escravidão está ligada a retenção do salário pelo empregador em razão de dívidas com ele contraída, seja através da venda inflacionada de produtos, alimentos e ferramentas, seja por cobrança injusta e desproporcional de moradia. Restringindo física e moralmente a liberdade do trabalhador, o qual fica impedido de rescindir unilateralmente o contrato de trabalho em virtude das dívidas.

Nesse sentido, dispõe a Convenção n. 29 de 1930 que, "(...) o principal aspecto do trabalho forcado nas áreas rurais brasileiras é o uso do endividamento para imobilizar trabalhadores nas propriedades até a quitação de suas dívidas, em geral contraídas de modo fraudulento. É uma atividade clandestina e ilegal, difícil de ser combatida por diversos fatores, entre os quais a imensa extensão do país e as dificuldades de comunicação.

Já no que tange à coação física, não se pode afirmar que os trabalhadores sejam sujeitados, imprescindivelmente ao que se denomina "castigo físico". O que ocorre, na verdade, é uma coação baseada na retenção de documentos e de pertences do empregado, o que impede que o mesmo deixe o local de trabalho.

Na coação psicológica o que ocorre são ameaças de que alguma modificação ilícita irá ocorrer relativamente `a relação de trabalho. Alguma forma de manipulação das formas de trabalho, de sorte que o trabalhador não se dá conta do que está acontecendo. O empregador se aproveita da boa fé do empregado, assim como de seu baixo nível de escolaridade.

O trabalho em condições análogas ao escravo, também pode ter seu conceito vinculado ao modo, ao local, às condições físicas onde ele é executado. Muitos trabalhadores acabem sendo obrigados a trabalhar em condições degradantes, em ambientes sem instalações sanitárias, sem fornecimento de água potável, sem lugares próprios para alimentação e descanso, sem equipamentos de proteção individual, dentre outros. Ambientes em clara desconformidade com as normas regulamentadoras relacionadas à segurança, medicina e meio ambiente do trabalho.

Atualmente o que se vislumbra não é mais a simples privação da liberdade, mas sim uma desconsideração da condição humana do trabalhador, ferindo preceitos constitucionais muito maiores como a dignidade da pessoa humana (Brito Filho, 2013, p. 51).

Assim, para José Claudio Monteiro de Brito Filho (2013, p. 51), mesmo que não exista a restrição à liberdade, ao serem negadas ao homem as condições mínimas de trabalho é tratado como se fosse mais um dos bens necessários à produção. Ele é coisificado. E qual é o fundamento que impede a quantificação, a coisificação do homem A dignidade da pessoa humana. Esse o fundamento maior, então, para a proibição do trabalho em que há a redução do homem à condição análoga à de escravo (...) é preciso, pois alterar a definição anterior, fundada na liberdade pois tal definição foi ampliada, sendo seu pressuposto hoje a dignidade.

Visando o combate à escravidão contemporânea, foi promulgada a Lei n. 10.803, de 11 de dezembro de 2003, que alterou o art. 149 do Código Penal

Brasileiro pacificando as divergências doutrinárias anteriormente existentes acerca do tipo penal de redução do trabalhador à condição análoga à de escravo.

De acordo com a nova redação do caput do art. 149 do Código Penal, a caracterização do trabalho em condições análogas à de escravo não se centra mais no tolhimento da liberdade de ir e vir. Como era antes, mas sim no trabalho forçado, nas jornadas exaustivas e nas condições degradantes de trabalho hoje existentes. Não se faz necessário o uso da tortura ou da privação de liberdade, basta que exsurja a sujeição pessoal no lugar da subordinação jurídica.

Vários são os pactos, tratados, convenções e declarações internacionais que visam proteger os direitos humanos repudiando o trabalho escravo. No Ordenamento Jurídico brasileiro o repúdio a esta forma de exploração está contido desde a Constituição Federal, no art. 5, in cisos III, XIII, XV XLVII e LXVII, assim como nos artigos, 149, 197, 203, 206 e 207 do Código Penal, além de todas as normas internacionais ratificadas e internalizadas, sem esquecer a dignidade da pessoa humana elevada a fundamento da República Federativa do Brasil (Ramos Filho, 2008, p. 278).

Nos termos da Convenção n. 105 da OIT de 1957, os Estados signatários se comprometem a abolir toda forma de trabalho forçado ou obrigatório e dele não fazer uso."

Reafirmando-se a proibição, a declaração dos Direitos Humanos de 1948, estabeleceu em seu art. 4 que "ninguém será mantido em escravidão ou servidão: a servidão e o tráfico de escravos será proibido em todas as suas formas; em seu art. 5, que ninguém será submetido à tortura, nem a tratamento ou castigo cruel, desumano ou degradante." (Carlos, 2016, p. 277).

Também o Pacto de San José da Costa Rica ou Convenção Americana de Direitos Humanos de 1969 ratificada pelo Brasil em 1992 proíbe expressamente a prática de escravidão e servidão em seu art. 6.

A Emenda Constitucional n. 81 de 2014 altera a redação do art. 243 da Constituição Federal de 1988, trazendo a hipótese de expropriação, sem qualquer indenização de terras onde exista a exploração de trabalho escravo.

Com a mudança da redação do art. 243 da Constituição, a prática de trabalho análogo ao de escravo passou assujeitar as propriedades rurais e urbanas de qualquer região à apropriação sem indenização ao proprietário dilatando o alcance inicial do preceito.

Conclusões

Embora haja várias tentativas visando a abolição do trabalho escravo contemporâneo, seja na esfera trabalhista, constitucional ou internacional, o que se percebe é que as leis atualmente existentes não têm sido capazes de resolver o problema. Cada vez mais as grandes empresas buscam meios de burlar a lei, como exemplo pode-se citar a crescente utilização da terceirização ilícita, onde, por meio de contratação de outras empresas, transfere-se a sua atividade-fim, buscando se desvencilhar das obrigações trabalhistas a elas inerentes.

O liberalismo econômico, base do capitalismo, provocou o incremento de um número considerável de empresas dotadas de conhecimento e tecnologia, que permitiram a transnacionalização de capital, de manufaturas e produtos. Já não importa onde é produzida a mercadoria, o essencial é identificar o mercado consumidor. No final do século XX e início do século XXI, a sociedade global desperta para os direitos difusos e para a necessária implementação do capital humano e social, passando a exigir das empresas não só produtos de menor custo, mas que também sejam produzidos respeitando os direitos humanos e sociais, as leis trabalhistas e o meio ambiente.

O cenário mundial é desenhado pela globalização dos mercados e das informações, bem como pela reestruturação do setor produtivo. Exige-se que um empreendimento seja considerado bem-sucedido quando alcança a satisfação de todas as partes envolvidas no processo de produção, aquisição e reconhecimento estatal e social. Assim empresários, operários, consumidores, instituições sociais, instituições estatais sob diversas óticas mantém contínuas relações que ao final apontam pela aprovação ou rejeição do produto no mercado.

Pondera-se por outro viés, por um compromisso ético dos agentes econômicos que devem respeitar o desenvolvimento sustentável do local de produção, bem como do ambiente dos mercados consumidores. A transformação do contexto econômico em esfera global implicou uma série de modificações sociais que atingiu tanto países centrais quanto periféricos. Na Europa observa-se que amplo debate sobre a responsabilidade social das empresas perpassa a sociedade. Ela manifesta-se efetivamente contando com um significativo mercado para o comércio de produtos concebidos de forma socialmente responsável. No Brasil e em toda a América do Sul, porém, a discussão ainda é tênue.

Nesse sentido, a Responsabilidade Social e Ambiental das Empresas vem sendo objeto de análises mais aprofundadas, haja vista que engaja a atuação de importantes agentes de desenvolvimento econômico, podendo contribuir significativamente para a o desenvolvimento igualitário e sustentável de uma sociedade mais homogênea.

Constata-se a necessidade em investigar a atuação dos empresários frente às questões sociais e ambientais, tendo como foco a problematização da responsabilidade social, sob a ótica da realidade brasileira e europeia, diante da crise econômica iniciada em 2008 e da crise sanitária vivenciada em 2020. Investiga-se se a sociedade consumidora continua a priorizar a ética do consumo, que tem como sustentáculo a defesa da dignidade humana, dos direitos de personalidade do trabalhador e a defesa do meio ambiente, ou se ao contrário se verga à flexibilização das regras trabalhistas; retrocede e aceita produções de menor custo, porém com risco ambiental, visando conciliar lucro com manutenção da oferta de trabalho.

O escopo acadêmico do estudo, em momentos de crise econômica, é fundamental para fomentar discussões e conceitos sobre questões limites, para as quais não há cláusulas de retrocesso. Não abdicar da legislação trabalhista alcançada, da consciência de ser humano com direitos e deveres universais, de agente passivo e ativo construtor e responsável pelo meio ambiente sustentável são pontos incontroversos que necessitam de interlocutores e advocacia fundamentada na doutrina e na jurisprudência nacional e internacional.

Referências

Brasil. Agência Senado. Na Comissão de Meio Ambiente, Empresários defendem 'Lucro Verde'. 11 jun 2019.

Brasil. Congresso Nacional. Proposta de Emenda Constitucional nº29 de 2003. Senadora Lúcia Vânia. Responsabilidade Social. Brasília. 2009. Disponível em: <www.senado.gov.br.>. Acesso em: 20 abr. 2009.

Brasil. Constituição. Constituição da República Federativa do Brasil, Brasília, DF, Senado, 1988.

Brasil. Senado Federal. O princípio da Proibição do Retrocesso Ambiental. Brasília: Comissão de Meio Ambiente, Defesa do Consumidor e Fiscalização e Controle, 2011. Disponível em: <http://www2.senado.leg.br/bdsf/bitstream/handle/id/242559/000940398.pdf?sequence=2> Acesso em: 14 abr 2019.

Brito Filho, José Claudio Monteiro. **Trabalho Deente**: analise jurídica da exploração do trabalho – trabalho escravo e outras formas de trabalho indigno. São Paulo: Ltr, 3.Ed. 2013.

Carlos, Vera Lúcia. Estratégia de atuaçaõ do Ministério Público do Trabalho no cobate ao trabalho escravo urbano. In: Velloso, Gabriel; Fava, Marcos Neves (Coord.). **Trabalho escravo contemporâneo**: o desafio de superar a negação. São Paulo: Ltr, 2006.

Dahl, Robert A. **Sobre a democracia**. Tradução de Beatriz Sidou. Brasília: UNB, 2001.

Friedman, Milton. **Capitalismo e liberdade**. São Paulo: Abril Cultural, 1984.

Guimarães, H. W. M. **Responsabilidade social da empresa**: uma visão histórica de sua problemática. Revista de Administração de Empresas, São Paulo, v. 24, n. 4, out./dez.,1984.

Hayek, Friedrich August Von. **O caminho da servidão**. 5. ed. Rio de Janeiro: Instituto Liberal, 1990.

Instituto Ethos. Disponível em: <www.ethos.org.br>. Acesso em: 26 set. 2008.

Kuttner, Robert. O papel dos governos na economia global. In: Hutton, Will; Lalande, André. **Vocabulário técnico e crítico da Filosofia**. 10. ed. São Paulo: Martins Fontes, 1999.

Nações Unidas Brasil. **Transformando nosso mundo**: A Agenda 2030 para o Desenvolvimento Sustentável. Disponível em: <https://nacoesunidas.org/pos2015/ods17/>. Acesso em: 28 jun 2019.

Oea, Organização dos Estados Americanos. **CIDH conclui visita ao Brasil**. Disponível em: <https://www.oas.org/pt/cidh/prensa/notas/2018/238.asp>. Acesso em: 23 jun 2019.

Oliveira, José Antônio Puppim de. **Empresas na sociedade**. Rio de Janeiro: Elsevier, 2008..

Organização das Nações Unidas – ONU. Declaração universal dos direitos humanos de 1948. Disponível em: <http://www.dudh.org.br/wp-content/uploads/2014/12/dudh.pdf>. Acesso em: 02 fev. 2015.

Organização das Nações Unidas – ONU. Pacto de direitos econômicos, sociais e culturais de 1966. Disponível em: <http://www.unfpa.org.br/Arquivos/pacto_internacional.pdf>. Acesso em: 02 fev. 2015.

Organização Mundial da Saúde – OMS. Constituição da Organização Mundial da Saúde de 1946. Disponível em: <http://www.direitoshumanos.usp.br/index.php/OMS-Organiza%C3%A7%C3%A3o-Mundial-da-Sa%C3%BAde/constituicao-da-organizacao-mundial-da-saude-omswho.html>. Acesso em: 20 fev. 2015.

Organização Mundial da Saúde – OMS. O que é preciso saber sobre o surto do vírus EBOLA?, 2014. Disponível em: <http://www.who.int/eportuguese/pt/>. Acesso em: 22 fev. 2015.

Padilha, Norma Sueli. **Colisão de Direitos Metaindividuais e a decisão judicial**. Porto Alegre: Sergio Antonio Fabris, 2006.

Padilha, Norma Sueli. **Fundamentos Constitucionais do Direito Ambiental Brasileiro**. Rio de Janeiro: Elsevier, 2010.

Ramos Filho, Wilson. **Trabalho degradante e jornadas exaustivas**:crime e castigo ns relações de trabalho neo-escravistas. Revista do Tribunal Regional do Trabalho da 9 Regioao. n. 62, jul.-dez. de 2008, p. 278.

Reis, Carlos Nelson. **A responsabilidade social das empresas**: o contexto brasileiro em face da ação consciente ou do modernismo do mercado? Revista Econômica Contemporânea, Rio de Janeiro, maio/ago. 2007.

Sampaio, José Adércio Leite. **O "esverdeamento" da Convenção Européia de Direitos Humanos**: Vícios e Virtudes. vol. 10, nº 02, Rio de Janeiro, 2017. p. 779-800.

Sandel, Michael. **Justiça** – O que é fazer a coisa certa. Tradução de Heloísa Matias e Maria Alice Máximo. 13. ed. Rio de Janeiro: Civilização brasileira, 2014.

Savitz, Andrew W. **A empresa sustentável**. 2. ed. Rio de Janeiro: Elsevier, 2007.

SMITH, Adam. **A riqueza das nações:** investigação sobre sua natureza e suas causas. 3. ed. São Paulo: Abril Cultural, 1983. v. I. e v. II.

STARKE, Linda. As cinco etapas da evolução moral da empresa. In: RAY, Michael; RINZLER, Alan (Org.). **O novo paradigma nos negócios**. Trad. Gilson César Cardoso de Sousa. São Paulo: Cultrix, 1999. p. 186-199.

STIGLITZ, Joseph. Pessoas, **Poder e Lucro**: Capitalismo progressista para um era de descontentamento. Trad: Paulo Tavares e Sara M. Felício. Lisboa: Bertrand Editora, 2019.

UNITED NATIONS. Sustainable Development. Disponível em: <https://www.un.org/ecosoc/en/sustainable-development>. Acesso em: 28 jun 2019.

UNITED NATIONS. Guiding Principles on Business and Human Rights: Implementing the United Nations 'Protect, Respect and Remedy'. Framework. https://www.ohchr.org/Documents/Publications/GuidingPrinciplesBusinessHR_EN.pdf. Acesso 3/abril/2020.

2. VIOLÊNCIA DE GÊNERO E DESASTRES: UMA PERSPECTIVA EM DIREITOS HUMANOS E EMPRESAS SOBRE O ROMPIMENTO DA BARRAGEM DE FUNDÃO/MG

Flávia Silva Scabin
Júlia Lambert Gomes Ferraz
Olívia Landi Corrales Guaranha

Introdução

A violência contra a mulher é um problema grave no Brasil e no mundo. O Atlas da Violência no Brasil de 2019 aponta que, entre 2007 e 2017, houve um aumento de 30,7% no número de homicídio de mulheres (IPEA & FBSP, 2019). Em outro estudo, o Fórum Brasileiro de Segurança Pública (FBSP) apurou que 76,4% dos agressores eram conhecidos das vítimas, em sua maioria parceiros ou ex-parceiros da vítima (FBSP & Datafolha, 2019).

Em razão da gravidade e prevalência da violência doméstica contra a mulher no país, o governo brasileiro vem adotando, desde os anos 80, diversas políticas públicas de enfrentamento. A principal delas surge a partir da promulgação da Lei nº 11.340, mais conhecida como Lei Maria da Penha (LMP), em 2006. A LMP estabelece ações preventivas, de enfrentamento, assistência e responsabilização que, para sua implementação e efetivo funcionamento, dependem de ações articuladas entre as esferas federal, estadual e municipal de governo (Campos, 2015).

Por sua vez, a atividade empresária gera riscos que podem ter graves consequências para a segurança e integridade das mulheres. Em particular, as indústrias de gás, óleo e mineração são associadas ao agravamento da violência contra as mulheres nas comunidades em que operam

(IFC, 2018). Não apenas em suas operações regulares, mas em casos de desastres tecnológicos – aqueles causados pela ação humana – as mulheres parecem ser gravemente vulnerabilizadas em razão das dinâmicas de gênero presentes na sociedade.

Os desastres geram grandes danos à saúde física e mental das populações atingidas, bem como à economia e modos de vida locais e, segundo a literatura nacional e internacional, populações vulneráveis tendem a ser mais afetadas por desastres, pois as desigualdades sociais pré-existentes tendem a se agravar ainda mais no pós-desastre (Yoshihama et al., 2019; Tarisayi, 2014; Azad et al., 2013). As desigualdades de gênero, nesses contextos, explicitam-se nos danos percebidos por mulheres atingidas como a sobrecarga de trabalho doméstico, danos à saúde mental, danos à renda e moradia e a violência baseada em gênero (Delaney & Schrader, 2000; Schumacher et al., 2010 Horton, 2012).

As comunidades sob o risco ou afetadas por desastres tecnológicos não estão preparadas, muitas vezes, para lidar com os imensos ônus gerados por esses eventos e vêem seus serviços socioassistenciais assoberbados pelo aumento de demandas (FGV, 2020). Sendo os municípios os principais responsáveis pela oferta de serviços como assistência social – via CRAS e CREAS – e saúde – via UBSs e UPAs –, os danos à saúde e integridade das mulheres em situação de violência nas comunidades atingidas também é prejudicado.

Diante deste cenário, este artigo tem por objetivo refletir sobre a importância de que empresas e Estado envolvidos em desastres tecnológicos atuem conjuntamente na remediação dos danos causados às populações a partir de reflexões sobre a capacidade das redes de atendimento às mulheres em situação de violência nos municípios atingidos.

Para tanto, parte-se do estudo de caso do rompimento da Barragem de Fundão, ocorrido em novembro de 2015. Além de ser um dos maiores desastres socioambientais já ocorridos no Brasil, a escolha do caso se deve ao fato de o rompimento da Barragem ter estabelecido modificações sociais importantes nos territórios atingidos pelo desastre, agravando vulnerabilidades de gênero e impactando gravemente a vida das mulheres atingidas ao longo dos últimos cinco anos.

Este trabalho se estrutura em quatro partes. Na primeira seção exploramos o paradigma dos Direitos Humanos e Empresas, consolidado pelos Princípios Orientadores sobre Empresas e Direitos Humanos da ONU, que estabelecem obrigações para Estado e empresa de prevenção e remediação de abusos a direitos decorrentes da atividade empresária. Além disso, diante do recorte escolhido para o estudo de caso, apresentamos alguns parâmetros internacionais de direitos humanos voltados à gestão de desastres.

Já a segunda seção se volta à dimensão de gênero, a partir da análise de relevantes normativas internacionais e de casos comparados envolvendo violência de gênero e desastres, considerando principalmente os riscos socioambientais de desastres. Sendo a violência baseada em gênero um produto de desastres – e um risco da própria atividade empresária –, é importante que comunidades em risco tenham seus serviços de acolhimento e atendimento às vítimas de violência reforçados e fortalecidos, bem como outras políticas socioassistenciais.

A partir desse diagnóstico, a terceira seção se debruça sobre o caso do rompimento da Barragem de Fundão, de modo a avaliar a rede de atendimento socioassistencial dos municípios atingidos, considerando os equipamentos da assistência social (CRAS e CREAS); os equipamentos da saúde (unidades básicas de saúde, programas de saúde da família, hospitais, etc.); segurança pública (Delegacias de Polícia e Batalhões da Polícia Militar); e equipamentos especializados (abrigos, Centro de Referência da Mulher, Delegacia Especializada de Atendimento à Mulher e Centros de Saúde da Mulher).

Considerando os danos causados e sobretudo a sobrecarga dos serviços de atendimento socioassistencial, na quarta seção buscamos explorar os desafios para identificar, em casos como o analisado, os parâmetros e limites para a definição da obrigação do Estado e das empresas, buscando em casos comparados a referência a orientar a solução no caso do desastre decorrente do rompimento da barragem de Fundão.

1. Direitos Humanos e Empresas: qual o papel do Estado e das empresas?

Os Princípios da ONU sobre Empresas e Direitos Humanos (POs) foram aprovados em 2011 estabelecendo obrigações para o Estado e para as empresas a fim de prevenir e remediar abusos a direitos humanos decorrentes dos negócios.

Trata-se de um primeiro passo no sentido de assegurar que os direitos humanos, que já figuram nos principais Tratados e Pactos Internacionais, sejam parâmetros também para os negócios, especialmente considerando a capacidade das empresas, por meio de suas atividades e operações em cadeia, de afetarem uma série desses direitos. Como um primeiro passo, os POs estabelecem um conjunto de diretrizes acerca de como o Estado deve adotar medidas apropriadas para prevenir, investigar, punir e reparar tais abusos; mas está longe de oferecer uma resposta única acerca de como se pode cobrar, das empresas, o respeito aos direitos humanos. Segundo John Ruggie, que atuou como relator especial da ONU sobre o tema, "a vida dos POs não acabou quando eles foram adotados; de muitas formas, a vida tinha apenas começado" (Ruggie, 2014, p. 243).

Os POs não criam direitos novos, mas novas obrigações para Estados e empresas considerando-se os direitos humanos já internacionalmente reconhecidos[1] O adimplemento dessas novas obrigações demanda o estabelecimento de políticas, regulações e legislações voltados a prevenir e remediar os impactos causados pelos negócios em relação a esses direitos, no caso dos Estados; e a observância de um padrão mínimo de respeitos a esses direitos independentemente do contexto de operação, no caso das empresas.

As medidas a serem adotadas pelo Estado para cumprimento desse dever podem ter um viés preventivo, investigativo, punitivo ou de reparação; ou, ainda, combinar mais de um deles (PO 1). Independentemente do viés, as ações escolhidas devem deixar claro qual a expectativa do Estado para a atuação das empresas em relação aos direitos humanos em seu território e jurisdição (PO 2).

É possível que os Estados já enderecem formas de controle, prevenção e reparação para ações que envolvam abusos a direitos humanos decorrentes dos negócios; mas ainda que a lacuna não autorize que empresas deixem de realizar sua obrigação de respeito a direitos, como estabelecem os POs, é relevante identificar quais são os espaços deixa-

[1] De acordo com Ruggie (2014, p. 152-153) não havia qualquer necessidade dos POs criarem novas obrigações ou identificarem exatamente quais são os direitos humanos a serem respeitados pelas empresas, pois (i) as empresas apresentam a potencialidade de violar todo e qualquer direito e não um conjunto específico; (ii) os direitos reconhecidos internacionalmente devem também ser seguidos pelas empresas e, assim, configuram "uma lista legítima dos direitos humanos que deve ser respeitada pelas empresas" (2014, p. 153).

dos pelas políticas e instituições na defesa de direitos que podem ser impactados pelos negócios para se determinar a sua capacidade de prevenir e sobretudo remediar.

No caso das empresas, os POs estabelecem a obrigação de se abster de violar os direitos humanos e enfrentar os impactos adversos nos direitos humanos com os quais tenham algum envolvimento, considerando suas atividades e operações, incluindo suas ações em cadeia e os riscos e danos causados no território, onde quer que atuem, independentemente da presença do Estado e da situação das políticas públicas.

Para pensar sobre a reparação de danos causados por desastres tecnológicos, trazemos alguns parâmetros de gestão de desastres baseados nos POs e outras normativas internacionais para a resposta e reconstrução de regiões atingidas.

1.1. Parâmetros de direitos humanos para a gestão de desastres

Desastres podem ser definidos por uma séria perturbação da ordem social causada pela interação entre um evento perigoso e condições de exposição, vulnerabilidade e capacidade de reação das pessoas e comunidades atingidas por esses eventos (United Nations, 2016, p. 13).

Enquanto tal, as transformações socioeconômicas e ambientais causadas por desastres agravam significativamente a probabilidade de riscos ou danos a uma série de direitos humanos internacionalmente reconhecidos, como é o caso do direito à moradia, direito à saúde, direito à educação, direito ao trabalho, entre outros. Dentro desse contexto, estratégias de gestão de desastres precisam incorporar os parâmetros internacionais de direitos humanos como marco orientador em todas as etapas que compõem todo o ciclo de desastres – desde a prevenção até a reabilitação (FGV, 2019, p. 10).

A adoção de uma abordagem baseada em direitos humanos (ABDH) tem como objetivo estabelecer medidas que minimizem riscos e reparem impactos adversos aos direitos humanos causados por desastres (United Nations, 2015b). A ABDH deve respeitar alguns princípios operacionais básicos, sendo eles: i) a universalidade, indivisibilidade e interdependência dos direitos humanos; ii) a participação e consulta às pessoas atingidas; iii) a não discriminação; iv) a prestação de contas e tempestividade; v) a transparência; e vi) e não causar danos/causar menos danos (princípio do *do no harm*) (FGV, 2019d, p. 09).

No que se refere as ações de não discriminação, estas devem se direcionar prioritariamente aos grupos sociais que tendem a sofrer de forma mais acentuada os impactos e danos causados por um desastre. A vulnerabilidade é um conceito fundamental para a ABDH, pois é a partir da sua construção que se estabelecem medidas de priorização. Dentre os marcadores sociais que compõem a vulnerabilidade, o gênero ocupa posição relevante.

Como se verá em maior detalhe no próximo capítulo, as mulheres atingidas, em razão de padrões sociais de gênero presentes nos territórios atingidos, reproduzidos muitas vezes pelos próprios atores responsáveis pela condução das ações de gestão de desastre, acabam sofrendo uma série de danos que, a despeito de sua gravidade, são frequentemente invisibilizados pela ausência de uma perspectiva de gênero adequada.

2. Dimensões de gênero, atividade empresária e seus riscos socioambientais

2.1. Direitos Humanos e Empresas sob uma perspectiva de gênero

A proposta deste trabalho é apresentar uma perspectiva de gênero sobre temas de direitos humanos, empresas e desastres. Para isso, é preciso delinear o que entendemos por gênero: termo usado para tratar da construção social e cultural da diferença entre homens e mulheres. Não se trata, portanto, de um dado biológico.

Pensar diferentes marcadores sociais da diferença é essencial para compreender os riscos aos quais diferentes comunidades estão sujeitas quando tratamos de Direitos Humanos e Empresas. Nesse sentido, os POs também receberam uma análise sob a perspectiva de gênero no âmbito da ONU a partir da percepção de que meninas e mulheres sofrem impactos muitas vezes desproporcionais decorrentes da atividade empresária e enfrentam diversas barreiras para acessar remediação. No entanto, a própria ONU reconhece que o gênero não é o único fator relevante para a análise: classe, raça, acesso a recursos, deficiência, entre outros, também podem interferir nesse processo (UNDP, 2019).

Para a teoria feminista, a ideia de pensar sobre diferentes marcadores sociais da diferença atuam no aprofundamento de vulnerabilidades é chamada de *interseccionalidade*, termo cunhado por Crenshaw (1989,

1991). A *interseccionalidade* não é sobre a hierarquização de marcadores, mas como eles interagem na reprodução de desigualdades sociais, (BILGE, 2009).

Entre os diversos problemas sociais que afetam gravemente as mulheres, a prevalência da violência doméstica é reconhecida como uma grave violação dos direitos humanos dessa população no Brasil. O Atlas da Violência 2020 indica que, em 2018, uma mulher foi assassinada a cada duas horas no país. Analisando a evolução ano a ano da taxa de homicídio de mulheres na residência, descobriu-se que esta cresceu 8,3% entre 2013 e 2018, ficando estável entre 2017 e 2018 (IPEA; FBSP, 2020). O Fórum Brasileiro de Segurança Pública também indicou que 76,4% das mulheres que sofreram violência conheciam seu agressor. Em 23,8% dos casos, o agressor era o cônjuge, marido ou companheiro, enquanto em 15,2% dos casos, o agressor era um ex-cônjuge ou namorado (FBSP, 2019).

Dados do Mapa da Violência 2015 também indicam para a prevalência do feminicídio de mulheres negras: enquanto o homicídio de mulheres brancas cai em 9,8% entre 2003 e 2013, o homicídio de mulheres negras aumentou 54,2% (WAISELFISZ, 2015, p. 30). O relatório ainda indica que existem diferenças regionais: estados Minas Gerais e Espírito Santo, por exemplo apresentaram número de atendimentos de mulheres em situação de violência acima da média do Brasil, de 14,2 atendimentos por 10 mil habitantes em 2014 (WAISELFISZ, 2015, p. 44).

Considerando que a violência doméstica é parte de processos econômicos, sociais e políticos que são produto tanto da atividade estatal como da economia global (GILES & HYNDMAN, 2004, p. 4), a atividade empresária também parece ser relevante para a compreensão da permanência e agravamento da violência contra a mulher ao redor do mundo. Considerando que toda atividade empresária gera riscos sociais, em sociedades desiguais ela pode agravar vulnerabilidades socialmente existentes.

Neste trabalho, temos enfoque na atividade mineradora que, como outras atividades extrativistas, trazem benefícios sociais como a geração de empregos e aumento da renda, mas também riscos socioambientais. Porém, os benefícios e riscos não parecem ser distribuídos de forma igualitária: enquanto os homens tendem a se beneficiar dos empregos e da renda gerados, mulheres e crianças parecem ser mais vulneráveis aos riscos (EFTIMIE et al. 2009, p. 1).

Entre os riscos da atividade mineradora, um dos mais graves é o desastre tecnológico, a exemplo dos rompimentos das Barragens de Fundão (2015) e Brumadinho (2019), ambas em Minas Gerais, Brasil. Muitas vezes, as consequências socioeconômicas – e suas dinâmicas de gênero – tendem a ser menos exploradas e reconhecidas nas avaliações de danos pós-desastres – daí a importância do recorte proposto no presente trabalho.

2.2. Gênero e desastres

Na esfera internacional, o primeiro tratado a endereçar os direitos das mulheres foi a Convenção sobre a Eliminação de Todas as Formas de Discriminação contra a Mulher (CEDAW) em 1979. A partir dessa Convenção, é criado o Comitê CEDAW, que monitora sua implementação e publica recomendações gerais sobre os artigos da Convenção.

Entre as recomendações publicadas está a Recomendação Geral nº 37, que trata da dimensão de gênero dos desastres e propõe medidas de redução de riscos de desastres e mudanças climáticas. Seu objetivo é auxiliar o alcance da igualdade substantiva entre os gêneros de modo a reforçar a resiliência dos indivíduos nesses contextos, pensando na obrigação do Estado e de atores privados na tomada de medidas efetivas de prevenção, mitigação e resposta (CEDAW, 2018).

Entre as recomendações para mitigar os riscos enfrentados por mulheres em situação de risco e vulnerabilidade, a CEDAW recomenda a garantia da participação das mulheres na prevenção e gestão de desastres, bem como o fortalecimento de organizações locais que atuam com direitos das mulheres para fortalecer a resiliência de mulheres atingidas (CEDAW, 2018, p. 10).

Para levantar os estudos sobre as dimensões de gênero em contextos de desastres, realizamos um levantamento bibliográfico sistemático a partir de bases de dados de periódicos nacionais e internacionais[2]. Com isso, construímos um banco com 102 textos – entre capítulos de livros,

[2] A busca por textos sobre a temática de gênero e desastres foi realizada em três plataformas: Google Scholar, Redalyc e Scielo. Para todas as plataformas, consideramos apenas os resultados das quatro primeiras páginas e, a partir de textos inicialmente listados buscamos novas referências. Como o Google Scholar trouxe resultados mais pertinentes, foram feitas buscas com novas palavras-chave na plataforma. A partir dos textos encontrados, buscamos em suas referências bibliográficas novas produções relevantes. Foram feitas as bus-

artigos e relatórios – com pesquisas realizadas em diversos países entre 1981 e 2020. As produções mais antigas são da área médica e tratam sobre saúde reprodutiva em contextos de desastres naturais, tema que não vamos abordar nesta revisão, mas que se mostra recorrente entre as temáticas discutidas. Porém, o campo de estudos de gênero em contextos de desastre parece ganhar corpo ao longo dos anos 1990, com produções de, entre outras, Fordham (1998, 1999), Fothergill (1998, 1999a, 1999b) e Enarson (1998, 1999).

Naquele momento, as pesquisadoras apontavam para a ausência da perspectiva de gênero nos estudos sobre desastres e nos processos de resposta e reparação de danos causados. Essa ausência invisibiliza diversos impactos e experiências decorrentes de desastres, universalizando a experiência masculina (FORDHAM, 1998, p. 126). Por isso, essas pesquisadoras, a partir de diversos estudos empíricos, constroem o argumento de que alguns grupos são mais afetados por desastres naturais que outros (FORDHAM, 1999) e enfrentam maiores dificuldades no processo de reconstrução (BRADSHAW, 2004; HORTON, 2012).

Enarson, ao fazer esse diagnóstico, propõe uma agenda de pesquisa que busque compreender como a vulnerabilidade de gênero a desastres é construída, como relações de gênero moldam o planejamento e resposta a desastres e como as relações de gênero são afetadas pela experiência social do desastre (ENARSON, 1998). Entre os danos identificados por esses estudos, já chama atenção problemáticas relacionadas à perda de renda, da sobrecarga de trabalho feminino no pós-desastre e o agravamento da violência doméstica e sexual contra mulheres.

Entre as pesquisas analisadas identificamos um fio condutor comum: mulheres, idosos, pessoas com deficiência e famílias com baixas rendas parecem ser mais gravemente afetadas por desastres (YOSHIHAMA et al., 2019; TARISAYI, 2014; AZAD et al., 2013). Nesse contexto, a *interseccionalidade* se mostra uma ferramenta fundamental para a análise de vulnerabilidades em caso de desastres, tornando-a mais complexa, pois reconhece as múltiplas relações que o gênero estabelece com os demais marcadores sociais da diferença (CRENSHAW, 1989; COLLINS et al., 2016). Trata-se, nesse sentido, de ferramenta relevante não só do ponto

cas: "gender disaster", "women disaster", "género desastres", "gender violence disasters", "gender reproductive health disasters", com variâncias em português e espanhol.

de vista teórico, mas também prático, orientando a identificação de grupos prioritários e, consequentemente, o desenho de políticas de resposta e reconstrução que sejam adequadas e que respeitem as especificidades dos diversos grupos sociais que compõem as populações atingidas.

Embora proeminente e inovador, o campo de estudos de Gênero e Desastres de estudos se consolidou a partir de um ponto de vista do Norte Global, com autoras estudando casos ocorridos na América do Norte, Europa e Oceania. A partir dos anos 2000, talvez por conta da intensificação de desastres naturais na América Central e Ásia, a literatura se diversifica e passa a abranger estudos de caso realizados em outros países não-eurocêntricos.

No Brasil, o campo de estudos sobre Gênero e Desastres – e o próprio direito dos desastres, de uma forma geral – ainda está em desenvolvimento. A primeira publicação nacional que encontramos sobre o tema é um capítulo de livro escrito por Siena e Valencio (2009), em que discutem algumas experiências brasileiras acompanhadas pelo Núcleo de Estudos e Pesquisas Sociais em Desastres do Departamento de Sociologia da Universidade Federal de São Carlos, o NEPED.

Os autores entendem que mudanças climáticas e desastres geram impactos diferentes para grupos populacionais diferentes: quanto maior for a vulnerabilidade da população atingida, mais grave será o impacto (Siena & Valencio, 2009, p. 59). Ao entender que as mulheres são, cultural e socialmente, as principais responsáveis pelo cuidado com o lar e a família, as perdas – materiais e simbólicas – ocasionadas por eventos como enchentes tendem a afetá-las mais gravemente, processo que pode ser prolongado dependendo da forma como as autoridades atuam no processo de reparação (Siena & Valencio, 2009).

Tanto a literatura nacional como a internacional destacam alguns danos frequentes sofridos por mulheres em contextos de desastres como a perda de renda, falta de reconhecimento das mulheres enquanto cidadãs produtivas, a sobrecarga doméstica, problemas de saúde mental e a violência doméstica e sexual. Neste artigo, focaremos nesta última consequência, entendendo que ela está relacionada às outras.

A violência baseada em gênero em contextos de desastres pode se manifestar por meio da violência doméstica, sexual ou exploração sexual. Não só a violência é documentada como um problema, mas as mulheres encontram inúmeras barreiras e dificuldades para denunciar e processar o acusado, em razão da disrupção dos sistemas de segurança e justiça locais.

Thornton e Voigt (2007) estudaram o fenômeno do aumento da violência sexual contra mulheres após o furacão Katrina em Nova Orleans. Por meio de relatos e documentos, reconstroem as histórias de mulheres e as dinâmicas sociais que as tornaram mais suscetíveis a esse tipo de violência. Os autores identificaram que, logo após o impacto, muitas mulheres não conseguiram sair dos territórios afetados em razão de suas responsabilidades de cuidado com crianças, idosos e outros.

Nesses contextos, os territórios estavam abandonados, os serviços de atendimento e segurança desmobilizados e essa destruição acabou deixando as mulheres vulneráveis. Nas palavras de uma das entrevistadas para a pesquisa: "*Women who stayed in the city during Katrina were vulnerable due to being alone with no form of civilized protection such as law enforcement. It was a period of "anything goes," which predators took advantage of*"[3] (Thornton & Voigt, 2007, p. 35). Também há relatos de violência perpetrada por estranhos que ofereceram algum tipo de ajuda como abrigo e comida, bem como nos abrigos oferecidos para as vítimas que tiveram suas casas destruídas.

Nota-se que, dos estudos aqui reunidos, a maioria aborda consequências de desastres naturais. Segundo Ferreira et al. (2018), poucos estudos aprofundam o tema da violência doméstica em decorrência de desastres tecnológicos. Lauve-Moon e Ferreira (2017) estudaram o fenômeno da violência doméstica após o derramamento de óleo pela sonda petrolífera Deepwater Horizon em 2010 no Golfo do México. As principais conclusões do estudo indicam que a população impactada pelo desastre estavam duas vezes mais suscetíveis à violência doméstica física e emocional e que aqueles que sofreram violência doméstica narravam, com maior frequência, que não receberam suporte social ou emocional após o desastre (Lauve-Moon & Ferreira, 2017).

Frequentemente associado à violência está o agravamento ou desencadeamento de quadros de saúde mental em razão do desastre, como

[3] Em tradução livre das autoras para português: "Mulheres que ficaram na cidade durante o Katrina ficaram vulneráveis em razão de estarem sozinhas sem nenhuma forma civilizada de proteção como a polícia. Era um período de 'vale tudo' do qual assediadores tiravam vantagem".

ansiedade, depressão, estresse, insônia, entre outros. Schumacher et al. (2010), ao estudar a violência doméstica pós-Katrina, que houve aumento de 35% na vitimização psicológica e 98% de aumento da vitimização física de mulheres entre residentes em regiões atingidas do Mississippi. Os estressores relacionados ao furacão foram percebidos como fatores de risco de violência física contra mulheres, mas não contra homens.

Ferreira et al. (2018), ao estudar resiliência pós-desastre, destaca que aqueles atingidos que têm acesso a serviços de suporte à saúde mental e possuem renda estável e/ou estão empregados no período pós-desastre, possuem maior autonomia. O suporte emocional e acesso a algum tipo de apoio de saúde mental são sugestões dos autores para aprimorar a resiliência de grupos vulneráveis pós-desastre.

Na esfera nacional, Freitas e Campos (2010) realizaram entrevistas com mulheres atingidas por uma enchente em Blumenau, Santa Catarina, em 2008. As pesquisadoras identificaram nos relatos o aumento do uso de medicamentos para transtornos psicológicos como depressão e ansiedade e a sensação de insegurança com relação a roubos e violência sexual nos abrigos.

Maso e Maso (2020) reportam o trabalho feito com e pelas mulheres atingidas por barragens na atuação do Movimento de Atingidos por Barragem (MAB) na denúncia e disseminação das violações por elas sofridas em contextos de grandes empreendimentos: violência de gênero, mercantilização de seus corpos, invisibilidade de seus trabalhos, perda da terra e separação de seus territórios, entre outros.

As autoras argumentam que as mulheres são mais afetadas por grandes projetos de desenvolvimento, em razão da "miséria, desestruturação social, familiar e individual causadas pela construção, operação e rompimento de barragens" (Maso & Maso, 2020. p. 496). Apesar disso, as autoras apontam que as mulheres frequentemente são minoria nos espaços políticos, percepção esta que incentivou à organização das mulheres dentro do MAB.

Outro ponto relevante no contexto das barragens, é o deslocamento compulsório e processos reparatórios decorrentes desses grandes empreendimentos. No caso de Belo Monte, o "chefe de família", que representava o núcleo familiar no cadastro de atingidos, era o homem, como apontam as autoras:

> Um caso emblemático dessa violação, vivenciado na pesquisa de campo e na assessoria jurídico popular, são os cadastros socioeconômicos realizados para levantamento das famílias: estes se constituem ao redor da noção de núcleo familiar e chefe de família. No cadastramento das famílias atingidas pela hidrelétrica de Belo Monte, em 2012, o levantamento para o reassentamento urbano foi feito com base nas informações do chefe de família, um homem. O resultado foi que a maioria das casas construídas, não refletia a necessidade da família, porque a visão patriarcal de família, composta por chefe, mulher e filhos, não representava a realidade da região. (MASO & MASO, 2020, p. 497).

Maso e Maso (2020) e Rosa (2019), que estudou os impactos do rompimento da barragem de Fundão para a vida das mulheres da bacia do Rio Doce, apontam o mesmo problema no processo de remediação da barragem de Fundão. A titularidade do Auxílio Financeiro Emergencial pago aos núcleos familiares atingidos foi concedida aos homens, que passam a controlar a renda familiar. Segundo as autoras, essa escolha das empresas decorre da invisibilidade das atividades produtivas realizadas por mulheres e acaba por torná-las dependentes financeiramente. Essa falta de reconhecimento dos trabalhos exercidos por mulheres é decorrência da divisão sexual do trabalho, que gera tanto a precarização do trabalho produtivo feminino, como a responsabilidade feminina por tarefas domésticas (MASO & MASO, 2020, p. 498).

Outros danos identificados por Rosa (2019) às mulheres atingidas incluem o aumento da insegurança alimentar, abalo das estruturas familiares, aumento da carga de trabalho doméstico, a imposição da coabitação em casos de deslocamento compulsório e a violência baseada em gênero.

3. O caso do rompimento da barragem de Fundão/MG

A barragem de Fundão, controlada pela Samarco em conjunto com a Vale e BHP Billiton, se rompeu em 05 de novembro de 2015, causando um dos maiores desastres ambientais da história do Brasil. A barragem era responsável por conter o rejeito de mineração que, com o rompimento, atingiu o Rio Doce e seus afluentes, acarretando na morte de fauna e flora local, além da alteração completa dos modos de vida e trabalho de diversos municípios da bacia do Rio Doce até a sua foz no Espírito Santo. As consequências sociais do desastre foram muitas, desde a perda de trabalho e renda até a alteração das dinâmicas comunitárias e familiares nos territórios atingidos.

Os municípios atingidos[4] variam em tamanho, contingente populacional e atividade econômica preponderante, mas segundo relatório da FGV (2019a), produzido a partir de dados do Cadastro Socioeconômico da Fundação Renova, houve grande impacto para a população que atuava nas cadeias da agropecuária e da pesca[5]. A renda familiar *per capita* também foi afetada, passando de R$ 1.128,95 mensais, em média, no ano anterior ao desastre para R$ 588,83 no mês anterior à pesquisa (FGV, 2019a, p. 112).

O Cadastro foi a metodologia utilizada pela Fundação Renova para levantar informações sobre as pessoas atingidas e os danos por elas sofridos. A partir do Cadastro, a FR orienta seus mais de quarenta programas reparatórios, dentre os quais estão o *Programa de Auxílio Financeiro Emergencial* (AFE), que constitui em um pagamento mensal de um salário mínimo, acrescido de 20% para cada dependente registrado, pago às famílias que perderam sua atividade produtiva em decorrência do desastre até a retomada das atividades econômicas na região; e o *Programa de Indenização Mediada* (PIM), voltado ao pagamento de indenizações aos

[4] Em Minas Gerais, até o momento são 36 municípios atingidos: Acaiaca, Aimorés, Alpercata, Barra Longa, Belo Oriente, Bom Jesus do Galho, Bugre, Caratinga, Conselheiro Pena, Córrego Novo, Dionísio, Fernandes Tourinho, Galiléia, Governador Valadares, Iapu, Ipaba, Ipatinga, Itueta, Mariana, Marliéria, Naque, Periquito, Pingo d'Água, Raul Soares, Resplendor, Rio Casca, Rio Doce, Santa Cruz do Escalvado, Santana do Paraíso, São Domingos do Prata, São José do Goiabal, São Pedro dos Ferros, Sem-Peixe, Sobrália, Timóteo e Tumiritinga.
No Espírito Santo, são 10 municípios atingidos até o momento: Aracruz, Baixo Guandu, Colatina, Conceição da Barra, Fundão, Linhares, Marilândia, São Mateus, Serra e Sooretama.

[5] "Os dados apontam que uma parcela considerável da população trabalhava em atividades ligadas à agropecuária e pesca antes do rompimento, mas que houve uma queda brusca nesses percentuais (51,49% antes e 11,42% pós rompimento, entre as mulheres, e 62,08% antes e 25,55% depois, entre os homens). Por outro lado, houve um aumento na proporção de homens no setor de construção – de 8,6% para 19,01%; de homens e mulheres no setor de comércio – respectivamente, de 6,38% para 9,87% e de 9,31% para 15,42%; de mulheres e homens em atividades administrativas – aumento de 9,28% para 16,84% e de 6,25% para 13,05%; e, por fim, um aumento de 8,15% para 18,64% de mulheres que trabalham no setor de serviços domésticos." (FGV, 2019a, p. 104)

atingidos que tiveram perdas e danos decorrentes do desastre, como a perda de familiares, bens materiais, perda ou prejuízo da execução de atividades produtivas, interrupção do abastecimento de água por mais de 24h, entre outros danos.

Tais programas, entretanto, geraram – e ainda geram – diversas consequências sociais negativas nos territórios atingidos, especialmente para as mulheres, como será analisado em maior detalhe na próxima seção.

a. Os gargalos do processo reparatório sob uma perspectiva de gênero e suas consequências para o agravamento da violência doméstica contra as mulheres atingidas

O primeiro gargalo se dá no âmbito do planejamento e execução do Cadastro Socioeconômico, instrumento criado para a identificação das famílias atingidas e dos danos por estas sofridos. Em razão da metodologia empregada, o Cadastro acabou permitindo uma sub-representação significativa de mulheres no momento da entrevista pessoal, ocasião em que o atingido ou atingida responde a um questionário socioeconômico e declara as suas perdas. Tal sub-representação se deve, em grande medida, à utilização do conceito de "responsável pelo núcleo familiar", ou seja, a identificação de uma única pessoa do grupo familiar para fins de cadastramento e, posteriormente, distribuição de medidas de reparação promovidas pela Fundação Renova. Como revela a Tabela 01, na maior parte das vezes, os membros masculinos ocuparam a figura do "responsável", enquanto os demais membros da família, como mães, esposas, filhas e avós, foram consideradas como suas "dependentes".

Muito embora as mulheres somem praticamente metade da população atingida (49,3%), elas se restringem a apenas 39% das pessoas presentes na entrevista de cadastro, contra 61% de presença masculina (FGV, 2019b). De acordo com a própria Fundação Renova, "os homens que declararam as próprias informações superam as mulheres presentes no momento da entrevista" (FGV, 2019b). Assim, é possível argumentar que uma fatia importante das mulheres atingidas teve a declaração de seus dados pessoais e identificação de danos sofridos feitas por terceiro e não por si mesma.

Como se nota na Tabela 01 abaixo, este gargalo de gênero teve ressonância em diversas das políticas socioeconômicas estabelecidas posteriormente pela Fundação Renova, sendo possível verificar diferenças proporcionais na distribuição da titularidade de Auxílios Financeiros Emergenciais e de indenizações. Esse argumento parece ser reforçado pelos dados publicados pela Fundação Getúlio Vargas (2019), que revelam um percentual de 86,8% (9.729 no total) de famílias com apenas um titular de Auxílio Financeiro Emergencial.

Tabela 01 – Dados sobre a distribuição de homens e mulheres no Cadastro, AFE e PIM

	Mulheres	**Homens**
Presentes da entrevista do Cadastro	39%	61%
Responsáveis pelo núcleo familiar	34%	66%
Titulares de Auxílio Financeiro Emergencial	31,5%	68,5%
Titulares de Programa de Indenização Mediada	36%	64%

Fonte: Fundação Getúlio Vargas (2019b, p. 71)

Esse achado é corroborado por outros estudos, como o de Rosa (2019):

> [...] as empresas mineradoras ficaram responsáveis por gerir o processo de reparação, e, a partir de um completo desconhecimento das dinâmicas locais informais e rurais de produção e geração de renda, as empresas Samarco, Vale e BHP Billiton negaram para muitas mulheres o recebimento do cartão de auxílio financeiro mensal. Cartão este que foi concedido prioritariamente aos homens. (Rosa, 2019, p. 200).

Esses dados indicam que a forma como as ações de reparação foram implementadas pelas empresas mineradoras e pela Fundação Renova, especialmente os programas de Cadastro, Auxílio Financeiro Emergencial e Indenização Mediada levou ao agravamento de riscos e danos às mulheres atingidas. Um dos danos gerados pelas disparidades de gênero nos programas reparatórios foi o agravamento de conflitos familiares e comunitários, em especial, a violência doméstica.

Há indícios importantes do aumento da violência doméstica em decorrência do rompimento da Barragem de Fundão. Um dos primeiros indícios foi a inserção do tema nos Planos de Proteção Social estaduais[6]: ambos os estados de MG e ES indicam o aumento da violência doméstica e intrafamiliar, seja a partir dos Registros Mensais de Atendimento (RMAs) da assistência social, que apontaram maior número de atendimentos para esses casos, seja pela percepção de trabalhadores do sistema de proteção social[7].

Em 2017, a Fundação Renova contratou uma consultoria da Herkenhoff & Prates[8] para levantar danos à proteção social dos municípios atingidos. Neste processo, foram realizadas oficinas de proteção social com o objetivo de compreender as percepções dos gestores e técnicos dos serviços de Proteção Social sobre os impactos do rompimento da barragem nas demandas de proteção (HERKENHOFF & PRATES, 2017,

[6] A Cláusula 54 do Termo de Transação e Ajustamento de Conduta (TTAC) assinado pelas empresas responsáveis determinou: "A FUNDAÇÃO deverá elaborar, desenvolver e executar um programa para promover a proteção social, por meio de ações socioassistenciais, incluindo ações socioculturais e apoio psicossocial, desenvolvendo o acompanhamento às famílias e aos indivíduos impactados pelo EVENTO, priorizando os IMPACTADOS com deslocamento físico. " Esse programa foi chamado de Programa de Proteção Social (PPS).

[7] De acordo com o Plano de Proteção Social de Minas Gerais, no âmbito da política de assistência social (demandas de proteção social especial), destacam-se as seguintes situações, surgidas ou agravadas pelo rompimento da barragem, na percepção desses profissionais: Agravamento das violações de direitos, principalmente de idosos e pessoas com deficiência; **Aumento de casos de violência financeira/patrimonial, em função do Auxílio Emergencial; Agravamento das situações de violência familiar/doméstica em função do abuso de álcool e drogas**; Aumento dos casos de violência sexual contra criança e adolescente; Aumento dos casos de violências e vulnerabilidade de idosos (aumento dos casos de abandono); Ampliação quantitativa de migrantes, população em situação de rua, crianças e adolescentes em cumprimento de medidas socioeducativas e crianças e adolescentes ameaçados de morte (GOVERNO DO ESTADO DE MINAS GERAIS, 2018, p. 49). Já o Plano de Proteção Social do Estado do Espírito Santo lista os seguintes impactos referentes à violência: "Aumento do consumo abusivo de substâncias psicoativas (álcool e outras drogas); Aumento da atividade do tráfico de drogas; **Aumento da Violência Doméstica/Familia.** Além disso, reconhece **o agravamento de conflitos (familiares e comunitários) relacionados ao recebimento do Auxílio Emergencial**, inclusive com rompimentos de vínculos em razão de separações (GOVERNO DO ESTADO DO ESPÍRITO SANTO, 2018, p. 51)

[8] Empresa que atua com Monitoramento e Avaliação nas áreas de gestão social e sustentabilidade.

p. 07). De acordo com o relatório final produzido a partir dessas oficinas, aproximadamente 30% dos municípios presentes apontaram o agravamento da violência doméstica como consequência do desastre[9].

Já durante o processo de reparação, foram contratados *experts* para o levantamento de danos e avaliação de possibilidades reparatórias. A Fundação Getúlio Vargas, enquanto um desses *experts,* produziu diversos relatórios com dados relevantes sobre os danos socioeconômicos sofridos pelas comunidades atingidas. Dentre estes, a análise das demandas de mulheres atingidas que chegam à Ouvidoria da Fundação Renova revelou que algumas mulheres em situação de violência já procuraram a Fundação para pedir ajuda (FGV, 2019b). Os relatos registrados pelo referido canal de atendimento se referem, principalmente, à titularidade do AFE e do Cadastro, estando diretamente relacionados à atividade reparatória.

Em um dos casos analisados, a vítima afirma que a personalidade do companheiro foi alterada após o recebimento do AFE e que este chegou a agredi-la fisicamente alegando que teria o dinheiro do auxílio financeiro para pagar a sua fiança (FGV, 2019b, p. 77). Em outro caso, a atingida, vítima de violência doméstica, precisou realizar 170 manifestações nos Canais de Relacionamento da Fundação Renova para ser reconhecida como titular do cadastro de seu núcleo familiar. Até então, tanto ela quanto seus filhos estavam cadastrados como dependentes de seu ex-marido, que recebia o valor integral do AFE em cartão próprio, sem realizar qualquer repasse para a família. Todas as vezes que a atingida tentava obter o desmembramento do cadastro, sofria novas ameaças por parte do ex-companheiro. Mesmo em situação de extrema vulnerabilidade, a titularidade foi obtida dois anos depois (FGV, 2019b, p. 80).

[9] O agravamento da violência foi mencionado pelos municípios de Mariana, Belo Oriente, Sobrália, Alpercata, Governador Valadares, Tumiritinga, Conselheiro Pena, Baixo Guandu, Linhares, Aracruz. Importa destacar que a ausência de menção à violência doméstica não deve ser lida como a ausência desse problema no território. Isso se deve a uma soma de fatores, que vão desde a falta de capacitação e sensibilização de técnicos e gestores acerca do tema, até a sua categorização por meio de outros "macrotemas" identificados nas oficinas, como é o caso de "Fragilização/ rompimento de vínculos familiares, sociais ou territoriais" ou "Aumento de casos relativos à segurança pública".

No âmbito da saúde, a partir dos dados do SINAN[10], estudos técnicos constataram um aumento maior da violência doméstica nos municípios atingidos do que em municípios de comparação. Enquanto os municípios atingidos passaram por um aumento de 70% de casos de violência doméstica, o grupo de comparação teve um aumento bem menos significativo, de 20%. A incidência da violência doméstica nos municípios atingidos pré-rompimento foi de 12,6, passando para 21,6 por 100 mil habitantes após o rompimento[11] (FGV, 2019c, p. 30).

Em estudo sobre os impactos do rompimento na Administração Pública também foi verificado o agravamento da violência doméstica e sexual em três municípios: Barra Longa, Resplendor e Linhares. Em Barra Longa, um dos relatos aponta a incapacidade do CREAS local de acolher e atender os casos:

> Contudo, segundo o DMAS [Departamento Municipal de Assistência Social], o aumento de ocorrências de violação e notificações de maior gravidade remeteu à necessidade de estruturação do referido equipamento público [CREAS], atualmente em negociação. Isso porque a equipe do CRAS não está preparada para lidar com o aumento de situações de risco pessoal e social ocasionado após o desastre. Como exemplo, **são citados casos de maus-tratos a idosos, situações de constrangimento social e violência contra a mulher, sendo este último relacionado à chegada de trabalhadores contratados para as obras de reparação** (grifo nosso) (FGV, 2020, p. 39).

Relatos de Resplendor também confirmam que as demandas assistenciais pós-rompimento se complexificaram significativamente:

[10] O Sistema de Informação de Agravos de Notificação (SINAN) é uma base de dados do Ministério da Saúde que se destina à notificação e investigação de casos de doenças e agravos que constam da lista nacional de doenças de notificação compulsória (Portaria de Consolidação nº4, de 28 de setembro de 2017, anexo V – Capítulo I). Ele tem abrangência em todo o território nacional, mas é facultado a estados e municípios incluir outros problemas de saúde importantes em sua região, como por exemplo, varicela no estado de Minas Gerais. As suas informações permitem a análise do perfil da morbidade e contribui assim com a tomada de decisões em nível municipal, estadual e federal.

[11] Os dados correspondem ao período entre 2012 e 2018, considerando o período de três anos antes do rompimento como "pré-rompimento" e o período de três anos após o rompimento como "pós-rompimento".

> [...] o que se manifestava em **demandas relacionadas ao alcoolismo, uso de drogas e à violência doméstica, que eram menos comuns anteriormente ao desastre**. Assim, pela avaliação dos interlocutores, a partir do começo de 2017, torna-se evidente a consolidação da demanda por assistência social em um patamar muito acima daquele na condição pré-desastre (grifo nosso) (FGV, 2020, p. 79).

Além da violência em si, o aumento do alcoolismo e uso de drogas também aparecem nos relatos. Sabe-se que o uso dessas substâncias em contextos de vulnerabilidade pode ser um fator de risco para as mulheres, pois podem catalisar ou agravar conflitos intrafamiliares[12].

No município de Linhares, constatou-se que a ociosidade causada pela perda de atividades econômicas e espaços de lazer aumentou a violência contra a mulher e conflitos familiares, além de aumentar o consumo de álcool e drogas e da prostituição (FGV, 2020, p. 106). Sobre as demandas por atendimento assistencial:

> [...] como há apenas um CREAS para todo o município de Linhares, seus serviços nem chegam até o local. Os servidores entrevistados percebem um incremento de violência física e psicológica na região, e consideram que sua população está desassistida já que a prefeitura "faz o que pode", mas possui sobrecarga de trabalho e lacuna no volume de funcionários se considerada a situação do município no contexto do desastre. (FGV, 2020, p. 109)

Além dos relatos de agravamento da violência doméstica, também há indícios do aumento dos casos de assédio sexual causados pelo grande fluxo de pessoas que chegaram aos municípios atingidos para o processo de reconstrução:

> A Secretaria de Assistência Social precisou lidar, ainda, com **situações de violência doméstica e assédio sexual,** efeito relacionado à intensifica-

[12] A relação entre uso de álcool e violência baseada em gênero ainda é incerta. Em estudo conduzido em Botswana sobre essa relação, aponta que uma explicação possível é que a embriaguez pode ser uma condição em que demonstrar frustração e raiva se torna mais aceitável do que na sobriedade. Nesse sentido, o uso de álcool é um dos fatores que agrava consequências do stress causado por dificuldades sociais e econômicas e a vitimização das mulheres nesse contexto se dá por conta da desigualdade de gênero (Phorano; Nthomang & Ntseane, 2005, p. 198).

> ção da circulação de funcionários, em especial homens de fora da localidade que trabalham nas ações de reparação do desastre, anteriormente mencionado (grifo nosso) (FGV, 2020, p. 79).

Os achados empíricos, portanto, apontam para um cenário de agravamento e aumento de diferentes tipos de violência contra a mulher e de sobrecarga dos serviços de saúde e assistência municipais, principais responsáveis pelo atendimento e acolhimento dessas demandas.

A Defensoria Pública do Estado do Espírito Santo já reconheceu o agravamento da violência como um dano decorrente do rompimento da Barragem de Fundão, assim como a ausência de políticas da Fundação Renova para proteger mulheres atingidas que estavam em situação de violência antes mesmo do rompimento:

> [...] podemos citar casos em que a mulher atingida já está inserida em um contexto de violência doméstica. **Verifica-se que situações tão delicadas passam despercebidas do cadastro da Fundação Renova e não é realizado nenhum tipo de procedimento especial e não há notícia de protocolo específico que considere esta situação que expõe a mulher, inclusive, a risco de morte**, pois a litigiosidade aumenta quando há conflito de interesses no recebimento da indenização, revitimizando a mulher no espaço que deveria velar pela autocomposição (grifo nosso) (DPES, 2018, p. 25).

Além de agravar a violência, portanto, os processos de reparação são feitos sem atenção às vulnerabilidades anteriores ao desastre e podem colocar as mulheres atingidas em maior risco. Essa mesma situação foi percebida por Rosa (2019), a partir de pesquisa qualitativa com mulheres atingidas. A autora aponta diversos fatores associados ao processo de reparação que levaram ao agravamento da violência contra as mulheres: a coabitação "forçada" com companheiros, por conta da recusa da Fundação Renova de alugar duas residências; a perda do trabalho e as dificuldades financeiras decorrentes; a perda da moradia e as dificuldades de adaptação a uma nova região com outros modos de vida; e disputas em torno da divisão dos valores do auxílio financeiro emergencial (AFE) pagos por núcleo familiar atingido, e não para os indivíduos atingidos são alguns exemplos das situações que colocaram as mulheres atingidas em situações de maior risco dentro da convivência doméstica (Rosa,

2019, p. 166). Em especial, chama atenção a invisibilização das atividades produtivas executadas por mulheres, visto que:

> Algumas mulheres possuíam registro na carteira de trabalho, eram trabalhos considerados "formais", já a grande maioria não tinha registo, exerciam atividades "informais" ou autônomas, é sobre essas últimas que reside a maior dificuldade em comprovar que perderam seu trabalho e sua renda (Rosa, 2019, p. 200).

As atividades produtivas foram reconhecidas principalmente para os trabalhadores formais, com registro em carteira, o que foi altamente excludente para as mulheres, que realizavam atividades informais ou atuavam nas cadeias produtivas, por exemplo a cadeia da pesca, o que dificultou em grande medida o reconhecimento de suas profissões para fins de reparação. Além disso, vale destacar que o trabalho doméstico – executado principalmente por mulheres – também não foi reconhecido nas matrizes indenizatórias, a despeito do significativo aumento da carga de trabalho doméstico em razão do desastre (FGV, 2019b, p. 58).

Este cenário, somado à experiência de casos comparados analisados no capítulo 2, revela que a violência doméstica é um risco importante em contexto de desastres e, como tal, deve ser considerada no planejamento e execução das ações de prevenção, resposta e reconstrução pós desastre.

Tendo em vista que os POs exigem dos Estados o estabelecimento de políticas, regulações e legislações voltados a prevenir e remediar os impactos causados pelos negócios e, ao mesmo tempo, desautoriza que empresas deixem de realizar sua obrigação de respeito a direitos em razão de possíveis fragilidades das políticas públicas, as ações direcionadas ao enfrentamento da violência doméstica em contexto de desastres devem ser desenvolvidas e executadas conjuntamente por ambos atores, empresas e Estado.

Considerando os diferentes impactos e danos decorrentes do rompimento da Barragem de Fundão e os estudos que mostram o aumento de danos aos direitos das mulheres na região atingida, será analisada a rede de atendimento às mulheres em situação de violência doméstica dos territórios atingidos, de forma a averiguar a sua capacidade de funcionamento e, com isso, sua capacidade de realizar (ou não) a remediação dos danos causados pelo rompimento da Barragem.

b. Análise da rede de atendimento para mulheres em situação de violência nos territórios atingidos pelo rompimento da Barragem de Fundão

Desde a entrada em vigor da Lei Maria da Penha (Lei 11.340/2006), o atendimento de mulheres em situação de violência doméstica no Brasil passou a se respaldar na articulação de serviços de assistência social, saúde e segurança pública. Tais serviços compõe a chamada rede socioassistencial de atendimento à mulher, que tem como objetivo ampliar e aprimorar da identificação e encaminhamento dos casos de violência doméstica (Brasil, 2011, p. 14).

Apesar de fundamentais, os mecanismos especializados da referida política pública, todavia, ainda não foram satisfatoriamente implementados no território nacional. De acordo com dados do IBGE, 12 anos após a criação da Lei Maria da Penha, somente 2,4% dos municípios brasileiros contavam com casas-abrigo de gestão municipal (IBGE, 2019, p. 91). Além disso, muito embora o Plano Nacional de Políticas para as Mulheres (2013-2015) tenha estabelecido a necessidade de ampliação da rede de serviços especializados de atendimento pelas gestões municipais, somente 9,7% dos municípios brasileiros ofereciam, até 2018, serviços especializados de atendimento à violência sexual, e 8,3% possuíam Delegacias Especializadas de Atendimento à Mulher (IBGE, 2019, p. 93).

Diante da ausência desses equipamentos, os serviços não especializados – especialmente as unidades básicas de saúde, delegacias comuns e CRAS – constituem a principal porta de entrada de mulheres em situação de violência e, consequentemente, a principal fonte de dados públicos sobre o tema.

Essa realidade é verificada principalmente em municípios de pequeno porte, visto que a maior oferta de serviços especializados se concentra em municípios mais populosos, chegando a alcançar 100% entre aqueles com mais de 500 000 habitantes (IBGE, 2019, p. 93). Dentre os menos populosos (até 20.000 habitantes), que correspondem a 70,0% do conjunto das municipalidades brasileiras, apenas 8,3% contam com algum tipo de serviço especializado de atendimento à violência contra a mulher (IBGE, 2019, p. 93).

Considerando a realidade dos municípios atingidos pelo rompimento da Barragem de Fundão, o diagnóstico produzido pelo IBGE é bastante relevante, pois a maior parte do território atingido é composta por municípios de pequeno porte, principalmente em Minas Gerais. Já o perfil dos municípios atingidos do Espírito Santo é um pouco distinto e varia entre médio e grande porte.

De modo a analisar a cobertura dos serviços de atendimento à mulher (especializados ou não) nos municípios atingidos, realizamos um mapeamento de equipamentos de quatro tipos: (i) assistência social[13], (ii) saúde[14], (iii) segurança pública[15] e (iv) equipamentos especializados[16]. O mapeamento foi feito a partir de informações disponíveis *online* nos *sites* das prefeituras dos municípios atingidos, dos governos do estado de MG e ES, das polícias civis e militares de ambos os estados e dos Mapas Estratégicos para Políticas de Cidadania (MOPS)[17].

Como se observa na tabela 2, muito embora o número de municípios atingidos mineiros (36) seja quase quatro vezes maior que o número de municípios atingidos capixabas (10), o levantamento revela quantidades muito semelhantes de serviços em ambos os conjuntos de municípios. Os números de alguns equipamentos especializados (Centros de Referência da Mulher, Delegacias Especializada de Atendimento à Mulher e Centros de Saúde da Mulher) e de CREAS presentes nos municípios do Espírito Santo ultrapassa os de Minas Gerais.

[13] Consideramos apenas os CRAS e CREAS.

[14] Consideramos apenas UBSs e UPAs.

[15] Delegacias de Polícia Civil e Militar.

[16] Casas-abrigo, Centros de Referência para Mulheres em Situação de Violência (CRMs), Delegacias da Mulher (DDMs ou DEAMs), serviços especializados de saúde da mulher e outros.

[17] Portal da Secretaria de Avaliação e Gestão da Informação (SAGI) do Governo Federal. Disponível em: https://aplicacoes.mds.gov.br/sagi/mops/, acesso em 11 mar. 2021.

Tabela 02 – Levantamento da rede de atendimento dos municípios atingidos dos estados de Minas Gerais e Espírito Santo

<table>
<tr><th rowspan="2"></th><th colspan="2">Assistência Social</th><th rowspan="2">Saúde</th><th rowspan="2">Segurança Pública</th><th colspan="5">Equipamentos Especializados</th></tr>
<tr><th>CRAS</th><th>CREAS</th><th>Abrigo</th><th>CRM</th><th>DDM</th><th>Saúde da Mulher</th><th>Outros</th></tr>
<tr><td>Municípios atingidos de MG</td><td>55</td><td>11</td><td>268</td><td>69</td><td>3</td><td>0</td><td>0</td><td>1</td><td>1</td></tr>
<tr><td>Municípios atingidos do ES</td><td>41</td><td>12</td><td>207</td><td>37</td><td>2</td><td>1</td><td>5</td><td>2</td><td>1</td></tr>
<tr><td>Total</td><td>96</td><td>23</td><td>475</td><td>106</td><td>5</td><td>1</td><td>5</td><td>3</td><td>2</td></tr>
</table>

Fonte: elaboração própria, 2021.

O estado de Minas Gerais possui uma estratégia regional de proteção social especial, o que significa que os CREAS atendem uma região maior que a municipal (GOVERNO DO ESTADO DE MINAS GERAIS, 2018). No entanto, a capilaridade dos serviços contribui para a garantia de acesso e atendimento, especialmente para as populações mais vulneráveis. A falta de CREAS regionais, portanto, pode afetar o atendimento a mulheres em situação de violação de direitos em municípios atingidos pelo rompimento.

Para qualificar nossa avaliação da rede de serviço dos municípios atingidos, analisamos também os dados do Sistema de Informação de Agravos de Notificação (SINAN) sobre violência interpessoal contra mulheres nos municípios atingidos. Como o objetivo deste trabalho é analisar a rede de atendimento, foram analisados os códigos da base relativos aos "encaminhamentos", ou seja, para quais órgãos ou equipamento da rede pública o caso notificado pelo equipamento de saúde foi encaminhado[18].

[18] As bases do SINAN foram obtidas no site do DATASUS: http://www2.datasus.gov.br/DATASUS/index.php?area=0901&item=1&acao=41, acesso em 11 mar. 2021. Para esta análise, consideramos apenas os casos de violência interpessoal contra mulheres com residência em algum dos 46 municípios atingidos listados para esse estudo. Os códigos usados para a análise geral dos encaminhamentos foram: ENC_SAUDE, ENC_TUTELA, ENC_VARA, ENC_ABRIGO, ENC_SENTIN, ENC_DEAM, ENC_DPCA, ENC_DELEG, ENC_MPU, ENC_MULHER, ENC_CREAS, ENC_IML, ENC_OUTR, REDE_SAU, ASSIST_SOC, ATEND_MULH, CONS_TUTEL, DELEG_CRIA, DELEG_MULH e DELEG.

A análise dos dados do SINAN confirma a hipótese de que os equipamentos não especializados são os principais responsáveis pelo atendimento dos casos de violência doméstica nos municípios atingidos, tanto em Minas (Gráfico 1) quanto no Espírito Santo (Gráfico 2). A rede de saúde se destaca em ambos os estados, responsável pela maior fatia dos encaminhamentos.

Outro dado bastante significativo é a quantidade elevada de casos sem encaminhamento. Isso pode se dar por ausência de ação dos profissionais que realizaram o atendimento inicial, mas também por uma recusa da paciente. No entanto, esses casos em que a vítima obteve o atendimento médico necessário, mas não foi direcionada a nenhum outro serviço, podem indicar uma fragilidade de articulação não só dos equipamentos de saúde com os demais serviços, como da própria rede de saúde com os demais eixos da política de enfrentamento à violência (principalmente a assistência social, como veremos mais adiante).

Gráfico 1 – Encaminhamentos dos casos de violência doméstica nos municípios atingidos de MG[19]

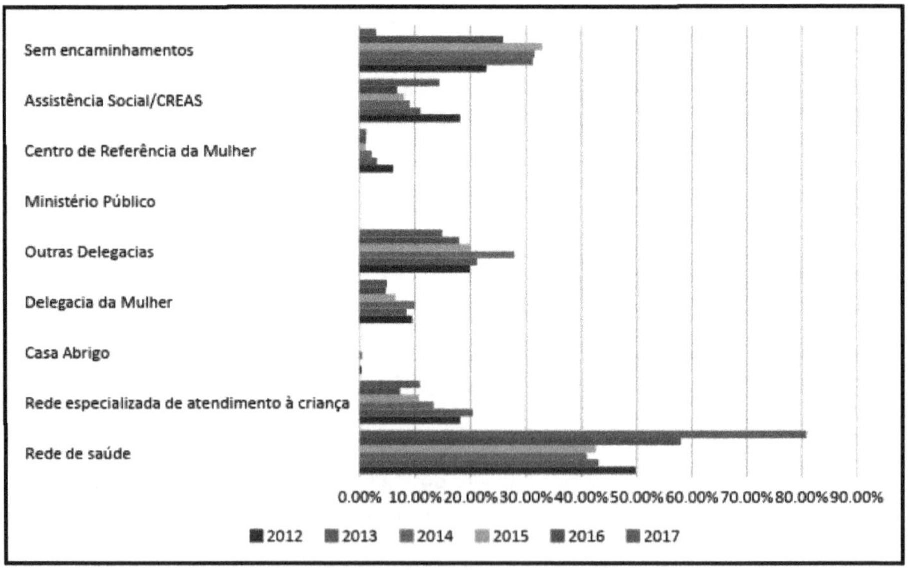

Fonte: elaboração própria (2021) com base em SINAN (2012-2017)

[19] O formulário de notificação mudou e, em 2014, ocorre uma transição na forma de registrar as informações de encaminhamento. O formulário de 2012-2014 continha campos de

Gráfico 2 – Encaminhamentos dos casos de violência doméstica nos municípios atingidos de ES

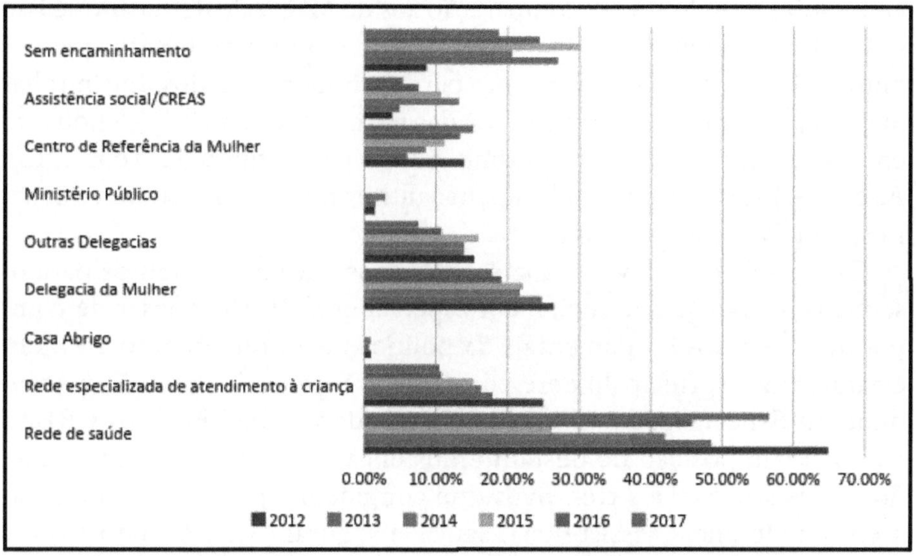

Fonte: elaboração própria (2021) com base em SINAN (2012-2017)

Depois da saúde, o maior número de encaminhamentos foi direcionado aos serviços de segurança pública. Enquanto em MG as delegacias comuns foram as que mais receberam encaminhamentos, no ES, talvez por conta da maior presença de delegacias especializadas de atendimento à mulher, estas se destacaram. Esse achado complementa

preenchimento que não permaneceram de 2015-2017. Alguns permaneceram iguais (p.ex. o código ENC_SAUDE se torna REDE_SAU), mas outros foram unificados por similitude (p.ex. o código ENC_CREAS foi considerado equivalente ao posterior ASSIST_SOC). A categoria Rede especializada de atendimento à criança unifica os encaminhamentos para a Delegacia da Criança (presente nas bases de 2012-2017), Conselho Tutelar (presente nas bases de 2012-2017), Vara da Infância e Juventude (presente entre 2012-2014), Programa Sentinela (presente entre 2012-2014). Também não há mais um campo específico para os encaminhamentos para Casas-abrigo após 2014. As porcentagens foram calculadas ano a ano a partir do número total de notificações de violência interpessoal contra mulheres residentes em municípios atingidos nas bases e indicam a proporção de um tipo de encaminhamento frente ao total de casos notificados de violência. Alguns casos podem ter sido encaminhados para mais de um serviço. Por fim, os encaminhamentos para o Instituto Médico Legal (IML) foram desconsiderados, assim como encaminhamentos para "Outros serviços".

o levantamento da rede de serviços apresentados anteriormente, que revela uma maior robustez da rede de serviços especializados nos municípios atingidos do ES em comparação aos de MG. Vale destacar que isso se replica para outros equipamentos, como é o caso do CRMs, que nos municípios do ES compõem uma parcela importante dos encaminhamentos (chegando a atingir 15,20% das notificações em 2017), enquanto em MG se limitaram a, no máximo, 6,06% das notificações (em 2012). As casas-abrigo, entretanto, ocupam a última posição em ambos os cenários, representando menos de 1%.

Outro achado relevante diz respeito aos encaminhamentos para os serviços de assistência social, em especial os CREAS. Apesar de compor um dos eixos fundamentais da política de enfrentamento à violência doméstica (principalmente por meio do Serviço de Proteção e Atendimento Especializado a Famílias e Indivíduos – PAEFI[20]), os CREAS não ocupam posição de destaque nos encaminhamentos em nenhum dos dois estados. Dos três eixos que compõem a política de enfrentamento à violência (assistência, saúde e segurança), é o que possui a menor articulação com a rede de atendimento. Tal fato pode decorrer de uma série de fatores, mas, especificamente no caso de Minas Gerais, o número reduzido de encaminhamentos pode estar associado à presença de CREAS em apenas 11 dos 36 municípios atingidos, o que dificulta a articulação entre a unidade notificadora (unidade de saúde) e as equipes dos CREAS.

[20] De acordo com a tipificação nacional de serviços socioassistenciais, o PAEFI se volta ao apoio, orientação e acompanhamento a famílias com um ou mais de seus membros em situação de ameaça ou violação de direitos. Um de seus objetivos centrais é contribuir para o rompimento de padrões violadores de direitos no interior da família. Dentre seus usuários estão famílias e indivíduos que vivenciam violações de direitos por ocorrência de: i) Violência física, psicológica e negligência; ii) Violência sexual: abuso e/ou exploração sexual; iii) Afastamento do convívio familiar devido à aplicação de medida socioeducativa ou medida de proteção; iv) Tráfico de pessoas; v) Situação de rua e mendicância; vi) Abandono; vii) Vivência de trabalho infantil; viii) Discriminação em decorrência da orientação sexual e/ou raça/etnia; ix) Outras formas de violação de direitos decorrentes de discriminações/submissões a situações que provocam danos e agravos à sua condição de vida e os impedem de usufruir autonomia e bem-estar; e x) Descumprimento de condicionalidades do PBF e do PETI em decorrência de violação de direitos. BRASIL. **Tipificação Nacional de Serviços Socioassistenciais**. Brasília, 2013, p. 29.

Por fim, importa destacar que uma parcela significativa das notificações de violência doméstica envolveu crianças ou adolescentes. Há diversos encaminhamentos para a rede especializada de atendimento à criança, principalmente no Espírito Santo. No ano de 2012, por exemplo, um quarto das notificações de violência doméstica dos municípios atingidos do ES foi direcionada à rede especializada, o que revela características interseccionais importantes da vitimização doméstica feminina.

3.2.1. Atendimento a mulheres vítimas de violência sexual

Segundo a Norma Técnica sobre Prevenção e Tratamento dos Agravos Resultantes da Violência Sexual (NT) (Brasil, 2012), que estabelece protocolos de atendimento e cuidados profiláticos para casos de violência sexual, aponta para o fato de a gravidez decorrente da violência ser uma forma de revitimização. Essa gravidez pode ser prevenida com o uso da Anticoncepção de Emergência (AE), sendo responsabilidade dos gestores de saúde garantir a disponibilidade e o acesso adequado a esse método contraceptivo. Segundo a norma:

> A AE deve ser prescrita para todas as mulheres e adolescentes expostas à gravidez, através de contato certo ou duvidoso com sêmen, independente do período do ciclo menstrual em que se encontrem, que tenham tido a primeira menstruação e que estejam antes da menopausa. A AE é desnecessária se a mulher ou a adolescente estiver usando regularmente método anticonceptivo de elevada eficácia no momento da violência sexual, a exemplo do anticoncepcional oral ou injetável, esterilização cirúrgica ou DIU. [...] A AE hormonal constitui o método de eleição devido seu baixo custo, boa tolerabilidade, eficácia elevada e ausência de contraindicações absolutas. (Brasil, 2012, p. 38)

Nos casos em que a gravidez não foi evitada, as mulheres devem ter acesso ao aborto. Segundo a norma, "[à]s mulheres deve ser garantido o acesso à informação e à orientação humana e solidária; ao abortamento previsto em lei; à atenção de qualidade em complicações derivadas de abortos; e ao planejamento reprodutivo pós-aborto para, inclusive, evitar abortos repetidos" (Brasil, 2012, p. 68).

O acesso à contracepção de emergência e ao abortamento previsto em lei são decorrentes do direito constitucional à saúde (art. 196, CF);

do planejamento familiar livre (art. 226, § 7º, CF); do direito à uma vida livre de violência (art. 3, Convenção de Belém do Pará); direito à vida, à integridade física, mental e moral, à liberdade e segurança, a não ser submetida a tortura e à dignidade assegurados às mulheres (art. 4, Convenção de Belém do Pará).

Para compreender o cenário da atenção às vítimas de violência sexual nos dois municípios, analisamos dois encaminhamentos específicos para esses casos: a contracepção de emergência e o aborto previsto em lei. Para essa análise, foram analisadas apenas as notificações de violência sexual contra mulheres nos municípios atingidos[21]. A partir desse total de casos notificados, foi calculada a porcentagem de casos em que foi confirmada a administração da contracepção de emergência e/ou do aborto previsto em lei.

Os dados de Minas Gerais apontam para um cenário preocupante. Há confirmação da realização da contracepção de emergência em poucos casos e quase nenhum caso de abortamento previsto em lei ao longo de seis anos nos municípios atingidos:

Tabela 03 – Encaminhamentos dos casos de violência sexual contra mulheres nos municípios atingidos de MG[22]

Encaminhamento	2012	2013	2014	2015	2016	2017
Contracepção de emergência	17	22	23	17	15	15
Aborto previsto em lei	0	0	0	0	1	0
Total de notificações por violência sexual nos municípios atingidos de MG	88	115	126	157	153	144

Fonte: elaboração própria a partir do SINAN (2012-2017)

Os dados do Espírito Santo apontam para um cenário um pouco diferente: apesar dos números de contracepção de emergência serem bai-

[21] Para a análise dos encaminhamentos de violência sexual, foram selecionados apenas casos desse tipo de violência contra mulheres residentes nos municípios atingidos a partir do código VIOL_SEXU e analisados os códigos PROC_CONTR e PROC_ABORT.

[22] Optamos por manter a tabela com os números absolutos em razão dos valores serem baixos.

xos, observamos um crescimento de sua administração com o passar dos anos. O mesmo ocorre com o abortamento legal, que é mais acessado em 2016 e 2017 do que nos anos anteriores:

Tabela 04 – Encaminhamentos dos casos de violência sexual contra mulheres nos municípios atingidos do ES

Encaminhamento	2012	2013	2014	2015	2016	2017
Contracepção de emergência	25	22	21	25	29	45
Aborto previsto em lei	2	1	2	3	9	12
Notificações de violência sexual nos municípios atingidos do ES	103	124	162	203	219	273

Fonte: elaboração própria a partir do SINAN (2012-2017)

Sabemos pelas determinações da NT que nem todos os casos de violência sexual demandam contracepção de emergência ou resultarão em gravidez. Além disso, a administração desses procedimentos depende da escolha da mulher. No entanto, fica evidente a disparidade entre casos notificados e a administração de ambos os procedimentos nos dois casos.

O cenário de Minas Gerais parece ainda mais grave, pois o número de municípios atingidos nesse estado é maior que no Espírito Santo e, mesmo assim, os municípios do ES têm administrado mais AE do que os de MG. Apesar disso, os dois cenários indicam baixo acesso a direitos fundamentais das mulheres no campo da saúde sexual e reprodutiva.

Como aponta a literatura internacional, em zonas atingidas por desastres, a violência sexual pode aumentar em decorrência da desmobilização dos serviços de segurança e justiça no momento posterior ao impacto ou mesmo durante as fases de reconstrução de regiões atingidas, com a chegada de pessoas novas nas zonas atingidas.

4. Parâmetros e limites para a responsabilização do Estado e das empresas no caso de violência de gênero decorrente de desastre tecnológico

Da forma como estabelecem os Princípios Orientadores da ONU sobre Empresas e Direitos Humanos, espera-se que empresas busquem prevenir ou mitigar impactos adversos nos direitos humanos que estejam diretamente relacionados às suas atividades e operações, produtos ou serviços prestados em suas relações comerciais, mesmo se elas não tiverem causado esses impactos, atuando positivamente para remediá-los (United Nations, 2011, Princípios 13).

Com isso, tem-se a ampliação da responsabilidade tradicionalmente cobrada das empresas, de "não violar a lei" em dois sentidos. Em um primeiro, não basta se abster, é preciso que a empresa possa agir para prevenir ou mitigar impactos adversos nos direitos humanos com os quais esteja envolvida. Em um segundo sentido, essa responsabilidade está além dos impactos adversos e danos causados diretamente pelas ações e operações da empresa, incorporando também os impactos adversos e danos com os quais tenha algum envolvimento.

Essa definição da responsabilidade das empresas levou o presidente do grupo de trabalho da OCDE sobre conduta empresarial responsável a endereçar carta ao Alto Comissariado de Direitos Humanos da ONU em 2013, questionando sobre quais seriam os limites para se considerar que uma empresa poderia ser responsabilizada pelos danos a direitos humanos.

Em sua resposta, o Alto Comissariado de Direitos Humanos da ONU afirmou que "a causalidade entre a atividade empresarial e o impacto adverso não é o fato a determinar a obrigação das empresas de respeitar os direitos humanos e que tanto impactos diretos e indiretos devem ser endereçados pela empresa. "**A exceção seria quando não houvesse qualquer relação com os impactos adversos**" (grifo nosso) (United Nations, Ohcrh, 2013, p. 3).

Isso significa que não há um limite pré-estabelecido para que empresas sejam responsabilizadas por impactos adversos e danos a direitos, dependendo do contexto de sua operação, de suas relações comerciais e parcerias e da relação que se possa estabelecer entre a sua conduta, o impacto adverso e o dano. Uma empresa pode contribuir com a violação a direitos, por exemplo, com a migração de grande contingente de trabalhadores não planejada para um território, provocando o aumento da exploração sexual de crianças e adolescentes, embora a exploração sexual, em outra medida, seja preexistente. Também pode gerar ou intensificar o trabalho infantil presente em determinada cadeia, ao cobrar por preço e prazo não adequados, ou provocar e/ou aumentar a violência doméstica a depender de como estabelece suas políticas de remediação no caso de um desastre, como é o caso discutido neste artigo. Em todos esses casos, deve-se cobrar a responsabilidade das empresas para que, a depender do seu envolvimento, possa endereçar o abuso a direito.

Uma empresa pode causar, contribuir ou reforçar um impacto ou abuso a direitos humanos. Nos casos em que a atividade causa diretamente riscos e impactos, é mais fácil estabelecer a relação da empresa e o resultado negativo e determinar uma ação de remediação. Quando se trata de caso em que a conduta da empresa contribui ou gera o agravamento de um abuso a direito é necessário ir além dos limites usuais de responsabilidade civil. Para isso, o primeiro passo é compreender a interação da atividade empresarial com o impacto adverso ou o abuso a direito causado. Em vista da complexidade que pode envolver a relação entre uma empresa e o abuso a direito, o Grupo de Trabalho sobre Empresas e Direitos Humanos elaborou uma matriz voltada a orientar a ação da empresa voltada a remediar abusos a direitos dependendo do seu envolvimento, considerando-se também danos e impactos reais e potenciais, os riscos:

Tabela 05 – Ações esperadas das empresas considerando a sua relação com o impacto adverso

TIPO DO IMPACTO		TIPO DA RESPOSTA ESPERADA	
CAUSA	Real	Cessar o impacto	Remediar o dano já causado
	Potencial	Prevenir ou mitigar a ação que causa o dano	Remediar o que a mitigação não conseguir evitar
CONTRIBUIÇÃO	Real	Cessar o impacto e usar a influência para que as outras partes envolvidas também o cessem, para não ser omisso e responder por cumplicidade.	Remediar o dano já causado
	Potencial	Prevenir ou mitigar a ação que contribui com o dano e usar a influência para mitigar o impacto remanescente (das outras partes envolvidas), para não ser omisso e responder por cumplicidade.	Remediar o que a mitigação não conseguir evitar
CONEXÃO: LIGAÇÃO DIRETA ENTRE O DANO E AS OPERAÇÕES DA EMPRESA, ATRAVÉS DE UMA RELAÇÃO COMERCIAL	Real	Usar a influência para cessar o impacto. Caso não seja bem-sucedido, considerar encerrar a relação comercial	
	Potencial	Usar a influência para prevenir ou mitigar o risco do impacto, mesmo se não tiver contribuído para tal. Caso não seja bem-sucedido, considerar encerrar a relação comercial	

FONTE: ELABORAÇÃO PRÓPRIA A PARTIR DE INFORMAÇÕES DO GUIA INTERPRETATIVO (LINK)

Fonte: UNITED NATIONS, OHCRH, 2014.

Considerando o aumento da violência doméstica associado ao desastre, há dois casos que podem ser considerados analogamente. Os dois casos tratam de aumento de exploração sexual de adolescentes associado às atividades e operações de empresa. No primeiro deles, discute-se a responsabilidade das empresas de construção civil envolvidas na instalação da Usina de Belo Monte em caso envolvendo adolescentes encontradas em condição análoga à escravidão e submetidas à exploração sexual e tráfico de pessoas em uma das boates situada a margem do canteiro de obras, a Boate Xingu. O caso, que se iniciou por uma discussão judicial envolvendo quais os limites para se considerar as empresas responsáveis, considerando a distância física entre o canteiro de obras e a boate, teve como desfecho uma solução extrajudicial estabelecendo medidas de prevenção e monitoramento a serem realizadas pelas empresas envolvidas, além de um programa de sensibilização dos trabalhadores da obra acerca de violações sexuais cometidas contra crianças e adolescentes. O outro caso trata do aumento da exploração sexual relacionado à construção da Arena Corinthians e é um exemplo de precedente. Neste, o Ministério Público do Trabalho cobrou a responsabilidade das empresas envolvidas na construção do estádio e infraestrutura em relação a indícios de aumento de exploração sexual de crianças e adolescentes no entorno das obras, exigindo a adoção de medidas de prevenção e sensibilização.

Em todos esses casos, a empresa tem a obrigação de realizar a ação que estiver a seu alcance para prevenir riscos e impactos, fazer cessar o abuso a direito e remediar o dano causado, se for o caso. Essa obrigação poderá variar de acordo com a relação da empresa com o impacto ou dano. A obrigação da empresa de reparar o dano será certamente maior nos casos em que der causa ao dano comparativamente aos casos em que se vir associada a um abuso a direito por meio de sua cadeia. Isso não a abstém de ter de agir nos dois casos.

Conclusões

A atividade empresária, em particular atividades extrativistas, pode ter consequências indesejáveis, como os desastres tecnológicos. Em razão da estrutura desigual das sociedades, esses ônus são distribuídos desigualmente e populações mais vulneráveis tendem a sofrer danos mais severos e irremediáveis.

Entre as consequências que afetam particularmente as mulheres, está a violência doméstica e sexual. Enquanto violação dos direitos humanos das mulheres, essas violências precisam ser prevenidas e enfrentadas pelo Estado, mas não só: as empresas que conduzem atividades que podem gerar risco de agravamento da violência baseada em gênero, também devem se responsabilizar pelos riscos e danos gerados por sua atividade.

No caso do rompimento da Barragem de Fundão/MG, as mulheres atingidas sofreram danos específicos, entre eles, o agravamento da violência doméstica. No entanto, as redes de serviços disponíveis para o atendimento desses casos parecem insuficiente para lidar com essas demandas. A falta de serviços especializados e as dificuldades de acesso a procedimentos de cuidado à saúde sexual e reprodutiva apontam para um possível cenário de revitimização das mulheres que buscam ajuda para cuidar de si e reconstituir a vida após a violência.

De modo a garantir a efetivação integral dos direitos humanos das mulheres, territórios sob risco de desastres – e que são submetidos a impactos socioeconômicos de grandes empreendimentos, às atividades extrativistas e outras operações passíveis de causar danos graves aos modos de vida da população local – devem ser adequadamente equipados para acolher, atender e encaminhar mulheres em situação de vulnerabilidade.

Especialmente no caso da violência doméstica, Estado e empresas devem atuar conjuntamente de forma a fortalecer a rede de atendimento dos territórios atingidos, o que pode se dar de diversas formas, desde a ampliação do número de equipamentos especializados até a implementação de cursos de capacitação em direitos humanos e direitos das mulheres direcionados a todos os profissionais envolvidos no atendimento dessas demandas – tanto a nível das empresas (como, por exemplo, nos canais de atendimento e recebimento de denúncia), quanto à nível público.

Referências

AZAD, Abul K.; HOSSAIN, Khondoker M. & NASREEN, Mahbuba. Flood-induced vulnerabilities and problems encountered by women in northern Bangladesh.

International Journal of Disaster Risk Science, v. 4, p. 190-199, 2013. https://doi.org/10.1007/s13753-013-0020-z

Bilge, Sirma. Théorisations Féministes de L'Intersectionnalité. **Diogène**, v. 225, pp. 70-88, 2009.

Bradshaw, Sarah. **Socioeconomic impacts of natural disasters**: a gender analysis. Santiago: Cepal, Organização das Nações Unidas, 2004.

Brasil. Ministério da Saúde. Secretaria de Atenção à Saúde. **Departamento de Ações Programáticas Estratégicas Prevenção e tratamento dos agravos resultantes da violência sexual contra mulheres e adolescentes: norma técnica**. Ministério da Saúde. Secretaria de Atenção à Saúde. Departamento de Ações Programáticas Estratégicas. – 3ª ed. Brasília: Ministério da Saúde, 2012.

Brasil. Ministério da Saúde. Secretaria de Atenção à Saúde. **Tipificação Nacional de Serviços Socioassistenciais**. Brasília, 2013.

Campos, Carmen H. Desafios na Implementação da Lei Maria da Penha. **Revista Direito GV**, v. 11, n. 2, p. 391-406, 2015.

Cedaw. (2018) **General Recommendation nº 37 on Gender-related dimensions of disaster risk reduction in the context of climate change**. Disponível em: https://tbinternet.ohchr.org/Treaties/CEDAW/Shared%20Documents/1_Global/CEDAW_C_GC_37_8642_E.pdf, acesso em 01 mar. 2021.

Collins, Patricia Hill & Bilge, Sirma. **Intersectionality**. Polity: Cambridge, 2016.

Crenshaw, Kimberlé. Demarginalizing the Intersection of Race and Sex: A Black Feminist Critique of Antidiscrimination Doctrine, Feminist Theory and Antiracist Politics. **University of Chicago Legal Forum**: nº 1, art. 8, v. 1989.

Crenshaw, Kimberlé. Mapping the Margins: Intersectionality, Identity Politics, and Violence Against Women of Color. **Stanford Law Review**, v. 43, n. 6, pp. 1241-1300, 1991.

Eftimie, Adriana; Heller, Katherine & Strongman, John. **Gender Dimensions of the Extractive Industries**: Mining for Equity. World Bank, 2009.

Enarson, Elaine. Through women's eyes: a gendered research agenda for disaster social science. **Disasters**, v. 22, n. 2, p. 157-173, 1998.

Enarson, Elaine. Violence against women in disasters: a study of domestic violence programs in United States and Canada. **Violence Against Women**, v. 5, n. 7, p. 742-768, 1999.

Ferreira, Regardt J.; Buttell, Frederick & Elmhurst, Katie. The Deepwater Horizon oil spill: Resilience and growth in the aftermath of postdisaster intimate partner violence. **Journal of Family Social Work**, v. 21, n. 1, p. 22-44, 2018.

FGV. **A Situação das Mulheres Atingidas pelo Desastre do Rio Doce a partir dos dados da Ouvidoria da Fundação Renova**. Rio de Janeiro; São Paulo: FGV, 2019b. Disponível em: <www.mpf.mp.br/grandes-casos/caso-samarco/docu-

mentos/fgv/fgv_a-situacao-das-mulheres-atingidaspelo-desastre-do-rio-doce--a-partir-dos-dados-da-ouvidoria-da-fundacao-renova>. Acesso em: dez. 2020.

FGV. **Análise de Agravos Notificados às Bases do DATASUS – Parte 1**. Fundação Getúlio Vargas. Rio de Janeiro; São Paulo: FGV, 2019c. Disponível em: http://www.mpf.mp.br/grandes-casos/caso-samarco/documentos/fgv/fgv_analise-de-agravos-notificados-as-bases-do-datasus-parte-1/view, acesso em 23 fev. 2021.

FGV. **Análise do Cadastro Socioeconômico**. Rio de Janeiro; São Paulo: FGV, 2019a. Disponível em: http://www.mpf.mp.br/grandes-casos/caso-samarco/documentos/fgv/fgv_analise-do-cadastro-socioeconomico. Acesso em: dez. 2020.

FGV. **O Rompimento da Barragem de Fundão na Perspectiva da Administração Pública Municipal**: uma Análise Qualitativa a partir de Estudos de Caso em Barra Longa (MG), Resplendor (MG) e Linhares (ES). Rio de Janeiro; São Paulo: FGV, 2020. Disponível em: http://www.mpf.mp.br/grandes-casos/caso-samarco/documentos/fgv/fgv_relattorio-tecnico_o-rompimento-da-barragem-de-fundao-na-perspectiva-da-administracao-publica-municipal.pdf, acesso em 19 fev. 2021.

FGV. **Parâmetros para uma Abordagem Baseada em Direitos Humanos para a Resposta e Reconstrução de Desastres Envolvendo.** Rio de Janeiro; São Paulo: FGV, 2019d. Disponível em: http://www.mpf.mp.br/grandes-casos/caso-samarco/documentos/fgv/fgv_parametros-para-uma-abordagem-baseada-em-direitos-humanos-para-a-resposta-e-reconstrucao-de-desastres-envolvendo-empresas.pdf acesso em 11 de março de 2021.

FORDHAM, Maureen. Making Women Visible in Disasters: Problematising the Private Domain. **Disasters**, v. 22, n. 2, p. 126-143, 1998.

FORDHAM, Maureen. The intersection of gender and social class in disaster: Balancing Resilience and Vulnerability. **International Journal of Mass Emergencies and Disasters**, v. 17, n. 1, p. 15-36, 1999.

FÓRUM BRASILEIRO DE SEGURANÇA PÚBLICA (FBSP) & DATAFOLHA. **Visível e Invisível**: a Vitimização da Mulher no Brasil, 2019. Disponível em: https://forumseguranca.org.br/wp-content/uploads/2019/02/relatorio-pesquisa-2019-v6.pdf, acesso em 19 fev. 2021.

FOTHERGILL, Alice. An Exploratory Study of Woman Battering in the Grand Forks Flood Disaster: Implications for Community Responses and Policies. **International Journal of Mass Emergencies and Disasters**, v. 17, n. 1, 1999b.

FOTHERGILL, Alice. The neglect of gender in disaster work: an overview of the literature. *In:* ENARSON, Elaine & JOHNSON, David. (org.) **The Gendered Terrain of Disaster**: Through Women's Eyes. Westport: Praeger Publishers, p. 11-25, 1998.

Fothergill, Alice. Women's Roles in a Disaster. **Applied Behavioral Science Review,**

Freitas, Rosana & Campos, Cristiane. **Questões socioambientais e gênero**: a participação da mulher em situações de desastre. Seminário Internacional Fazendo Gênero 9, 2010. Disponível em: http://www.fg2010.wwc2017.eventos.dype.com.br/resources/anais/1278286306_ARQUIVO_ArtigoQUESTOESSOCIOAMBIENTAISEGENERO04_06_2010FAZENDOGENERO_9.pdf, acesso em 16 nov. 2020.

Giles, Wenona & Hyndman, Jennifer. Introduction: Gender and Conflict in a Global Context. *In*: Giles, Wenona & Hyndman, Jennifer (ed.). **Sites of Violence**: Gender and Conflict Zones. University of California Press, 2014.

Governo do Estado de Minas Gerais. **Plano de Proteção Social do Estado de Minas Gerais integrante do "Programa de Proteção Social" – Cláusulas 54 a 58 do (TTAC)**. Belo Horizonte, 2018.

Governo do Estado do Espírito Santo. **Plano de Proteção Social do Estado do Espírito Santo integrante do "Programa de Proteção Social da Fundação Renova" – Cláusulas 54 a 58 do TTAC**. Vitória, agosto de 2018.

Horton, Lynn. After the earthquake: gender inequality and transformation in post-disaster Haiti. **Gender and Development**, v. 20, n. 2, p. 295-308, 2012.

International Finance Corporation (IFC). **Unlocking Opportunities for Women and Business**: a Toolkit of Actions and Strategies for Oil, Gas, and Mining Companies. Washington: World Bank, 2018.

Ipea; Fórum Brasileiro de Segurança Pública (FBSP). **Atlas da Violência 2019**. Brasília: Rio de Janeiro: São Paulo: Instituto de Pesquisa Econômica Aplicada; Fórum Brasileiro de Segurança Pública, 2019. Disponível em: http://repositorio.ipea.gov.br/bitstream/11058/9406/1/Atlas%20da%20viol%C3%AAncia_2019.pdf, acesso em 19 fev. 2021.

Lauve-Moon, Katie & Ferreira, Regardt J. An Exploratory Investigation: Post-disaster Predictors of Intimate Partner Violence. **Clinical Social Work Journal**, v. 145, p. 124-135, 2017.

Maso, Tchenna Fernandes & Maso, Tchella Fernandes. Onde estão nossos direitos? O campo feminista de gênero bordado pelas mulheres atingidas por barragens. **Revista Brasileira de Políticas Públicas**, v. 10, n. 2, p. 481-510, 2020.

Phorano, Odireleng; Nthomang, Keitseope & Ntseane, Dolly. Alcohol abuse, gender-based violence and HIV/AIDS in Botswana: establishing the link based on empirical evidence, **SAHARA-J: Journal of Social Aspects of HIV/AIDS**, v. 2, n. 1, 188-202, 2005.

Pnud. **Gender Dimentions of Guiding Principles on Business and Human Rights**, 2019. Disponível em: https://www.ohchr.org/Documents/Issues/Business/BookletGenderDimensionsGuidingPrinciples.pdf (acesso em 09 de dezembro de 2020).

ROSA, Debora D. **Violências e resistências**: Impactos do rompimento da Barragem da Samarco/Vale e BHP Billiton sobre a vida das mulheres atingidas em Mariana/MG. Tese (doutorado) – Universidade Federal de Minas Gerais, Faculdade de Filosofia e Ciências Humanas, 331 f., 2019.

RUGGIE, J. **Quando Negócios Não São Apenas Negócios**: As Corporações Multinacionais e os Direitos Humanos. São Paulo: Planeta Sustentável, 2014.

SCHUMACHER, Julie A.; COFFEY, Scott F.; NORRIS, Fran H.; TRACY, Melissa; CLEMENTS, Kahni & GALEA, Sandro. Intimate Partner Violence and Hurricane Katrina: Predictors and Associated Mental Health Outcomes. **Violence and Victims**, v. 25, n. 5, p. 588-603, 2010.

SIENA, Mariana & VALENCIO, Norma. Gênero e desastres: uma perspectiva brasileira sobre o tema. In: VALENCIO, Norma; SIENA, Mariana; MARCHEZINI, Victor & GONÇALVES, Juliano C. **Sociologia dos desastres**: construção, interfaces e perspectivas no Brasil (versão digital). São Carlos: RiMa Editora, 2009.

TARISAYI, Kudzayi. **Flooding and the Forgotten Tribe**: The Impact of Floods on Women with Disabilities in the Tokwe-Mukosi Basin, Zimbabwe, 2014. Disponível na plataforma SSRN: http://dx.doi.org/10.2139/ssrn.2491691

THORNTON, William & VOIGT, Lydia. Disaster rape: Vulnerability of women to sexual assaults during Hurricane Katrina. **Journal of Public Management & Social Policy**, v. 13, n. 2, p. 23-49, 2007.

UNITED NATIONS (UN). **UN Guiding Principles on Business and Human Rights**, 2011. Disponível em: https://www.ohchr.org/documents/publications/guidingprinciplesbusinesshr_en.pdf, acesso em 23 mar. 2021.

UNITED NATIONS. OHCRH. **Frequently Asked Questions on the Guiding Principles on Business and Human Rights**, 2014. Disponível em: https://www.ohchr.org/Documents/Publications/FAQ_PrinciplesBussinessHR.pdf, acesso em 23 mar. 2021.

v. 7, n. 2, 1999, p. 125-143, 1999a. Disponível em: doi.org/10.1016/s1068-8595(00)80014-8

WAISELFISZ, Julio J. **Mapa da Violência 2015**: Homicídio de Mulheres no Brasil. Brasília: Flacso, 2015.

YOSHIHAMA, Mieko; YUNOMAE, Tomoko; TSUGE, Azumi; IKEDA, Keiko & MASAI, Reiko. Violence Against Women and Children Following the 2011 Great East Japan Disaster: Making the Invisible Visible Through Research. **Violence Against Women**, v. 25, n. 7, p. 862-881, 2019. doi:10.1177/1077801218802642.

Apêndice – Tabelas completas dos gráficos 01 e 02

Tabela 05 – Encaminhamentos dos casos de violência doméstica nos municípios atingidos de MG

Encaminhamento	2012	2013	2014	2015	2016	2017
Rede de saúde	49,83%	43,03%	40,93%	42,54%	57,99%	80,86%
Rede especializada de atendimento à criança	18,18%	20,43%	13,32%	10,64%	7,25%	10,81%
Casa Abrigo	0,34%	0,00%	0,41%	0,00%	0,00%	0,00%
Delegacia da Mulher	9,43%	8,45%	9,89%	6,42%	4,73%	4,95%
Outras Delegacias	19,87%	21,22%	27,88%	20,03%	17,97%	14,94%
Ministério Público	0,34%	0,98%	0,55%	0,00%	0,00%	0,00%
Centro de Referência da Mulher	6,06%	3,14%	2,20%	1,10%	1,18%	1,20%
Assistência Social/CREAS	18,18%	11,00%	9,07%	8,01%	6,80%	14,41%
Sem encaminhamentos	22,90%	31,24%	31,59%	33,01%	25,89%	3,00%
TOTAL DE NOTIFICAÇÕES	297	509	728	1448	1352	1332

Fonte: elaboração própria (2021) com base em SINAN (2012-2017)

Tabela 06 – Encaminhamentos dos casos de violência doméstica nos municípios atingidos de ES

Encaminhamento	2012	2013	2014	2015	2016	2017
Rede de saúde	64,90%	48,45%	41,96%	26,19%	45,79%	56,58%
Rede especializada de atendimento à criança	25,00%	17,92%	16,33%	15,24%	10,78%	10,49%
Casa Abrigo	0,96%	0,66%	0,88%	0,00%	0,00%	0,00%
Delegacia da Mulher	26,44%	24,78%	21,73%	22,14%	19,13%	17,80%
Outras Delegacias	15,38%	13,94%	13,94%	15,95%	10,78%	7,53%
Ministério Público	1,44%	1,55%	2,89%	0,00%	0,00%	0,00%
Centro de Referência da Mulher	13,94%	5,97%	8,54%	11,19%	13,36%	15,20%
Assistência social/CREAS	3,85%	4,87%	13,19%	10,71%	7,52%	5,35%
Sem encaminhamento	8,65%	26,99%	20,60%	30,12%	24,45%	18,72%
TOTAL DE NOTIFICAÇÕES NO ANO	**208**	**452**	**796**	**840**	**1317**	**1421**

Fonte: elaboração própria (2021) com base em SINAN (2012-2017)

3. A FUNÇÃO SOLIDÁRIA DA EMPRESA À LUZ DAS METAS ESTABELECIDAS PELOS OBJETIVOS DE DESENVOLVIMENTO SUSTENTÁVEL (ODS) E PELO ACORDO DE PARIS DE 2015

Lívia Gaigher B. Campello
Rafaela de Deus Lima

Introdução

No cenário contemporâneo, verifica-se o crescente protagonismo de novos atores tanto no âmbito internacional quanto nacional, dentre estes, importa destacar as empresas e as grandes corporações que conquistaram espaços inéditos no mundo globalizado. Com efeito, emerge no ordenamento jurídico a discussão referente à atuação empresarial e a necessidade de que suas ações não se voltem, exclusivamente, para a lucratividade, mas que também estejam alinhadas aos valores socialmente relevantes.

Logo, passa-se a exigir uma postura ética das empresas, fazendo com que suas atividades, além de fomentarem o crescimento econômico, apresentem resultados positivos em prol do desenvolvimento social e da proteção ambiental. Esse é o tripé da sustentabilidade que se consagra como novo paradigma de atuação empresarial, fazendo com que, na contemporaneidade, não seja mais admissível a predominância da ideia de "lucro a todo custo" em que não se considera as externalidades que as atividades, bens e serviços empresariais possam ocasionar tanto em matéria social quanto ambiental.

Atualmente, as mudanças climáticas se colocam como um dos maiores desafios a serem enfrentados pela humanidade no século XXI. O agravamento dessa problemática apresenta consequências, diretas e indiretas, no pleno gozo de inúmeros direitos humanos e ameaça todas as formas de vida existentes no planeta.

A busca de respostas eficazes para lidar com os efeitos das mudanças climáticas demanda, necessariamente, o desenvolvimento de uma abordagem multilateral, permitindo que todos os atores – desde os Estados até as empresas e os indivíduos – atuem, de modo cooperativo e dentro de suas capacidades, em prol da tutela do meio ambiente para as presentes e futuras gerações.

Nesse contexto, o desenvolvimento sustentável coloca-se como relevante paradigma a ser adotado pelas empresas para que suas atividades possam conciliar os fatores econômicos, sociais e ambientais. Portanto, diante do crescente protagonismo desses atores, o presente capítulo questiona qual é o papel das empresas diante das mudanças climáticas à luz das metas estabelecidas pelos Objetivos de Desenvolvimento Sustentável (ODS) e pelo Acordo de Paris de 2015?

Com o propósito de responder o referido questionamento, o capítulo terá como objetivos: analisar a função solidária da empresa como paradigma no século XXI para assegurar direitos humanos às presentes e futuras gerações, especialmente, diante das graves consequências de fenômenos globais como no caso das mudanças climáticas; examinar a evolução do sistema jurídico internacional de proteção às mudanças climáticas; e analisar a atuação da empresa e suas obrigações em relação às metas estabelecidas pelos Objetivos de Desenvolvimento Sustentável (Agenda 2030) e pelo Acordo de Paris de 2015.

A metodologia utilizada será a pesquisa exploratória e descritiva, bibliográfica e documental, com análise de documentos, obras e artigos científicos. O método empregado será o dedutivo, partindo de conceitos gerais até sua particularização.

1. Função solidária da empresa diante das problemáticas globais ambientais

O liberalismo instaurado pela Revolução Francesa, de 1789, representou a ruptura com o *Ancien Régime* e com o Estado absolutista, em que a população, munida dos valores de liberdade, igualdade e fraternidade, procurou libertar-se dos abusos monárquicos – que perduraram durante toda a Idade Média – e assegurar a plena liberdade para todo ser humano.

Com efeito, consolidou-se o Estado Liberal marcado pela ideologia do *laissez faire, laissez passer*[1], em que se prezava pela atuação mínima do Estado em prol da garantia das liberdades individuais, consagrando, com efeito, uma divisão nítida entre o público e o privado, em que, quanto menos o Estado interviesse, melhor seria sua atuação na proteção da liberdade.

Tal concepção repercutiu, intensamente, no âmbito da economia, em que o livre mercado e suas leis naturais – por exemplo, a relação entre oferta e demanda – seriam suficientes para seu bom funcionamento econômico, demandando uma postura omissiva do Estado pois o contexto econômico seria regulado, conforme Adam Smith, pela mão invisível do mercado.

Pressupunha-se que a igualdade era assegurada por intermédio do respeito ao individualismo de cada pessoa e que, ao conferir o mesmo tratamento aos indivíduos e lhes assegurar, formalmente, na legislação, os mesmos direitos, todos encontrariam-se em patamar de igualdade e teriam acesso às mesmas oportunidades.

Neste contexto, dos séculos XVII e XVIII, emergem os direitos humanos de primeira dimensão, consistentes nas liberdades públicas, ou direitos negativos, "na medida em que exigem por parte do poder público um comportamento apenas de salvaguarda em relação a tais interesses, sem qualquer interferência efetiva nesta esfera de domínio particular" (SILVEIRA; ROCASOLANO, 2010, p. 143).

Todavia, no transcorrer do século XX, a sociedade sofreu transformações históricas, culturais, sociais, políticas, econômicas e jurídicas, as quais "expuseram todas as mazelas do pensamento liberalista e, consequentemente, a insuficiência desta ideologia para a regência da 'nova sociedade'" (CAMPELLO; SANTIAGO, 2017, p. 162).

Percebeu-se que o liberalismo e a garantia da igualdade formal não asseguravam a igualdade real, uma vez que, na prática, os indivíduos encontram-se em estado de desigualdade. Logo:

> essa compreensão da desigualdade de fato, que existe entre os homens, levou à formulação do princípio da especialidade, contido no princípio da isonomia, prevendo o tratamento desigual dos desiguais, para que se possa

[1] Tradução nossa: deixar fazer, deixar passar.

obter, dessa forma, uma igualdade substancial (Campello; Santiago, 2017, p. 162).

Diante dessas problemáticas, configurou-se o Estado Social que "pode ser definido, do ponto de vista do direito, como aquele que acrescentou à dimensão política do Estado liberal a perspectiva econômica e social, limitando e controlando o poder econômico e tutelando os hipossuficientes" (Campello; Santiago, 2017, p. 169).

Logo, o Estado deixa de ter uma atuação negativa, ou mínima, e passa a atuar, positivamente, em esferas cujo domínio, no Estado liberal, pertencia à iniciativa individual; com efeito:

> [...] o Estado pode, com justiça, receber a denominação de Estado social quando confere os direitos do trabalho, da previdência, da educação, intervém na economia como distribuidor, dita o salário, manipula a moeda, regula os preços, combate o desemprego, protege os enfermos [...] (Campello; Santiago, 2017, p. 169).

Nessa perspectiva, "são positivados os direitos econômicos, sociais e culturais num enfoque de direitos coletivos, isto é, gozados de forma conjunta e não individualmente, na perspectiva de igualdade" (Silveira; Rocasolano, 2010, p. 143), configurando o rol de direitos humanos de segunda dimensão os quais têm a igualdade como plano de fundo axiológico.

Todavia, o modelo estruturado pelo Estado social não se mostrou suficiente para lidar com as consequências decorrentes da crise ecológica global. Após a década de 1960, com a intensificação das problemáticas ambientais – por exemplo, as mudanças climáticas, a crise hídrica e a perda da diversidade biológica – e com o aumento das denúncias por parte da comunidade científica, emerge a necessidade de um modelo estatal que possa responder aos novos desafios contemporâneos.

Consequentemente, em razão desse contexto gerado pela crise ecológica e pela sociedade industrial, tecnológica e globalizada, configura-se um modelo de Estado de Direito, denominado Socioambiental, que passa a adotar uma roupagem ecológica no que tange à sua agenda jurídica e à proteção dos direitos humanos.

Importa salientar que as conquistas dos demais modelos de Estado, voltadas à salvaguarda da dignidade humana, não são abandonadas, na verdade, "ajusta-se à necessidade da tutela e promoção – integrada e independente – dos direitos sociais e dos direitos ecológicos num mesmo projeto jurídico-político para o desenvolvimento humano em padrões sustentáveis" (Sarlet; Fensterseifer, 2020, p. 215).

Trata-se de um novo paradigma que tem a solidariedade como plano de fundo axiológico. Nesse contexto, são positivados os direitos humanos de terceira dimensão, por exemplo, o direito ao meio ambiente, à paz, à autodeterminação e ao desenvolvimento, representando uma resposta às "[...] circunstâncias e comportamentos humanos, decorrentes de um mundo globalizado e em um contexto econômico de capitalismo avançado, que exige maiores ações de proteção e de prestação por parte do Estado" (Capello; dos Reis, 2018, p. 126).

Nesse sentido, "as dimensões de direitos humanos coexistem e complementam-se umas às outras, não substituindo ou extinguindo dimensões anteriores" (Capello; dos Reis, 2018, p. 126). Conforme indicam Silveira e Rocasolano (2010, p. 77):

> O fundamento dos direitos de solidariedade está numa nova concepção de Estado, de ordem internacional e de relacionamento entre os povos, mas também – e principalmente – na realização efetiva dos direitos anteriores, a que se somam novos direitos não mais individuais ou coletivos, mas difusos. Nesta ótica, o respeito à soberania de um Estado deve compatibilizar-se com seu dever de cooperar com os demais, o que implica admitir como válidos direitos reconhecidos pela comunidade internacional – leia-se, pela consciência humana.

No paradigma da solidariedade, "a proteção se direciona para a coletividade, às categorias ou grupos de pessoas [...] e adensa as dimensões igualdade e liberdade, [...] numa perspectiva difusa para garantir a sobrevivência humana no planeta e o bem-estar de todos [...]" (Silveira; Ribeiro, 2015, p. 382). Outrossim, a ideia de solidariedade ocasiona profundas modificações no direito:

> [...] pois no contexto de busca para lidar com a situação das desigualdades econômicas, a sociedade havia desenvolvido opiniões diferentes para dirimi-la. Inicialmente, a ideia cristã de caridade se tornou influente, destacando-se o papel da filantropia. Entretanto, o conceito de solidariedade se apresentou com conteúdo diferente, em contraste com as noções

> verticalizadas de caridade ou filantropia, em que o doador sente piedade, sendo, portanto, misericordioso. O conceito de solidariedade, por sua vez, se firmou com base em uma relação horizontal de igualdade entre doador e receptor. A ajuda passou a ser entendida, assim, não como um ato de misericórdia, mas como um direito de todo cidadão, guiada pela ideia de igualdade entre os cidadãos, reciprocidade e responsabilidade compartilhada nas suas relações. Esta noção de solidariedade, representada pela ideia de compartilhar com o outro cidadão, por ser igual e merecedor de uma política comum, passou então a formar um novo conceito central na modernidade (Campello; Calixto, 2017, p. 10).

O conceito de solidariedade apresenta grande inovação ao configurar uma relação de reciprocidade, a qual se liga à definição de equidade e igualdade e forma uma relação de horizontalidade, abandonando a visão filantrópica de doador-receptor e dando lugar a noção de doador-receptor e receptor-doador, com fundamento no compartilhamento mútuo e na cooperação, em que o indivíduo pode ser doador em determinado contexto e receptor em outro (Capello; dos Reis, 2018).

Assim, observa-se que, diante de vários acontecimentos e problemáticas que ocorrem no transcorrer da história da humanidade, determinados valores passam a ser considerados socialmente relevantes e adentram na ordem estatal e nos ordenamentos jurídicos, passando a embasar as atuações de determinada sociedade e suas relações.

A matriz axiológica, de cada sociedade, coloca-se como a base de todas as atividades que são desenvolvidas no seu contexto, passando a demandar, de seus atores, uma postura ética e alinhada a tais valores. Não diferentemente, tal conduta também começou a ser exigida por parte das empresas que, atualmente, ganham mais espaço enquanto influentes atores tanto na seara internacional quanto nacional.

Ao discutir o papel das empresas na modernidade, Silveira e Ribeiro (2015, p. 378) destacam que:

> Existem empresas atuando globalmente ou transnacionalmente cujas receitas ultrapassam o PIB de alguns países pequenos. Tais circunstâncias conferem às empresas poder em nível local, nacional e global e, por outro lado, sua atuação traz impactos, para além da ordem econômica, pois reflete também na esfera social, ambiental e até no âmbito político.

Logo, na conjuntura atual, diante do seu maior protagonismo, as empresas precisam ser "funcionalizadas" a partir de valores considerados socialmente relevantes, por exemplo, a dignidade da pessoa humana, a justiça social e a proteção do meio ambiente (Silveira; Sanches, 2015). Nesse sentido, conforme apontam Silveira e Sanches (2015), esse processo de "funcionalização" pode ser entendido como a atribuição, a determinado instituto jurídico, de uma utilidade, impondo-lhe um papel perante a sociedade.

Nesse contexto, "há a necessidade de efetivo compartilhamento da responsabilidade pela promoção, proteção e reparação aos Direitos Humanos no contexto da sociedade globalizada e dos novos reclames que, paulatinamente, se impõem" (Silveira; Almeida, 2015, p. 367), depreendendo-se:

> [...] a necessidade de uma profunda alteração nas responsabilidades tanto dos Estados como das empresas para a execução do objetivo universal de proteção aos direitos inerentes ao ser humano, pois em razão das novas tensões e atores do poder há um adensamento da dignidade humana que reclama a abertura do catálogo do seu sistema protetivo global, para o qual os princípios orientadores para empresas e direitos humanos previstos nos parâmetros da ONU para proteger, respeitar e reparar se mostram resposta ao contexto da sociedade global (Silveira; Almeida, 2015, p. 367).

Com efeito, emerge, nesse paradigma, a noção de função solidária das empresas que, enquanto atores não-estatais, com grande capacidade de ação e influência tanto no contexto internacional quanto nacional, passam a ter responsabilidades "[...] para com o meio ambiente e com a sociedade como um todo" (Trevisam; Cruciol Junior, 2020, n. p.).

Portanto, "[...] se a segunda geração de direitos humanos trouxe a função social ao lado dos direitos sociais (gênero), a terceira introduziu a função solidária ao lado dos chamados direitos difusos [...]" (Silveira; Catta Preta, 2011, p. 312), projetando, também para as empresas, obrigações legais referentes aos direitos de terceira dimensão, por exemplo, o meio ambiente.

Os direitos de solidariedade:

> comprometem com a pauta de direitos, além do poder público, também o sujeito particular, as empresas e a coletividade. Por essa razão são chamados

direitos de solidariedade, uma vez que expressam necessidades e anseios comuns a toda humanidade, cuja concretização depende da ação de todos (Silveira; Sanches, 2015, p. 317).

Nessa conjuntura, faz-se necessário diferenciar a função social e solidária das empresas, enquanto a primeira destaca a necessidade de determinado negócio ou empreendimento atender aos propósitos sociais e da coletividade, a segunda "[...] agrega uma ideia de que se deve também colaborar, por meio do negócio, para o desenvolvimento da sociedade, numa perspectiva de auxílio às pessoas, de uma forma positiva, inclusive sob o ângulo das gerações futuras [...]" (Campello; Santiago, 2017, p. 178).

A emergência da solidariedade no contexto empresarial apresenta-se como resposta ao maior protagonismo desses atores, tornando necessário destacar que a atuação empresarial não deve pautar-se na ideia de "lucro a todo custo", pelo contrário, suas atividades precisam apresentar contraprestações à sociedade.

A fundamentação da função solidária, no âmbito internacional, pode ser buscada nos documentos em matéria de direitos humanos e empresas. No ano de 2011, foram aprovados, pelo Conselho de Direitos Humanos das Nações Unidas, os Princípios Orientadores sobre Empresas e Direitos Humanos (Princípios Ruggie), estabelecendo um rol de orientações principiológicas globais, voltadas às empresas, para assegurar que suas atividades e operações não violem direitos humanos. Importa apontar que:

> Esse conjunto de princípios é assim denominado por terem sido criados por John Ruggie, sob comissão do então Secretário-Geral da Organização das Nações Unidas (ONU) Ban Ki-Moon. John Ruggie é professor da universidade americana de Harvard e foi nomeado Representante Especial do Secretário-Geral da ONU para a tarefa em 2005 (Trevisam; Cruciol Junior, 2020, n. p.).

Trata-se de princípios gerais os quais configuram um quadro (*framework*) de atuação, aplicável a todos os Estados e tipos de empreendimentos, transnacionais ou não, independentemente de tamanho, setor, localização, titularidade ou estrutura, buscando, consequentemente, englobar qualquer atividade empresarial.

> O marco Ruggie assenta-se sobre o que ele chama de 'responsabilidades diferenciadas, mas complementares' e compreende três princípios fundamentais: a obrigação do Estado de proteger os direitos individuais, a responsabilidade das empresas em respeitar os direitos humanos e assegurar que ocorram processos de investigação onde houver denúncia de violações, bem como tomar medidas de reparação e punição, quando necessárias (SILVEIRA; SANCHES, 2015, p. 151-152).

Consequentemente, é reconhecido, expressamente, que as empresas devem respeitar os direitos humanos (Princípio 11) e que, ao avaliar os riscos oferecidos a tais direitos, faz-se necessário que os empreendimentos identifiquem e avaliem quaisquer impactos adversos, reais ou potenciais, que podem gerar violações aos direitos humanos seja por intermédio de suas próprias atividades ou de suas relações comerciais (Princípio 18) (OHCHR, 2011).

Nesse sentido, por intermédio da interpretação de tais princípios em conjunto com o direito ambiental, é possível elencar duas abordagens que fundamentam a função solidária das empresas voltada para a tutela do meio ambiente. A primeira embasa-se no fato de que o meio ambiente é um direito humano, de terceira dimensão, reconhecido por documentos internacionais[2] e por inúmeros textos constitucionais ao redor do mundo, tornando o Princípio 11 diretamente aplicável no enfrentamento das problemáticas ambientais por parte das empresas.

A segunda perspectiva tem como plano de fundo a relação entre o meio ambiente e os demais direitos humanos. No contexto contemporâneo, é indubitável que o equilíbrio e a qualidade ambiental colocam-se como pré-requisitos para assegurar e resguardar os demais direitos humanos positivados no ordenamento internacional e nacional; com efeito, a avaliação dos riscos, mencionada pelo Princípio 18, que as atividades empresariais podem gerar para esses direitos, deve considerar seus impactos ambientais.

[2] No âmbito regional de tutela dos direitos humanos, o direito humano ao meio ambiente foi positivado no contexto interamericano (artigo 11 do Protocolo de San Salvador), africano (artigo 24 da Carta Africana dos Direitos Humanos e dos Povos), árabe (artigo 38 da Carta Árabe de Direitos Humanos) e asiático (artigo 28.f da Declaração de Direitos Humanos dos Países do Sudeste Asiático).

Outrossim, no ordenamento jurídico brasileiro também é possível encontrar o fundamento da função solidária das empresas. A Carta Constitucional de 1988 expressa, claramente, no artigo 1, a solidariedade como um dos fundamentos do Estado Democrático de Direito Brasileiro, juntamente com a dignidade da pessoa humana.

Posteriormente, a solidariedade também é incorporada, pela Constituição Federal de 1988 (CF/88), no artigo 3, I, em conjunto com os valores de liberdade e sociais, como um dos objetivos da República Federativa do Brasil.

Ainda, ao elencar, no artigo 170, da CF/88, a base axiológica da ordem econômica, o texto constitucional a condiciona aos valores sociais e de solidariedade, que podem ser observados, por exemplo, na função social da propriedade (artigo 170, III, da CF/88) e na previsão, expressa, de que a ordem econômica deve voltar-se para a defesa do meio ambiente, admitindo, inclusive, um tratamento diferenciado conforme o impacto ambiental que determinado produto, serviço ou processo possa ocasionar (artigo 170, VI, da CF/88).

Portanto, no contexto contemporâneo e sob o paradigma da solidariedade, tem-se a ampliação da função social das empresas, transformando-a em função solidária, exigindo que as atividades empresariais também colaborem, positivamente, para o desenvolvimento da sociedade na perspectiva cooperativa, inclusive em prol da tutela do meio ambiente, não sendo mais admitido, na contemporaneidade, atividades que se pautam no uso indiscriminado dos recursos naturais e colaboram para o agravamento do quadro de crise ecológica que ameaça tanto as presentes quanto às futuras gerações.

2. O sistema jurídico internacional de combate às mudanças climáticas

A humanidade depara-se com o contexto de crise ecológica global, cujas origens relacionam-se, diretamente, com a intervenção humana desenfreada no meio ambiente. Dentre as manifestações dessa crise, destaca-se a mudança climática, cujo efetivo enfrentamento, por se tratar de uma problemática transfronteiriça, demanda uma visão holística que inclua todos os atores internacionais e nacionais.

Com o propósito de conciliar os inúmeros interesses envolvidos e estabelecer mecanismos que possibilitam o combate a essa problemática global, no sistema internacional, consolidou-se um regime específico, cujos debates voltam-se para as mudanças climáticas e seus efeitos.

Em 1992, após um longo processo de negociações, na ocasião de realização da Conferência das Nações Unidas sobre Meio Ambiente e Desenvolvimento (Rio 92), adotou-se a Convenção-Quadro das Nações Unidas sobre Mudança Climática (*United Nations Framework Convention on Climate Change* – UNFCCC), inaugurando o regime internacional das mudanças climáticas.

A Convenção-Quadro estrutura o quadro (*framework*) que embasa a estrutura de governança e atuação global em prol do enfrentamento das alterações climáticas. Muitas das críticas à Convenção versam sobre o fato desta ter determinados compromissos de natureza mais genérica, todavia, por se tratar de uma convenção-quadro, seu enfoque é consolidar compromissos que possam ser adaptados às realidades e às metas futuras.

No que concerne à sua estrutura, é possível dividi-la em quatro partes: (i) disposições introdutórias, que estabelecem definições básicas, princípios e objetivos do regime (artigo 1 ao 3); (ii) compromissos relativos à mitigação e adaptação às mudanças climáticas, incluindo aqueles referentes ao financiamento e à transferência de tecnologia (artigo 4 a 6); (iii) mecanismos institucionais e procedimentais de implementação da Convenção (artigos 7 a 14); e (iv) cláusulas finais que tratam de questões como protocolos, anexos, emendas, ratificações e entrada em vigor (artigo 15 ao 26) (Bodansky; Brunnée; Rajamani, 2017).

Logo no preâmbulo, a Convenção consolida a ideia de solidariedade intra e intergeracional, ao apontar a necessidade de resguardar o sistema climático para as presentes e futuras gerações, enquadrando as mudanças climáticas como uma preocupação comum da humanidade (UN, 1992).

O objetivo final da UNFCCC, bem como de quaisquer outros instrumentos jurídicos a ela relacionados, é expresso no artigo 2, como sendo o de estabilizar as concentrações de gases de efeito estufa (GEE) na atmosfera, em um nível que impeça a interferência antrópica perigosa no sistema climático. Na sequência, o texto reconheceu, no artigo 3, os princípios orientadores das atuações das partes no combate às mudanças climáticas, contudo, a lista elencada não consiste em um rol exaustivo de princípios, de modo que as partes podem considerar outros princípios relevantes para auxiliar na implementação da Convenção (Campello; Lima, 2018).

Dentre esses princípios, destacam-se os princípios da responsabilidade em face das presentes e futuras gerações, das responsabilidades comuns porém diferenciadas, da equidade (todos contemplados no artigo 3.1[3]), da precaução (artigo 3.3[4]), do desenvolvimento sustentável (artigo 3.4[5]) e da cooperação (artigo 3.5[6]) (UN, 1992).

Como expressão do princípio da responsabilidade comum, porém diferenciada, a Convenção determinou uma diferenciação de obrigações entre os países conforme seus distintos níveis de desenvolvimento socioeconômico por meio de seus Anexos. Os países incluídos no Anexo I representam, majoritariamente, os países desenvolvi-

[3] "Art. 3.1. As Partes devem proteger o sistema climático em benefício das gerações presentes e futuras da humanidade com base na equidade e em conformidade com suas responsabilidades comuns mas diferenciadas e respectivas capacidades. Em decorrência, as Partes países desenvolvidos devem tomar a iniciativa no combate à mudança do clima e a seus efeitos" (UN, 1992, n. p.).

[4] "Art. 3.3. "As Partes devem adotar medidas de precaução para prever, evitar ou minimizar as causas da mudança do clima e mitigar seus efeitos negativos. Quando surgirem ameaças de danos sérios ou irreversíveis, a falta de plena certeza científica não deve ser usada como razão para postergar essas medidas, levando em conta que as políticas e medidas adotadas para enfrentar a mudança do clima devem ser eficazes em função dos custos, de modo a assegurar benefícios mundiais ao menor custo possível. Para esse fim, essas políticas e medidas devem levar em conta os diferentes contextos socioeconômicos, ser abrangentes, cobrir todas as fontes, sumidouros e reservatórios significativos de gases de efeito estufa e adaptações, e abranger todos os setores econômicos. As Partes interessadas podem realizar esforços, em cooperação, para enfrentar a mudança do clima" (UN, 1992).

[5] "Art. 3.4. As Partes têm o direito ao desenvolvimento sustentável e devem promovê-lo. As políticas e medidas para proteger o sistema climático contra mudanças induzidas pelo homem devem ser adequadas às condições específicas de cada Parte e devem ser integradas aos programas nacionais de desenvolvimento, levando em conta que o desenvolvimento econômico é essencial à adoção de medidas para enfrentar a mudança do clima" (UN, 1992).

[6] "Art. 3.5. As Partes devem cooperar para promover um sistema econômico internacional favorável e aberto conducente ao crescimento e ao desenvolvimento econômico sustentáveis de todas as Partes, em especial das Partes países em desenvolvimento, possibilitando-lhes, assim, melhor enfrentar os problemas da mudança do clima. As medidas adotadas para combater a mudança do clima, inclusive as unilaterais, não devem constituir meio de discriminação arbitrária ou injustificável ou restrição velada ao comércio internacional" (UN, 1992).

dos da Organização para Cooperação e o Desenvolvimento Econômico (OCDE) e os países industrializados em transição para a economia de mercado, equanto aqueles que compõem o Anexo II, que consiste em um subgrupo do Anexo I, representam os países com maior nível de desenvolvimento, ou seja, não estão incluídos nesse grupo aqueles com economias em transição.

As Partes que compõem os Anexos mencionados, em razão de sua maior contribuição para o desencadeamento e agravamento das alterações do clima, detêm, além das obrigações gerais, compromissos adicionais referentes, por exemplo, à adoção de políticas nacionais para mitigar a mudança do clima (artigo 4.2, 'a'), à apresentação de relatórios e informações de modo periódico (artigo 4.2, 'b') e à obrigação de cooperação (Campello; Lima, 2018).

Dentre os inúmeros marcos da UNFCCC, também importa destacar a instituição da Conferência das Partes, usualmente denominada COP (artigo 7.2), a qual reuniu, anualmente, os Estados Partes da Convenção para debater os avanços e os temas que demandam maior aprimoramento, fazendo com que o regime internacional das mudanças climáticas encontre-se em constante atualização.

Posteriormente, em 1997, sob os auspícios da terceira Conferência das Partes (COP-3), as Partes da UNFCCC adotaram o Protocolo de Quioto cujo enfoque volta-se para o fortalecimento dos compromissos de mitigação estabelecidos pela Convenção-Quadro; no entanto, como muitas de suas disposições demandavam maiores discussões e concordância dos países, o Protocolo entrou em vigor apenas em 2005 (Bodansky; Brunnée; Rajamani, 2017).

A redação final do Protocolo traz, em seu Anexo A, seis gases de efeito estufa os quais são objeto de regulamentação, consistentes no dióxido de carbono (CO2), metano (CH4), óxido nitroso (N2O), hidrofluorcabornos (HFCs), perfluorcarbonos (PFCs) e hexafluoreto de enxofre (SF6); ademais, ainda nesse Anexo, são elencados os setores-chave que devem ser mobilizados no processo de redução de emissões, os quais são o energético, o industrial e algumas atividades ligadas à utilização de solventes e produtos químicos (Bodansky; Brunnée; Rajamani, 2017).

No que tange aos compromissos determinados em Quioto, o Protocolo, ao estabelecê-los, adotou as listas de Anexos constituídas na Convenção-Quadro, trazendo uma clara diferenciação entre os compromissos dos países integrantes dos Anexos I e II e as Partes não-Anexo, limitando as metas e cronogramas de mitigação de GEE aos países listados nos referidos anexos.

Com efeito, os compromissos do Protocolo de Quioto são diferenciados em conformidade com o Anexo em que cada Parte encontra-se inserida, sendo possível classificá-los como: (i) compromissos gerais aplicáveis a todas as Partes (artigo 10); (ii) compromissos relativos às polícias, medidas, metas e aos cronogramas de mitigação de gases de efeito estufa concernentes às Partes do Anexo I (artigos 2, 3, 5, 7 e 8); e (iii) compromissos específicos referentes aos recursos financeiros aplicáveis às Partes do Anexo II (artigo 11) (Bodansky; Brunnée; Rajamani, 2017).

No que concerne às metas de mitigação estabelecidas em Quioto, o artigo 3 do Protocolo determina que as Partes integrantes do Anexo I devem assegurar que suas emissões não excedam suas metas individuais, determinadas, após longo processo de negociações, no Anexo B do Protocolo, com vistas a reduzir as emissões totais, dos gases elencados no Anexo A, em pelo menos 5% abaixo dos níveis de 1990 no período de 2008 a 2012 (artigo 3.1) (UN, 1997).

Logo, o Protocolo de Quioto consolida, por intermédio do artigo supramencionado, dois compromissos principais, o primeiro, de caráter individual, direciona-se ao controle das de cada Parte, sendo que tais metas foram, anteriormente, objeto de negociações, desde 1995, no cenário internacional, sendo, posteriormente, elencadas no Anexo B; enquanto o segundo compromisso, de natureza coletiva, volta-se para a redução global dos gases de efeito estufa em, pelo menos, 5% quando comparados aos níveis do ano de 1990.

No que tange ao período temporal para que as tais metas fossem alcançadas, as Partes, na ocasião de elaboração do Protocolo, optaram pela adoção de um intervalo plurianual, dividido em dois períodos, o primeiro compreendia o período de 2008 a 2012, enquanto o segundo abrangeria o intervalo de 2013 a 2020, sendo que, até o ano de 2005, os países já deveriam demonstrar progresso na implementação do Protocolo (Bodansky; Brunnée; Rajamani, 2017).

Ainda, com o propósito de auxiliar as Partes no cumprimento de suas obrigações de redução de emissões, o Protocolo prevê os primeiros mecanismos de flexibilidade de mercado do regime internacional das mudanças climáticas, consistentes na Implementação Conjunta (IC), no Mecanismo de Desenvolvimento Limpo (MDL) e no Comércio de Emissões.

A Implementação Conjunta (*Joint Implementation* – JI), prevista no artigo 6, permite que um país, com metas de redução de emissões listadas no Anexo B, ganhe créditos de Unidades de Redução de Emissões por meio de projetos de redução ou remoção de emissão implementado em outro país que também tem obrigações listadas no Anexo B.

Diferentemente da Implementação Conjunta, o segundo mecanismo, denominado Mecanismo de Desenvolvimento Limpo (MDL) (*Clean Development Mechanism*), previsto no artigo 12 do Protocolo, volta-se para o auxílio das Partes não incluídas no Anexo I. Por meio desse mecanismo, determinada Parte, do Anexo I, implementa e/ou colabora com projetos desenvolvidos nos países que não integram o anexo mencionado, ou seja, normalmente países em desenvolvimento; como resultado, as Partes do Anexo I recebem unidades de Redução Certificada de Emissões (RCE) que as auxiliam no cumprimento de suas obrigações, enquanto o país receptor do investimento beneficia-se com os resultados projeto de redução de emissões.

Por fim, o terceiro mecanismo incorporado em Quioto, no artigo 17, é o Comércio de Emissões, em que as Partes, quando detentoras de saldos de emissões não utilizadas, podem vendê-los para outras que ultrapassam suas metas de redução; esse sistema resultou no fomento e criação de estratégias de comércio de emissões, tanto em nível regional, a exemplo da União Europeia, quanto nacional (em países como Cazaquistão, Nova Zelândia, Coreia do Sul e Suíça) e local por províncias e cidades (Bodansky; Brunnée; Rajamani, 2017).

A previsão desses mecanismos gerou oportunidades para empresas e negócios diante da movimentação de capital no mercado internacional voltado para o financiamento de projetos de aprisionamento de carbono. Logo, tais investimentos colaboram para a ampliação de iniciativas voltadas à sustentabilidade, por exemplo, o desenvolvimento de projetos, por parte de empresas, para redução do desmatamento, utilização de energias renováveis e tratamento de resíduos.

Na sequência, as discussões internacionais no período pós-Quioto voltaram-se para a continuidade e estruturação da agenda pós-2012. Com efeito, em 2015, na ocasião da Conferência das Partes 21 (COP-21), os Estados adotaram um novo instrumento denominado Acordo de Paris que, historicamente, contou com massiva participação e aderência de países, sendo assinado por 195 países.

O preâmbulo do Acordo já pontua elementos essenciais para sua interpretação, reconhecendo que as mudanças climáticas se enquadram como preocupação comum da humanidade, fazendo com que as Partes devam adotar medidas para combatê-la e respeitar, promover e considerar suas obrigações em matéria de direitos humanos (UN, 2015).

Tal dispositivo apresenta grande caráter inovador, pois consiste na primeira vez, na história do regime internacional das mudanças climáticas, que um tratado incorpora a linguagem dos direitos humanos, reconhecendo a inter-relação entre tais direitos e as problemáticas inerentes às alterações do clima, que, em muitos momentos, prejudicam, direta e indiretamente, no pleno gozo desses direitos.

Ainda no Preâmbulo, o Acordo de Paris traz, expressamente, a necessidade de que os esforços voltados ao enfrentamento das mudanças do clima não sejam desenvolvidos apenas por parte dos governos, mas de todos os atores, reconhecendo, expressamente, "a importância do engajamento de todos os níveis de governo e diferentes atores, de acordo com as respectivas legislações nacionais das Partes, no combate à mudança do clima" (UN, 2015, n. p.).

O Acordo de Paris, com o propósito de fortalecer a resposta global às ameaças decorrentes das mudanças climáticas no contexto do desenvolvimento sustentável, consolida, no artigo 2, três objetivos que consistem em:

> (a) manter o aumento da temperatura média global bem abaixo de 2ºC em relação aos níveis pré-industriais, e envidar esforços para limitar esse aumento da temperatura a 1,5ºC em relação aos níveis pré-industriais, reconhecendo que isso reduziria significativamente os riscos e os impactos da mudança do clima; (b) aumentar a capacidade de adaptação aos impactos negativos da mudança do clima e promover a resiliência à mudança do clima e um desenvolvimento de baixa emissão de gases de efeito estufa, de uma maneira que não ameace a produção de alimentos; e (c) tornar os fluxos financeiros compatíveis com uma trajetória rumo a um desenvolvimento de baixa emissão de gases de efeito estufa e resiliente à mudança do clima (UN, 2015, n. p.).

No que concerne às metas de redução de emissão, diferentemente da abordagem adotada em Quioto, o Acordo de Paris traz obrigações tanto para os países desenvolvidos quanto para aqueles em desenvolvimento. Com efeito, além da meta coletiva referente à temperatura global, o Acordo prevê que cada Parte deve estabelecer uma meta individual, denominada Contribuições Nacionalmente Determinada (*Nationally Determined Contributions* – NDCs).

Ainda, o Acordo de Paris estabelece a expectativa de que as NDCs das Partes irão progredir a cada cinco anos, prevendo que "a contribuição nacionalmente determinada sucessiva de cada Parte representará uma progressão em relação à contribuição nacionalmente determinada então vigente e refletirá sua maior ambição possível" (artigo 4.3) (UN, 2015).

Outrossim, o Acordo inova ao não trazer obrigações voltadas apenas para a mitigação, incorporando, também, dispositivos referentes à adaptação às mudanças climáticas; nesse sentido, o artigo 7 prevê as obrigações das Partes em matéria de adaptação, reconhecendo a "ligação entre a ambição de mitigação e as necessidades de adaptação e alocação adequada de recursos financeiros para apoiar a mitigação e adaptação nos países em desenvolvimento" (tradução nossa)[7] (PÉREZ; KALLHAUGE et al., 2017, p. 196).

Ademais, o Acordo de Paris destaca o papel central da cooperação internacional no combate às mudanças climáticas, não restringindo sua aplicabilidade à adaptação, prevendo, também mecanismos de cooperação financeira (artigo 9), tecnológica (artigo 10) e de capacitação (artigo 11).

O artigo 9 determina o dever dos países desenvolvidos em continuar a liderar e promover a mobilização do financiamento climático, bem como promover recursos financeiros com o propósito de auxiliar os países em desenvolvimento tanto em questões referente à mitigação quanto à adaptação (artigos 9.1 e 9.3). Em relação à cooperação tecnológica, o artigo 10 ressalta a importância de, a longo prazo, tornar efetiva a transferência de tecnologias, devendo, para tanto, fortalecer sua ação cooperativa em questões de desenvolvimento e transferência de tecnologias (artigos 10.1 e 10.2). Por fim, o artigo 11 insta as Partes a coope-

[7] *It recognizes the link between mitigation ambition and adaptation needs and the requirement for a balanced allocation of financial resources to support mitigation and adaptation in developing countries.*

rarem para aumentar a capacidade dos países em desenvolvimento de implementar o Acordo (UN, 2015).

No que se refere à cooperação internacional, o Acordo de Paris foi categórico ao reconhecer sua relevância, determinando a obrigação dos países desenvolvidos em fornecer recursos e tecnologias para que os países em desenvolvimento possam atingir os objetivos de mitigação e adaptação.

A previsão da cooperação internacional em um acordo dessa importância demonstra que para o enfrentamento das mudanças climáticas é necessária a existência de uma cooperação internacional solidária; tanto no que se refere à transferência de recursos financeiros quando no que tange à transferência de novas tecnologias – que são essenciais nesse cenário – e a capacitação dos países receptores para fazer uso dessa cooperação do modo mais eficiente possível.

Insta salientar que a cooperação incorporada pelos dispositivos do Acordo de Paris deve ser interpretada em conjunto com o disposto no seu Preâmbulo, o qual é categórico ao reconhecer, expressamente, a necessidade de engajamento, para combate às mudanças climáticas, de todos os atores.

Com efeito, é indubitável a ideia de dever de cooperação, tanto por parte do setor público quanto privado, para o desenvolvimento de ações, políticas e incentivos voltados às atividades que visam a redução de emissões e a adaptação aos efeitos das mudanças do clima. Logo, no contexto contemporâneo, diante da situação emergencial que é evocada pelos desafios inerentes às alterações climáticas, faz-se necessário uma visão holística, pautada em abordagens multilaterais que englobem todos os atores e conciliem os interesses envolvidos, tendo como plano de fundo as normas e documentos estabelecidos pelo regime internacional das mudanças climáticas.

3. A atuação da empresa diante dos Objetivos de Desenvolvimento Sustentável e das metas do Acordo de Paris (2015)

A emergência e a intensificação das problemáticas ambientais fez com que, em 1972, fosse inaugurado, pela Conferência das Nações Unidas sobre o Meio Ambiente (também conhecida como Conferência de Estocolmo), o Direito Internacional do Meio Ambiente (DIMA). A internacionalização das questões ambientais e sua incorporação na agenda política internacional que, anteriormente, era, majoritariamente, voltada para questões diplomáticas, colaboraram para evidenciar a complexidade dos problemas ambientais e como esses também se relacionam e interferem na agenda econômica e social.

Diante desses desafios e da necessidade de buscar conciliar todos os interesses, em 1983, a Assembleia Geral das Nações Unidas, por intermédio da Resolução n. 36/161, instituiu a Comissão Mundial sobre Meio Ambiente e Desenvolvimento, presidida pela Primeira Ministra norueguesa Gro Harlem Brundtland, com o objetivo principal de formular uma "Agenda Global para a Mudança", que incluía objetivos como: examinar questões críticas do meio ambiente e desenvolvimento e formular propostas realistas para enfrentá-las, propor novas formas de cooperação internacional e, aumentar os níveis de compreensão e compromissos para a ação de indivíduos, organizações de voluntários, instituições comerciais e governos.

Os trabalhos da Comissão levaram à publicação, em 1987, do Relatório Brundtland, também denominado Nosso Futuro Comum (*Our Common Future*), que foi responsável por elaborar o conceito de desenvolvimento sustentável como aquele que atende às necessidades do presente sem comprometer a possibilidade das futuras gerações de atenderem a suas próprias necessidades.

Consequentemente, a ideia de desenvolvimento passa a considerar a capacidade do meio ambiente de suportar as "pegadas" das atividades humanas, de modo que não prejudique a capacidade de desenvolvimento das gerações futuras, tornando necessário que o desenvolvimento econômico integre e viabilize a proteção do meio ambiente e inclua as questões sociais, não se confundindo com a noção de crescimento econômico a qualquer custo cujo enfoque pauta-se na utilização indiscriminada e irracional dos recursos naturais.

Nesse contexto, uma das diferenças entre esse modelo de crescimento e a nova concepção de desenvolvimento é que o primeiro não considera a igualdade socioambiental, interessando-se apenas na produção de riquezas, enquanto o segundo, além de se preocupar com a geração de riquezas, estende sua atenção às demandas socioambientais e consequentemente à qualidade de vida de todas as pessoas; portanto, "o crescimento é sobre tornar-se quantitativamente maior, enquanto desenvolvimento, por outro lado, é sobre tornar-se qualitativamente melhor" (Campello; Silveira, 2016, p. 561).

Não obstante a consagração da definição do termo "desenvolvimento sustentável", importa diferenciá-lo da sustentabilidade:

> Os termos 'sustentabilidade' e 'desenvolvimento sustentável' merecem distinção. Sustentabilidade é o objetivo ou destino final. Exatamente o que define o estado de ser, do que é sustentável (quer se trate de uma sociedade, extração de madeira, pesca, etc.). É informado pela ciência, mas em última análise, depende de valores pessoais e visões de mundo. Para alcançar um estado de sustentabilidade ambiental, é necessário um processo. Certas condições e etapas têm de ser cumpridas em direção à 'sustentabilidade'. O quadro do desenvolvimento sustentável é o meio para alcançar a sustentabilidade. Em suma, 'sustentabilidade' refere-se à meta e 'desenvolvimento sustentável' é o caminho ou mapa para alcançá-la. Além disso, saliente-se que desenvolvimento não é sinônimo de crescimento econômico (Campello; Silveira, 2016, p. 561).

Na sequência, em 1992, na ocasião da Conferência das Nações Unidas sobre Meio Ambiente e Desenvolvimento, realizada no Rio de Janeiro, o conceito de desenvolvimento sustentável foi inteiramente incorporado tanto pelos 27 princípios da Declaração do Rio de 1992 quanto pela Agenda 21, a qual traz diretrizes para a implementação do desenvolvimento sustentável no século XXI.

A Conferência do Rio de 1992 representou um marco na história do direito ambiental pois:

> [...] concluiu e legitimou as questões das convenções, acordos [anteriores]; concede para o multilateralismo uma envergadura política para o desenvolvimento sustentável; consolida o pilar ambiental como um pilar fundamental; e globaliza o tema ambiental, no momento em que o mundo discutia outros mecanismos de globalização (econômico, social, político e da informação) (Yoshida, 2018, p. 17).

Dentre os inúmeros princípios consagrados pela referida Declaração, o Princípio 8 "[...] direciona o tema para uma perspectiva que toca o setor privado, conclamando a sua participação no processo de desenvolvimento sustentável [...]" (Santiago; de Lima, 2018, p. 202), prevendo que "[...] os Estados devem reduzir e eliminar os padrões insustentáveis de produção e consumo, e promover políticas demográficas adequadas" (UN, 1992).

No âmbito da sustentabilidade, a participação dos setores privados demanda o enfrentamento de inúmeros desafios e modificações de paradigmas. É evidente que o enfoque inicial e almejado por esse setor e por suas atividades se embasa na ideia de lucratividade e liberdade. No entanto:

> O vigor das relações privadas, não pode ter sua atenção voltada para um desenvolvimento (aspecto econômico) próspero, atropelando a consciência sobre a importância de se manter um meio ambiente de qualidade com a indicação de uma justiça social – presente e futura, revelando caráter de irreversibilidade ao conceito de desenvolvimento a relação que deve haver entre este e os três pilares da sustentabilidade (Santiago; de Lima, 2018, p. 205).

Importa destacar que a sustentabilidade demanda a conciliação dos três elementos que compõem o seu tripé, o econômico (*profit*), social (*people*) e ambiental (*planet*), exigindo, por parte do setor privado, que suas atividades e serviços, além de atenderem aos interesses econômicos, estejam alinhadas com as demandas sociais e ambientais. Nesse sentido, ao explicar o referido tripé, John Elkington (2012, n. p.) salienta que "estamos pensando em termos de 'três pilares', com enfoque na prosperidade econômica, na qualidade ambiental e [...] na justiça social".

Com efeito, o cenário de crise ambiental passa a exigir "[...] medidas ousadas e criativas de toda a comunidade, voltadas para a necessidade de se evidenciar a importância de um desenvolvimento globalmente sustentável [...]" (Santiago; de Lima, 2018, p. 212). Nesse contexto, a Agenda 2030 da ONU e seus 17 Objetivos de Desenvolvimento Sustentável enquadram-se como relevante agenda política internacional que, por intermédio da atuação de todos os atores, viabiliza a conciliação do tripé da sustentabilidade.

A origem da construção da Agenda 2030 e seus objetivos relacionam-se com a Conferência das Nações Unidas sobre Desenvolvimento Sustentável (Rio+20), de 2012, que aconteceu na cidade do Rio de Janeiro. Nessa ocasião, diante do esgotamento do prazo das metas elencadas nos Objetivos do Milênio (ODM), que pontuavam compromissos para serem cumpridos até o ano de 2015, destacou-se a necessidade de dar continuidade à agenda da sustentabilidade mundial; com efeito, na Rio+20, estabeleceu-se um mandato para que os Estados-membros da ONU definissem novo conjunto de objetivos e metas de desenvolvimento sustentável, ampliando a experiência de êxito com os Objetivos do Milênio (ODM).

Posteriormente, em agosto de 2014, o grupo de trabalho encarregado de elaborar essas novas metas apresentou seu relatório à Assembleia Geral da ONU, propondo 17 novos objetivos e 169 metas para a realização de aspectos específicos desses objetivos. No ano subsequente, a Agenda 2030 para o Desenvolvimento Sustentável foi lançada, vindo a influenciar a direção das políticas globais e nacionais nos próximos 15 anos.

A Agenda 2030 fundamenta-se, expressamente, na Carta da ONU, na Declaração Universal dos Direitos Humanos, nos tratados internacionais de direitos humanos e em outros instrumentos, como na Declaração sobre o Direito ao Desenvolvimento. Logo, os seus 17 Objetivos de Desenvolvimento Sustentável (ODS) objetivam realizar os direitos humanos de todos, havendo responsabilidade dos Estados para respeitar, proteger e promover os direitos humanos e as liberdades fundamentais para todos, sem qualquer discriminação de raça, cor, sexo, língua, religião, opinião política ou outra opinião, origem nacional ou social, riqueza, nascimento, deficiência ou qualquer outra condição[8].

Diferentemente dos Objetivos de Desenvolvimento do Milênio (ODMs), que antecederam a Agenda e abordaram apenas um conjunto de questões econômicas e sociais, os ODS incluem 17 objetivos e 169 metas, incorporando uma ampla gama de questões que refletem efetivamente os direitos humanos. Consequentemente:

> [...] uma ampla gama dos ODS reflete explicitamente o conteúdo das normas de direitos humanos. Por exemplo, muitos trazem metas como o acesso

[8] Nesta perspectiva, convém ressaltar que a Agenda 2030 deve ser implementada de forma coerente com as obrigações dos Estados sob a égide do direito internacional. Isso significa que quaisquer lacunas ou ambiguidades devem ser dirimidas de acordo com o que está prescrito nas normas do Direito Internacional dos Direitos Humanos (Campello, 2020, p. 24).

a alimentos seguros, nutritivos e suficientes para todos; cobertura universal da saúde; educação primária e secundária gratuitas, equitativa e de qualidade; acesso à água, saneamento e higiene; acesso à moradia segura e a medicamentos e vacinas eficazes, de qualidade e a preços acessíveis (Campello, 2020, p. 25).

A Agenda 2030 representa um marco no contexto na política internacional, pois é a primeira vez que os líderes mundiais se comprometeram com uma agenda política tão ampla e universal que representa o caminho para a construção do desenvolvimento sustentável global, tendo como base a cooperação internacional e a efetivação dos direitos humanos.

Os 17 ODS são indivisíveis e interdependentes, devendo ser interpretados de modo integrado e voltado para a conciliação do tripé da sustentabilidade e tutela dos direitos humanos a estes relacionados. Com efeito, a Agenda 2030, enquanto agenda de direitos humanos, é universal e aplicável a todas as pessoas em todos os países, incluindo países desenvolvidos e em desenvolvimento, ainda que sua implementação varie de acordo com diferentes realidades, recursos e capacidades dos Estados, com base no princípio das responsabilidades comuns, porém diferenciadas (Campello, 2020).

No que concerne às mudanças climáticas, a Agenda 2030 traz, no ODS 13, de tomar medidas urgentes para combater as mudanças do clima e seus impactos, reconhecendo sua abrangência transnacional e a necessidade de mobilizar os atores capazes de promover as mudanças necessárias para impedir que as projeções alarmantes quanto aos efeitos das alterações climáticas se tornem realidade (UN, 2015).

A concretização das metas determinadas pelo ODS 13 demanda uma visão holística que esteja alinhada com as normas internacionais consolidadas pelo regime internacional das mudanças do clima e que considere, também, os demais objetivos elencados pela Agenda 2030 que têm capacidade de gerar resultados positivos na busca de respostas a essa questão.

Com efeito, é indubitável que o combate às mudanças do clima demanda a mobilização de todos os setores, inclusive, o das atividades privadas e empresariais. Nesse sentido, o Objetivo de Desenvolvimento Sustentável n. 8 destaca, diretamente, a necessidade de desenvolver um crescimento econômico sustentado, inclusivo e sustentável, de modo a dissociá-lo da degradação ambiental.

Evidencia-se, nesse contexto, a noção de economia verde como aquela pautada na na baixa emissão de carbono, no uso eficiente de recursos e na inclusão social, trata-se de um modelo econômico o qual, nos últimos anos, ganhou notoriedade no debate internacional e nacional, sendo:

> [...] cada vez mais utilizado por organizações multilaterais, pelas empresas e pela sociedade civil e está dividida em três dimensões – transição do uso em larga escala de combustíveis fósseis como fontes renováveis de energia; aproveitamento dos produtos e serviços oferecidos pela biodiversidade (economia do conhecimento da natureza) e a técnicas capazes de reduzir as emissões de poluentes, de reaproveitamento de parte dos seus rejeitos e diminuir o emprego de materiais e energia dos quais os processos produtivos se organizam (Ferra Júnior; Trevisam; Quoniam, 2020, p. 268).

O crescimento econômico sustentável e sustentado a longo prazo evidenciado pela Agenda 2030 e com capacidade de frear o agravamento do quadro climático, demanda profundas modificações de setores chaves da economia, sendo primordial a mudança de postura das empresas ligadas a tais setores e uma atuação proativa com enfoque na sustentabilidade.

Nesse sentido, o ODS 7 é categórico ao pontuar a necessidade de mudanças no setor energético e de assegurar o acesso à energia limpa. O referido ODS aponta a tendência do aumento da demanda por energia barata oriunda da queima de combustíveis fósseis, o que poderia agravar, consideravelmente, as emissões globais de gases de efeito estufa e, consequentemente, gerar mudanças drásticas no clima. Com efeito, o ODS pontua a relevância de metas focadas na transição energética de fontes não renováveis e polidoras para fontes renováveis e limpas.

Similarmente, o ODS 9 ressalta a importância de mudanças no âmbito das indústrias, da inovação e infraestrura, ao buscar construir infraestruturas resilientes, promover a industrialização inclusiva e sustentável e fomentar a inovação. O ODS destaca a necessidade de "até 2030, modernizar a infraestrutura e reabilitar as indústrias para torná-las sustentáveis, com eficiência aumentada no uso de recursos e maior adoção de tecnologias e processos industriais limpos e ambientalmente adequados" (UN, 2015).

No que concerne ao fomento da inovação, este pode ser a base para a concretização do ODS 9, com a construção de infraestruturas resilientes e a promoção da industrialização inclusiva e sustentável, o que auxiliaria, inclusive, na concretização dos direitos humanos, que são diretamente ligados ao desenvolvimento sustentável (Campello; dos Reis, 2020), bem como na realização de modificações no setor industrial em prol da baixa emissão de gases de efeito estufa.

Observa-se, nesse contexto:

> que as empresas possuem responsabilidade social e solidária, com obrigações em relação ao desenvolvimento sustentável, no que diz respeito à tomada de ações para implementá-lo, devido à 'função sócio-solidária imposta às empresas pelos direitos de igualdade e de solidariedade' (Silveira; Sanches, 2015, p. 324).

Quanto à postura das empresas sobre essa questão:

> Um estudo de 2015, que explorou o efeito do amadurecimento de empresas na responsabilidade social corporativa, baseado em 26.000 observações em um período de 21 anos, revelou que empresas mais velhas investem significativamente mais em responsabilidade social corporativa. O estudo também demonstrou que, conforme as empresas envelhecem, essas também se tornam mais responsáveis em questões ambientais (Campello; dos Reis, 2020, p. 350).

Dessa forma, percebe-se que a longevidade corporativa apresenta vantagens no que diz respeito à concretização dos ODS e deve ser almejada, sendo significativo que as empresas inovem, a fim de que os Objetivos da Agenda 2030 possam ser concretizados.

No que se refere às mudanças climáticas e à atuação empresarial, as metas elencadas nos Objetivos supramencionados representam novos paradigmas para moldarem as atividades empresariais, permitindo que tais setores passem por um processo de transição, a fim de que, futuramente, pautem-se em energias e tecnologia verdes e com baixa emissão de gases de efeito estufa.

Portanto, para que as metas de redução de temperatura elencadas no Acordo de Paris sejam alcançadas, é imprescindível um alinhamento das atuações de todos os setores e atores com os Objetivos de Desenvolvimento Sustentável da Agenda 2030. Com esse intuito, o *UN Global Compact*[9] construiu uma estratégia em prol da sustentabilidade empresarial, para os anos de 2021 a 2023, elencando dez princípios "chave", orientadores de suas atividades, consagrando que:

> As empresas devem apoiar e respeitar a proteção dos direitos humanos proclamados internacionalmente (princípio 1) e se certificar de que não são cúmplices de abusos dos direitos humanos (princípio 2); as empresas devem apoiar a liberdade de associação e o reconhecimento efetivo do direito à negociação coletiva (princípio 3), a eliminação de todas as formas de trabalho forçado e obrigatório (princípio 4), a abolição efetiva do trabalho infantil (princípio 5) e a eliminação da discriminação no emprego e na ocupação (princípio 6); as empresas devem apoiar uma abordagem preventiva aos desafios ambientais (princípio 7), empreender iniciativas para promover maior responsabilidade ambiental (princípio 8) e incentiva o desenvolvimento e a difusão de tecnologias ambientalmente corretas (princípio 9); as empresas devem combater a corrupção em todas as suas formas, incluindo extorsão e suborno (princípio 10) (UN GLOBAL COMPACT, 2021, p. 36).

Outrossim, o documento destacou que "agora é a hora de aumentar as contribuições da comunidade empresarial global para a Agenda 2030 e a implementação do Acordo de Paris sobre mudanças climáticas" (tradução nossa)[10] (UN GLOBAL COMPACT, 2021, p. 05).

A referida estratégia elenca cinco Objetivos de Desenvolvimento Sustentável prioritários para liderar o moldar o progresso da comunidade empresarial nos anos de 2021, 2022 e 2023, dentre os quais se destaca o ODS 13, que trata das mudanças climáticas e o ODS 17 que concerne à cooperação e ao desenvolvimento de parcerias (UN GLOBAL COMPACT, 2021).

[9] O UN *Global Compact* foi estabelecido em julho de 2000 pelo Secretário-Geral da ONU Kofi Annan para mobilizar empresas em todo o mundo no alinhamento de suas operações e estratégias em torno das áreas de direitos humanos, trabalho, meio ambiente e anticorrupção.

[10] *Now is the time to scale up the global business community's contributions to the 2030 Agenda and the implementation of the Paris Agreement on climate change.*

O documento pontua que, para o triênio, a programação do UN *Global Compact* enfatizará a importância de alcançar a neutralidade de carbono, com a finalidade de cumprir os compromissos do Acordo de Paris e incluirá orientações sobre o estabelecimento de planos com base científica para a transição para emissões líquidas zero até 2050 (UN GLOBAL COMPACT, 2021).

Logo, é indubitável a relevância da mobilização do setor empresarial tanto em prol das metas e compromissos elencados no Acordo de Paris quanto para o alcance dos Objetivos de Desenvolvimento Sustentável da Agenda 2030, sendo que, estes, enquanto uma agenda política global, representam diretrizes para a atuação das empresas no enfrentamento das mudanças do clima.

Conclusões

No transcorrer da história, observou-se que determinados valores começaram a ser considerados socialmente relevantes e, em razão disso, adentraram o ordenamento jurídico. Com efeito, a matriz axiológica, de cada sociedade, coloca-se como fundamento de todas as atividades que são desenvolvidas sob sua égide, exigindo, de todos os atores, uma postura ética e alinhada com tais valores.

Nesse contexto, as empresas passam a ser "funcionalizadas" a partir desses valores, fazendo com que suas atividades devam estar alinhadas, por exemplo, com a dignidade da pessoa humana, a justiça social e a proteção do meio ambiente. Atualmente, verificou-se a ampliação da função social da empresa – voltada ao atendimento dos propósitos sociais da coletividade –, passando-se a adotar a ideia de função solidária, a qual agrega a ideia de que a atividade empresarial deve alinhar-se aos interesses socioambientais da humanidade.

No que concerne à questão climática, verificou-se que, desde 1992, foi consolidado o regime internacional das mudanças climáticas, que é enfático ao pontuar a necessidade de cooperação entre todos os atores, não apenas os Estados, para o enfrentamento das alterações do clima e as suas consequências. Mais recentemente, o Acordo de Paris, de 2015, ao determinar as atuais metas e diretrizes desse regime, destacou a relevância do engajamento de todos os níveis de governo e dos diferentes atores em prol do combate à mudança do clima.

Desse modo, é indubitável que as empresas, enquanto atores com crescente relevância no âmbito internacional e nacional, devem diante das mudanças climáticas. Na contemporaneidade, sob o enfoque da função solidária da empresa, torna-se inadmissível que suas atividades embasem-se, por exemplo, na utilização de energias não renováveis e da alta emissão de gases de efeito estufa, gerando uma pegada ecológica que perdurará por gerações.

Logo, o paradigma do desenvolvimento deve atuar como plano de fundo para as atividades empresariais, fazendo com que a Agenda 2030 e seus 17 Objetivos de Desenvolvimento Sustentável representem diretrizes para as políticas empresariais no que tange a sua atuação no combate às mudanças climáticas, permitindo a conciliação dos interesses econômicos, ambientais e sociais a longo prazo.

Portanto, o alcance das metas estabelecidas pelo Acordo de Paris demanda a mobilização de todos os atores e setores da sociedade, fazendo com que as empresas, para que atendam à sua função solidária, devam alinhar suas ações tanto com os objetivos concretizados pelo regime internacional das mudanças climáticas quanto com os 17 ODS da Agenda 2030.

Referências

BODANSKY, Daniel; BRUNNÉE, Jutta; RAJAMANI; Lavanya. **International Climate Change Law**. New York: Oxford University Press, 2017.

CAMPELLO, Lívia Gaigher Bósio. Direitos Humanos e a Agenda 2030: uma mudança de paradigma em direção a um modelo mais equilibrado para o desenvolvimento sustentável. *In*: CAMPELLO, Lívia Gaigher Bósio; LIMA, Rafaela de Deus. **Direitos Humanos e o Meio Ambiente**: os 17 objetivos de desenvolvimento sustentável da Agenda 2030. São Paulo: IDHG, 2020.

CAMPELLO, Lívia Gaigher Bósio; CALIXTO, Angela Jank. Notas acerca dos direitos humanos de solidariedade. *In*: TREVISAM, Elisaide; CAMPELLO, Lívia Gaigher Bósio (orgs.). **Direito & Solidariedade**. Curitiba: Juruá Editora, 2017.

CAMPELLO, Lívia Gaigher Bósio; DOS REIS, João Henrique Souza. Direitos Humanos e os Desafios à solidariedade intergeracional no cenário de crise ambiental global. **Revista de Direitos Humanos em Perspectiva**, Porto Alegre, v. 4, n. 2, p. 124-145, 2018.

CAMPELLO, Lívia Gaigher Bósio; DOS REIS, João Henrique Souza. Objetivo de Desenvolvimento Sustentável 9: indústria, inovação e infraestrutura. *In*: CAMPELLO, Lívia Gaigher Bósio; LIMA, Rafaela de Deus. **Direitos Humanos e o Meio Ambiente**: os 17 objetivos de desenvolvimento sustentável da Agenda 2030. São Paulo: IDHG, 2020.

CAMPELLO, Lívia Gaigher Bósio; LIMA, Rafaela de Deus. O regime internacional das mudanças climáticas: uma análise da cooperação internacional solidária no Acordo de Paris. **Revista Argumentum**, Marília, v. 19, n. 3, 2018, p. 659-689.

CAMPELLO, Lívia Gaigher Bósio; SANTIAGO, Mariana Ribeiro. Função social e solidária da empresa na dinâmica da sociedade de consumo. **Revista da Faculdade de Direito da UERJ,** Rio de Janeiro, n. 32, 2017, p. 161-186.

CAMPELLO, Lívia Gaigher Bósio; SILVEIRA, Vladmir Oliveira da. Educação para o desenvolvimento sustentável (EDS) e o *greening* das universidades. Revista **Thesis Juris**, São Paulo, v. 5, n.2, pp. 549-572, 2016.

ELKINGTON, John. **Cannibals with Forks**: The Triple Bottom Line of 21st Century Business. [S. l.}: New Society Publishers, 2012.

FERRA JÚNIOR, Ari Rogério; TREVISAM, Elisaide; QUONIAM, Luc. Economia verde como ferramenta para a concretização do Objetivo 7 (energia limpa e acessível) da Agenda 2030 para o desenvolvimento sustentável. *In*: CAMPELLO, Lívia Gaigher Bósio; LIMA, Rafaela de Deus. **Direitos Humanos e o Meio Ambiente**: os 17 objetivos de desenvolvimento sustentável da Agenda 2030. São Paulo: IDHG, 2020.

OHCHR. **Guiding Principles on Business and Human Rights**. New York; Geneva, 2011. Disponível em: https://www.ohchr.org/documents/publications/guidingprinciplesbusinesshren.pdf. Acesso em dez. 2020.

UN GLOBAL COMPACT. 2021-2023. Ney York, 2021. Disponível em: https://unglobalcompact.org/library/5869 . Acesso em: 01 mar. 2021.

UN. **Acordo de Paris**. Paris, 2015.

UN. **Agenda 2030**. New York, 2015. Disponível em: http://www.agenda2030.com.br. Acesso em 02 mar. 2021.

UN. **Convenção-Quadro sobre Mudança Climática**. Rio de Janeiro, 1992.

UN. **Declaração do Rio de Janeiro**. Rio de Janeiro, 1992.

UN. **Protocolo de Quioto**. Quioto, 1997.

PÉREZ, Irene Suárez; KALLHAUGE, Angela Churie. Adaptation (Article 7). *In*: KLEIN, Daniel; CARAZO, María Pía; DOELLE, Meinhard; BULMER, Jane; HIGHAM, Andrew. **The Paris Agreement on Climate Change**: Analysis and Commentary. New York: Oxford University Press, 2017.

SANTIAGO, Mariana Ribeiro; DE LIMA, Gabriela Eulálio. As relações privadas e a perspectiva do desenvolvimento sustentável. *In*: CAMPELLO, Lívia Gaigher; DE SOUZA, Maria Claudia Antunes; SANTIAGO, Mariana Ribeiro. **Meio Ambiente**

e Desenvolvimento: Os 25 anos da Declaração do Rio de 1992 [recurso eletrônico]. São Paulo: IDHG, 2018.

SILVEIRA, Vladmir Oliveira da; ALMEIDA, Patricia Martinez. Empresas e Direitos Humanos. **Revista Thesis Juris**, São Paulo, v. 4, n.2, p. 357-372, 2015.

SILVEIRA, Vladmir Oliveira da; CATTA PRETA, Suzana Maria. Política nacional de resíduos sólidos e a responsabilidade compartilhada entre poder público, setor empresarial e a coletividade. *In*: COUTO, Mônica Bonetti (org.); MEZZAROBA, Orides (coord); NASPOLINI SANCHES, Samyra. H. D. F. (org.); SILVEIRA, Vladmir Oliveira da (coord.). **Empresa, sustentabilidade e funcionalização do direito.** São Paulo: Revista dos Tribunais, 2011.

SILVEIRA, Vladmir Oliveira da; RIBEIRO, Elenice Baleeiro Nascimento. Ética: conteúdo da responsabilidade corporativa e desdobramento da função solidária da empresa. **Revista Unicuritiba,** v. 2, n. 39, 2015.

SILVEIRA, Vladmir Oliveira da; ROCASOLANO, Maria Mendez. **Direitos humanos**: conceitos, significados e funções. São Paulo: Saraiva, 2010.

SILVEIRA, Vladmir Oliveira da; SANCHES, Samyra Haydêe Dal Farra. Direitos Humanos, empresa e desenvolvimento sustentável. **Revista Unicuritiba**, Curitiba, v. 1, n. 38, 2015.

TREVISAM, Elisaide; CRUCIOL JÚNIOR, Jessé. Princípios Ruggie e a proteção dos Direitos Humanos dos seres não humanos. **Revista Unicuritiba**, v. 1, n. 6, 2020.

YOSHIDA, Consuelo Yatsuda Moromizato. Prefácio. *In*: CAMPELLO, Lívia Gaigher; DE SOUZA, Maria Claudia Antunes; SANTIAGO, Mariana Ribeiro. **Meio Ambiente e Desenvolvimento**: Os 25 anos da Declaração do Rio de 1992 [recurso eletrônico]. São Paulo: IDHG, 2018.

4. A ARBITRAGEM INTERNACIONAL NA REMEDIAÇÃO DE VIOLAÇÕES DE DIREITOS HUMANOS PERPETRADAS POR EMPRESAS

Angelina Colaci Tavares Moreira
Nathália Soares de Mattos
Patricia Almeida de Moraes

Introdução

O crescimento e fortalecimento das empresas transnacionais fez com que estas fossem capazes estabelecer redes corporativas cujas cifras de negócios não raras vezes ultrapassam a renda orçamentária anual de muitos países, descortinando uma nova realidade em que os Estados já não são mais os principais violadores dos direitos humanos. Em países de menor expressividade internacional e economicamente instáveis, a incidência de abusos a direitos humanos relacionados a empresas acaba sendo significativamente mais alta, seja pela completa inexistência de leis locais, seja porque as leis existentes não são observadas.

Contudo, em âmbito internacional, dentre os entraves para a responsabilização das empresas, destacam-se a ausência de um instrumento internacional vinculante e o não reconhecimento das empresas como sujeitos de direito internacional, realidades estas que, somadas, impedem a aplicação de qualquer sanção direta às multinacionais em caso de violações.

No âmbito das Nações Unidas, criou-se o "Grupo de trabalho intergovernamental aberto sobre corporações transnacionais e outras empresas de negócios com respeito a direitos humanos", com o objetivo de elaborar um instrumento internacional juridicamente vinculante para regular, no direito internacional dos direitos humanos, as atividades das corporações transnacionais e de outras empresas. Em julho de 2019 o grupo lançou uma espécie de "minuta revisada" (no original: "Revised Draft"). Tal documento, apesar de reconhecer que a extensão das violações aos direitos humanos relacionadas à atividade empresarial não se limita ao âmbito doméstico dos Estados, não apresenta um caminho claro e eficaz de remediação internacional.

Assim, diante da ineficácia de responsabilização das empresas por violações de direitos humanos exclusivamente pela jurisdição doméstica dos Estados, a pesquisa buscará analisar a possibilidade de utilização da arbitragem internacional para uma responsabilização efetiva às empresas, e a de sua inclusão no tratado internacional.

A arbitragem internacional já é muito utilizada no campo dos investimentos, em que países e empresas transacionam ponderando seus interesses dentro de um mecanismo que garante neutralidade e especialização para resolver a controvérsia, ponderando os legítimos interesses públicos e privados envolvidos, buscando uma solução equitativa e equilibrada.

Para a realização do estudo, será utilizada da pesquisa bibliográfica e documental e do método dedutivo, a partir da análise dos documentos de normas internacionais, em especial "The Hague Rules on Business and Human Rights Arbitration" e o "Revised Draft", e a possibilidade de inclusão da arbitragem como forma de remediação neste tratado.

1. Breves considerações acerca da arbitragem internacional

Para melhor compreensão acerca das questões envolvendo o uso da arbitragem internacional na remediação de violações aos direitos humanos perpetradas por empresas, é necessário, em primeiro lugar, tecer algumas considerações a respeito do conceito e utilização da arbitragem internacional.

Cretella Junior há muito definia a arbitragem como uma espécie de sistema especial de julgamento dotado de procedimento, técnica e princípios informativos próprios, com força executória reconhecida pelo direito comum, mas a este subtraído, por meio do qual duas ou mais pessoas, sejam elas físicas ou jurídicas, de direito privado ou de direito público, que se encontrem em conflito de interesses, escolhem, de comum acordo e contratualmente, uma terceira pessoa – chamada de árbitro –, a quem confiam o papel de resolver-lhes a pendência, anuindo os litigantes em aceitar a decisão proferida (Cretella Junior, 1988, p. 128).

Contemporaneamente vem sendo concebida como um instrumento jurídico específico para a solução de conflitos de interesse, o qual se desenvolve por meio da intervenção de uma ou mais pessoas, formalmente identificadas como árbitros, que recebem poderes das próprias partes interessadas na solução, por meio de um acordo privado, que orientará todo o procedimento arbitral, cujo destino será a produção de uma decisão, chamada de laudo ou sentença arbitral, que tem eficácia mandatória entre as partes (Fernandes, 2005, p. 26-27).

Conforme adverte Mazzuoli, os árbitros costumam ser escolhidos pelos litigantes em razão de sua notória especialidade na matéria envolvida e com base no respeito ao direito, estabelecido por meio de um *compromisso arbitral* por meio do qual as partes ditam as regras a serem seguidas e declaram aceitar a decisão que vier a ser tomada. Daí porque aduz que a arbitragem internacional tem um caráter *ad hoc,* com poderes predeterminados, porquanto estabelecidos pelos litigantes a um julgador ou a um colegiado, que tem por função dirimir os litígios surgidos entre as partes (Mazzuoli, 2005, p. 1622-1623).

De forma mais específica, a arbitragem internacional vem se desenvolvendo para dirimir controvérsias que surjam no âmbito internacional atinentes às áreas do direito internacional público, do direito internacional de investimentos e do comércio internacional. A *arbitragem de direito internacional público* é iniciada pela celebração de um tratado internacional, sendo processada e decidida com base no tradicional Direito Internacional Público, mediante proferição de um laudo ou sentença arbitral que deve ser cumprida voluntariamente pelas partes envolvidas, sob pena de incorrerem em ilícito internacional e violação do princípio da boa-fé (Fornasier, Soares, 2020, p. 357).

A *arbitragem de investimentos,* por sua vez, é um fenômeno relativamente recente e diz respeito à instituição de procedimentos de arbitragem de investidores estrangeiros contra Estados com base em tratados bilaterais ou multilaterais de investimento, ou leis nacionais que autorizem a arbitragem pelo Estado. Dito de outro modo, é utilizada em casos envolvendo Estados e investidores estrangeiros – por vezes grandes corporações –, nos quais aplica-se a lei indicada pelos árbitros para a solução do conflito, não sendo necessariamente a lei do Estado nacional envolvido (Fornasier, Soares, 2020, p. 357).

Sobre essa modalidade de arbitragem, convém realçar que o Banco Mundial promoveu a redação de uma Convenção para criar um mecanismo especialmente concebido para dirimir litígios entre Estados receptores e investidores privados. Trata-se da "Convenção sobre a Solução de Controvérsias Relativas aos Investimentos entre Estados e Nacionais de outros Estados" que criou o Centro Internacional para a Solução de Controvérsias Relativas aos Investimentos (ICSID, sigla em inglês)[1], principal instituição responsável pela resolução de disputas relativas à interpretação dos contratos entre investidores e hospedeiros, lastreados por tratados internacionais de investimentos (Godinho, 2008, p. 318).

Por fim, tem-se, ainda, a *arbitragem comercial internacional* compreendida como uma espécie mais genérica de arbitragem porquanto relaciona-se a questões que não se enquadram nos tipos de arbitragem anteriores. Nessa modalidade, os conflitos podem ser regidos pelo direito interno de algum país, costumes ou princípios de comércio internacional (Fornasier, Soares, 2020, p. 357).

Existem inúmeras razões pelas quais os litigantes optam em resolver uma controvérsia por meio da arbitragem internacional, dentre as quais destaca-se a possibilidade de resolução mais célere e mais barata quando comparada a submissão a processos judiciais tradicionais; o fato de que a arbitragem pode fornecer justiça de melhor qualidade, já que muitos tribunais domésticos estão sobrecarregados, o que nem sempre permite aos juízes tempo suficiente para produzir decisões legais de alta qualidade ao passo que o árbitro é escolhido livremente e pode ser um especialista tanto em arbitragem internacional quanto na matéria do litígio e não um generalista como ocorre no caso de juízes que compõem a maioria das cortes e tribunais domésticos. Soma-se a isto o fato de que a arbitragem internacional pode ser altamente confidencial, o que é útil se as partes desejam continuar seu relacionamento comercial ou evitar publi-

[1] No original: *International Centre for Settlement of Investment Disputes* (ICSID).

cidade negativa, além de ser também altamente flexível no que se refere a seleção do procedimento[2].

Em que pese essa flexibilidade procedimental própria da arbitragem internacional fato é que, atualmente, esta sofre a influência de um conjunto de regras peculiares, criadas pelos próprios atores do comércio internacional. Muito tem se falado a respeito de consolidar regramentos por instituições privadas com o objetivo primordial de unificar regras do comércio internacional para a delimitação de contratos. Nesse sentido, destaca-se a existência de uma "Lei Modelo", criada pela *United Nations Commission on International Trade Law* (UNCITRAL), em 1985, vinculada à Organização das Nações Unidas (ONU) (WYPYCH, 2005).

Essa lei, formada por representantes de 58 (cinquenta e oito) países, incluindo o Brasil, tem o objetivo de harmonizar as legislações internas dos diversos países do mundo e resolver problemas quanto à aplicação da arbitragem internacional. Embora não seja de natureza vinculante, a lei da UNICITRAL teve adesão de países que movimentam aproximadamente dois terços do comércio mundial influenciando a Câmara Internacional do Comércio (França) e a *American Arbitration Association* (EUA), duas grandes referências na arbitragem internacional, além de ter influenciado também a lei de arbitragem brasileira (Lei 9.307/1996)[3].

2. Arbitragem na resolução de conflitos para empresas e direitos humanos

Os Princípios Orientadores da ONU sobre Empresas e Direitos Humanos estipulam que os estados têm o dever de assegurar que mecanismos eficazes de recurso judicial e não judicial estejam disponíveis contra violações de direitos humanos relacionadas a empresas. Os princípios também estabelecem que as empresas que causaram ou contribuíram para impactos adversos sobre os direitos humanos, devem providenciar ou cooperar para remediação através de processos legítimos.

[2] Nesse sentido, vide: **International Arbitration Attorney**. Disponível em: <https://www.international-arbitration-attorney.com/pt/what-is-international-arbitration/> Acesso em 18 nov. 2020.

[3] A esse respeito, vide: **Lei modelo Uncitral sobre arbitragem comercial internacional: Estudos e perspectivas** / [Organizado por] Eduardo Grebler; Christian Sahb Batista Lopes, Fabrício Bertini Pasquot Polido. Belo Horizonte: Arraes Editores, 2018.

Onde a adjudicação é necessária, esta deve ser realizada por meio de terceiros legítimos e independentes mecanismos. No entanto, tem sido muito difícil fazer cumprir os direitos humanos nas relações com empresas por meio de resolução de disputas domésticas, regionais e internacionais, particularmente em relação a disputas transnacionais. Isso porque, em muitos países onde as violações ocorrem, as instituições não possuem força suficiente para impor uma responsabilização frente às grandes empresas.

Assim, a arbitragem internacional se apresenta como um método a ser usado para resolver disputas de direitos humanos envolvendo negócios. Essas disputas frequentemente ocorrem em regiões onde os tribunais nacionais são disfuncionais, corruptos, politicamente influenciados ou simplesmente não qualificados. Por isso, nestes locais, não há um julgamento e uma responsabilização adequada às empresas quando estas infringem os direitos humanos. As partes em tais disputas, precisam de um sistema privado que possa funcionar nessas regiões. Além disso, a arbitragem pode servir como uma ferramenta útil para ajudar as empresas a evitar a ocorrência de abusos em suas cadeias de suprimentos e projetos de desenvolvimento.

As regras em uso hoje para arbitragem internacional foram escritas sem foco nos requisitos especiais de disputas de direitos humanos. Portanto, é necessário que haja maior transparência dos procedimentos e sentenças, para que inúmeras vítimas possam ser protegidas e tenham suas reivindicações atendidas, e que os árbitros escolhidos sejam especialistas em questões envolvendo empresas e direitos humanos. Para tanto, buscou-se incluir tais questões, nas Regras de Haia para Empresas e Direitos Humanos que serão abordadas a seguir.

2.1. Regras da Haia para Empresas e Direitos Humanos

As Regras da Haia sobre Empresas e Arbitragem de Direitos Humanos fornecem um conjunto de procedimentos para a arbitragem de disputas relacionadas ao impacto das atividades comerciais sobre os direitos humanos. Este projeto foi iniciado com a criação de um Grupo de Trabalho sobre Arbitragem de Empresas e Direitos Humanos e uma Equipe de Redação em 2017, presidida pelo juiz Bruno Simma, para a elaboração e redação do Regulamento de Arbitragem em Direitos Humanos. Após consulta pública, deliberação e recebimento de feedback sobre um conjunto de regras preliminares e comentários, as regras foram publicadas em dezembro de 2019 (Desierto, 2019).

As Regras da Haia fazem parte de um mecanismo independente, não havendo relação com a elaboração do tratado internacional sobre empresa e direitos humanos, que será abordado adiante. Tais regras são baseadas nas Regras de Arbitragem da Uncitral (2010), com modificações necessárias para tratar de certas questões que podem surgir nas disputas comerciais com relação aos direitos humanos. Tal como acontece com as Regras de Arbitragem da Uncitral, o escopo das Regras da Haia não é limitado pelo tipo de reclamante(s) ou requerido(s) ou o tipo de objeto da disputa e se estende a quaisquer disputas que as partes tenham concordado em resolver por arbitragem, conforme as Regras da Haia. As partes podem, portanto, incluir entidades empresariais, indivíduos, sindicatos e organizações trabalhistas, Estados e entidades estatais e organizações da sociedade civil (The Hague Rules, 2019).

As Regras da Haia propositalmente não definem os termos "negócios", "direitos humanos" ou "negócios e direitos humanos", pois tais termos devem ser entendidos tão amplamente quanto o significado que possuem nos Princípios Orientadores da ONU sobre Empresas e Direitos Humanos (Desierto, 2019).

O consentimento continua sendo a pedra angular da arbitragem relacionada a empresas e direitos humanos, como acontece com toda arbitragem, e pode ser estabelecido antes do surgimento de uma disputa, por exemplo, em cláusulas contratuais, ou após o surgimento de uma disputa, por meio de em um acordo de apresentação (compromisso). Não é necessário que uma disputa deva ser caracterizada como relativa a negócios e direitos humanos para que as Regras de Arbitragem de Direitos Humanos se apliquem à sua administração.

O artigo 1 das Regras de Arbitragem de Direitos Humanos estabelece que as partes podem concordar que as disputas entre elas a respeito de qualquer relação jurídica definida, seja contratual ou não, sejam resolvidas por arbitragem de acordo com estas Regras. A fim de garantir que uma sentença proferida de acordo com as Regras de Arbitragem de Direitos Humanos seja exequível de acordo com a Convenção de Nova York sobre o Reconhecimento e Execução de Sentenças Arbitrais Estrangeiras (1958), o Artigo 1(3) esclarece que, ao se submeterem à arbitragem sob estas Regras, as partes concordam que sua disputa é considerada como tendo surgido de uma relação ou transação comercial (The Hague Rules, 2019).

No que diz respeito à constituição do tribunal, as Regras enfatizam os benefícios da diversidade e recomendam a constituição de um tribunal diverso. Além disso, o Regulamento de Arbitragem em Direitos Humanos prevê um Código de Conduta para árbitros (anexo 1 das Regras), influenciado pelas melhores práticas internacionais, incluindo as Diretrizes do IBA sobre Conflitos de Interesse em Arbitragem Internacional, mas em alguns casos adota requisitos mais rígidos devido à natureza dos negócios e disputas de direitos humanos. O Código de Conduta estabelece as normas básicas que todos os árbitros devem cumprir, incluindo o dever de fazer as divulgações necessárias conforme enumerado nele, e de permanecer independente e imparcial. Tais deveres também se estendem aos assistentes e equipe de árbitros, bem como a qualquer secretário de tribunal que possa ser empregado. Qualquer violação real ou potencial do Código de Conduta pode ser analisada por um Comitê do Código de Conduta estabelecido pelo Tribunal Permanente de Arbitragem ou um órgão designado pelo Tribunal Permanente de Arbitragem (The Hague Rules, 2019).

Conforme o artigo 18 das Regras, na condução dos procedimentos arbitrais, o tribunal arbitral deve fornecer um processo justo, eficiente, culturalmente apropriado e compatível com os direitos para resolver a disputa das partes, dando a devida atenção à urgência de abordar os alegados impactos sobre os direitos humanos (The Hague Rules, 2019). Assim, o procedimento arbitral deve ser baseado na inclusão, participação, empoderamento, transparência e atenção às pessoas vulneráveis.

É importante destacar que as Regras de Arbitragem de Direitos Humanos contêm disposições para a solicitação de medidas de emergência antes da constituição do tribunal arbitral. Conforme o artigo 31, terceiros podem apresentar petições por escrito, tendo como base o artigo 4 das Regras da UNCITRAL (2010). Além disso, as Regras de Arbitragem de Direitos Humanos também permitem que o Estado de nacionalidade das partes, o Estado em cujo território tenha ocorrido a conduta que deu origem à controvérsia, e o Estado partes de quaisquer tratados aplicáveis à arbitragem, apresentem submissões por escrito (The Hague Rules, 2019).

Ao final do processo arbitral, a sentença ou qualquer outra decisão deve ser tomada pela maioria dos árbitros. A sentença arbitral deve ser por escrito e deve declarar os motivos em que se baseia, e certificar-se de que é compatível com os direitos humanos internacionalmente reconhecidos, e também deve estar em conformidade com os requisitos de política pública sob a lei da sede e os locais prováveis de execução da sentença (The Hague Rules, 2019).

2.2. Arbitragem no draft

Em 06 de agosto de 2020, o *working group* da ONU divulgou a segunda versão revisada do tratado sobre Empresas e Direitos Humanos, um instrumento com força vinculante que busca regular todas as atividades corporativas de empresas transnacionais e de empresas domésticas que exerçam suas atividades com efeitos transnacionais, de forma que estes agentes desenvolvem suas atividades lucrativas em consonância com o direito internacional dos direitos humanos. Dentre seus 24 artigos, merece destaque a redação do artigo 18 que regulamenta a resolução de disputas, tendo a seguinte redação (OEIGWG, 2020):

> *"Article 18. Settlement of Disputes*
>
> *1. If a dispute arises between two or more State Parties about the interpretation or application of this (Legally Binding Instrument), they shall seek a solution by negotiation or by any other means of dispute settlement acceptable to the parties to the dispute.*
>
> *2. When signing, ratifying, accepting, approving or acceding to this (Legally Binding Instrument), or at any time thereafter, a State Party may declare in writing to the Depositary that, for a dispute not resolved in accordance with paragraph 1 of this article, it accepts one or both of the following means of dispute settlement as compulsory in relation to any State Party accepting the same obligation:*
>
> *(a) Submission of the dispute to the International Court of Justice;*
>
> *(b) Arbitration in accordance with the procedure and organization mutually agreed by both State Parties.*
>
> *3. If the State Parties to the dispute have accepted both means of dispute settlement referred to in paragraph 2 of this article, the dispute may be submitted only to the International Court of Justice, unless the State Parties agree otherwise. "*

Assim como na primeira versão revisada do draft, o tratado apresenta como uma possibilidade para a resolução de controvérsias a utilização da arbitragem internacional, que poderá ser instaurada entre dois Estados signatários do tratado, nos casos em que a controvérsia surja a partir da interpretação ou aplicação do instrumento. Desta forma, a arbitragem apenas poderá ser utilizada nos casos em que o Estado parte declare por escrito, no momento da ratificação do tratado, que aceita utilizar o método da arbitragem caso seja necessário buscar uma negociação com outro Estado signatário acerca da interpretação do tratado ratificado.

É imperioso ressaltar que a elaboração e as discussões acerca de um instrumento de *hard law* que busca regular diretamente as atividades das empresas, demonstram ganhos significativos para o reconhecimento da natureza internacional das violações de direitos humanos suportadas pelas vítimas em decorrência das atividades exploratórias das transnacionais. Trata-se de uma oportunidade ímpar para que os Estados possam trabalhar conjuntamente com a sociedade civil, organizações internacionais, acadêmicos e as empresas a fim de proporcionar a elaboração de um documento vinculante que consiga substancialmente enfrentar o problema (Iglesias, 2019, p. 158).

Contudo, em que pese um dos propósitos do instrumento seja garantir o acesso efetivo à justiça e as reparações necessárias às vítimas que sofram violações de seus direitos, a minuta do documento não fornece um caminho claro e eficaz para se atingir este fim.

Da leitura do draft, transparece a necessidade de implementação de mecanismos de remediação e mitigação dos direitos humanos na esfera doméstica dos Estados signatários, mas não existe a previsão de um mecanismo internacional para a resolução de conflitos entre empresas e direitos humanos[4].

O tratado, em seu artigo oitavo, reconhece o direito das vítimas e a responsabilidade legal das empresas por violações ou abusos de direitos humanos. Esse artigo reconhece o dever do Estado de disponibilizar o acesso justo, efetivo e eficaz à justiça perante os tribunais nacionais competentes.

[4] Conforme informações disponibilizadas em: Business & Human Rights Resource. Revised draft UN treaty on business and human rights: A fez steps forward, a few unanswered questions. Disponível em: <https://www.business-humanrights.org/en/blog/revised-draft-un-treaty-on-business-and-human-rights-a-few-steps-forward-a-few-unanswered-questions/> Acesso 18 nov. 2020.

O acesso à justiça para as vítimas é um dos mais frequentes e crescentes problemas enfrentados em todos os cantos do mundo. A forma que a última versão do draft encontra-se escrito, não transparece que o documento será capaz de resolver os problemas jurisdicionais específicos para litígios que envolvam transnacionais, como barreiras legais e o acesso aos tribunais.

Existem barreiras para serem remediadas em vários campos para que seja possível garantir o acesso à justiça por grupos de indivíduos afetados pelas atividades empresariais. Remover essas barreiras requer, evidentemente, a ação do Estado, ocorre que as discussões acerca da efetividade de se alcançar a reparação necessária pelas vítimas dentro do âmbito doméstico até o presente momento se demonstraram insatisfatórias e o draft apenas sinaliza a necessidade dos Estados disporem de recursos internos capazes de garantir a proteção e a reparação de direitos humanos quando violados.

Na maioria dos casos, principalmente em países em desenvolvimento, os recursos disponíveis na legislação interna dos Estados não conseguem alcançar as empresas transnacionais, isto porque muitos possuem regimes jurídicos fragmentados e incompletos, falta de desenvolvimento legal, problemas de acesso às vias de defesa e governos que se curvam aos mandos e desmandos das grandes corporações, tornando-se raro a responsabilização destas transnacionais dentro do âmbito doméstico (Moreira, 2020).

Um novo nível de responsabilização das empresas se mostra necessário para que as vítimas possam receber as reparações necessárias pelos danos que sofrem. O tratado tem o potencial para trazer uma oportunidade de se alcançar diretamente a responsabilização das empresas, por meio da instauração de procedimentos arbitrais onde as vítimas possam litigar diretamente contra as empresas. Trata-se, portanto, de garantir o acesso à justiça por indivíduos que sofram violações de seus direitos no âmbito internacional.

A previsão da arbitragem como mecanismo internacional a ser adotado para resolver conflitos entre empresas e vítimas conforme já tratado, não é uma novidade na seara internacional. Com os processos e orientações corretas, tal ferramenta combina mecanismos de governança estadual e global que poderão contribuir para garantir o acesso à justiça às vítimas de violações de direitos humanos.

A utilização do mecanismo de arbitragem internacional poderá contribuir, conjuntamente com as estruturas normativas já existentes, para quebrar as barreiras jurisdicionais e proporcionar as reparações necessárias, por meio da responsabilização da empresa-mãe pelas condutas adotadas por suas subsidiárias, permitindo que as vítimas busquem uma compensação da empresa mãe nos casos os quais as subsidiárias sejam incapazes de arcar com os custos das reparações (Blackburn, 2020).

A aplicação no tratado das regras da Haia oferece um centro de resolução de disputas imparcial, especializado, célere e que concede a ambas as partes ampla autonomia para acordar as leis substantivas a serem aplicáveis. Este mecanismo pode ser utilizado como uma alternativa aos tribunais nacionais existentes em países que se mostram corruptos, politicamente influenciados e desqualificados, se mostrando uma solução para garantir uma maior transparência as reivindicações feitas pelas vítimas[5].

Conclusões

Historicamente, o sistema da arbitragem internacional não foi idealizado para tratar sobre a temática dos direitos humanos. O mecanismo foi criado para resolver disputas entre empresas, Estados e entre empresas e Estados, criado dentro de um cenário mercantil onde as violações de direitos humanos muitas vezes são esquecidas, por não constarem entre as principais preocupações das partes litigantes.

Dentro deste cenário, foi criado as regras da Haia, trazendo um novo campo para auxiliar as disputas relacionadas aos direitos humanos e suas violações, inserindo no âmbito internacional, regras procedimentais para a instauração de procedimentos arbitrais que versem sobre empresas e violações de direitos humanos. Após um processo de elaboração de pesquisas e relatórios, sua versão final foi lançada em dezembro de 2019.

O objetivo do desenvolvimento das regras foi oferecer um instrumento de resolução de disputas para mitigar as violações de direitos

[5] Conforme informações disponibilizadas em: Business & Human Rights Resource. Launch of the Hague Rules on Business and Human Rights Arbitration. Disponível em: <https://www.business-humanrights.org/en/latest-news/launch-of-the-hague-rules-on-business-and-human-rights-arbitration/> Acesso 18 nov. 2020.

humanos perpetradas por empresas em Estados onde a jurisdição é falha, ineficaz e não garante o acesso à justiça aos indivíduos.

No mesmo diapasão, as discussões perpetradas pelo *working group* da ONU para a elaboração de um tratado vinculante enfrentam a temática de elaboração de um documento internacional capaz de garantir o acesso à justiça às vítimas e que as mesmas consigam ser devidamente reparadas pelos danos sofridos.

A fim de cumprir o objetivo do *working group* inicialmente estabelecido para alcançar a responsabilização das empresas transnacionais por violações de direitos humanos, uma possibilidade a ser estudada e debatida mais profundamente entre os diversos agentes que participam das discussões do grupo de trabalho é a adoção da arbitragem no tratado de empresas e direitos humanos como um instrumento facilitador a ser pensado e idealizado de forma a responder às urgências existentes no campo de acesso à justiça e responsabilização de empresas por violações de direitos humanos.

A arbitragem internacional deve ser uma opção a ser melhor desenvolvida para que passe a integrar o quadro processual disponível para a aplicação de forma satisfatória das normas e princípios que tratam sobre empresas e direitos humanos, sendo utilizada como uma ferramenta capaz de melhorar a eficácia da aplicação do tratado, enfrentando as deficiências e carências dos procedimentos domésticos e dando a resposta internacional que grande parte da sociedade civil busca alcançar.

Referências

BLACKBURN. Daniel. **Removing barriers to justice. Internacional Centre for Trade Union Rights**(ICTUR). Disponível em: <https://www.somo.nl/wp-content/uploads/2017/08/Removing-barriers-web.pdf> Acesso 18 nov. 2020.

Business & Human Rights Resource. Launch of the Hague Rules on Business and Human Rights Arbitration. Disponível em: <https://www.business-humanrights.org/en/latest-news/launch-of-the-hague-rules-on-business-and-human-rights-arbitration/> Acesso 18 nov. 2020.

Business & Human Rights Resource. Revised draft UN treaty on business and human rights: A fez steps forward, a few unanswered questions. Disponível em: <https://www.business-humanrights.org/en/blog/revised-draft-un-tre-

aty-on-business-and-human-rights-a-few-steps-forward-a-few-unanswered--questions/> Acesso 18 nov. 2020.

Convention on the Recognition and Enforcement of Foreign Arbitral Awards, New York, 10 June 1958, United Nations Treaty Series, vol. 330, No. 4739. Disponível em: <https://treaties.un.org/pages/ViewDetails.aspx?src=TREATY&mtdsg_no=XXII-1&chapter=22&lang=en>. Acesso em 16 de novembro de 2020.

Cretella Junior, José. **Da arbitragem e seu conceito categorial.** Revista de informação legislativa, Brasília, a. 25, n. 98, p. 127-150. abr./ jun. 1988.

Desierto, Diane. Why Arbitrate Business and Human Rights Disputes? Public Consultation Period Open for the Draft Hague Rules on Business and Human Rights Arbitration. EJIL:Talk!Blog of the European Journal of International Law. 12 de julho de 2019. Disponível em: <https://www.ejiltalk.org/public-consultation-period-until-august-25-for-the-draft--hague-rules-on-business-and-human-rights-arbitration/#:~:text=The%20Hague%20Rules%20are%20based,business%20and%20human%20rights%20disputes.&text=Parties%20could%20thus%20include%20business,entities%20and%20civil%20society%20organizations.>. Acesso em 16 de novembro de 2020.

Fernandes, Micaela Barros Barcelos. **Laudos arbitrais estrangeiros: reconhecimento e execução**. Curitiba: Juruá, 2005.

Fornasier, Mateus de Oliveira; Soares, Fabricio Zambra. **Globalização e meios adequados de solução de conflitos: Da importância da arbitragem para as empresas transnacionais.** Revista Eletrônica de Direito Processual – REPD, Rio de Janeiro, ano 14, vol. 21. n. 01. Jan-Abr. de 2020.

Garcez, José Maria Rossani. **A arbitragem na era da globalização.** Rio de Janeiro: Forense, 1999.

Godinho, Thiago José Zanini. **Arbitragens de investimentos entre Estados e investidores estrangeiros no ICSID.** Rev. Fac. Direito UFMG, Belo Horizonte, n. 53, p. 317-346, jul./dez. 2008.

Iglesias, Daniel Márquez. Hacia la adopción de um tratado sobre empresas y derechos humanos: viejos debates, nuevas oportunidades. **Deusto Journal of Human Rights**, n. 4/2019, p. 145-176. Disponível em: <http://dx.doi.org/10.18543/djhr-4-2019pp145-176> Acesso em 18 nov. 2020.

International Arbitration Attorney. Disponível em: <https://www.international-arbitration-attorney.com/pt/what-is-international-arbitration/> Acesso em 18 nov. 2020.

Mazzuolli, Valério de Oliveira. **Curso de Direito Internacional Público**. 12. ed., Rio de Janeiro: Forense, 2019.

Moreira, Angelina Colaci Tavares. As transnacionais e a ampliação dos sujeitos de direito internacional. **Revista Internacional de direitos humanos e**

empresas, v. 04, n. 01, 30 jan. 2020. Disponível em: <https://periodicos.ufjf.br/index.php/HOMA/article/view/30499> Acesso 18 nov. 2020.

OEIGWG. Second Revised Draft, 06.08.2020. Disponível em: <https://www.ohchr.org/Documents/HRBodies/HRCouncil/WGTransCorp/Session6/OEIGWG_Chair-Rapporteur_second_revised_draft_LBI_on_TNCs_and_OBEs_with_respect_to_Human_Rights.pdf> Acesso em 18. Nov. 2020.

SANTOS, Luciano Alves Rodrigues dos. **A arbitragem no ordenamento jurídico brasileiro**. São Paulo: Biblioteca, 201

The Hague Rules On Business and Human Rights Arbitration. Center for International Legal Cooperation. December 2019, artigo 28. Disponível em: <https://www.cilc.nl/cms/wp-content/uploads/2019/12/The-Hague-Rules-on-Business-and-Human-Rights-Arbitration_CILC-digital-version.pdf>. Acesso em 16 de novembro de 2020.

UN. UNCITRAL Arbitration Rules. New Ypurk 2010. Disponível em: <https://uncitral.un.org/sites/uncitral.un.org/files/media-documents/uncitral/en/arb-rules-revised-2010-e.pdf>. Acesso em 17 de novembro de 2020.

WYPYCH, Gustavo Henrique. Arbitragem internacional: Leis modelos da UNCITRAL e IA-A. **Revista Brasileira de Direito Internacional – RBDI**, [S.l.], dec. 2005. ISSN 1980-2587. Disponível em: <https://revistas.ufpr.br/dint/article/view/5320>. Acesso em: 18 nov. 2020.

5. AS VIOLAÇÕES DE DIREITOS HUMANOS POR EMPRESAS TRANSNACIONAIS E O PROBLEMA DA EXTRATERRITORIALIDADE

Jânia Saldanha
Muriele de Conto Boscatto

Introdução

Este artigo analisa o problema da aplicação extraterritorial das Convenções Europeia e Americana de Direitos Humanos na atividade decisória dos órgãos dos sistemas de justiça regionais de direitos humanos europeu e interamericano. Nosso ponto de partida é seguir os passos da jurisprudência dos órgãos regionais nesta matéria tendo como ponto de chegada analisar a questão da extraterritorialidade no contexto das violações de direitos humanos praticados por empresas transnacionais, particularmente no que concerne às posições do sistema interamericano de direitos humanos.

Qual é a justificativa para tratar deste tema em uma obra coletiva sobre direitos humanos e empresas? A resposta pode ser de dupla face. A primeira relaciona-se ao fato de que os movimentos de interação global produzem eventos e acontecimentos que repercutem na esfera jurídica de mais de um País, quiçá, incontáveis vezes, atingem dimensão planetária porque interferem nos interesses de toda a humanidade. Essas dimensões transnacionais exigem respostas da mesma natureza as quais, entretanto, encontram limites na obsolescência das categorias jurídicas dos Estados-Nação ou nas insuficiências do direito internacional clássico. A segunda diz respeito à atuação dos juízes das Cortes regionais de direitos humanos e da justiça dos Estados que, como atores da mundialização, são compelidos a reinterpretar categorias jurídicas antigas bem como a compreender categorias jurídicas relativamente novas com o objetivo de enquadrar as corporações nos *estandards* internacionais e nas leis nacionais de proteção de direitos humanos.

Em nossa percepção, no contexto da mundialização, os tribunais[1] de direitos humanos são atores institucionais importantes para a concretização dos direitos humanos. Nossa tese é a de que a variada produção normativa em matéria de direitos humanos, derivada das inúmeras escalas de produção de normatividade, seja em nível nacional, regional, supranacional e internacional, incrementa de modo exponencial o pluralismo. No mesmo sentido, os numerosos atores que atuam no cenário da internacionalização dos direitos humanos também representam parte dessa pluralidade.

Com efeito, se o fenômeno da interação normativa e de atores é evidente, a pluralidade que provocam traz como risco a dispersão e a falta de harmonia em um mundo assolado por eventos que são comuns à boa parte da humanidade, como a crise climática, as crises sanitárias, econômicas, os crimes globais, a migração, a ascensão das tecnologias de informação e comunicação, a atuação das grandes corporações, entre outros. Por isso, em nossa visão, o papel dos tribunais regionais de direitos humanos contribui para trazer ordem a esse pluralismo quando, por meio do diálogo, promovem ações de coordenação por entrecruzamentos (Delmas-Marty, 2006, p. 39-68) para tratar de temas comuns. Mas, mais do que isso, podem colaborar enormemente tanto para a agenda da harmonização em matéria de aplicação das leis de direitos humanos quanto para a sua interpretação em temas que são sensíveis para o século em curso. É o caso tão desafiador, quanto urgente, da necessária responsabilização das empresas transnacionais[2] por violação de direitos humanos.

[1] Não desconhecemos o conjunto de atores públicos e privados que compõem o amplo mosaico da mundialização. Neste texto, porém, centramos a análise na atuação dos juízes.

[2] Para a UNCTAD uma empresa transnacional é: "A transnational corporation (TNC) is an enterprise that controls assets of other entities in economies other than its home economy, usually by owning a certain equity capital stake. An equity capital stake of 10% or more of the ordinary shares or voting power for an incorporated enterprise, or the equivalent for an unincorporated enterprise, is normally considered a threshold for the control of assets."

Mas nosso intento não é apenas identificar e descrever a atuação das Cortes de direitos humanos em matéria de atuação desses atores privados e a violação de direitos humanos que produzem. Estamos preocupadas em saber se esses tribunais nesse campo específico contribuem para consolidação do cosmopolitismo institucional. Autores (Wolf, 2018) da atualidade nos mostram que a par de ser um campo não apenas vasto, mas sobretudo muito variado, o cosmopolitismo pode ser considerado como a via possível para chegar a respostas que os dilemas e problemas do século XXI apresentam. Uma das características desse cosmopolitismo são as reformas institucionais que representam um reforço das instituições internacionais, especialmente levando-as a respeitar as cláusulas democráticas, acompanhando o movimento de humanização da ordem jurídica internacional (Peters, 2019, p. 109). Esse movimento iniciou com o direito internacional dos direitos humanos a partir da Segunda guerra mundial e atingiu seu ponto alto com a consagração da responsabilidade de proteger, a qual retirou a soberania do pedestal onde fora inserida desde Westefália. Este trabalho demonstra que os esforços hermenêuticos dos tribunais regionais de direitos humanos para adequar institutos jurídicos de origem nacional aplicados ao regime das empresas nacionais à evidência de fatos de índole transnacional pode ser considerado uma autorreforma em atenção às normas democráticas.

O favorecimento da emergência das respostas ao problema desta pesquisa decorreu da aplicação da metodologia originada na hermenêutica filosófica (Wolf, 2018). Essa metodologia "anti-método" nos permitiu verificar que a adoção da lógica da suspeição foi uma boa trilha não apenas para colocar sob interrogação os prejuízos inautênticos derivados da dogmática tradicional sobre jurisdição e território vinculados aos sistemas jurídicos dos Estados nacionais mas também, por exemplo, para desvelar a possibilidade da prática de uma interpretação alargada dessas categorias a fim de adaptá-las ao cenário de ampla permeabilidade e interdependência existente entre os atores da mundialização.

O tema é abordado a partir de dois eixos principais, quais sejam, o da extraterritorialidade nos sistemas regionais de direitos humanos euro-

Disponível em: https://unctad.org/system/files/official-document/gdscsir20041c3_en.pdf. Acesso em: 7 fev. 2021.

peu e interamericano (Parte.1) e o da extraterritorialidade relacionada ao comportamento das empresas transnacionais. A percepção do trabalho dos juízes nesta matéria poderá expressar uma importante renovação de sua forma de aplicar o direito internacional, de viabilizar seu diálogo com os direitos nacionais e indicar uma contribuição não desprezível à elaboração do cosmopolitismo institucional. (Parte 2).

1. A extraterritorialidade nos Sistemas Europeu e Interamericano de Direitos Humanos[3]

As incontáveis interações globais apresentam como questão nodal a de saber em que medida é possível aplicar as Convenções de Direitos Humanos sobre fatos ocorridos fora do espaço de jurisdição territorial das mesmas ou fora do espaço territorial dos Estados-Partes de cada um dos respectivos sistemas de proteção de direitos humanos, com o fim de atribuir-lhes responsabilidade extraterritorial. Afinal, os comportamentos dos Estados que limitam suas obrigações em matéria de direitos humanos aos seus próprios territórios são bastante conhecidos. Logo, o objetivo de desenvolver-se esta análise, não só complexa quanto muito combatida, é a de desenhar um caminho para elevar os níveis de proteção de direitos humanos e reduzir o grau de impunidade (Ascencio, 2010) dos entes estatais e dos atores privados, como é o caso das empresas transnacionais. Especificamente quanto a estas, a análise será feita na segunda parte deste trabalho.

De fato, os sistemas europeu e interamericano de direitos humanos não foram dispensados de enfrentar o desafio no que diz respeito à aplicação extraterritorial das Convenções de Direitos Humanos respectivas. No SEDH (Sistema europeu de direitos humanos), a CrEDH (Corte Europeia de Direitos Humanos) desenvolveu uma jurisprudência de relativa abertura, afirmando que a CEDH (Convenção Europeia de Direitos Humanos) deve ser aplicada em todos os lugares onde os Estados do Conselho da Europa exerçam um controle efetivo, mesmo sobre territórios situados fora do espaço das suas jurisdições nacionais, assim

[3] Nós agradecemos a pesquisa primorosa e competente feita para a estruturação desta parte do trabalho pelos estudantes de graduação, integrantes do CCULTIS – Centro de Culturas jurídicas comparadas, internacionalização do direito e sistemas de justiça: Camila Bergonzi, João Vitor Grossi, Lucas Lazaroto e Martina Steinhöfel.

também quando exerçam seu poder sobre situações ou pessoas específicas ou quando exista um vínculo procedimental (1.1). No SIDH (Sistema Interamericano de Direitos Humanos), a CIDH (Comissão Interamericana de Direitos Humanos) entende que as obrigações previstas na CADH (Convenção Americana de Direitos Humanos) podem ser aplicadas em todos os lugares em que os Estados tenham autoridade e controle sobre indivíduos ou situações específicas. Essa é também a posição da relevante jurisprudência da CrIDH (Corte Interamericana de Direitos Humanos) (1.2).

1.1. A aplicação extraterritorial da CEDH

A história das decisões da Corte Europeia de Direitos Humanos acerca da extraterritorialidade pode ser analisada a partir da decisão proferida no processo *Loizidou* c. *Turquia* (CrEDH, 1995). Nesse caso, a CrEDH entendeu que um Estado poderia conhecer uma demanda que apresentasse elemento de extraterritorialidade se ele tivesse exercido um controle sobre o território de um terceiro Estado no qual violação de direitos humanos tivesse sido produzida. A Corte decidiu que um Estado-membro do Conselho da Europa, no caso a Turquia, tem a obrigação de assegurar o respeito pelos direitos humanos, justamente em razão do poder que exerce em tese sobre o território perante a comunidade internacional, mesmo que este esteja sob controle, legal ou não, direto ou indireto, de outras forças. Havia evidências de que a Turquia exercia controle sobre área situada no Chipre do Norte durante um conflito armado. É preciso registrar, contudo, que embora a Corte tenha realizado esse reconhecimento, ela ponderou que os elementos trazidos pelos demandantes não ultrapassaram o limiar da certeza, tendo em vista a presença de diversas tropas e de diferentes nacionalidades no local e no tempo dos fatos.

A decisão envolveu a interpretação do art. 1º da Convenção Europeia de Direitos Humanos particularmente no que diz respeito ao que deveria ser entendido por "jurisdição". Panoussis (2016, p. 33) destaca que a noção de jurisdição é problemática na jurisprudência da CrEDH porque tanto pode estar relacionada a questões vinculadas à sua competência territorial quanto, por outro lado, decorrer da responsabilidade dos Estados envolvidos em um caso concreto. Contudo, entre variantes possíveis, ele menciona que o termo pode ser percebido "como a manifestação da autoridade estatal que pode justificar a atribuição de um ato danoso às autoridades estatais" (Panoussis, 2016, p. 33). Esta noção é a que pode ser extraída do teor dos artigos 1º da CEDH e da CADH quando estabelecem a obrigação geral de proteção aos Estados.

Com efeito, no caso *Bankovic e outros c. Bélgica e outros 16 Estados* (CrEDH, 2001) a discussão acerca da aplicação extraterritorial da Convenção Europeia marcou a interpretação do art. 1º no que diz respeito ao sentido da palavra "jurisdição". Nesse caso, o juiz europeu recorreu ao conceito de jurisdição do Estado e estendeu sua competência para além do território fixado na CEDH. Os demandantes foram vítimas de um míssil lançado pelas forças da OTAN em ataque direcionado à Radio Televizije Srbije, na ex-República da Iugoslávia. Justificando a admissibilidade do processo, os autores entenderam que o caso invocava a aplicação extraterritorial da CEDH pois, fazendo-se paralelo com a tese do controle territorial mencionado no caso *Loizidou vs. Turquia*, o conceito de jurisdição contido no dispositivo citado permitiria deduzir que, estando o território da Iugoslávia ao alcance das forças da OTAN, estaria também sob o controle e jurisdição dos Estados respectivos. No entanto, a Corte não acolheu a pretensão com base no art. 35 §§ 3 e 4 da CEDH, sob o argumento aduzido pelos Estados de que uma noção muito abrangente de jurisdição permitiria a qualquer um negativamente afetado por um ato de um Estado-Parte, por estar sob sua influência, postular perante a Corte. Segundo este Tribunal, se esta tivesse sido a intenção dos redatores da Convenção Europeia, seguramente isto deveria estar claro no seu texto.

A fórmula do caso *Bankovic* demonstrou que o Tribunal entendeu que o exercício da competência extraterritorial assume a marca da excepcionalidade (CrEDH, 2001). Em razão dessa compreensão é que a CrEDH considerou que se o direito internacional não exclui *tout court* o exercício extraterritorial de sua jurisdição por um Estado, esta última é definida e limitada pelos direitos nacionais de outros Estados envolvidos. Por carregar essa marca da excepcionalidade, para a CrEDH, o exercício da extraterritorialidade necessita de uma justificação especial diante das particularidades de cada caso concreto. Ela teve a oportunidade de mencionar que a Convenção Europeia de Direitos Humanos é um texto multilateral aplicável em um contexto essencialmente regional, mas que dele não fazia parte a ex-República da Iugoslávia. Ao não reconhecer um liame jurisdicional entre as vítimas e os Estados envolvidos na causa, a CrEDH não recebeu a demanda. Pode acontecer que um Estado-Parte exerça a jurisdição extraterritorial sobre outro Estado--Parte, mas, segundo a CrEDH, a responsabilidade do primeiro decorre do fato de que as ações tenham sido cometidas sobre um território que ele controle de maneira efetiva. Disso dependeria, segundo a Corte, o exercício da extraterritorialidade.

Percebe-se, desse modo, que a questão se torna mais desafiadora quando as ações extraterritoriais de um Estado-Parte ocorrem em um Estado que não é parte da CEDH. É o caso do uso da força por agentes do Estado em outro Estado. Na decisão proferida no processo *Öcalan c. Turquia* (CrEDH), em 2004, a Corte referiu que a submissão do autor da ação a agentes da Turquia, em território do Quênia, demonstrou que o primeiro País exerceu sua autoridade fora de seu território e que, por isso, exerceu sua jurisdição. Segundo a Corte, se um Estado--Parte controla determinado território por meio de suas forças militares, os atos dessas podem impor responsabilidade a ele. Ela precisa essa posição sem ambiguidade na decisão proferida no caso *Issa c. Turquia* (CrEDH, 2004), em cujo julgamento lembrou que a noção de jurisdição no sentido da Convenção Europeia de Direitos Humanos não se limita ao território dos Estados-Partes. Ela acentuou que em situações excepcionais tais Estados podem exercer sua soberania relativamente a atos cometidos fora de seu território. A Corte concluiu que o conceito de jurisdição do art. 1º da Convenção, a despeito de alinhar-se à noção de direito internacional vinculada ao território de um Estado, não foi utilizado com margem a permitir violações no território de outro Estado por outro Estado, que de outra forma não seriam toleradas sob a jurisdição desse. Ela referiu que o conceito de jurisdição seria suficientemente flexível para incluir em seu escopo, em situações excepcionais, os atos de Estados-Partes executados fora de seu território, mas que materialmente equivalem ao exercício de sua jurisdição, como o controle decorrente de operações militares ou atuação de seus agentes (legalmente ou não). Essencialmente, a responsabilidade sobre o território sob controle deriva diretamente do controle em si. Essa já tinha sido a conclusão no caso *Loizidou c. Turquia*. Em outras palavras, aos poderes seguem as responsabilidades.

Casos de ocupação, de igual maneira, provocam complexas análises sobre a questão da extraterritorialidade. Por ocasião da guerra no

Iraque, a Corte julgou que o Reino Unido (CrEDH, 2001), a França (CrEDH, 2010) e a Holanda (CrEDH, 2014) eram responsáveis por atos que violaram direitos humanos praticados por suas forças militares. No processo movido contra a França o Tribunal entendeu que os agentes franceses, quando interceptaram um navio do Cambodja em alto mar, exerceram um controle contínuo e ininterrupto sobre a embarcação e sobre a tripulação. Tal ação, de poder e controle psíquico sobre as pessoas demandantes, atribui aos mesmos a possibilidade de invocação do art. 1º da Convenção Europeia e, com isso, o direito de demandar a jurisdição francesa. Vale notar que, ao julgar a demanda contra a Holanda (CrEDH, 2014), a CrEDH invocou seus precedentes e reconheceu a responsabilidade do Estado-Parte por atos cometidos fora do território. Para o Tribunal, sua jurisprudência anterior mostra que, em certas circunstâncias, o uso da força por agentes de um dos Estados-partes fora de seu território coloca sob a jurisdição deste toda a pessoa que se encontrar sob seu controle. A Corte estabelece como parâmetro para impor a responsabilidade extraterritorial do Estado o fato de que quando seus agentes violaram direitos humanos exerciam um controle efetivo sobre as vítimas.

Contudo, as respostas da CrEDH estão longe de serem uniformes e assemelham-se ao movimento pendular. Ioannis Panoussis (CrEDH, 2014) menciona que o simples fato de um terceiro Estado ser ocupado por um Estado-parte deveria ser suficiente para que a CEDH fosse aplicada extraterritorialmente. Porém, a Corte se recusa a fazer a ligação entre ocupação e jurisdição. No caso *Al-Skeini c. Romênia* (CrEDH, 2011) ela preferiu utilizar o critério pessoal e o exercício de autoridade sobre o autor por parte dos agentes do Estado e não o critério territorial associado à ocupação.

Assim, a ausência de um sentido claro sobre o que sejam "circunstâncias excepcionais" autorizadoras da aplicação da extraterritorialidade colocou, recentemente, a hermenêutica da CrEDH sob interrogação, dado o movimento oscilante de suas decisões. Com efeito, em 2020, ao julgar o caso *M. N. e outros c. Bélgica* (CrEDH, 2020) o Tribunal fez uma interpretação bastante restrita da aplicação do art. 1º da Convenção Europeia, negando acesso à justiça da Bélgica a uma família libanesa originária de Alep, que teve seu pedido de asilo humanitário negado pelo serviço do consulado belga em Beirute. A CrEDH rejeitou a demanda por concluir que a Bélgica não exerceu sua jurisdição sobre as vítimas, isto é, a Corte negou que a Bélgica, ao negar os vistos, tenha exercido um poder de controle sobre os demandantes de asilo em condições excepcionais (Lenain, 2020). A prova de tais condições, segundo o Tribunal, é que autorizaria a aplicação da extraterritorialidade. Contudo, a recusa da CrEDH de reconhecer a jurisdição da Bélgica para controlar a conformidade da recusa na concessão do visto humanitário restou por deixar as pessoas em condições de extrema vulnerabilidade, sem a proteção internacional e sem defesa diante de práticas consulares que podemos considerar abusivas. Por outro lado, ela reforça o exercício da soberania solitária dos Estados europeus em detrimento dos esforços internacionais em favor da solidariedade. A atitude dos Estados para acolher os demandantes de asilo só pode ser, assim, voluntária!

Por outro lado, no caso *Romeo Castaño c. Bélgica* (CrEDH, 2019), a CrEDH proferiu uma decisão inédita ao reconhecer a responsabilidade deste País com base no art. 2º da CEDH por negar-se a cumprir um mandado de detenção europeu procedente da Espanha. Ao analisar o caso, a Corte referiu que a Bélgica descumpriu a obrigação positiva de cooperar. *Romeu Castaño* é o primeiro caso julgado pelo Tribunal por falta de cooperação de um Estado em uma investigação penal sobre fatos ocorridos fora de sua jurisdição. O que o caso traz de inovador é o fato de a Corte ter dito que, se não cabia à Bélgica investigar e coletar provas, por que tal competência era da Espanha, deveria ter cooperado para que o mandado de prisão fosse cumprido. Assim, a CrEDH estabeleceu ter havido um vínculo procedimental entre as vítimas e a Bélgica, uma vez que as primeiras dependiam da ação desse último País para que o autor do pai das vítimas fosse preso. Em virtude disso, a Corte rejeitou a exceção preliminar de incompatibilidade *ratione loci* apresentada pela Bélgica e impôs a este País a obrigação procedimental de cooperar (CrEDH, 2019), isto é, ela reconheceu expressamente que a Bélgica faltou com o dever de cooperar (CrEDH, 2019) nos termos do art. 2º da CEDH. Samantha Besson (CrEDH, 2019), ao referir o caso, considera que o Estado pode exercer controle efetivo sobre pessoas através de procedimentos ou meios legais. Segundo ela, essa situação pode ocorrer no contexto de processos judiciais em que o titular do direito é uma parte ou de um mandado de prisão transnacional relativo a um crime onde o titular do direito é uma vítima. Logo, é possível perceber que no caso

Romeo Castaño a CrEDH acrescentou o vínculo procedimental como mais um requisito, além daquele do controle efetivo do Estado, para justificar a extraterritorialidade. Interpretações inovadoras como essa última também são encontradas no sistema interamericano de direitos humanos.

1.2. A aplicação extraterritorial da Declaração Americana de Direitos e Deveres e da Convenção Americana de Direitos Humanos

A CIDH tem uma vasta experiência quanto à aplicação extraterritorial da Declaração Americana de Direitos e Deveres e da Convenção Americana de Direitos Humanos, ainda que casos julgados no sistema interamericano de direitos humanos que envolvem o tema da extraterritorialidade talvez não sejam tão numerosos quanto o de seu homólogo europeu. Do mesmo modo que a CEDH, a CADH em seu artigo 1º estabelece o que seja jurisdição: "Los Estados partes en esta Convención se comprometen a respetar los derechos y libertades reconocidos en ella y a garantizar su libre y pleno ejercicio a toda persona que esté sujeta a su jurisdicción, sin discriminación alguna por motivos de raza, color, sexo, idioma, religión, opiniones políticas o de cualquier otra índole, origen nacional o social, posición económica, nacimiento o cualquier otra posición social."

Desde o ano de 1999 a CIDH alargou a concepção de competência territorial para reconhecer a possibilidade de aplicação da Declaração Americana de Direitos e Deveres e da CADH no âmbito dos Estados pertencentes à OEA – Organização dos Estados Americanos. A primeira situação em que a CIDH enfrentou o tema da extraterritorialidade foi no caso *Saldaño c. Argentina*, decidido no ano de 1999. Ela reconheceu que em razão de os Estados terem assumido o compromisso de respeitar os direitos protegidos pela Convenção relativamente às pessoas submetidas à sua jurisdição, esta proteção "deve estender-se a todo o ser humano que habite dentro do território nacional, sem levar em conta sua nacionalidade ou *status*". Afinal a proteção dos direitos decorre simplesmente da humanidade (Cavallaro, Vargas, Sandoval, et al., 2019, p. 124-127) de cada indivíduo. Porém, ela decidiu que a noção de jurisdição descrita no artigo 1, 1 não está limitada ao território nacional. Um Estado, para a CIDH, pode ser responsável por atos praticados por seus agentes em outro território. Ela inspirou-se claramente nos precedentes europeus, do que o processo *Loizidou c. Turquia* (OEA, 1999) foi o exemplo e referiu que a Comissão Europeia, à época, rejeitou o argumento da Turquia de que sua responsabilidade correspondia apenas a atos internos ao seu território, sob o argumento de que os Estados também possuem responsabilidade quando o respeito aos direitos humanos é obrigação dos seus agentes, dentro e fora do dito território, na hipótese das pessoas ofendidas estarem sob sua autoridade efetiva.

Em outras oportunidades, a CIDH utilizou a doutrina do controle efetivo no sentido de que os Estados mantêm suas responsabilidades mesmo diante de fatos que não ocorreram em seu território. No ano de 2010, ela admitiu uma demanda contra a Colômbia (OEA, 2010) por considerá-la responsável pela morte de uma pessoa praticada no âmbito de uma operação militar no Equador. Este Estado argumentou que no momento da operação quem exercia a jurisdição era a Colômbia uma vez que detinha o controle da ação militar. E a CIDH considerou estar provada essa circunstância ao decidir que: "Consequentemente, a Comissão considera que existem indícios suficientes para concluir que, no presente caso, o Estado da Colômbia exerceu jurisdição extraterritorial sobre a área atacada".

Dois anos depois ela recebeu uma demanda contra os Estados Unidos pela detenção e tortura de uma pessoa em bases militares americanas em outro Estado (OEA, 2012). Após reconhecer sua competência *ratione personae* pelo fato de que os requerentes poderiam apresentar suas petições com base na Declaração Americana, a CIDH afirmou que os EUA estavam obrigados a respeitá-la porque ratificou a Carta da OEA, e também em razão do art. 20 do Estatuto da CIDH e do art. 49 de seu Regulamento. Com relação à competência *ratione loci,* a CIDH afirmou que a possibilidade de aplicação extraterritorial da Declaração Americana decorre do fato de que os Estados têm o dever de proteger os direitos das pessoas que estão em seu território, mas, em determinadas circunstâncias, isso pode ocorrer com relação a condutas que possuem um *locus* extraterritorial. Isso acontece quando uma pessoa está presente em um território, mas se encontra sob controle de outro Estado, em geral, em razão de atos de agentes deste último em território estrangeiro. O caso tratou da detenção de uma pessoa por forças militares americanas em ação no Afeganistão. Ameziane, a vítima, ficou presa na base aérea dos EUA, então sob o controle exclusivo da jurisdição desse

Estado, em Kandahar. Posteriormente, Ameziane foi levado para a base militar americana de Guantânamo, em Cuba. A CIDH reconheceu explicitamente que por mais de 100 anos os EUA exercem a jurisdição "de jure y de facto" sobre esta região. Desse modo, restou induvidoso o fato de que a vítima, mesmo em território estrangeiro, estava sob a jurisdição do Estado americano. A CIDH admitiu a demanda após dizer que o acesso à justiça havia sido negado à vítima para que pudesse denunciar os atos de tortura, tratamentos cruéis, desumanos e degradantes a que havia sido submetida tanto em Kandahar, quanto em Guantânamo.

Esse caso traz dois pontos relevantes que devem ser considerados na presente análise. O primeiro estabelece a diferença entre o critério utilizado pela CIDH para definir "jurisdição" e o critério utilizado pelo sistema europeu. Segundo este sistema, o "controle efetivo" do Estado sobre territórios situados no exterior é determinante do exercício da "jurisdição" para além do território estatal e, assim, para a responsabilidade extraterritorial. Já para a CIDH, o que justifica o reconhecimento da extraterritorialidade, além desse controle, é a submissão do indivíduo inserido em uma situação específica. O segundo e talvez mais inovador para o tema da extraterritorialidade, é o fato de a CIDH, para admitir a demanda de Ameziane, ter afirmado que esse direito também derivou do acesso à justiça negado por atos de tortura e tratamentos cruéis praticados em território de um Estado não pertencente à OEA, ou seja, o Afeganistão (OEA, 2012). Assim, vê-se o alargamento territorial da aplicação da Declaração Americana por atos praticados em território de Estado que não faz parte da OEA.

A hermenêutica do exercício da autoridade efetiva sobre uma pessoa ou a submissão dessa ao controle efetivo do Estado em outro território também foi adotado pela CrIDH no exercício do controle não contencioso de convencionalidade. Para tanto, ela dialogou com os precedentes europeus acima referidos e com o caso Saldaño c. Argentina, que pode ser considerado um genuíno paradigma interamericano sobre o tema da extraterritorialidade. Isso ocorreu na decisão da Opinião Consultiva 21/2014 (OEA, 2019), ocasião em que o Tribunal afirmou que o conceito de jurisdição não engloba somente o espaço territorial de um Estado, mas também atos praticados fora dele, quando eventualmente exerça autoridade sobre a pessoa ou quando ela está sob seu controle efetivo. A Corte destacou claramente que uma pessoa estar submetida à jurisdição de um Estado não significa necessariamente que ela se encontre em seu território.

Mas foi na decisão da Opinião Consultiva 23/2017 (OEA, 2017) apresentada pela Colômbia que a CrIDH interpretou de maneira alargada o artigo 1º da CADH. Na oportunidade, ela lembrou que a redação original deste dispositivo previa que os Estados exerceriam "jurisdição sobre o seu território". Contudo, por ocasião da redação final, essa expressão foi suprimida. Essa escolha convencional, segundo a Corte, abriu a possibilidade para que o sentido de jurisdição seja encontrado também em atos praticados fora dos territórios dos Estados. Ela reforçou que isso seria possível quando o Estado exerça controle efetivo do território (a) ou a situação em que se encontra a pessoa é a de submissão a esse Estado (b). Ao recordar o que decidiu em 2014 na Opinião Consultiva 21, a CrIDH destacou (OEA, 2017) que segundo as normas de interpretação dos tratados e as normas da CADH, o sentido corrente de jurisdição, interpretado de boa fé e levando em conta o contexto, abarca um conceito mais amplo e, por isso, admite formas de exercício da jurisdição fora do território.

Entretanto, a CrIDH acrescentou mais uma razão às hipóteses "a" e "b" acima. Ela aceitou um terceiro liame jurisdicional, quer dizer, a extraterritorialidade poderá ser praticada quando o Estado exerce um controle efetivo sobre as atividades que causaram danos e violaram os direitos humanos. Aqui, a extraterritorialidade como menciona a CrIDH está fundada em uma ligação de fato – ou seja, "causal" – entre o comportamento cometido sobre um território e uma violação de direitos humanos sofrida no estrangeiro. Na Opinião Consultiva 23, a Corte teve a importante oportunidade de afirmar que em matéria ambiental, quando ocorre um dano transfronteira que afete direitos protegidos pela CADH, as pessoas afetadas encontram-se sob a jurisdição do Estado produtor do dano, o "Estado de origem", segundo a Corte. De fato, na medida em que os meios e atividades que produziram os danos transfronteiriços encontram-se sob o controle do Estado que os produziu, ele é que está em posição de impedir o dano a pessoas que estejam fora de seu território.

A Corte elaborou uma nova vinculação jurisdicional ao aplicar o princípio internacional geral de devida diligência. Visivelmente, ela alargou o conteúdo da expressão "jurisdição" e, ao fazê-lo, inovou em relação à sua homóloga europeia. Comprovadamente, o diálogo horizontal praticado com órgãos da ONU permitiu à Corte seguir numerosas recomendações que exigem dos Estados não apenas o dever de respeito dos direitos humanos no estrangeiro, mas também o de impedir que terceiros os violem em outro País, se eles estão em condições de influenciar esses terceiros.

Descrevendo essa como uma nova hipótese de extraterritorialidade, Antal Berkes (2018) atribui a ela o favorecimento de "outros cenários para que a competência extraterritorial seja exercida", nos quais um Estado esteja ligado de fato a situações extraterritoriais, ainda que ele não exerça controle físico sobre o território alhures e tampouco sobre as pessoas nele situadas. De fato, de uma parte devemos considerar que a Corte, ao acrescentar essa hipótese, nos faz concluir que o Estado conhece os riscos das atividades ilícitas. De outra, ele também conhece sua capacidade de proteger em razão do controle efetivo sobre atividades em seu território, como é o caso dos Estados de origem frente às violações extraterritoriais por empresas transnacionais. O elemento inovador da decisão decorre do fato da CrIDH ter reconhecido a responsabilidade extraterritorial dos Estados por obrigações positivas. Assim, se uma empresa transnacional estabelecida em outro Estado causa danos ambientais transfronteiriços que apresentam riscos à vida e à integridade física de pessoas deste País, essas vítimas poderão demandar na justiça do Estado de origem do causador dos danos. Essa possibilidade decorre do fato de que tal Estado não adotou medidas de devida diligência razoáveis a fim de proteger as pessoas contra violações de seus direitos humanos no exterior.

Se a possibilidade de se estabelecer a aplicação extraterritorial das CEDH e da CADH é sedutora e oportuna para as vítimas, sua implementação prática ainda constitui um grande desafio. Mas é verdade que os esforços interpretativos dos dois sistemas de direitos humanos aqui analisados estabeleceram quatro possibilidades, não necessariamente cumulativas, para a aplicação da extraterritorialidade: a) a de que o Estado tenha exercido um controle efetivo dos fatos e/ou; b) a de que tenha exercido autoridade efetiva sobre alguma situação ou pessoa; c) a de que tenha existido um vínculo procedimental e; d) controle efetivo sobre ações que causaram danos porque o Estado tem o dever de devida diligência.

Contudo, devemos reconhecer que a análise realizada até aqui resta inacabada porque limitada aos efeitos extraterritoriais das duas Convenções de Direitos Humanos mencionadas e relacionadas a atos estatais. Ela nos deixa sem argumentos face ao problema dos atos de violação de direitos humanos praticados pelas corporações em Estados que não o do domicílio ou da sede, na medida em que o comportamento desses atores não apenas tem sido o pano de fundo de inúmeros conflitos nas Américas e na África, mas, também, porque pode lançar luzes sobre o tema da responsabilidade extraterritorial dos chamados "Estados de origem". Por isso, o tema da extraterritorialidade é não só desafiador quando diz respeito à atuação dos atores privados quanto é tema ainda inacabado.

2. O exercício da jurisdição extraterritorial pelo Estado de origem por atos das empresas transnacionais além-fronteiras e as orientações do SIDH: A contribuição para o cosmopolitismo institucional

Os casos envolvendo violação de direitos humanos em decorrência do comportamento de atores privados como o das empresas transnacionais paulatinamente chegaram aos tribunais de direitos humanos, compelindo seus juízes a reinterpretar a noção de jurisdição e a noção da extensão da responsabilidade. Isso fez com que esses juízes, cuja competência é a de analisar atos estatais que violem direitos humanos à luz do direito internacional, identificassem que um Estado, mesmo não incorrendo especificamente nas situações acima descritas, ainda assim é capaz de assumir uma condição em que pode influir ou produzir efeitos através de sua conduta – ativa ou passiva – sobre o exercício de direitos humanos fora de seu território. O sistema interamericano de direitos humanos em inúmeras ocasiões teve a oportunidade de enfrentar o tema (2.1). Ao fazê-lo, reconhecendo a obrigação dos Estados de adotar medidas de proteção, respeito e garantia dos direitos humanos com relação às grandes corporações, contribui para a promoção de uma autorreforma institucional comprometida com o cosmopolitismo institucional que tem, no seu centro, o respeito aos direitos da cidadania mundial em seu sentido concreto e não meramente abstrato (2.2).

2.1. A responsabilidade extraterritorial dos Estados de origem por atos das empresas transnacionais além-fronteiras e o laboratório interamericano

A fórmula acima tem sido central para definir as obrigações extraterritoriais dos Estados em matéria de direitos humanos no âmbito das atividades das empresas transnacionais, mesmo que as regras jurídicas e uma doutrina consolidada determinem que o comportamento desses agentes privados não atribui responsabilidade aos Estados.

Quanto às empresas transnacionais, elas fazem parte de uma plêiade de atores que compõem as dinâmicas da mundialização, as quais impactam vivamente o comércio internacional de um lado e, de outro, impactam o respeito e o gozo dos direitos humanos. E os processos judiciais emblemáticos em que são envolvidas por violarem direitos humanos se, por um lado, são heterogêneos no que diz respeito às vítimas, por outro, possuem um alto índice de uniformidade no que concerne às práticas violadoras. Desrespeito às regras trabalhistas, prática de trabalho escravo, sacrifício da proteção à saúde são exemplos dessas práticas que, invariavelmente, estão presentes nas cadeias de produção ao redor do mundo. Esse modelo de produção econômica expressa a lógica da produção neoliberal que conforma o chamado "mercado total" e que reduz em dimensão global as grades protetoras do Estado social inscrito na Declaração da Filadélfia (Supiot, 2010, p. 59-74). Assim, podemos perguntar: o que há de comum entre um trabalhador de Mianmar, que trabalhou para uma empresa petroleira em condições análogas à escravidão e moveu sua ação na justiça da Califórnia, e as cinco pessoas que moveram ações contra quatro gigantes da internet na justiça de Nova York por terem trabalhado em condições desumanas nas minas de extração de coltran e cobalto na República Democrática do Congo? É a necessidade de ter garantido o acesso à justiça amiúde negado nos Estados em que os atos lesivos são praticados por grandes corporações ou pelas cadeias de produção a que estão vinculadas. Assim, convidados a inovar, os juízes são inexoravelmente compelidos a revisitar noções jurídicas antigas como a de soberania, do nexo de causalidade, de domicílio e de territorialidade por um lado, e a das falsas promessas no direito dos negócios de outro. E a enfrentar categorias relativamente novas como a da *due diligence*, cadeias produtivas, etc.

Muitos são os especialistas em direito internacional e em direito internacional dos direitos humanos que tratam do tema da extraterritorialidade com enfoque na atuação das empresas transnacionais. A extraterritorialidade, no sentido trabalhado neste item, significa a possibilidade de submissão de uma empresa transnacional à jurisdição de seu Estado de origem[4] – *Home State* – por atos de violação de direitos humanos praticados em outro País – *Host State* – quando nesse, por debilidade do sistema de justiça ou por negativa de acesso à justiça às vítimas, não é possível responsabilizá-la. Sobre essa possibilidade, é significativo o que demonstra Juan Hernandéz Zubizareta (2009, p. 327) em obra exaustiva sobre o tema da responsabilidade das empresas transnacionais por atos ilícitos. Para esse autor, a extraterritorialidade é a alternativa jurídica possível que permite aos Estados de origem da empresa matriz, no qual ela tenha seu domicílio ou sua sede, controlar e responsabilizar tais atores privados por atividades realizadas em outros Países. Trata-se de uma reterritorialização de dupla face. Primeiro porque o Estado de origem, amiúde, beneficia-se dos investimentos feitos nestes e por estes atores. Segundo porque poderá atuar o seu sistema de justiça para responsabilizar as corporações por atos ilegais praticados no estrangeiro. A observação feita por François Rigaux (1982, pp. 273-289) de que as sociedades transnacionais são sujeitos econômicos de direito privado e por isso estão submetidas, em princípio, ao direito e às jurisdições de seu Estado, relativiza a excepcionalidade da extraterritorialidade. No entanto, Zubizarreta duvida da eficácia do segundo tipo de reterritorialização. Logo, a reterritorialização, ao provocar o alargamento do sentido de "jurisdição", deixa delicado (a) evitar a impunidade, (b) proteger os direitos humanos das vítimas e, ao mesmo tempo, (c) preservar os interesses econômicos ditados pela concorrência e pelo lucro.

Parte da doutrina internacional dedicada ao estudo da responsabilidade das empresas transnacionais indica que a abertura ao exercício extraterritorial da jurisdição de um Estado depende da tradição jurídica,

[4] Uma análise criteriosa pode ser vista em: OLSEN, Ana Carolina Lopes. PAMPLONA, Danielle. Violações a direitos humanos por empresas transnacionais na América Latina: perspectivas de responsabilização. *Revista Direitos Humanos e Democracia*, *7*(13), 129-151. https://doi.org/10.21527/2317-5389.2019.13.129-151. Disponível em: https://www.revistas.unijui.edu.br/index.php/direitoshumanosedemocracia/article/view/8496. Acesso em: 09 fev. 2021.

ou seja, se de *civil law* ou de *common law*[5]. Na primeira, sabemos, as regras processuais estabelecem os limites internacionais da atuação da jurisdição, invariavelmente apresentando como elementos de conexão o domicílio, o lugar do fato ou o do cumprimento de um contrato. Regras abertas de jurisdição que prevejam a possibilidade de jurisdição concorrente, seria um caminho de solução. Na segunda, a hermenêutica comprometida com os precedentes deixa uma margem de escolha aos juízes e exige um trabalho argumentativo mais potente dos advogados das partes. A aplicação da doutrina do *fórum non conveniens* é, por isso, mais usual na tradição costumeira e uma poderosa barreira à responsabilidade corporativa.

De fato, os Estados, seja do ponto de vista do direito interno, quanto do direito internacional, devem adotar medidas que regulem, supervisionem, previnam e investiguem os atos das empresas domiciliadas ou com sede em seus territórios que possam, de alguma maneira, impactar os direitos humanos fora dele. Essas medidas poderão ser identificadas a partir das obrigações gerais previstas no art. 1º das duas Convenções de direitos humanos. No caso interamericano, o art. 2º[6] da CADH determina aos Estados a adoção de medidas legislativas ou de outro caráter para fazer efetivos os direitos e liberdades garantidos por ela. Além disso, os Princípios orientadores para empresas e direitos humanos (ONU, 2011) da ONU indicam que o dever de proteção incumbe aos Estados, e o dever de respeito, a ele e às empresas. Afinal, como já afirmou Olivier De Schutter (p. 27-28), o caráter *erga omnes* de um conjunto de direitos humanos reconhecido internacionalmente pode permitir o exercício da jurisdição extraterritorial dos Estados.

[5] Veja-se esta reflexão em: Cardia Atchabahian, Ana Cláudia. *Transterritorialidade. Uma teoria da responsabilização das empresas por violação de direitos humanos.* Rio de Janeiro: Lumen Iuris, 2020, p. 120-121.

[6] OEA. Convención Americana de Derechos Humanos. O art. 2º estabelece: Si el ejercicio de los derechos y libertades mencionados en el artículo 1 no estuviere ya garantizado por disposiciones legislativas o de otro carácter, los Estados partes se comprometen a adoptar, con arreglo a sus procedimientos constitucionales y a las disposiciones de esta Convención, las medidas legislativas o de otro carácter que fueren necesarias para hacer efectivos tales derechos y libertades. Disponível em: https://www.oas.org/dil/esp/1969_Convenci%C3%B3n_Americana_sobre_Derechos_Humanos.pdf. Acesso em 28 jan. 2021.

Podemos buscar respostas para esta questão nos Princípios de Maastricht (FIDH, 2013) sobre obrigações extraterritoriais dos Estados no âmbito dos direitos econômicos, sociais e culturais. Este documento, publicado em 2011, foi elaborado por um grupo de especialistas em direito internacional e em direitos humanos. O artigo 12 do documento prevê duas hipóteses de responsabilização dos Estados por condutas de atores não estatais. A primeira existirá quando os atos ou omissões dos atores não estatais estão de algum modo sob a direção ou controle do Estado. Segundo, quando os atores privados, tais como as empresas comerciais, atuam exercendo atribuições dos Estados. O art. 9º estabelece o alcance do sentido da categoria "jurisdição", qual seja, os Estados possuem o dever de respeitar, proteger e cumprir os DESC quando: a) exercem controle efetivo; b) as ações ou omissões estatais têm efeitos previsíveis sobre os DESC e; c) o Estado, por seus poderes, está em condições de exercer influência decisiva para a realização dos DESC. Veja-se que o texto coincide com a jurisprudência dos tribunais de direitos humanos.

No Informe Empresas e direitos humanos: *standards* interamericanos (2019, p. 152-153), a CIDH, ao mencionar e incorporar os Princípios de Maastricht em suas razões, reconhece ser possível haver o exercício de uma jurisdição extraterritorial por parte dos Estados. Isso ocorrerá quando estes desempenham um grau de intensidade capaz de gerar efeitos extraterritoriais sobre a proteção de direitos humanos em razão de seus deveres de regular, prevenir, fiscalizar as atividades das empresas transnacionais, bem como de compeli-las a respeitar os direitos humanos.

Se a receita pode parecer aparentemente simples, invariavelmente os processos judiciais, em sentido contrário, demonstram que os Estados apresentam como razões para evitar as demandas apresentadas perante os sistemas de justiça nacionais a falta de responsabilidade *ratione loci* e o do *fórum non conveniens*, entre outros. E da parte das empresas, os argumentos são variados e complexos, como o da irresponsabilidade das empresas-mãe, o do véu corporativo[7] e o da irresponsabilidade por atos dos atores das cadeias produtivas, entre outros. Estes argumentos, ami-

[7] Embora sejam categorias cruciais ao tema dos direitos humanos e empresas, não nos dedicaremos a elas neste texto.

úde acolhidos pelas justiças do Países, têm na saga Chevron (2017, p. 355-370) um dos casos mais emblemáticos de rejeição da extraterritorialidade praticada pela justiça americana em nome do *fórum non conveniens.*

Podemos reconhecer, portanto, que a abertura da CIDH aos princípios – no caso, os Princípios de Maastricht – revela não apenas um esforço contributivo para a construção de uma comunidade cosmopolita entre ética empresarial e direitos humanos, mas também, conforme Seyla Benhabib (1995), nos convida a pensar que é possível compatibilizar o universalismo baseado em princípios como o respeito à moralidade dos contextos das circunstâncias fáticas e jurídicas de cada caso particular. De outro modo, o universal não deve fechar os olhos ao particular, tampouco este deve ignorar o universal. Este espírito marcado pelo interesse em conjugar o humanismo preocupado em respeitar os direitos humanos em sua pretensão universal, com o pluriverso da diversidade, em sua pretensão relativista, como já mencionado, foi expresso pela CrIDH ao decidir a Opinião Consultiva 23/17 (OEA), afirmando que a determinação de que existem circunstâncias excepcionais que expressam um controle efetivo dos Estados, ou que determinadas pessoas encontram-se sujeitas à autoridade de um Estado, deve realizar-se com atenção aos elementos particulares de cada caso. Trata-se de assumir o paradoxo referido por Paul Ricouer (2008, p. 261-280), ou seja, manter a pretensão universal conectada a valores onde o universal e o histórico dialoguem, ambos a desafiar, até hoje, as teorias da justiça social.

Fortemente orientada pela realidade do contexto latino-americano, a CIDH, a propósito da elaboração do Informe Povos Indígenas, comunidades afrodescendentes e indústrias extrativas (OEA, 2015), reconheceu a relevância de abordar-se o tema da extraterritorialidade. Duas razões justificam tal relevância: a primeira deriva da numerosa presença de empresas transnacionais em Países diversos em quais elas possuem seu domicílio ou a sua sede; a segunda advém do cenário multidimensional (OEA, 2015) dos diferentes níveis de envolvimento dos Estados de origem e dos Estados receptores desses atores privados para estabelecer responsabilidades destes últimos e zelar para que realizem o enfoque de direitos humanos.

As estratégias da sociedade civil adotadas para denunciar os numerosos casos de violação de direitos humanos pelas corporações na região das Américas contribuíram de maneira decisiva para que a CIDH reconhecesse o dever de os Estados prestarem contas por tais violações e reconhecesse, notadamente, a responsabilidade internacional dos mesmos por atos e omissões que geram violações de direitos humanos fora de seu território. O Informe da CIDH sobre povos indígenas, afrodescendentes, recursos naturais no contexto das atividades extrativistas (OEA, 2015), ao destacar a necessidade e a relevância dos Estados criarem regras legais que definam claramente a responsabilidade das empresas transnacionais frente às possibilidades de violação de direitos humanos antecipou positivamente decisões posteriores do Comitê de direitos humanos da ONU (2019) e do Comitê de direitos econômicos, sociais e culturais[8]. Isso porque ambos se posicionaram igualmente sobre o dever dos Estados de adotar medidas legislativas, ou outras medidas em relação à atuação das empresas dentro e fora de seus territórios onde eles exerçam jurisdição, para que os direitos humanos sejam respeitados. O Informe reforça que a ausência de tal normatividade destinada a responsabilizar agentes estatais e privados ou, ao contrário, a existência de normas que excluam essa responsabilidade, pode comprometer a responsabilidade internacional dos Estados.

Os diferentes níveis de influência que os Estados podem exercer sobre o comportamento das empresas transnacionais geram efeitos extraterritoriais sobre o respeito dos direitos humanos na medida de suas capacidades de delinear, especialmente por meio de normas legais, esse comportamento. Esses níveis podem ser de duas ordens. O primeiro de ordem geral, caso os Estados adotem marcos normativos de

[8] Neste documento o Comitê de Direitos Econômicos, sociais e culturais recomenda ao Canadá de reforçar a legislação sobre o comportamento das empresas domiciliadas nesse País e que desenvolvem atividades no estrangeiro, especialmente no que diz respeito aos impactos sobre os direitos humanos. ONU. Conseil économique et social. Comité des droits économiques, sociaux et culturels. Doc. E/C.12/CAN/CO/6, de 23/3/2016, par. 16. Disponível em: https://undocs.org/fr/E/C.12/CAN/CO/6. Acesso em 4/2/2021. Depois desta recomendação, o Canadá criou um Ombudsperson para monitorar a ação das empresas que desenvolvem atividades no exterior. Gouvernement du Canada. Le gouvernement du Canada fait preuve de leadership quant à la conduite responsable des entreprises à l'étranger. Disponível em: https://www.canada.ca/fr/affaires-mondiales/nouvelles/2018/01/le_gouvernement_ducanadafaitpreuvedeleadershipquantalaconduitere.html. Acesso em: 04 jan. 2021.

aplicação genérica que, se descumpridos, dão azo à adoção de medidas de supervisão e sanção. O segundo, de ordem mais restrita, pode surgir quando os Estados criam regras específicas de conduta para determinadas empresas, por exemplo, para aquelas que participam de contratações públicas. Nesse caso, o nível de influência do Estado é bem mais acentuado e pode ser mais claramente identificado. De fato, a consideração desses diferentes níveis contribui de modo importante para que seja identificado o poder de controle efetivo do Estado com respeito ao gozo dos direitos humanos de pessoas situadas fora de seu território ou se, por outro lado, encontra-se em uma situação capaz de influir decisões de seus órgãos internos sobre o desfrute de direitos humanos vinculados às ações das empresas transnacionais.

Em um mundo em que é necessário apelar para o universalismo de princípios para escapar dos limites das particularidades insuficientes das regras ou, até mesmo, da falta delas, no intento de melhor precisar o significado da categoria "poder de influir", a CIDH buscou inspiração no Art. 25 dos Princípios de Maastricht sobre obrigações extraterritoriais dos Estados (OEA), por considerar que são hipóteses objetivas para determinar se é exigível ou não algum grau de proteção com extensão extraterritorial por parte do Estado de acordo com suas obrigações internacionais. Segundo esse dispositivo, por exemplo, os Estados devem adotar medidas quanto ao comportamento das empresas quando a matriz tem seu domicílio ou centro principal de seus negócios em seu território, quando houver um vínculo razoável entre o Estado e a conduta que pretende regular. Mesmo quando o ato no exterior é praticado por uma sucursal ou filial, o Estado onde está situada a empresa-mãe é responsável pelo controle sobre esta e, por consequência, sobre as sucursais e filiais. Como destaca Surya Deva (2012), a falha em reconhecer tal dever extraterritorial sobre os Estados significaria que eles podem permitir que empresas façam no exterior aquilo que não podem fazer dentro de seus territórios. Isso, segundo ele "equivaleria a dar valor diferente à vida das pessoas com base em suas localizações geográficas".

Pode-se afirmar, portanto, que quanto mais intenso for o poder de influência dos Estados sobre o gozo e respeito dos direitos humanos fora de seu território, tanto mais exigente deverá ser a análise de suas obrigações de proteção, respeito e garantia. É possível verificar essa distinção quando se trata de considerar as consequências do comportamento de empresas públicas ou privadas fora do território. Quanto às primeiras, a obrigação de proteger e respeitar os direitos humanos pode ser tremendamente comprometida. Quanto às segundas, pode-se identificar o grau das obrigações estatais de garantir os direitos humanos e a sua responsabilidade em orientar, limitar e controlar as atividades das empresas privadas no território de outro Estado, o que não é apenas previsto no direito internacional dos direitos humanos quanto fortemente estimulado para que o fenômeno da arquitetura da impunidade seja combatido. Pode-se mencionar que quando um Estado investe dinheiro público, por meio de agências de investimentos, nas empresas transnacionais estabelecidas no exterior, esse deveria ser considerado um importante fator para o reconhecimento da responsabilidade extraterritorial dos entes estatais por atos das corporações que desrespeitem direitos humanos. Cita-se como exemplo o Canadá, um País reconhecidamente exportador de empresas transnacionais da área do extrativismo. Essas empresas, em especial as que atuam na América Latina, tem recebido importantes financiamentos do *Export Developement Canada* (EDC) (Herencia Carrasco, 2015, p. 27-30). O tema dos investimentos e dos contratos de investimentos é crucial para o tratamento do problema da extraterritorialidade.

Essa obrigação de controlar as atividades dos atores privados nos conduz a observar o fenômeno da erosão da soberania solitária, porquanto os Estados são compelidos a criar normas internas para responder exigências que decorrem das flagrantes e inegáveis interdependências globais. Neste período de transição, embora o direito continue acentuadamente, mas não unicamente, atrelado ao Estado, a este impõe-se a enorme tarefa de balizar os interesses do comércio com os direitos humanos e de reconhecer os riscos de múltiplas dimensões a que os direitos humanos são expostos, de sorte a agir em defesa de um "humanismo de interdependência" (Delmas-Marty, 2019, p. 57) que combina com a noção de humanidade a de comunidade de destino. A propósito disso, a França já deu uma resposta nesta direção ao criar a lei de *Due diligence* (République Française, 2017) relacionada ao comportamento transnacional das empresas e direitos humanos, cuja aprovação na Assembleia Nacional da França foi resultado do empenho das ONGs, dos sindicatos e das Universidades[9]. Esforços podem ser avistados no Canadá, que em 2018 criou o *OCRE*[10], atribuindo-lhe a missão de supervisionar as empresas estrangeiras que atuam no exterior. O dever de cooperação dos Estados uns para com os outros pode ser o assento desse humanismo de interdependência. Com base na análise realizada acima acerca das decisões das Cortes de direitos humanos em matéria de extraterritorialidade, é interessante notar se estão alinhadas às exigências do cosmopolitismo constitucional.

2.2. A contribuição para o cosmopolitismo institucional

Nesta parte final nos interessa analisar em que medida o desenho e a atuação de instituições jurídicas como as Cortes de direitos humanos podem contribuir para que os Estados melhorem os padrões normativos e éticos de prevenção, supervisão e sanção com o fim de compelir as empresas transnacionais domiciliadas em seus territórios ou tendo neles o seu centro decisório, mas com atuação em outros, a respeitar os direitos humanos. A jurisprudência desses tribunais, em matéria de extraterritorialidade, pode nos indicar que a força dos fatos imprime mudanças significativas no conteúdo de suas decisões, de modo a promover de modo dinâmico o alargamento do sentido da palavra "jurisdição"?

Nós estamos preocupadas em saber se, para além do direito internacional e dos direitos nacionais, a interpretação evolutiva das Cortes de direitos humanos sobre o tema da extraterritorialidade satisfaz uma das características apontadas pelos teóricos do cosmopolitismo institucional (Saldanha, 2020), que é a de, justamente, buscar o aprimoramento (Lourme, 2019, p. 101) da atuação das instituições internacionais que já existem, de acordo com os padrões democráticos. Com efeito, podemos afirmar que o cosmopolitismo institucional ou democrático talvez seja a perspectiva mais recente entre as correntes filosóficas, jurídicas, históricas, políticas e sociológicas construídas a partir dos anos setenta do

[9] Declaração feita por Dominique Potier, relator do projeto de lei na Assembléia Nacional da França. Disponível em: *Conférence sur le devoir de vigilance des sociétés mères et entreprises donneuses d'ordre.* Disponível em: https://www.youtube.com/watch?v=Iu0-kotaFII&t=683s. Acesso em: 07 fev. 2021.

[10] Na versão francesa OCRE – Ombudsman canadien de la responsabilité des enterprises. Disponível em: https://core-ombuds.canada.ca/core_ombuds-ocre_ombuds/index.aspx?lang=fra. Acesso em:

século passado, para explicar o que seja o cosmopolitismo. Como menciona Louis Lourme (2019, p. 101), o cosmopolitismo institucional, ao mesmo tempo em que encontra no fim do modelo clássico de Estado, na presença de riscos globais e nos efeitos da redução do mundo suas três principais justificativas, pode ser compreendido como aquilo que nos faz pensar sob quais condições a concepção de cidadania mundial, invariavelmente assentada em uma base mais abstrata do que prática, poderá designar uma nova forma efetiva de cidadania.

A permeabilidade dos sistemas regionais de direitos humanos insinua a possibilidade de alargamento do sentido de jurisdição para impedir a impunidade cometida por Estados e pelas empresas transnacionais por violação de direitos, sem que se adote qualquer postura ingênua que negue as adversidades que a matéria também apresenta, e pode ser um forte indicativo de acolhimento da ideia de que há uma cidadania global cuja proteção decorre da existência de objetivos comuns independentemente das fronteiras estatais.

Assim, ousamos avançar para argumentar que na base das decisões dos tribunais de direitos humanos sobre extraterritorialidade, associadas ao comportamento das empresas transnacionais que violem direitos humanos e tomadas com base nas categorias de "controle efetivo, posição de poder sobre uma determinada pessoa, grupo ou situação, vínculo procedimental, ou poder de influência", deve ser considerado que os direitos humanos amiúde violados integram o conjunto normativo de textos globais e especiais[11] que se destinam à comunidade humana e, portanto, correspondem a essa cidadania mundial construída para além das fronteiras territoriais. Ora, se não há dúvida que o Estado de Direito tem nos direitos fundamentais uma âncora central a balizar a proteção dos cidadãos de cada Estado, também é certo que as proteções globais e regionais que compõem esse amplo mosaico conduzem à elaboração e concretização da democracia também escala também global.

Em outras palavras, devemos ter em conta que, diante da persistente distância entre os multifacetados fenômenos globais – nos quais situa-se o comportamento transgressor dos direitos humanos pelas empresas transnacionais – e a governança nacional, podemos afirmar que a cons-

[11] Os limites deste texto não permitem descrevê-los, até mesmo porque são conhecidos à saciedade.

tante atualização e evolução da jurisprudência das Cortes de direitos humanos acerca do sentido da categoria "jurisdição" ao efeito de aplicar a extraterritorialidade, leva seus juízes produzirem o novo, qual seja, um direito comum a partir do velho, sendo que o ponto de partida para isso é o direito de cada Estado, como sugere Mireille Delmas-Marty (2021). De fato, esses juízes não podem se furtar de analisar, além da categoria "jurisdição", outras como atores públicos, privados, controle efetivo, grau de influência, vínculos procedimentais, entre outros. Por outro lado, os juízes regionais, ao alargar o sentido de "jurisdição" para atender ao chamado de fatos que reivindicam a aplicação extraterritorial das Convenções de direitos humanos, tomam decisões que repercutem em âmbito interno. Em virtude dessas decisões, os juízes nacionais são compelidos a reinterpretar o direito nacional – então o antigo, o internacionalizando, dando a ele uma nova dimensão para atender a realidade que decorre das intensas interdependências globais. Desse modo, os juízes nacionais se internacionalizam. Ao contrário, quando aplicam o direito internacional, devem contextualizá-lo, pois as realidades culturais, econômicas, políticas e sociais são distintas entre as diversas sociedades. Trata-se da ética dos contextos que, entretanto, não exclui a necessidade de que sejam elaborados e sedimentados objetivos comuns iluminados pelo universalismo de princípios.

Conclusões

Frente a tudo o que foi exposto, vemos que, apesar de ainda em construção, o caminho para a edificação de um cosmopolitismo institucional já teve suas fundações lançadas no trabalho dos órgãos dos sistemas regionais europeu e interamericano de proteção de direitos humanos. A insuficiência dos institutos tradicionais do direito internacional, que parecem não ter sido projetados para um contexto de mundialização e ubiquidade dos seus problemas decorrentes, levou às Cortes internacionais o papel de integração de suas normas a esta nova realidade. Orientados pela agenda comum da proteção aos direitos humanos e a consciência das novas necessidades geradas por um mundo interconectado, observa-se que os juízes ampliam o escopo territorial de aplicação da CEDH e da CADH em seus respectivos sistemas a fim de constranger a impunidade tanto de Estados como de atores privados, como as empresas transnacionais.

Seja em precedentes que insinuam um alargamento de sua jurisdição, seja em outros que flertam com a responsabilização das empresas transnacionais por seus Estados de origem, encontramos evidência da evolução hermenêutica nas decisões da CrEDH, da CIDH e CrIDH. O exercício da soberania e jurisdição dos Estados, para além da tradicional delimitação territorial, identificou-se com as noções de poder, nexo causal, dever de cuidado e efetivo controle, sobre o espaço e sobre as pessoas, que não estão limitadas às fronteiras estatais mapeadas. Uma visão muito conservadora pode levar à impunidade de Estados e seus agentes que violem direitos humanos fora de seu território. Apesar de demarcada pela excepcionalidade, e sobretudo na realidade atual, a extraterritorialidade atua – e, portanto, é imprescindível – para evitar estes abusos.

No âmbito dos atores privados, apesar dos maiores desafios, o cenário não é desencorajador. E é no contexto interamericano, e não no europeu, que se verifica maior esforço interpretativo na direção da responsabilização de empresas transnacionais e dos respectivos Estados de origem. Entendemos que, tanto pelas vantagens que auferem da atuação global de suas empresas, quanto pelo compromisso de salvaguardar os direitos humanos perante a CADH, os Estados de origem têm uma responsabilidade análoga à situação do controle efetivo sobre o território ou pessoas: o poder que sobre elas exerce os torna por elas responsáveis. Esse dever, por sua vez, pode ser concretizado por meio de mecanismos precipuamente internos que imponham limites e fiscalizem a atuação de suas empresas. Quando há uma possibilidade concreta de evitar violações aos direitos humanos, a omissão pode ser tão grave quanto um abuso imediato.

Essa conclusão, que se alinha ao objetivo inicial traçado por nós, permite rematar à construção de um cosmopolitismo institucional, pautado numa ética comum que é, ao mesmo tempo, universal e relativa, porquanto uma característica não necessariamente exclui a outra; ao contrário, se complementam. E finalmente, porque o esforço para a prática da extraterritorialidade não existe na abstração. Ao revés, considera pessoas na perspectiva de suas biografias e biologias e na necessidade de proteção de seus direitos humanos e reparação de danos sofridos na perspectiva de direitos comuns porque protegidos por uma base ética fundada tanto na perspectiva humana individual quanto na da interdependência da comunidade humana.

Referências

ASCENCIO, Hervé. **L'extraterritorialité comme instrument**. 10 de dezembro de 2010. Disponível em: https://www.pantheonsorbonne.fr/fileadmin/IREDIES/Contributions_en_ligne/H._ASCENSIO/Extraterritorialite__droits_de_l__homme_et_entreprises.pdf. Acesso em:

BENHABIB, Seyla. BENHABIB, Seyla. Feminism and Postmodernism. In: BENHABIB, Seyla et al. **Feminist contentions**: a philosophical exchange. New York: Routledge, 1995.

BERKES, Antal. **A New Extraterritorial Jurisdictional Link Recognised by the IACtHR**. *EJIL. Talk*. Disponível em: https://www.ejiltalk.org/a-new-extraterritorial-jurisdictional-link-recognised-by-the-iacthr/. Acesso em: 10 fev. 2021.

BESSON, Samantha. **Due Diligence and Extraterritorial Human Rights Obligations** – Mind the Gap! *ESIL Reflexions*, v. 9, ed. 1., 2020. Disponível em: https://esil-sedi.eu/esil-reflection-due-diligence-and-extraterritorial-human-rights--obligations-mind-the-gap/. Acesso em:

BESSON, Samantha. **Due Diligence and Extraterritorial Human Rights Obligations** – Mind the Gap! *ESIL Reflexions*, v. 9, ed. 1., 2020. Disponível em: https://esil-sedi.eu/esil-reflection-due-diligence-and-extraterritorial-human-rights--obligations-mind-the-gap/. Acesso em:

CAVALLARO, James. VARGAS, Claret. SANDOVAL, Clara, DUHAIME, Bernard et. all. **Doctrine, practice in the Inter-American Human Rights System**. Boston: Oxford University Press, 2019.

Conférence sur le devoir de vigilance des sociétés mères et entreprises donneuses d'ordre. Disponível em: https://www.youtube.com/watch?v=Iu0--kotaFII&t=683s. Acesso em 07/2/2021.

CrEDH (Corte Europeia de Direitos Humanos). *Loizidou* c. *Turquia*, objeções preliminares. Decisão de 23 fev. 1995. Disponível em: http://hudoc.echr.coe.int/eng?i=001-57920. Acesso em: 25 jan. 2021.

CrEDH, Grande chambre, décision du 5 mai 2020, *M. N. et autres c. la Belgique*, nº 3599/18. Disponível em: http://webcache.googleusercontent.com/search?q=cache:iGQ-Cv2iGiwJ:hudoc.echr.coe.int/app/conversion/pdf/%3Flibrary%3DECHR%26id%3D003-6688568-8899175%26filename%3DD%25C3%25A9cision%2520de%2520Grande%2520Chambre%2520M.N.%2520et%2520autres%2520c.%2520Belgique%2520-%2520refus%2520d+&cd=5&hl=pt--BR&ct=clnk&gl=br. Acesso em: 27 jan. 2021.

CrEDH. *Al-Skeini c. Romênia*, 7 de julho de 2011. Disponível em: https://hudoc.echr.coe.int/fre#{%22itemid%22:[%22001-105606%22]}. Acesso em: 5 fev. 2021.

CrEDH. *Caso Romeo Castaño c. Bélgica*, de 9 de julho de 2019. Disponível em: https://hudoc.echr.coe.int/fre#{%22itemid%22:[%22001-194618%22]}. Acesso em: 28 jan. 2021.

CrEDH. Corte Europeia de Direitos Humanos. *Bankovic et alia* c. *Bélgica* e 16 outros Estados. Decisão de 12 dez. 2001. Disponível em: http://hudoc.echr.coe.int/eng?i=001-22099. Acesso em: 25 jan. 2021.

CrEDH. *GC, Medvedyev et autres c. France,* 29 de março de 2010. Disponível em: http://webcache.googleusercontent.com/search?q=cache:sh0N1QMwkA8J:hudoc.echr.coe.int/app/conversion/pdf/%3Flibrary%3DECHR%26id%3D001--97988%26filename%3D001-97988.pdf+&cd=1&hl=pt-BR&ct=clnk&gl=br. Acesso em:

CrEDH. *Hassan* c. *Reino Unido.* Sentença de 12 dez. 2001. Disponível em: http://hudoc.echr.coe.int/eng?i=001-146501. Acesso em 25 jan. 2021.

CrEDH. *Issa et alia c. Turquia,* Sentença, 16 nov. 2004. Disponível em: <http://hudoc.echr.coe.int/eng?i=001-67460>. Acesso em: 26 jan. 2021.

CrEDH. *Jaloud c. Pays-Bas,* 20 novembro de 2014. Disponível em: https://hudoc.echr.coe.int/fre#{%22itemid%22:[%22001-148382%22]}. Acesso em:

CrEDH. *Öcalan c. Turquie.* Disponível em: https://hudoc.echr.coe.int/eng-press#{%22itemid%22:[%22003-1341399-1399736%22]}. Acesso em:

De Schutter, Olivier, **Recognition of the Rights of Minorities and the EU's Equal Opportunities Agenda** in European Antidiscrimination Law Review, No.11, December 2010, 23-34

Delmas-Marty, Mireille. **Initiative Covid-19 au Collège de France**. Disponível em: https://www.youtube.com/watch?v=zlX4YCEpFEc. Acesso em: 05 fev. 2021.

Delmas-Marty, Mireille. **Les forces imaginantes du droit (II). Le pluralisme ordonné**. Paris: Seuil, 2006.

Delmas-Marty, Mireille. **Sortir du pot au noir. L'humanisme juridique comme boussole**. Paris: Buchet Chastel, 2019.

Deva, Surya. **Corporate Human Rights Violations**: A Case for Extraterritorial Regulation (January 3, 2013). Handbook of the Philosophical Foundations of Business Ethics, pp. 1077-1090, Christoph Luetge, ed., Dordrecht; New York: Springer, 2012. Disponível em: https://ssrn.com/abstract=2195887. Acesso em:

Fidh. **Principios de Maastricht sobre las Obligaciones Extraterritoriales de los Estados en el Área de los Derechos Económicos, Sociales y Culturales**. Disponível em: https://www.fidh.org/IMG/pdf/maastricht-eto-principles-es_web.pdf. Acesso em: 28 jan. 2021.

Gadamer, Hans-George. **Verdade e Método. Traços fundamentais de uma hermenêutica filosófica**. Petrópolis: Vozes, 1999.

Gouvernement du Canada. Le gouvernement du Canada fait preuve de leadership quant à la conduite responsable des entreprises à l'étranger. Disponível em: https://www.canada.ca/fr/affaires-mondiales/nouvelles/2018/01/le_gouvernement_ducanadafaitpreuvedeleadershipquantalaconduitere.html. Acesso em: 04 fev. 2021.

Herencia Carrasco, Salvador. Industrias extractivas y la protección de los derechos humanos em las Américas: sobre la necessidade de um sistema de responsabilidade que incluya al Estado de origen de las inversiones. In: **Aportes DPLf**, n. 20, ano 8, agosto de 2015. Disponível em: http://www.global.org.br/wp-content/uploads/2016/03/aportes2020_web_final_0.pdf. Acesso em: 05 fev. 2021.

Lenain, Émilie. Il était une fois, un visa obligatoire qui n'existait pas. Quand les Cours européennes dansent la polka autour des lacunes du droit. **La revue des droits de l'homme**, juin 2020. Disponível em: https://journals.openedition.org/revdh/9913#text. Acesso em 27 jan. 2020.

Lourme, Louis. Pourquoi le cosmopolitisme institutionnel? In: Policar, Alain. **Le cosmopolitisme sauvera-t-il la démocratie?** Paris: Classique Garnier, 2019.

Martin-Chenut, Kathia. Perruso, Camila. El caso Chevron-Texaco y el aporte de los proyectos de convención sobre crímenes ecológicos y ecocidio a la responsabilidad penal de las empresas transnacionales. In: Instituto Interamericano de Derechos Humanos Derechos **Humanos y Empresas**: Refexiones desde América Latina. San José, C.R.: IIDH, 2017.

Ocre – Ombudsman canadien de la responsabilité des enterprises. Disponível em: https://core-ombuds.canada.ca/core_ombuds-ocre_ombuds/index.aspx?lang=fra. Acesso em:

Oea. Cidh. Informe de admissibilidade 112/2010. *Equador c. Colômbia* (Franklin Guillermo Aisalla Molina), 21 de outubro de 2010. Disponível em: http://webcache.googleusercontent.com/search?q=cache:K2060jK6hHoJ:cidh.org/annualrep/2010eng/EC-CO.PI-02ADM.EN.doc+&cd=3&hl=pt-BR&ct=clnk&gl=br. Acesso em:

Oea. Cidh. Informe de admissibilidade 17/12. *Djamel Ameziane c. Estados Unidos*, 20 de março de 2012. Disponível em: http://www.oas.org/es/cidh/decisiones/2012/USAD900-08ES.doc. Acesso em: 28 jan. 2021.

Oea. Cidh. Informe Empresas y Derechos Humanos: Estándares Interamericanos, 2019. Disponível em: https://www.oas.org/es/cidh/informes/pdfs/EmpresasDDHH.pdf. Acesso em: 28 jan. 2021.

Oea. Cidh. Informe nº 38/99. *Víctor Saldaño c. Argentina*, 11 de marzo de 1999. Disponível em: http://www.cidh.org/annualrep/98span/inadmisibilidad/argentina.salda%C3%B1o.htm. Acesso em 28 jan. 2021.

Oea. Cidh. Pueblos indígenas, comunidades afrodescendientes y recursos naturales: protección de derechos humanos en el contexto de actividades de extracción, explotación y desarrollo, 2015. Disponível em: http://www.oas.org/es/cidh/informes/pdfs/IndustriasExtractivas2016.pdf. Acesso em: 28 jan. 2021.

Oea. Convención Americana de Derechos Humanos. O art. 2º estabelece: Si el ejercicio de los derechos y libertades mencionados en el artículo 1 no estuviere ya garantizado por disposiciones legislativas o de otro carácter, los Estados partes se comprometen a adoptar, con arreglo a sus procedimientos constitucionales y a las disposiciones de esta Convención, las medidas legislativas o de otro carácter que fueren necesarias para hacer efectivos tales derechos y libertades. Disponível em: https://www.oas.org/dil/esp/1969_Convenci%C3%B3n_Americana_sobre_Derechos_Humanos.pdf. Acesso em: 28 jan. 2021.

OEA. CrIDH. Opinião Consultiva 21/2014. Disponível em: https://www.corteidh.or.cr/docs/opiniones/seriea_21_por.pdf. Acesso em 29 jan. 2021.

OEA. CrIDH. Opinião Consultiva 23/17. Disponível em: https://www.corteidh.or.cr/docs/opiniones/seriea_23_esp.pdf. Aceso em 28/1/2021.

OLSEN, Ana Carolina Lopes. PAMPLONA, Danielle. Violações a direitos humanos por empresas transnacionais na América Latina: perspectivas de responsabilização. **Revista Direitos Humanos e Democracia,** *7*(13), 129-151. https://doi.org/10.21527/2317-5389.2019.13.129-151

ONU. Comité des droits de l'homme. Observation générale nº 36. Doc. CCPR/C/GC/36, de 3/9/2019, par. 22. Disponível em: https://undocs.org/fr/CCPR/C/GC/36. Acesso em: 4 fev. 2021.

ONU. Conseil économique et social. Comité des droits économiques, sociaux et culturels. Doc. E/C.12/CAN/CO/6, de 23/3/2016, par. 16. Disponível em: https://undocs.org/fr/E/C.12/CAN/CO/6. Acesso em 4/2/2021.

ONU. Report of the Special Representative of the Secretary General on the issue of human rights and transnational corporations and other business enterprises, John Ruggie. Guiding Principles on Business and Human Rights: Implementing the United Nations "Protect, Respect and Remedy" Framework. Dpc. A/HRC/17/31. Disponível em: https://www.ohchr.org/Documents/Issues/Business/A-HRC-17-31_AEV.pdf. Acesso em: 28 jan. 2021.

PANOUSSIS, Ioannis. Lévolution de la "juridiction (iuris dictio)"des cours supranationales. In: ANDRIANTSIMBAZOVINA, Joël. BURGORGUE-LARSEN, Laurence. TOUZÉ, Sébastian. **La protection des droits de l'homme par les cours supranationales**. Paris: Pedone, 2016.

PETERS, Anne. **Humanisme, constitutionnalisme, universalisme**. Paris: Pedone, 2019.

RÉPUBLIQUE FRANÇAISE. LOI nº 2017-399 du 27 mars 2017 relative au devoir de vigilance des sociétés mères et des entreprises donneuses d'ordre. Disponível em: https://www.legifrance.gouv.fr/loda/id/JORFTEXT000034290626/. Acesso em: 28 jan. 2021.

RICOUER, Paul. **O justo 2**. Capítulo: O universal e o histórico. São Paulo: Martins Fontes, 2008.

RIGAUX, François. **Les societés transnationales**. Disponível em: https://www.sfdi.org/wp-content/uploads/2014/08/RIGAUXinBedjaoui.pdf. Acesso em: 07 fev. 2021.

SALDANHA, Jânia Maria Lopes Saldanha. **Cosmopolitismo jurídico. Teorias e práticas de um direito emergente entre a globalização e a mundialização.** Porto Alegre: Livraria do Advogado, 2018.

SALDANHA, Jânia Maria Lopes. **Cosmopolitismo institucional: um anti-Diógenes?** ***In:*** **Constituição, Sistemas Sociais e Hermenêutica**: Anuário do Programa de Pós-Graduação em Direito da Unisinos. [ebook] Nº 16 / Orgs. Fernanda Frizzo Bragato, Lenio Luiz Streck e Leonel Severo Rocha. São Leopoldo: Karywa, Unisinos, 2020.

SUPIOT, Alain. **L'esprit de Philadelphie. La justice sociale face au marché total.** Paris; Seuil, 2010.

UNCTAD. Transnational corporations and foreign affiliates. Disponível em: https://unctad.org/system/files/official-document/gdscsir20041c3_en.pdf. Acesso em: 07 fev. 2021.

WOLF, Francis. **Trois utopies contemporaines.** Paris: Fayard, 2017.

ZUBIZARRETA, J. H. Las empresas transnacionales frente a los derechos humanos: historia de una asimetría normativa. De la responsabilidad social corporativa a las redes contrahegemónicas transnacionales. Madri, 2009. Disponível em: https://publicaciones.hegoa.ehu.eus/uploads/pdfs/79/Empresas_transnacionales_frente_a_los_derechos_humanos.pdf?1488539221. Acesso em: 09 fev. 2021.

6. PROMOVER, PREVENIR E REPARAR: AS CAPACIDADES E LIMITES DO SISTEMA INTERAMERICANO DE DIREITOS HUMANOS PARA AS DEMANDAS DA AGENDA DE DESCA E EMPRESAS

Bárbara Pincowsca Cardoso Campos
Isabel Penido de Campos Machado

Introdução

O caso Velásquez Rodríguez vs. Honduras (CORTE IDH, 1988), julgado pela Corte Interamericana de Direitos Humanos (CORTE IDH) em 1988, é amplamente conhecido não só por inaugurar o seu repertório de casos contenciosos, mas também – e precisamente por essa razão – por elencar as condições capazes de configurar a responsabilidade internacional de um Estado no sistema interamericano. Ao interpretar as obrigações estatais derivadas do art. 2º da Convenção Americana sobre Direitos Humanos (CADH), a Corte IDH foi expressa em afirmar que "um fato ilícito violatório dos direitos humanos que inicialmente não resulte imputável diretamente a um Estado, por exemplo, por ser obra de um particular (...) pode acarretar a responsabilidade internacional do Estado" (CORTE IDH, 1988). Mais adiante, enfatizou que é obrigação de um Estado investigar toda e qualquer violação de direitos protegidos pela Convenção, para evitar a impunidade e garantir à vítima a restituição de seus direitos, sendo o mesmo válido "quando se tolere que os particulares ou grupos deles atuem livre ou impunemente em prejuízo dos direitos humanos reconhecidos na Convenção" (CORTE IDH, 1988).

Esse pronunciamento registra princípios chave que hoje são recorrentes no debate sobre a responsabilização internacional em direitos humanos envolvendo atores não estatais[1]. Traduzidos em curtas expressões, o que os trechos acima destacados mostram é que a responsabilização do Estado pode surgir, entre outras situações, pela falta da devida diligência em prevenir a ocorrência de uma violação ou pela não adoção de medidas adequadas para investigar, sancionar e reparar abusos cometidos por atos de particulares (Machado, 2020, p. 1159). E nesse rol de "atores não estatais", "terceiros", "particulares" ou "atores privados", na gramática dos direitos humanos, é que se encaixam as empresas transnacionais.

O debate sobre a interface entre empresas e direitos humanos é pujante porque provoca os alicerces históricos do Direito Internacional Público, marcados pela preponderância dos Estados como sujeitos plenos, e das Organizações Internacionais e dos indivíduos em certa medida, marginalizando a subjetividade jurídica das empresas transnacionais. E a arquitetura do Sistema Interamericano de Direitos Humanos (SIDH) não escapa a esses postulados westfalianos do sistema internacional. Em certa medida, a Opinião Consultiva n. 22, de 2016, reforça esse entendimento ao não reconhecer a titularidade de pessoas jurídicas no sistema[2].

Aliás, a compreensão sobre os contornos das obrigações desse tripé de atores (Estados, empresas, indivíduos) no campo dos direitos humanos tem sido uma das preocupações das Nações Unidas (ONU) há mais de cinco décadas. Nos últimos anos, esse percurso teve avanços a celebrar. Em 2011, o Conselho de Direitos Humanos aprovou os Princípios Orientadores sobre Empresas e Direitos Humanos ou Princípios de

[1] Vide, por exemplo, o caso da Fábrica de Fogos de Santo Antônio de Jesus. C.f. CORTE IDH. 2020b. **Caso de los Empleados de la Fábrica de Fuegos de Santo Antônio de Jesus vs. Brasil**. Excepciones Preliminares, Fondo, Reparaciones y Costas. Sentencia de 15 de julio de 2020. Serie C No. 407.

[2] Nesse caso, a Corte foi provocada pelo Panamá para que, entre outras questões, se posicionasse sobre a possível legitimação ativa de pessoas jurídicas no sistema. Amparada em uma interpretação teleológica e sistemática da Convenção, o Tribunal decidiu, por unanimidade, que a CADH consagra direitos a favor de pessoas físicas, não jurídicas. CORTE IDH. 2016. **Titularidad de derechos de las personas jurídicas en el Sistema Interamericano de Derechos Humanos** (Interpretación y alcance del artículo 1.2, en relación con los artículos 1.1, 8, 11.2, 13, 16, 21, 24, 25, 29, 30, 44, 46, y 62.3 de la Convención Americana sobre Derechos Humanos, así como del artículo 8.1 A y B del Protocolo de San Salvador). Opinión Consultiva OC-22/16 de 26 de febrero de 2016. Serie A No. 22.

Ruggie (ONU, Consejo de Derechos Humanos, 2011), um instrumento normativo que, apesar de seu caráter não vinculante, tornou-se um ponto de partida importante para a atuação dos Estados e das empresas no campo dos direitos humanos. Na ONU, esse capítulo ainda segue aberto e em construção, com a missão posta em um grupo de trabalho intergovernamental para elaborar um tratado juridicamente vinculante para regular as atividades de empresas nesse campo[3].

Na literatura especializada, as lentes de análise mais comuns para examinar essa relação entre empresas e direitos humanos giram em torno das mudanças climáticas, extraterritorialidade das obrigações estatais e da proteção de defensores e defensoras de direitos humanos, que se apresentam como vozes locais de resistência e, em razão disso, sofrem ameaças severas e atentados às suas vidas e à integridade pessoal. Outra linha abordada na literatura dialoga com a especialização da proteção internacional dos direitos humanos, a partir da defesa e garantia de pessoas e grupos que demandam uma proteção especial (indígenas, comunidades afrodescendentes e outros povos tradicionais, pessoas privadas da liberdade, mulheres, crianças, entre outros).

Em complemento a essas perspectivas analíticas, a proposta deste artigo é explorar as possibilidades e limitações de avançar essa agenda a partir de uma leitura das principais funções dos mecanismos institucionais do SIDH, quais sejam: promover, prevenir e reparar. Essas funções estão a cargo tanto da Comissão Interamericana de Direitos Humanos (CIDH) quanto da Corte IDH.

Mais do que abordar direitos humanos de forma ampla, as próximas linhas desse texto se concentram especificamente em direitos econômicos, sociais, culturais e ambientais (DESCA). O catálogo de DESCA – tais como o direito à saúde, à educação, ao trabalho, à previdência social, entre outros – está previsto no sistema regional americano desde 1948, por força da Declaração Americana sobre os Direitos e Deveres do Homem. Embora o principal instrumento convencional dedique apenas

[3] Esse grupo de trabalho intergovernamental foi estabelecido em 2014 pelo Conselho de Direitos Humanos da ONU e, até a data de elaboração deste artigo (março de 2021), já realizou 6 sessões. Para acompanhar essa discussão, cf. **Open-ended intergovernmental working group on transnational corporations and other business enterprises with respect to human rights.** Disponível em: https://www.ohchr.org/EN/hrbodies/hrc/wgtranscorp/pages/igwgontnc.aspx. Acesso em 23 mar. 2021.

um solitário dispositivo aos DESCA (art. 26 da CADH[4]), recentemente a Corte Interamericana tem dado vida, pela via hermenêutica, ao conteúdo desses direitos e às obrigações estatais associadas à sua proteção e garantia.

A esse respeito, esse desenvolvimento progressivo tem como ponto de partida a sentença Lagos del Campo vs. Peru (Corte IDH, 2017b). Nesse caso, a Corte IDH declarou, pela primeira vez, uma violação direta e autônoma do art. 26 da CADH ao reconhecer afetações aos direitos à estabilidade trabalhista e associação trabalhista da vítima em questão. Esta decisão representa uma mudança significativa no raciocínio da Corte, pois nos quase 40 anos de jurisprudência interamericana, prevalecia a tese da justiciabilidade ou proteção indireta dos DESCA, tal como é apelidada na doutrina[5]. Assim, com Lagos del Campo se inaugura a era dos DESCA no sistema interamericano, com decisões emblemáticas proferidas pela Corte nos últimos anos em matéria de direito à saúde, ao meio ambiente sano, à alimentação, à água, ao trabalho, a condições justas e equitativas que garantam a saúde, segurança e higiene no trabalho[6]. Nesse sentido, a ideia de construir uma leitura crítica de

[4] CADH, art. 26 – "Desenvolvimento progressivo – Os estados-partes comprometem-se a adotar as providências, tanto no âmbito interno, como mediante cooperação internacional, especialmente econômica e técnica, a fim de conseguir progressivamente a plena efetividade dos direitos que decorrem das normas econômicas, sociais e sobre educação, ciência e cultura, constantes da Carta da Organização dos Estados Americanos, reformada pelo Protocolo de Buenos Aires, na medida dos recursos disponíveis, por via legislativa ou por outros meios apropriados."

[5] De acordo com esse entendimento, os DESCA são examinados à luz de outros dispositivos da Convenção Americana sobre Direitos Humanos, ou seja, os que consagram direitos civis e políticos.

[6] São exemplos de sentenças que reconhecem violações autônomas de DESCA: CORTE IDH. 2017b. **Lagos del Campo vs. Perú**. Excepciones Preliminares,Fondo, Reparaciones y Costas. Sentencia de 13 de agosto de 2017. Serie C No. 340; CORTE IDH. 2017c. **Trabajadores cesados de Petroperú y otros vs. Perú**. Excepción Preliminar, Fondo, Reparaciones y Costas. Sentencia de 23 de noviembre de 2017. Serie C No. 344; CORTE IDH. 2018a. **San Miguel Sosa y otras vs. Venezuela**. Fondo, Reparaciones y Costas. Sentencia de 8 de febrero de 2018. Serie C No. 348; CORTE IDH. 2018b. **Poblete Vilches y otros vs. Chile**. Fondo, Reparaciones y Costas. Sentencia de 8 de marzo de 2018. Serie C No. 349; CORTE IDH. 2018c. **Cuscul Pivaral y otros vs. Guatemala**. Excepción Preliminar, Fondo, Reparaciones y Costas. Sentencia de 23 de agosto de 2018. Serie C No. 359; CORTE IDH. 2019a. **Muelle Flores vs. Perú**. Excepción Preliminar, Fondo, Repa-

empresas a partir de Desca dialoga com o giro jurisprudencial mais recente da Corte IDH.

Esse artigo está estruturado em 4 partes, além desta introdução. Na sequência, exploramos a função promocional do SIDH na agenda empresas e Desca, enfatizando o importante labor desempenhado pela CIDH. Na segunda seção, nosso foco de análise recai nas possibilidades de medidas de reparação no sistema contencioso, bem como nos contornos da responsabilidade estatal no contexto de atividades empresariais. A penúltima parte evidencia a veia preventiva do SIDH a partir da concessão de medidas cautelares, bem como as portas abertas – e quiçá fechadas – com a edição do mais recente ato regulador (a Resolução 03/2018 da CIDH) nesta matéria. Por fim, a modo de conclusão, lançamos algumas reflexões finais sobre o futuro desenrolar da temática empresas e DESCA em nossa região.

1. A fortaleza do sistema interamericano em matéria de DESCA e empresas: a linha promocional

O pilar promocional do SIDH está a cargo especialmente da Comissão Interamericana. À Comissão, alçada à categoria de órgão principal da OEA desde 1967, foi-lhe conferida a função geral de promover a observância e a defesa dos direitos humanos nos Estados americanos, respaldada também pelo art. 41 da Convenção, por seu Estatuto e Regulamento. Essas tarefas se materializam, via de regra, com visitas *in loco* a países, elaboração de relatórios (sobre uma temática específica ou sobre a situação de direitos humanos em um determinado país), bem como a

raciones y Costas. Sentencia de 06 de marzo de 2019. Serie C No. 375; CORTE IDH. 2019b. **Asociación Nacional de Cesantes y Jubilados de la Superintendencia Nacional de Administración Tributaria (Ancejub-Sunat) vs. Perú**. Excepciones Preliminares, Fondo, Reparaciones y Costas. Sentencia de 21 de noviembre de 2019. Serie C No. 394; CORTE IDH. 2019d. **Hernández vs. Argentina**. Excepción Preliminar, Fondo, Reparaciones y Costas. Sentencia de 22 de noviembre de 2019. Serie C No. 395; CORTE IDH. 2020a. **Comunidades indígenas miembros de la Asociación Lhaka Honhat (Nuestra Tierra) vs. Argentina**. Fondo, Reparaciones y Costas. Sentencia de 06 de febrero de 2020. Serie C No. 400. CORTE IDH. 2020b. **Caso Spoltore vs. Argentina**. Excepción Preliminar, Fondo, Reparaciones y Costas. Sentencia de 9 de junio de 2020. Serie C No. 404. CORTE IDH. 2020c. **Caso de los Empleados de la Fábrica de Fuegos de Santo Antônio de Jesus vs. Brasil**. Excepciones Preliminares, Fondo, Reparaciones y Costas. Sentencia de 15 de julio de 2020. Serie C No. 407.

oferta de assessoria e cooperação técnica aos Estados (Campos; Becker, 2019, p. 45-70).

O debate sobre empresas tocou direta e expressamente as portas da CIDH em 2016. Embora o tema esteja presente no seio da OEA desde 2001 (Márquez, 2020), foi com a Resolução 2.887 (XLVI-O/16) que se atribuiu um mandato claro à Comissão para estudar parâmetros interamericanos sobre empresas e direitos humanos. Na realidade, alguns parâmetros já apareciam tangencialmente em relatórios temáticos anteriores produzidos pelo órgão (Campos, 2019, p. 236-237). Os relatórios *Derechos de los pueblos indígenas y tribales sobre sus tierras ancestrales y recursos naturales* (1997), *Violencia, niñez y crimen organizado* (2015c), *Pueblos indígenas, Comunidades afrodescendientes e Indústrias extractivas* (2015b), além de alguns relatórios de países (CIDH, 1997; 2015a), abordam situações de abusos e violações praticadas por empresas, chamando a atenção sobre as obrigações dos Estados nessa matéria.

Esse chamado para que a CIDH estudasse normas interamericanas em matéria de empresas e direitos humanos coincide também com novos arranjos institucionais no interior do órgão. Em 2012, foi criada no seio da Comissão uma Unidade sobre Direitos Econômicos, Sociais e Culturais, transformada em Relatoria em 2014 (OEA CIDH, 2014). E em 2017, essa Relatoria – a Redesca (Relatoria Especial sobre Direitos Econômicos, Sociais, Culturais e Ambientais) – finalmente decolou, com a nomeação de sua primeira relatora, Soledad García Muñoz. Não por acaso a missão de avançar a temática de empresas e direitos humanos entrou na agenda prioritária de sua mais nova relatoria à época.

O esforço da CIDH e da Redesca veio à luz no final de 2019, com a publicação do relatório *Empresas y Derechos Humanos: estándares interamericanos* (CIDH, 2019a). Fruto de ampla rodada de participação (diálogos com Estados, academia, organizações da sociedade civil, consultas a especialistas, realização de audiências públicas), o relatório identifica e busca esclarecer o conteúdo das obrigações dos Estados no contexto de atividades empresariais, lido a partir dos principais instrumentos interamericanos – CADH e Declaração Americana – e da jurisprudência interamericana, em sintonia com os avanços no plano internacional a esse respeito.

Esse relatório merece aplausos por várias razões. Além de ser o único documento deste tipo na região, ele não apenas sistematiza princípios e entendimentos já sedimentados, mas também serve de motor para impulsionar o desenvolvimento de novos parâmetros. A importância do documento como ferramenta indispensável no debate sobre empresas e direitos humanos tem sido reconhecida por diversos atores.

Não pode passar despercebido o fato de que, ao se amparar nas obrigações estatais derivadas também da Declaração, o relatório contribui para alcançar os países não ratificantes da Convenção, como Estados Unidos e Canadá, cujas empresas transnacionais desenvolvem atividades e operações que muitas vezes provocam impactos adversos no exercício dos direitos humanos nos demais países do continente americano. Ademais, essa leitura dos parâmetros sobre empresas ancorada na Declaração Americana consolida a mais nova tendência do sistema interamericano de desenvolver o conteúdo de DESCA a partir dos direitos consagrados naquele instrumento.

Seguindo os novos ventos do sistema interamericano, em outubro de 2020 foi lançada uma nova compilação da CIDH em matéria de DESCA, desta vez sobre direitos trabalhistas e sindicais. O documento, titulado *Compendio sobre derechos laborales y sindicales: Estándares Interamericanos* (CIDH, 2020a), revisa e organiza os parâmetros desenvolvidos na prática da CIDH em matéria de direitos laborais. Apesar de o relatório se referir apenas a parâmetros adotados pela Comissão, esse trabalho se destaca por oferecer uma sistematização casada com o Protocolo de San Salvador (ou Protocolo Adicional à CADH em matéria de Direitos Econômicos, Sociais e Culturais), especialmente os seus artigos relacionados ao direito ao trabalho, a condições justas, equitativas e satisfatórias de trabalho e aos direitos sindicais. Além disso, a publicação serve de insumo também à tarefa do grupo de trabalho, criado pelo Conselho Permanente da OEA, que desenvolveu indicadores de progresso para apresentação de relatórios periódicos por parte dos Estados ratificantes do Protocolo de San Salvador[7].

[7] O Grupo de Trabalho do Protocolo de San Salvador (GTPSS) foi criado para receber e analisar os relatórios periódicos apresentados pelos Estados Partes à luz das obrigações contidas no Protocolo. Esse trabalho envolveu também a elaboração de indicadores de progresso para a medição dos direitos consagrados naquele instrumento. Para informação adi-

2. As reparações e os caminhos já percorridos no sistema interamericano

O principal mecanismo oferecido pelo SIDH é o sistema de petições individuais que, em seu contorno mais sofisticado, tem por escopo aferir a responsabilidade internacional do Estado demandado em face da violação de obrigações internacionais relativas aos direitos consagrados na CADH e nos demais tratados interamericanos por ele ratificados, com as consequências daí decorrentes, especialmente o dever de reparar (Carvalho Ramos, 2015).

Embora nem a Corte IDH ou a CIDH tenham competência para imputar responsabilidade internacional a empresas, a forma como os Estados lidam com a atuação destas pode colocá-los no "banco dos réus". De início, cabe dizer que não é toda e qualquer violação de direitos humanos cometida por entes privados que é passível de desencadear a responsabilização internacional do Estado. Em outras palavras, não existe uma responsabilidade estatal ilimitada frente a atos de particulares[8]. A prática internacional – e interamericana (CIDH, 2019a) – tem reconhecido três hipóteses capazes de provocar a responsabilização de um Estado no campo dos direitos humanos pela atuação (ou omissão) das empresas: a) quando a empresa exerce atribuições do poder público; b) quando a empresa está sob a direção ou controle do Estado; c) quando o Estado reconhece e adota como próprio o comportamento de uma empresa. Um dos casos que ilustra a situação *(a)*, por exemplo, é a decisão da Corte IDH no caso Ximenes Lopes vs. Brasil (CORTE IDH, 2006b). Além de ser a primeira sentença condenatória contra o Brasil e a primeira sentença da Corte sobre violações de direitos de pessoas com deficiência, esse caso também chama a atenção porque a vítima faleceu após ter sido submetida a torturas, tratamentos desumanos e sem receber atenção médica, dentro de uma clínica psiquiátrica privada, mas

cional sobre o GTPSS e os indicadores construídos, cf. **OEA. Secretaría de Acceso a Derechos y Equidad. Departamento de Inclusión Social.** Disponível em http://www.oas.org/es/sadye/inclusion-social/protocolo-ssv/default.asp. Acesso em 23 mar 2021.

[8] Sobre a eficácia horizontal dos direitos humanos e o seu impacto em empresas transnacionais, c.f., por exemplo: Carvalho Ramos, André de. 2020. Universal, tolerante e inclusivo: uma nova racionalidade para o Direito Internacional Privado na era dos direitos humanos. **Cadernos do Programa de Pós-Graduação em Direito–PPGDir./UFRGS**, v. 15, n. 2 2020.

conveniada ao Sistema Único de Saúde (SUS). Por esses elementos, o Estado brasileiro foi condenado por haver violado o direito à vida e à integridade pessoal em relação à vítima.

No contexto de atividades empresariais, a atenção dos órgãos internacionais de proteção é direcionada a observar o cumprimento de certas obrigações dos Estados, em especial os deveres de prevenir, fiscalizar, investigar, processar, punir e garantir acesso à reparação integral de vítimas de abusos e violações de direitos humanos (CIDH, 2019a). O descumprimento desses deveres, além de ensejar a responsabilidade do Estado em questão, se traduz em um conjunto de medidas reparatórias. As falhas ou ausência de supervisão das atividades empresariais por parte de um Estado, que é recorrente em casos envolvendo DESCA, implica em ordens de reparação voltadas a um maior controle e vigilância estatal das atividades empresariais gravosas aos direitos humanos (CORTE IDH, 2015).

O caso relativo à explosão da fábrica de fogos de Santo Antônio de Jesus, em que 60 pessoas faleceram (incluindo mulheres e crianças) e 6(seis) ficaram feridas, põe em evidência precisamente essa relação entre empresas, DESCA e dever de vigilância do Estado. Na decisão, a Corte IDH imputou ao Estado brasileiro a responsabilidade por violar o direito à vida e à integridade pessoal, os direitos das crianças e o direito a condições de trabalho equitativas e satisfatórias. Como bem pontua o magistrado Ferrer Mac-Gregor, "a obrigação principal analisada neste caso era a de adotar 'as medidas necessárias' para 'prevenir' eventuais violações dos direitos das mulheres trabalhadoras e das crianças, e a forma idônea de garantir essa prevenção era 'a fiscalização' (...). As obrigações de fiscalização, supervisão ou inspeção assumem especial relevância, por ser o meio que permite às autoridades ou instituições vigiar a ação dos entes particulares frente a direitos que o Estado reconhece e se comprometeu a garantir"[9].

Em se tratando de reparações envolvendo demandas de DESCA, o caminho trilhado no sistema interamericano foi construído, por muito tempo, pela via indireta de proteção. Em termos normativos, os DESCA não foram incorporados na Convenção Americana com o mesmo grau de detalhamento que os direitos civis e políticos. Como já afirmamos,

[9] CORTE IDH. 2020c. Voto fundamentado, par. 9.

apenas o genérico art. 26 do referido tratado se incumbiu em mencioná-los. Essa situação resultou em um contínuo questionamento por parte dos Estados sobre a possibilidade de a Corte IDH exercer a sua jurisdição diretamente sobre esse tema. Em adição, o Protocolo de San Salvador, embora reconhecesse um rol extenso de DESCA, previu barreiras para a sua justicialibilidade, permitindo que apenas o direito à educação e à liberdade de associação sindical fossem submetidos à jurisdição da Corte IDH. Esses obstáculos já foram contornados pela Corte IDH desde o caso Lagos del Campo. No entanto, antes desse marco histórico, vários litígios que abordavam DESCA como pano de fundo pavimentaram reparações DESCA pela via indireta de proteção, a partir da análise de violações derivadas dos direitos civis e políticos [10]. Esse tipo de caminho fica evidente em várias sentenças paradigmáticas sobre conflitos indígenas. O caso Sarayaku, por exemplo, incorporou em suas reparações vários pontos que afetavam DESCA, apesar de não reconhecer diretamente violações específicas ao art. 26 da CADH (CORTE IDH, 2012b).

Paralelamente à consolidação dos referidos precedentes que foram inserindo reparações com uma perspectiva de DESCA, vários litigantes começaram a submeter demandas ao sistema que relacionavam violações diretas a esses direitos (como trabalho, saúde, previdência social, meio ambiente). Um especial destaque deve ser dado a várias iniciativas de peticionários peruanos, que nunca deixaram que os litígios envolvendo DESCA fossem silenciados, mesmo em um cenário desfavorável ao reconhecimento da justiciabilidade do art. 26 da CADH na primeira década do milênio.

3. As medidas de prevenção frente a violações de DESCA por empresas: luzes e sombras na trajetória do sistema interamericano para a concessão de medidas cautelares

Todo sistema de direitos humanos se estrutura para a reparação integral dos danos causados, em uma busca de restauração do *status quo*. Dentro

[10] Sobre os principais precedentes ao caso Lagos del Campo, c.f. MACHADO, Isabel Penido de Campos. 2016. Em cima do muro: a tortuosa justiciabilidade dos Direitos Econômicos, Sociais e Culturais no Sistema Interamericano de Proteção dos Direitos Humanos. **Anuário Brasileiro de Direito Internacional**, v. 2, p. 72-92.

da chave de garantias de não repetição, há um reforço da ideia de que é primordial que o dano seja prevenido, ao invés de esperar a sua configuração para eventual reparação, seja pela enorme relevância dos bens jurídicos tutelados, seja pela irreparabilidade.

A lógica de prevenção de danos é intimamente ligada ao sistema de proteção de direitos humanos, em especial se considerarmos que as violações são cíclicas e se repetem em face da manutenção das estruturas que as (re)produzem. A agenda ambiental, que ganhou força a partir dos anos sessenta, também impulsionou a compreensão da importância de prevenir os Desca (Cançado Trindade, 2017). O princípio da prevenção se consolidou como uma das formas mais eficazes de endereçar a sobrevivência do (e no) planeta. Além disso, os efeitos dos acidentes envolvendo usinas e testes nucleares demonstraram que os danos não respeitam fronteiras. A agenda ambiental trouxe, inclusive, o princípio da precaução, que exige abstenções mesmo quando os danos não são certos, previsíveis ou comprováveis.

Uma segunda onda de reforço para a prevenção e a agenda Desca vem a partir da pandemia da Covid 19. O eixo central da discussão é a saúde, sendo que a violação a esse direito repercute negativamente na agenda de direitos civis e políticos e na própria institucionalidade democrática (Piovesan; Antoniazzi, 2020). Assim, a ideia da suficiência da proteção indireta dos Desca a partir dos direitos civis e políticos se revela desprovida de sentido, tendo em vista que, diante de uma pandemia, a saúde passa a ser a pauta em primeiro plano, não podendo ser invisibilizada pelos problemas colaterais que dela derivam. Por isso, Piovesan e Antoniazzi (2020) observaram um giro às avessas, no sentido em que um direito social protagoniza a agenda de proteção. Se a pandemia torna isso evidente, é possível verificar que, no caso dos problemas que envolvem direitos humanos e empresas, em muitos casos são os Desca que se apresentam como pontos centrais de análise (e.g. demissões em massa, disputas por territórios tradicionais ou por moradia em ocupações populares, desastres ambientais com impacto na saúde dos afetados, dentre outros). Por isso, esse "giro às avessas" também pode ser notado nas demandas sobre direitos humanos e empresas.

A prevenção aos Desca não é uma questão que possa ficar em segundo plano pelas dificuldades de agendas políticas ou econômicas dos

Estados. Até mesmo aos mais pragmáticos (menos idealistas), as violações de DESCA podem gerar impactos severos nas localidades em que se manifestam, colocando em risco a nossa própria sobrevivência e a integridade das pessoas. Por isso, o eixo das reparações e a via promocional não são suficientes para endereçar a conduta dos Estados, das empresas e dos indivíduos.

Dessa forma, as ferramentas de prevenção que os sistemas internacionais possuem necessitam ter espaço para respostas institucionais imediatas, firmes e que mobilizem a atuação dos Estados. Nesse sentido, o SIDH possui uma "caixa de ferramentas" (CAVALLARO *et al.*, 2019) para atuar no eixo de prevenção, especialmente quando há situações de grave risco, urgência, que podem ensejar danos irreparáveis tanto aos DESCA, quanto aos direitos civis e políticos. Esses mecanismos foram se desenvolvendo a partir da prática dos órgãos de proteção.

A principal ferramenta da CIDH para os casos de urgência é o mecanismo das medidas cautelares, previsto no art. 25 de seu Regulamento. Além desta, a CIDH se vale de outras possíveis providências, como os comunicados de imprensa produzidos quase em tempo real à notificação dos eventos danosos e as atividades de supervisão e monitoramento, o que inclui pedidos de informações aos Estados (CAVALLARO *et al.*, 2019). Já a Corte, por ser um órgão jurisdicional, tem barreiras procedimentais mais limitadas para os seus pronunciamentos, de forma a preservar a sua imparcialidade. Por isso, as medidas de prevenção propriamente ditas se reduzem às medidas provisórias. As referidas tutelas de urgência, previstas pelo art. 63(2) da CADH[11], são outorgadas a pedido da CIDH, em relação aos casos que ainda não foram judicializados. Ademais, nos casos que já estão pendentes de processo de conhecimento ou de supervisão de sentença na jurisdição interamericana, quaisquer das partes pode apresentar uma solicitação de tutela (seja a CIDH, os peticionários ou o próprio Estado demandado). Ainda que não exista uma diferença substancial em relação ao objeto protegido, sem dúvidas o grau de coercitivi-

[11] CADH, art. 63(2): "Em casos de extrema gravidade e urgência, e quando se fizer necessário evitar danos irreparáveis às pessoas, a Corte, nos assuntos de que estiver conhecendo, poderá tomar as medidas provisórias que considerar pertinentes. Se se tratar de assuntos que ainda não estiverem submetidos ao seu conhecimento, poderá atuar a pedido da Comissão".

dade da ordem, oriunda de uma medida provisória, tem um apelo mais forte, tendo em vista que parte de um tribunal internacional. Muitas vezes, a CIDH prefere adotar uma medida cautelar e passa a monitorar o seu cumprimento, optando por submeter à jurisdição da Corte só nos casos mais graves ou que haja um reiterado descumprimento[12]. No presente artigo, optamos por dar ênfase ao estudo das medidas cautelares da CIDH, tendo em vista que se trata da porta de entrada das situações de urgência envolvendo o tema proposto.

3.1. As medidas cautelares da CIDH e o seu potencial para tutelar casos sobre direitos humanos e empresas

A autoridade da CIDH para a adoção de medidas cautelares deriva dos poderes gerais oriundos do art. 106 da Carta da OEA e das funções genéricas listadas no art. 41(b) da CADH (poder de adotar recomendações sobre a implementação de direitos humanos). Ainda que estes instrumentos não listem de forma expressa tais providências, a prática do órgão tem consolidado esse mecanismo como um poder implícito. Alguns tratados mais recentes reconhecem expressamente as medidas cautelares da CIDH, como é o caso do art. XIII da Convenção Interamericana sobre o Desaparecimento Forçado de Pessoas.

As medidas cautelares são cabíveis nos casos de urgência e extrema gravidade, em que houver risco de dano irreparável às pessoas[13]. Diferentemente do que ocorre em outros sistemas regionais de proteção, não se exige que haja uma petição previamente pendente de análise na Comissão Interamericana. Pelo Regulamento, todos os direitos protegidos na CADH (e também nos demais tratados interamericanos em que o Estado demandado seja parte) podem ser objeto das medidas cautelares. No entanto, a prática consolidada do órgão passou a apontar que o critério de gravidade se vincularia à proteção do direito à vida e à integridade física das pessoas, sendo raros os casos que não tangenciem, de alguma forma, potenciais violações aos mencionados art. 4[14] e

[12] Não há clareza sobre os parâmetros adotados pela CIDH para optar por submeter ou não um pedido de medida provisória à Corte IDH.

[13] C.f. art. 25 do Regulamento da CIDH.

[14] Trata-se da proteção do direito à vida.

5[15] da CADH (ainda que relacionados a outros direitos). A urgência tem sido mensurada pela iminência do risco e a irreparabilidade se refere à impossibilidade de restauração do *status quo* ou da sua substituição por uma indenização adequada (Rieter, 2014, p. 660). Podem ter um destinatário específico ou uma coletividade, desde que os sujeitos protegidos possam ser identificados ou identificáveis.

A adoção de medidas cautelares em casos que envolviam direitos humanos e empresas gerou alguns embates históricos no sistema (Cerqueiza; Salazar, 2016). O mais conhecido deles ocorreu no caso da construção da Usina Hidrelétrica de Belo Monte, no Brasil (Vieira, 2013).

O caso da Usina Hidrelétrica de Belo Monte é uma das situações mais representativas das dificuldades enfrentadas por grupos vulneráveis para obter uma resposta institucional no SIDH no âmbito do regime jurídico de urgência. No marco dos projetos de desenvolvimento, em 2007, o Estado brasileiro adotou o PAC – Programa de Aceleração de Crescimento, que previa, entre outras metas, a ampliação da matriz energética e o investimento em projetos de infraestrutura, incluindo a exploração dos recursos hídricos dos rios que integravam a Bacia Amazônica no norte do país. A ideia de explorar economicamente o potencial energético do rio Xingu não era nova. Desde os anos setenta, os projetos desenvolvimentistas já tinham esse alvo (Fainguelernt, 2016), sendo que, por décadas, a resistência e a oposição das comunidades tradicionais (indígenas e ribeirinhas) que viviam às margens da bacia tinham sido capazes de obstaculizá-los, com forte oposição política. No entanto, a partir de 2007, houve a retomada da proposta e, de forma abrupta, e a partir de 2009 várias audiências públicas com os afetados passaram a ser realizadas (Fainguelernt, 2016), sem uma prévia divulgação pública e acessível do impacto socioambiental, segundo os parâmetros internacionalmente exigíveis a partir da CADH, interpretada à luz da Convenção 169 da Organização Internacional do Trabalho (OIT).

Para a construção da Usina Hidrelétrica, o projeto previa a alteração do curso do rio Xingu e o represamento das águas, o que acarretava no alagamento de terras e ilhas anteriormente habitadas e ressecamento de

[15] Trata-se da proteção do direito à integridade física.

trechos do rio, com impacto na pesca e nas demais atividades de subsistência, além do inequívoco reflexo no ecossistema amazônico. A situação impactava não apenas a vida e a integridade das pessoas e seres vivos da região, como também nos modos de vida tradicionais que compunham as identidades culturais da região (DE FRANCESCO; CARNEIROM, 2015, p. 2016).

Paralelamente ao debate nacional instaurado sobre os danos ao meio ambiente e aos povos afetados pela construção da Usina, uma forte mobilização foi instaurada pelos afetados, organizações da sociedade civil e órgãos públicos. Foram ajuizadas várias demandas e ações civis públicas perante o Poder Judicial Estadual do Pará e também da Justiça Federal em Altamira, com o objetivo de paralisação e de interrupção das obras[16].

Simultaneamente, algumas das comunidades tradicionais afetadas, representadas por organizações da sociedade civil (como a Justiça Global), enviaram à CIDH um pedido de medidas cautelares, visando o embargo do início das obras (VIEIRA, 2013). O pedido se baseou no risco à vida e à integridade física dos afetados, relacionando-o à inobservância das normas para a realização de consultas públicas com prévio acesso a informações sobre o impacto socioambiental, à luz do sentido e alcance do direito à liberdade de expressão (art. 13 da CADH) e do direito à propriedade comunal (art. 21 do mesmo tratado), interpretados à luz da Convenção 169 da OIT. Ainda que os peticionários tenham apontado a implicação no direito à vida e à integridade física dos beneficiários, é certo que a construção argumentativa se alimentou da sofisticação sobre a violação a outros direitos humanos, com uma certa ampliação da janela das cautelares. Tanto é assim que a providência central pretendida era a suspensão da obra. Se, por um lado, a indivisibilidade dos direitos humanos amparava racionalmente o caminho almejado, é certo que a ampliação do conceito de risco à vida e à integridade física deu ensejo a uma dilatação das hipóteses de cabimento das medidas cautelares. Em decorrência disso, trouxe também uma forte reação do Estado

[16] Algumas delas foram compiladas, por exemplo, em: MINISTÉRIO PÚBLICO FEDERAL. **Processos caso Belo Monte.** Disponível em: https://documentacao.socioambiental.org/noticias/anexo_noticia/40840_20170502_114445.PDF. Acesso em 10 fev 2021.

demandado e dos demais, que viam com uma certa reserva essa possibilidade.

Em 2011, a CIDH outorgou medidas cautelares a favor das pessoas que integravam as comunidades indígenas na bacia do rio Xingu (Pará)[17], recomendando que o Estado brasileiro suspendesse o início das obras até que três condições mínimas fossem observadas, consistentes em: a) realização de processos de consulta pública "prévia, livre, informativa, de boa-fé, culturalmente adequada, e com o objetivo de chegar a um acordo, em relação a cada uma das comunidades indígenas afetadas" (CIDH, 2011); b) disponibilização do acesso ao Estudo de Impacto Social e Ambiental da usina, em linguagem acessível com tradução aos idiomas indígenas; c) a necessidade de adotar medidas para proteger a vida e a integridade dos povos em isolamento voluntário da bacia do Xingu. Uma preocupação muito forte era relativa ao risco de disseminação de doenças e epidemias oriundas do aumento da densidade populacional em razão da construção da usina, como da "exacerbação dos vetores de transmissão aquática de doenças como a malária" (CIDH, 2011).

Sem dúvidas, a recomendação sobre o embargo da obra foi o ponto que causou a maior oposição do Estado, tendo em vista que se tratava de um dos projetos centrais do governo, com uma forte propaganda "desenvolvimentista". O respaldo internacional à oposição dos povos afetados colocava em risco a legitimidade das opções de política econômica de um governo historicamente vinculado às pautas de esquerda, que vinha perdendo as suas bases de apoio, e que também sofria perdas políticas em razão da mobilização da oposição.

Imediatamente, o Estado brasileiro fez uma forte oposição política para que a CIDH reavaliasse a recomendação e adotasse critérios mais restritos para a adoção das medidas cautelares, ameaçando, inclusive, a redução das contribuições financeiras para a OEA, o que impactaria no financiamento do órgão internacional.

[17] As comunidades beneficiárias da medida foram: Arara da Volta Grande do Xingu; Juruna de Paquiçamba; Juruna do "Kilómetro 17"; Xikrin de Trincheira Bacajá; Asurini de Koatinemo; Kararaô e Kayapó da terra indígena Kararaô; Parakanã de Apyterewa; Araweté do Igarapé Ipixuna; Arara da terra indígena Arara; Arara de Cachoeira Seca; e as comunidades indígenas em isolamento voluntário da bacia do Xingu.

Em julho de 2011, a CIDH reapreciou a medida cautelar anteriormente outorgada, reduzindo substancialmente o alcance das recomendações, em especial, a menção à necessidade de embargo da obra até que a consulta prévia fosse realizada de forma adequada. Sobre o ponto, a CIDH entendeu que se tratava de questão a ser abordada quando da análise de mérito, excluindo-a da proteção pela via cautelar. Dessa forma, a tutela de urgência foi mantida apenas com as medidas de proteção à vida, à saúde e à integridade das comunidades indígenas em isolamento voluntário afetadas, determinando a adoção de políticas de redução de danos[18] em relação a elas. Quanto às demais comunidades indígenas, a CIDH recomendou que fossem garantidas medidas para proteção da saúde de seus membros, a partir da implementação do Programa Integrado de Saúde Indígena para a região, bem como o desenho de outros programas sugeridos pela Fundação Nacional do Índio (Funai) no Parecer Técnico 21/09 (Funai, 2015). Ademais, recomendou que o Estado concluísse a demarcação e a regularização dos territórios indígenas na localidade, para garantir a proteção contra a apropriação ilegítima de recursos naturais. Em suma, a adoção de medidas de prevenção (para evitar os danos em razão da construção da UHE) foram substituídas por medidas paliativas de redução de danos (mitigando os impactos).

Mesmo após o recuo da CIDH, o caso Belo Monte, associado à insatisfação dos Estados sobre outros pronunciamentos do órgão, desencadeou um movimento para criar barreiras procedimentais mais firmes à atuação da Comissão. Ironicamente, essa mobilização se "autodenominou" como um movimento de adoção de medidas para garantir o "fortalecimento da CIDH" e deu ensejo a uma reforma no Regulamento. A partir de 2013, foram inseridos uma série de requisitos para a concessão das cautelares (Cerqueira; Salazar, 2016). Em uma primeira leitura, pelo novel Regulamento, as hipóteses de cabimento das cautelares mantiveram os mesmos requisitos de gravidade, urgên-

[18] Literalmente, a CIDH determinou: "o desenho e implementação de medidas específicas de mitigação dos efeitos que terá a construção da represa Belo Monte sobre o território e a vida destas comunidades em isolamento." C.f. CIDH. 2011. Medidas Cautelares n. 382/10, **Comunidades Indígenas da Bacia do Rio Xingu (Pará) em relação ao Brasil.** 01 de abril de 2011, revisão da medida em 29 de julho de 2011. Disponível em: <https://www.cidh.oas.org/medidas/2011.port.htm>. Acesso em 20 mar 2020.

cia e risco de dano irreparável às pessoas. Contudo, foram introduzidas exigências procedimentais que evitavam o "efeito surpresa" nos Estados, como a regra da exigência de prévia notificação (a menos que o dano fosse muito iminente). Outro ponto introduzido foi a necessidade de comprovação, pelos peticionários, sobre a existência de prévia denúncia às autoridades locais (permitindo ao poder local acionar os seus mecanismos de cumprimento do dever de garantia).

Posteriormente, diante das críticas da sociedade civil sobre os recuos e a autocontenção da CIDH e da falta de transparência sobre os critérios adotados para que um determinado caso grave e urgente fosse elegível, foi adotada a Resolução 03/2018, que externaliza alguns destes parâmetros adotados como filtro de elegibilidade dos casos. Dentre os critérios elencados, o referido instrumento aclara que:

> Em geral, o mecanismo de medidas cautelares não foi considerado adequado para lidar com pedidos que tratam estritamente de assuntos ou pretensões, tais como:
>
> i) suposta falta de devido processo legal e proteção judicial no contexto de processos criminais ou civis (Artigos 8 e 25 da CADH e artigo XVIII da Declaração Americana);
>
> ii) determinar a compatibilidade em abstrato de uma norma à Convenção Americana ou outros instrumentos aplicáveis;
>
> iii) pagamento de compensações pecuniárias, que incluem processo civis, mercantis e pensões;
>
> iv) demissões alegadamente injustificadas de empresas privadas ou públicas de empregados não públicos eleitos popularmente, pagamento de salários, determinações sobre promoções e férias;
>
> v) embargos de natureza civil, mercantil e despejos em que não se alegam situações de risco além do direito de propriedade privada;
>
> vi) pedidos de recursos ou apoio financeiro;
>
> vii) trâmites administrativos, incluindo a emissão de certificações, procedimentos e resoluções declaratórias. (CIDH, 2018)

Vários dos critérios limitam o potencial de êxito do litígio, no âmbito das tutelas de urgência, para casos relacionados a violações de direitos humanos (em especial DESCA) perpetrados por empresas. Nesse sentido, há uma certa resistência à suspensão de ordens judiciais de reintegração de posse, vinculadas à proteção ao direito à moradia ou à fruição do território ancestral dos grupos tradicionais, pelas barreiras impostas nos itens *i)* e *v)*. A CIDH ressalva, na referida resolução, que a inelegibilidade se refere apenas aos "embargos de natureza civil, mercantil e despejos em que não se alegam situações de risco além do direito de propriedade privada". Sendo assim, seria possível inferir que os casos de reintegração ou despejo que envolvessem ameaças ou risco de acirramento de violência entre as partes teoricamente poderiam ser objeto das cautelares, como de fato, é possível observar em algumas medidas outorgadas, tais como a dos guarani-kaiwoá no Mato Grosso do Sul (CIDH, 2019b).

Com efeito, o filtro proposto pela CIDH apresenta dois grandes problemas. Em primeiro lugar, cria um ônus argumentativo aos peticionários para que estes apontem os riscos à vida e à integridade física das pessoas ou coletividades, que sejam aptos a preencher o requisito de gravidade. Como nem sempre as petições são formuladas por especialistas, é possível que os peticionários, ávidos em encaminhar a situação ao conhecimento do órgão internacional, deem ênfase ao risco de violação ao direito de posse/propriedade individual ou coletiva, tal como admitido pelos ordenamentos internos (regras de processo civil dos seus respectivos Estados). Assim, uma demanda potencialmente elegível (diante de um contexto de violência latente) pode ser negada pela CIDH em razão da forma como foi apresentada, apesar de se encaixar em uma hipótese de elevado risco. Por esse motivo, a exigência de um ônus argumentativo aos peticionários pode representar uma barreira de acesso à justiça internacional, tendo em vista que as cautelares são uma das portas de entrada no sistema.

Outra questão sensível diz respeito aos casos laborais de demissões em massa, que são questões intrinsecamente relacionadas a demandas de empresas e Desca. A vedação da via cautelar proposta pelo item *(v)* acaba por permitir a consolidação das violações por decurso do prazo. Pela análise dos casos já decididos sobre o tema, é possível aferir que a resposta jurisdicional do SIDH é extremamente morosa e, muitas vezes, as opções econômicas de empresas extremamente violatórias aos direitos humanos (sejam elas multinacionais ou mesmo estatais) só são sentenciadas décadas após a sua consolidação. É o que ocorreu, por exemplo, nos primeiros casos em que a Corte IDH reconheceu expressamente a violação autônoma ao art. 26 da CADH, por violação ao direito ao trabalho – c.f. Caso Lagos del Campo (Corte IDH, 2017b) e Caso Trabajadores Cesados de Petroperú (Corte IDH, 2017c) – ou por ausência de proteção adequada à previdência social – Caso Muelle Flores (Corte IDH, 2019a), todos envolvendo as condutas violatórias de empresas e o descumprimento do dever de garantia por parte do Estado demandado. A opção por esse filtro rígido, combinado com a extrema morosidade da análise de admissibilidade e mérito do sistema de petições individuais, são fatores que impedem o potencial de prevenir danos (Cerqueira; Salazar, 2016).

Assim, no âmbito das cautelares, o enfoque que tem sido dado para a construção do critério de gravidade, privilegiando a ofensa ao direito à vida e à integridade física das pessoas, tende a colocar em primeiro plano a proteção de direitos civis e políticos, amparando os Desca quando estes podem ser derivados indiretamente dos dois primeiros. Conforme observaram Antoniazi e Piovesan (2020), a pandemia da Covid-19 explicitou a tendência de giro às avessas na construção da concepção de invisibilidade. Essa análise também afeta o âmbito das cautelares.

Nesse sentido, o direito à saúde (intrinsecamente ligado à proteção à vida e à integridade física) tem sido objeto de tais medidas. Mesmo antes da pandemia, já se observava uma certa abertura do sistema para casos de doenças graves e/ou raras, bem como para as questões sanitárias envolvendo coletividades submetidas a ambientes prisionais insólitos (CORTE IDH, 2017a). O contexto da pandemia permitiu uma maior nitidez sobre a abertura de cautelares para Desca, inclusive no âmbito de conflitos envolvendo direitos humanos e empresas.

Um interessante exemplo ocorreu no caso da medida cautelar em favor de Marcelino Díaz Sánchez y otros vs. México (CIDH, 2019c), que se referia à má gestão de uma empresa sobre um aterro sanitário, gerando a contaminação do solo em uma propriedade comunal ("ejido") e colocando em risco a vida, integridade física e saúde da comunidade. No seu relatório sobre Empresas e Direitos Humanos (CIDH, 2019a), a CIDH destaca esse caso como ilustrativo de obrigações específicas impostas aos Estados, tais como o dever de coletar dados e garantir o acesso à informação para a população que está em situação de risco. O acesso à informação é essencial para que os afetados consigam participar dos processos decisórios que envolvem a afetação de suas terras.

Além disso, os Estados devem fiscalizar as empresas e exigir que elas adotem padrões de *due diligence* para garantir que a exploração econômica do empreendimento não redunde em violações aos direitos humanos (CIDH, 2019a).

As demandas envolvendo catástrofes ambientais também têm sido abordadas, sempre atreladas ao impacto na vida, integridade física e saúde dos afetados.

3.2. A concessão de medidas cautelares em tempos de pandemia

O último capítulo sobre o tema proposto veio a partir da pandemia do coronavírus. A CIDH criou uma "Sala de Coordenação e Resposta Oportuna e Integrada da Covid-19 (Sacroi Covid-19)" (CIDH, 2020h) voltada ao monitoramento dos impactos da crise sanitária global na proteção aos direitos humanos nas Américas. A partir da criação do referido mecanismo, foram adotadas algumas relevantes medidas cautelares. Destas, quatro se concentram em temas relacionados à segurança pública[19]. Por outro lado, outras três se referem justamente ao contexto da discussão de Desca e empresas. Logo, quase a metade das tutelas de urgência da CIDH no âmbito da Sacroi-Covid-19 se debruçam sobre o tema em debate.

No caso, as três medidas referidas abordam o impacto da pandemia nos povos indígenas no Brasil (CIDH, 2021; 2020b; 2020g) (Terra Indígena Yanomami, Mundukuru e Araribóia), incluindo comunidades em

[19] Entre as medidas que abordam temas de segurança pública, três cautelares tratam das omissões estatais para garantir o acesso à saúde para pessoas privadas de liberdade. Uma delas se refere ao desaparecimento forçado de um indivíduo que havia sido abordado por policiais no momento por ter desobedecido uma barreira sanitária na Argentina. A propósito, c.f. CIDH. 2020f. **Resolução n. 82/20**, MC 489-20, Maycol Antonio Arce e outras 40 pessoas privadas de sua liberdade a respeito da Nicaragua. Disponível em: http://www.oas.org/es/cidh/decisiones/pdf/2020/82-20mc489-20-ni.pdf. Acesso em 25 mar 2021; CIDH. 2020e. **Resolução n. 79/20**, Medida Cautelar n. 349/20, Jorge Ernesto Zea López a respeito da Colômbia. Disponível em: http://www.oas.org/es/cidh/decisiones/pdf/2020/79-20mc349-20-co.pdf. Acesso em 25 mar 2021; CIDH. CIDH. 2020c. **Resolução n. 41/20**, Medida Cautelar 265/20, Centro de Detenção do Noroeste (NWDC), Estados Unidos. Disponível em: <http://www.oas.org/es/cidh/decisiones/pdf/2020/41-20mc265-20-us.pdf>. Acesso em 25 mar 2021); CIDH. 2020d. **Resolução n. 43/20**, MC 691-20, Facundo José Astudillo Castro vs. Argentina. http://www.oas.org/es/cidh/decisiones/pdf/2020/43-20mc691-20-ar.pdf. Acesso em 25 mar 2021.

situação de isolamento voluntário. Os principais pontos controvertidos são o risco de dano irreparável à vida, integridade e saúde dos indígenas, em razão da ineficiência de barreiras sanitárias, inacessibilidade e inadequação da política pública de atenção à saúde e da significativa presença de invasores não indígenas que desenvolvem atividades econômicas ilegais. Segundo consta, esses últimos teriam passado a atuar como vetores de transmissão da doença.

A primeira cautelar foi outorgada para a situação dos povos indígenas Yanomami e Ye'kwana, no território situado em Roraima, em julho de 2020 (CIDH, 2020b). A medida abrange as 321 aldeias situadas na região amazônica do Brasil (Estado de Roraima), com aproximadamente 26.000 indígenas beneficiários, em sua maioria comunidades de contato recente ou em isolamento voluntário. Segundo os dados estatísticos apresentados por levantamentos realizados entre 2010-2019, os solicitantes estavam em uma situação de maior vulnerabilidade, pois apresentavam uma maior propensão a doenças respiratórias e maior índice de comorbidade, além da maior fragilidade imunológica ocasionada pelo contexto de isolamento voluntário ou contato recente (CIDH, 2020b). Para agravar a situação, a área tem sido invadida pelo garimpo e por atividades mineiras ilegais (extração de ouro), sendo reportada a presença de quase 20.000 pessoas não indígenas na região, que atuavam como vetores para a transmissão da doença. Ademais, o Estado brasileiro vinha reduzindo a fiscalização por meio da desativação das "Bases de Proteção Ambiental" e pela condução de investigações sem resultados eficazes, o que acelerou o impacto do garimpo com a poluição e contaminação do meio ambiente e dos indígenas por mercúrio, bem como a escalada da propagação do vírus no território (CIDH, 2020b). Os solicitantes também chamavam a atenção para as dificuldades de atenção à saúde a partir de uma perspectiva culturalmente adequada, seja em relação à política de saúde indígena, seja em relação às dificuldades de acesso ao sistema de saúde urbano (disponível para a toda população) (CIDH, 2020b). Finalmente, reportaram a existência de ameaças à vida e à integridade dos defensores de direitos humanos que vocalizavam a causa, em especial, o líder Davi Kopenawa Yanomami (CIDH, 2020b). A CIDH concedeu as medidas cautelares diante da insuficiência da resposta estatal e do grave risco à vida, saúde e integridade física das coletividades afetadas para implementar medidas de prevenção à disseminação da Covid-19 a partir de uma perspectiva culturalmente adequada, determinando que o Brasil ofertasse uma política de saúde pública conforme os parâmetros internacionais de disponibilidade, acessibilidade, qualidade e aceitabilidade. Determinou, outrossim, que o Estado brasileiro prestasse contas sobre as investigações e diligências realizadas a respeito dos homicídios e atentados aos defensores de direitos humanos e membros das comunidades listados (CIDH, 2020b).

Na sequência, em dezembro de 2020, a CIDH seguiu a mesma linha anterior e adotou uma medida cautelar na situação da terra indígena Mundukuru, que abrange a região no rio Tapajós no Estado do Pará, também na região amazônica (CIDH, 2020g). Da mesma forma, os solicitantes apontavam o impacto da presença de terceiros não indígenas em razão do garimpo ilegal (e outras atividades mineiras), bem como da extração ilícita das madeireiras. Além do impacto ambiental (deflorestação e a contaminação por mercúrio), tais invasores também atuavam como vetores de contágio do coronavírus. Após a resposta estatal, a decisão do órgão de supervisão seguiu uma estrutura e linguagem idêntica à anterior. Recentemente , diante do agravamento do grave risco a vida, saúde e integridade dos membros(as) das comunidades, a CIDH submeteu um pedido de medidas provisórias que foi prontamente concedido pela Corte IDH.

Já em janeiro de 2021, a CIDH adotou medidas cautelares em favor dos membros dos povos indígenas Guajajaras e Awá da terra indígena Araribóia (Maranhão) (CIDH, 2021).

A gravidade e urgência se deviam também à situação de risco de disseminação do contágio do coronavírus, diante da presença de terceiros não autorizados dentro do território indígena, primordialmente para o exercício de atividades vinculadas à extração ilegal de madeira. Em especial, constatou-se que a situação de desmatamento vinha resultando na realização de tais atividades a menos de 5km da área habitada por povos indígenas em isolamento voluntário, o que ainda agravava a situação de risco. Além disso, os solicitantes apontavam que nos últimos anos, várias lideranças e pessoas indígenas daqueles povos foram assassinadas. No caso, os peticionários também alegavam que o Estado brasileiro descumprira o dever de garantia ao não adotar medidas concretas para a expulsão dos terceiros (não indígenas) vinculados à extração ilegal de madeira nos territórios (CIDH, 2021, par. 4º). Em adição, questionavam a não concretização de uma barreira sanitária eficiente na terra indígena e a deficiente implementação da política específica para saúde indígena em relação ao combate e prevenção ao coronavírus, tendo em vista o índice significativo de óbitos e contágio pelo vírus, apesar da subnotificação e da ausência de uma política de testagem de todos os potenciais afetados (CIDH, 2021, pár. 5). Assim como nos casos anteriores, a decisão da CIDH reafirma os mesmos critérios e determinações já adotados em relação às comunidades Yanomami e Ye'kwana, bem como as da terra indígena Mundukuru (CIDH, 2021, pár. 52).

O que se pode observar, nos casos acima, é que os conflitos envolvendo direitos humanos (especialmente Desca) e empresas estão cada vez mais presentes no âmbito das medidas cautelares, apesar das travas e obstáculos impostos pela resolução 03/2018 da CIDH. O agravamento do risco de disseminação do vírus e a necessidade de proteção à saúde, em alguma medida, podem ser fatores que vem contribuindo para atenuar o rigor das hipóteses de não cabimento de medidas cautelares. O contexto da pandemia tem consolidado, de uma vez por todas, a potencial violação ao direito à saúde e ao meio ambiente, lado a lado com o direito à vida e à integridade, como critérios para avaliar o risco de dano irreparável às pessoas.

Ademais, a pandemia veio a acentuar a crise e os conflitos de comunidades que já estavam em posição de vulnerabilidade. Assim, as medidas cautelares não cumprem apenas a função de proteção, como também servem para o *fact-finding*, vale dizer, para documentar o contexto de violações a direitos humanos em situações de grave risco, dando visibilidade internacional aos problemas enfrentados. No âmbito da Sacroi Covid-19, as três resoluções da CIDH detalham de forma sucinta os argumentos e provas apresentadas pelas partes, conferindo transparência e fácil acesso à discussão jurídica. Nota-se também um esforço de fundamentação (ainda que pelo critério *prima facie*), de forma a permitir que as partes compreendam os principais pontos que levaram o órgão internacional à decisão. Esse esforço permite que as partes interessadas, assim como a comunidade internacional, percebam a dimensão da ameaça a direitos econômicos, sociais, culturais e ambientais. Em igual medida, tais decisões são representativas de como a crise sanitária tem acentuado tensões e conflitos preexistentes entre o exercício de atividades econômicas (empresas) e a garantia e proteção dos direitos humanos.

Como crítica, é possível apontar que a CIDH continua a ter dificuldades em adotar de forma direta recomendações especificamente delineadas para enfrentar a questão latente no contexto violatório. Apesar da riqueza de detalhes na exposição dos pontos controvertidos, o órgão não determina qualquer medida concreta específica voltada à desintrusão dos terceiros não indígenas dos territórios. Tampouco menciona a suspensão das atividades de garimpo e extração ilegal de madeiras, sendo possível apenas inferir que a medida estaria implícita no genérico item "c", comum aos pontos resolutivos das três resoluções. Nestes, a CIDH requer que os Estados apresentem informações sobre "as ações implementadas tendentes a investigar os fatos que deram lugar à medida cautelar". Nas três situações, o órgão interamericano tampouco distingue dois pontos que mereciam detalhamento e destaque: *(i)* as operações voltadas à investigação e repressão ao garimpo de ouro/extração de madeira ilegal e *(ii)* aquelas voltadas aos atentados e ameaças aos defensores de direitos humanos envolvidos. De toda forma, é possível verificar algum impacto local que a visibilidade internacional destas causas teve nos tribunais domésticos no Brasil. Como exemplo, nota-se que um pouco depois da decisão da CIDH na situação dos Yanomami e Ye'kwana, foi concedida uma medida cautelar pelo Supremo Tribunal Federal em uma arguição de descumprimento de preceito fundamental (ADPF n. 709) ajuizada com o fim de determinar ao Estado que adotasse medidas concretas de proteção aos povos indígenas no enfrentamento da pandemia da Covid-19, o que incluía a implementação de barreiras sanitárias e a expulsão de terceiros não indígenas dos territórios. A medida cautelar foi parcialmente deferida pelo relator, Min. Luís Roberto Barroso, sendo impostas várias medidas protetivas. Contudo, ao invés de deferir o pedido de imediata desintrusão de terceiros, o relator optou (sendo acompanhado pela maioria dos ministros) por determinar que a União apresentasse um Plano para implementação de tal providência. É interessante apontar que o voto dissidente do Min. Luiz Edson Fachin defendia a necessidade de imediata desintrusão dos terceiros diante do grave risco que eles representavam às comunidades. Em seu arrazoado, Fachin faz expressa menção à cautelar da CIDH, entendendo que a desintrusão decorria implicitamente das medidas necessárias para conferir uma proteção efetiva aos povos afetados. O referido voto é ilustrativo de um fenômeno de fertilização cruzada, no qual o tribunal local dialoga com a Corte Internacional, convergindo a interpretação para garantir o efeito útil da Convenção Americana. Outro exemplo interessante de interação também se refere à situação dos Yanomami e Ye'kwana. Em março de 2021, foi proferida decisão judicial interlocutória[20] pela Justiça Federal de Roraima em sede de uma Ação Civil Pública, determinando a comprovação pela União da "extrusão de todos os garimpeiros não indígenas da terra, sob pena de multa". Assim, apesar das críticas que podem ser apontadas, nota-se que as resoluções da CIDH podem propiciar uma frutífera interação entre a esfera doméstica e a internacional.

Conclusões

O sistema interamericano, capitaneado pela Comissão e Corte IDH, é uma arena chave no desenvolvimento progressivo do direito internacional dos direitos humanos. Desde o início de seu funcionamento, as decisões e pronunciamentos interamericanos têm impulsionado a consolidação de parâmetros relativos a obrigações dos Estados e ao conteúdo de um amplo leque de direitos, em prol da garantia e proteção de pessoas e povos da região das Américas. Em tempos recentes, em sintonia com esforços globais para promover atividades empresariais responsáveis, a preocupação com a conduta de empresas no campo dos direitos humanos também se fez sentir nos órgãos do sistema interamericano, ainda que em diferentes níveis quando o foco de análise recai em suas funções.

Inicialmente, essa agenda teve uma ressonância forte no sistema pela função promocional da CIDH. A divulgação de relatórios (temáticos e de países) e a sistematização de parâmetros interamericanos são essenciais para orientar as políticas públicas dos Estados, conforme apontado no presente artigo.

Em relação ao pilar reparatório, garantido pelo sistema de petições que permitem a apuração de responsabilidade internacional, também há vários aspectos a celebrar. A Corte Interamericana, além de ser reconhecida como promotora de reparações integrais, também vem desenvolvendo uma relevante jurisprudência relativa à atuação de atores não estatais e as obrigações dos Estados daí decorrentes. Além disso, em

[20] Brasil. Justiça Federal em Roraima. Decisão Interlocutória na Ação Civil Pública n. 1001973-17.2020.4.01.4200, Juiz Felipe Bouzada Flores Viana, DJ 16.03.2021. Disponível em: http://www.mpf.mp.br/rr/sala-de-imprensa/docs/Deciso2VFplanoemergencialmulta.pdf. Acesso em 25 mar 2021.

matéria de reparações, essa tendência pode ganhar ainda mais força com as portas abertas desde 2017 pelo recente giro jurisprudencial da Corte ao reconhecer a possibilidade de violações autônomas de DESCA.

Por fim, do conjunto de funções institucionais do sistema interamericano, é possível observar uma maior resistência para a utilização de ferramentas preventivas. Tal prisma, integrado por vários mecanismos, tem uma de suas maiores expressões na adoção de medidas cautelares, que garantem uma pronta resposta do sistema antes de que se consolidem violações capazes de causar danos irreparáveis aos indivíduos. Como analisado neste artigo, a partir do estudo da Resolução 03/2018 da CIDH, é possível notar que a Comissão vinha adotando um escrutínio bem restrito para concessão de medidas cautelares que envolvem temas relacionados a direitos humanos e empresas, em especial quando as demandas versam sobre DESCA. Isso se deve ao fato de que, em geral, esses litígios envolvem coletividades e temas de grande impacto nacional, o que incrementa a pressão dos Estados e das forças político-econômicas em face dos órgãos do sistema. A partir da análise das cautelares outorgadas no contexto da pandemia do coronavírus, verifica-se que há uma tendência de ampliação das possibilidades, tendo em vista o deslocamento do eixo central do debate para a proteção à saúde. O momento atual vivenciado parece estar fortalecendo o eixo preventivo, sendo necessário observar os próximos anos para que se possa verificar empiricamente a evolução de tais tipos de demandas.

Dessa forma, com os avanços e limitações destacados, o sistema interamericano vem, paulatinamente, incrementando a agenda de DESCA e empresas, a partir das suas funções centrais de promoção, prevenção e reparação.

Referências

BRASIL. Justiça Federal em Roraima. Decisão Interlocutória na Ação Civil Pública n. 1001973-17.2020.4.01.4200, Juiz Felipe Bouzada Flores Viana, DJ 16.03.2021. Disponível em: http://www.mpf.mp.br/rr/sala-de-imprensa/docs/Deciso2VF-planoemergencialmulta.pdf. Acesso em 25 mar 2021.

BRASIL. Supremo Tribunal Federal. Referendo na medida cautelar na Arguição de Descumprimento de Preceito Fundamental (ADPF) n. 709. Rel. Min. Disponível em: http://redir.stf.jus.br/paginadorpub/paginador.jsp?docTP=TP&docID=754033962. Acesso em 25 mar 2020.

CAMPOS, Bárbara Pincowsca Cardoso. 2019. Empresas y Derechos Humanos: lecturas desde el sistema interamericano. Em: Pamplona, Danielle Anne; Fachin, Melina Girardi (coord.). **Direitos Humanos e Empresas**. Curitiba, Íthala, p. 231-248.

CAMPOS, Bárbara Pincowsca Cardoso; BECKER, Ana Laura. 2019. Órgãos, Normas e Mecanismos de Monitoramento do Sistema Interamericano de Direitos Humanos. Em: Albuquerque, Aline; Peres, Luciana. **Sistema Interamericano de Direitos Humanos: teoria e prática**. Lumen Juris, p. 45-70.

CANÇADO TRINDADE, Antônio Augusto. 2017. **O regime jurídico autônomo das medidas provisórias de proteção**. Fortaleza: Expressão Gráfica e Editora.

CARVALHO RAMOS, André de. 2015. **Processo Internacional de Direitos Humanos**, 4ª ed. São Paulo: Saraiva.

CAVALLARO, James, VARGAS, Claret; SANDOVAL, Clara; DUHAIME, Bernard. 2019. **Doctrine, practice and advocacy in the Inter-American Human Rights System**. New York: Oxford University Press.

CARVALHO RAMOS, André de. 2020. Universal, tolerante e inclusivo: uma nova racionalidade para o Direito Internacional Privado na era dos direitos humanos. **Cadernos do Programa de Pós-Graduação em Direito-PPGDir./UFRGS**, v. 15, n. 2.

CERQUEIRA, Daniel; SALAZAR, Katya. 2016. The functions of the Inter-American Commission on Human Rights before, during and after the strengthening process: striking a balance between the desirable and the possible. In: Due Process of Law Foundation (coord.). **The Inter-American Human Rights System**: changing times, ongoing challenges. Washington D.C.: DPLF, p. 129-170.

CORTE IDH. 2003. **Condición jurídica y derechos de los migrantes indocumentados.** Opinión consultiva OC-18/03 de 17 de septiembre de 2003. Serie A No. 18.

CORTE IDH. 2006a. **Caso de la Masacre de Pueblo Bello Vs. Colombia**. Sentencia de 31 de enero de 2006. Serie C No. 140.

CORTE IDH. 2006b. **Caso Ximenes Lopes Vs. Brasil.** Sentencia de 4 de julio de 2006. Serie C No. 149.

CORTE IDH. 2012a. **Caso Nadege Dorzema y otros Vs. República Dominicana**. Fondo, Reparaciones y Costas. Sentencia de 24 de octubre de 2012. Serie C No. 251.

CORTE IDH. 2015. **Caso Pueblos Kaliña y Lokono Vs. Surinam.** Fondo, Reparaciones y Costas. Sentencia de 25 de noviembre de 2015. Serie C No. 309.

CORTE IDH. 2017a. **Assunto da Instituição Penal Plácido de Sá Carvalho em relação ao Brasil**. Medidas Provisórias. Resolução da Corte Interamericana de Direitos Humanos de 13 de fevereiro de 2017.

CORTE IDH. 2020a. **Caso Comunidades Indígenas Miembros de la Asociación Lhaka Honhat (Nuestra Tierra) vs. Argentina**. Interpretación de la Sentencia de Fondo, Reparaciones y Costas. Sentencia de 24 de noviembre de 2020. Serie C No. 420.

Corte IDH. 2020c. **Caso de los Empleados de la Fábrica de Fuegos de Santo Antônio de Jesus vs. Brasil.** Excepciones Preliminares, Fondo, Reparaciones y Costas. Sentencia de 15 de julio de 2020. Serie C No. 407.

Corte IDH. 2017b. **Caso Lagos del Campo vs. Perú.** Excepciones Preliminares, Fondo, Reparaciones y Costas. Sentencia de 31 de agosto de 2017. Serie C No. 340.

Corte IDH. 2019a. **Caso Muelle Flores Vs. Perú.** Excepciones Preliminares, Fondo, Reparaciones y Costas. Sentencia de 6 de marzo de 2019. Serie C No. 375.

Corte IDH. 2012b. **Caso Pueblo Indígena Kichwa de Sarayaku Vs. Ecuador.** Fondo y Reparaciones. Sentencia de 27 de junio de 2012. Serie C No. 245.

Corte IDH. 2017c. **Caso Trabajadores Cesados de Petroperú y otros Vs. Perú.** Excepciones Preliminares, Fondo, Reparaciones y Costas. Sentencia de 23 de noviembre de 2017. Serie C No. 344

CIDH. 2020a. **Compendio sobre derechos laborales y sindicales.** Estándares Interamericanos. Disponível em: https://www.oas.org/es/cidh/informes/pdfs/DerechosLaboralesSindicales-es.pdf. Acesso em 15 fev 2021.

CIDH. 2009. **Derechos de los pueblos indígenas y tribales sobre sus tierras ancestrales y recursos naturales:** normas y jurisprudencia del sistema interamericano de derechos humanos. OEA/Ser.L/V/II, Doc. 56/09, 30 diciembre 2009.

CIDH. 2019a. **Empresas y derechos humanos: Estándares Interamericanos.** Relatoría Especial sobre Derechos Económicos Sociales Culturales y Ambientales. 1 de noviembre de 2019.

CIDH. 2017. **Hacia una política integral de protección a personas defensoras de derechos humanos.** OEA/Ser.L/V/II. Doc. 207/17, 30 de diciembre de 2017.

CIDH. 1997. **Informe sobre la Situación de los Derechos Humanos en Ecuador,** OEA/Ser.L/V/II.96, Doc. 10 rev. 1, 24 abril 1997. Disponível em: http://www.cidh.org/countryrep/ecuador-sp/indice.htm. Acesso em 14 fev 2021.

CIDH. 2015a. **Informe sobre la Situación de los Derechos Humanos en Guatemala,** cap. VI. OEA/Ser.L/V/II. Doc. 43/15 31 diciembre 2015. Disponível em: http://www.oas.org/es/cidh/informes/pdfs/guatemala2016.pdf. Acesso em 10 fev 2021.

Corte IDH. 2017d. **Medio ambiente y derechos humanos** (obligaciones estatales en relación con el medio ambiente en el marco de la protección y garantía de los derechos a la vida y a la integridad personal – interpretación y alcance de los artículos 4.1 y 5.1, en relación con los artículos 1.1 y 2 de la

Convención Americana sobre Derechos Humanos). Opinión Consultiva OC-23/17 de 15 de noviembre de 2017. Serie A No. 23.

CIDH. 2015b. **Pueblos indígenas, comunidades afrodescendientes y recursos naturales:** protección de derechos humanos en el contexto de actividades de extracción, explotación y desarrollo, OEA/Ser.L/V/II, Doc. 47/15, 31 de diciembre de 2015.

CIDH. 2011. **Medidas Cautelares n. 382/10**, Comunidades Indígenas da Bacia do Rio Xingu (Pará) em relação ao Brasil. 01 de abril de 2011, revisão da medida em 29 de julho de 2011. Disponível em: https://www.cidh.oas.org/medidas/2011.port.htm. Acesso em 20 mar 2020.

CIDH. 2018. **Resolução 3/2018**: Fortalecimento ao trâmite das medidas cautelares. Washington: OEA, 10 de maio de 2018. Disponível em: https://www.oas.org/es/cidh/decisiones/pdf/Resolucion-3-18-es.pdf. Acesso em 21 jul 2020.

CIDH. 2019c. **Resolución 24/2019.** Medidas Cautelares No. 1498/18. Marcelino Díaz Sánchez y otros (México). 23 de abril de 2019.

CIDH. 2021. **Resolução n. 01/21**, MC 754-20, Membros dos Povos Indígenas Guajajara e Awá da Terra Indígena Araribóia a respeito do Brasil. Disponível em: http://www.oas.org/es/cidh/decisiones/mc/2021/res_1-21_mc_754-20_br_es.pdf. Acesso em 24 mar 2021.

CIDH. 2020b. **Resolução n. 35/2020,** Medida Cautelar n. 563-20, Membros dos Povos Indígenas Yanomami e Ye'kwana em relação ao Brasil. 17 de julho de 2020. Disponível em: https://www.oas.org/es/cidh/decisiones/pdf/2020/35-20MC563-20-BR-PT.pdf. Acesso em 24 mar 2020.

CIDH. 2020c. **Resolução n. 41/20,** Medida Cautelar 265/20, Centro de Detenção do Noroeste (NWDC), Estados Unidos. Disponível em: <http://www.oas.org/es/cidh/decisiones/pdf/2020/41-20mc265-20-us.pdf>. Acesso em 25 mar 2021.

CIDH. 2020d. **Resolução n. 43/20,** MC 691-20, Facundo José Astudillo Castro vs. Argentina. Disponível em: http://www.oas.org/es/cidh/decisiones/pdf/2020/43-20mc691-20-ar.pdf. Acesso em 25 mar 2021.

CIDH. 2019b. **Resolução n. 47/19,** Medida Cautelar n. 458/19, Membros da comunidade Guyraroká do Povo Indígena Guarani Kaiowá em relação ao Brasil. 29 de setembro de 2019. Disponível em: https://www.oas.org/es/cidh/decisiones/pdf/2019/47-19MC458-19-BR.pdf. Acesso em 30 jul 2020.

CIDH. 2020e. **Resolução n. 79/20,** Medida Cautelar n. 349/20, Jorge Ernesto Zea López a respeito da Colômbia. Disponível em: http://www.oas.org/es/cidh/decisiones/pdf/2020/79-20mc349-20-co.pdf. Acesso em 25 mar 2021.

CIDH. 2020f. **Resolução n. 82/20,** MC 489-20, Maycol Antonio Arce e outras 40 pessoas privadas de sua liberdade a respeito da Nicaragua. Disponível em: http://www.oas.org/es/cidh/decisiones/pdf/2020/82-20mc489-20-ni.pdf. Acesso em 25 mar 2021.

CIDH. 2020g. **Resolução n. 94/20,** MC 679-20, Pueblo Indígena Munduruku a respeito do Brasil. Disponível em:http://www.oas.org/es/cidh/decisiones/pdf/2020/res_94_mc_679-20_br_es.pdf. Acesso em 24 mar 2021.

CIDH. 2020h. **Sala de Coordenação e Resposta Oportuna e Integrada à Covid-19.** Disponível em: http://www.oas.org/es/CIDH/jsForm/?File=/es/cidh/sacroi_covid19/mc.asp. Acesso em 21 mar 2021.

CORTE IDH. 2016 **Titularidad de derechos de las personas jurídicas en el Sistema Interamericano de Derechos Humanos** (Interpretación y alcance del artículo 1.2, en relación con los artículos 1.1, 8, 11.2, 13, 16, 21, 24, 25, 29, 30, 44, 46, y 62.3 de la Convención Americana sobre Derechos Humanos, así como del artículo 8.1 A y B del Protocolo de San Salvador). Opinión Consultiva OC-22/16 de 26 de febrero de 2016. Serie A No. 22.

CIDH. 2015c. **Violencia, niñez y crimen organizado**. OEA/Ser.L/V/II, Doc. 40/15, 11 de noviembre de 2015.

CORTE IDH. 1988. **Caso Velásquez Rodríguez vs. Honduras**. Fondo. Sentencia de 29 de julio de 1988. Serie C No. 4.

CORTE IDH. 2022. **Assunto dos Membros dos Povos Indígenas Yanomami, Ye'kwana e Munduruku a respeito do Brasil.** Adoção de Medidas Provisórias. Resolução da Corte Interamericana de Direitos Humanos de 1 de julio de 2022.

CRAWFORD, James. 2009. **Artículos sobre Responsabilidad del Estado por Hechos Internacionalmente Ilícitos.** United Nations Audiovisual Library of International Law. Disponível em: <https://legal.un.org/avl/pdf/ha/rsiwa/rsiwa_s.pdf>. 05 dic 2018.

DE FRANCESCO, A.; Carneirom, C. 2016. **Atlas dos impactos da UHE Belo Monte sobre a pesca**. Instituto Socioambiental (ISA), São Paulo, SP, Brazil. 64f. Disponível em: https://www. socioambiental. org/sites/blog. socioambiental. org/files/nsa/arquivos/atlas-pesca-bm. pdf-accessed.

FAINGUELERNT, Maíra Borges. 2016. A trajetória histórica do processo de licenciamento ambiental da usina Hidreletrica de Belo Monte. **Ambiente e sociedade**, São Paulo, v. 19, n. 2, p. 245-264, June 2016 . Disponível em: <http://www.scielo.br/scielo.php?script=sci_arttext&pid=S1414-753X2016000200245&lng=en&nrm=iso>. Acesso em 15 fev 2021.

FUNAI. 2015. UHE Belo Monte – Componente Indígena. Parecer técnico nº 21/CMAM/CGPIMA (2009) – Disponível em: http://www.funai.gov.br. Acesso em 24 de maio de 2015.

GAVARITO, César Rodríguez (ed). 2018. **Empresas y derechos humanos en el siglo XXI**. Buenos Aires: Siglo Veintiuno. 320p.

GONZA, Alejandra. 2016. Integrating Business and Human Rights in the Inter-American Human Rigths System. **Business and Human Rigths Journal**, 1, p. 357-365.

HERRERA, Clara Burbano. 2010. **Provisional measures in the case law of the Inter-American Court of Human Rights**. Antwerp, Oxford, Portland: Intersentia.

MACHADO, Isabel Penido de Campos. 2016. Em cima do muro: a tortuosa justiciabilidade dos Direitos Econômicos, Sociais e Culturais no Sistema Interamericano de Proteção dos Direitos Humanos. **Anuário Brasileiro de Direito Internacional**, v. 2. pp. 72-92, 2016.

Machado, Isabel Penido de Campos. 2020. O direito convencional de liberdade de circulação e residência diante do fenômeno dos deslocamentos forçados internos na Colômbia: um estudo sobre o desenvolvimento dos parâmetros interamericanos. *Em:* Noronha, João Otávio, Albuquerque, Paulo Pinto.

Comentários à Convenção Americana sobre Direitos Humanos, 1ª ed. São Paulo: Tirant lo Blanch, p. 1153-1187.

Márquez, Daniel Iglesias. 2020. Estándares interamericanos sobre empresas y derechos humanos: Nuevas perspectivas para la conducta empresarial responsable en las Américas. **Anuario de Derechos Humanos,** 16(2), p. 347-379.

Ministério Público Federal. **Processos caso Belo Monte.** Disponível em: https://documentacao.socioambiental.org/noticias/anexo_noticia/40840_20170502_114445.PDF. Acesso em 10 fev 2021.

OEA, CIDH. 2014. **CIDH decide crear Relatoría Especial sobre Derechos Económicos, Sociales y Culturales.** Comunicado de Prensa de 3 de abril de 2014. Disponível em: <http://www.oas.org/es/cidh/prensa/comunicados/2014/034.asp>. Acesso em 5 dez 2018.

ONU, Comisión de Derecho Internacional. 2001. **Draft articles on Responsibility of States for Internationally Wrongful Acts with commentaries.**

ONU, Consejo de Derechos Humanos. 2008. **Proteger, respetar y remediar:** un marco para las empresas y los derechos humanos. Informe del Representante Especial del Secretario General sobre la cuestión de los derechos humanos y las empresas transnacionales y otras empresas. A/HRC/8/5, 7 de abril de 2008.

ONU, Consejo de Derechos Humanos. 2011. **Principios Rectores sobre las empresas y los derechos humanos:** puesta en práctica del marco de las Naciones Unidas para "proteger, respetar y remediar". Informe del Representante Especial del Secretario General sobre la cuestión de los derechos humanos y las empresas transnacionales y otras empresas. A/HRC/17/31, 21 de marzo de 2011.

Piovesan, Flávia; Antoniazzi, Mariela. 2020. Interdependencia e indivisibilidad de los derechos humanos: Una nueva mirada frente al covid-19. **Anuário de Derechos Humanos,** número especial, p. 35-58.

Rieter, Eva. 2014. **Preventing Irreparable Harm**: provisional measures in International Human Rights Adjudication. Antwerp, Oxford, Portland: Intersentia.

Santarelli, Nicolás Carrillo. 2017. La promoción y el desarrollo de la protección de los derechos humanos frente a abusos empresariales en el sistema interamericano. En: Instituto Interamericano de Derechos Humanos. **Derechos Humanos y Empresas**: Reflexiones desde América Latina. San José: IIDH. p. 87-118.

Vieira, Oscar Vilhena (coord). 2013. **Implementação das recomendações e decisões do sistema interamericano de direitos humanos no Brasil: institucionalização e política.** São Paulo: Direito GV.

7. O DIREITO À SAÚDE DE IMIGRANTES NO CONTEXTO DA INTERIORIZAÇÃO AUXILIADA PELAS EMPRESAS FRIGORÍFICAS BRASILEIRAS: UM ESTUDO DE CASO DA OPERAÇÃO ACOLHIDA

Julia Stefanello Pires
Juliana Bertholdi

Introdução

Diante da crise política, econômica e humanitária enfrentada pela Venezuela, que culminou em um fluxo de migração, principalmente aos países fronteiriços, o Brasil, mais especificamente o estado de Roraima, acabou absorvendo parte desse contingente migratório. A partir de então, algumas cidades tiveram seus sistemas sobrecarregados com o abrupto aumento de sua população, como é o caso da cidade de Pacaraima, em Roraima.

A situação migratória venezuelana se agravou com o tempo, e em março de 2018 o Alto Comissariado das Nações Unidas para os Refugiados (ACNUR) emitiu uma nota técnica de orientação sobre o referido fluxo migratório (2018), considerando que a situação venezuelana encontrava guarida na previsão da Declaração de Cartagena de 1984[1], e, portanto, faziam jus a concessão do *status* de refugiado. Porém, ainda que o reconhecimento do refúgio lhes garanta certos direitos, estes indi-

[1] A Declaração de Cartagena de 1984 ampliava o reconhecimento do status de refugiado àqueles indivíduos que se retirassem de seu país de origem em decorrência de "violação maciça dos direitos humanos ou outras circunstâncias que tenham perturbado gravemente a ordem pública.", ampliando, assim, os termos previstos na Convenção de 1951 e ao Protocolo de 1967 sobre o Estatuto dos Refugiados.

víduos ainda estão expostos a graves violações de direitos humanos, em decorrência da vulnerabilidade de seu *status* migratório.

Diante deste contexto, o Governo Federal criou, em 2018, o projeto Operação Acolhida, em conjunto com diversas entidades da sociedade civil, organismos internacionais e com o apoio de algumas empresas privadas. O propósito da operação é oferecer assistência emergencial para os refugiados venezuelanos, tendo como um dos eixos do projeto a interiorização.

A interiorização consiste no "deslocamento voluntário de migrantes e refugiados venezuelanos de RR para outras Unidades da Federação, com objetivo de inclusão socioeconômica" (Operação Acolhida). Neste ponto, a participação de empresas privadas na Operação Acolhida teve um papel importante. Delimita-se, portanto, a análise dos refugiados interiorizados através do referido programa, não sendo objeto de estudo o caso daqueles indocumentados, em ainda maior situação de vulnerabilidade.

Denota-se que a denominação refugiado ou imigrante refere apenas o status migratório do indivíduo, sendo os primeiros aqueles em situação migratória abrangida pelo Estatuto dos Refugiados (1997), enquanto imigrante se define como qualquer pessoa proveniente de outro país que trabalhe ou resida no Brasil (Lei de Migração, 2017). Neste artigo ambos termos serão mencionados, tendo em vista que a Operação Acolhida abrange as duas situações migratórias, compreendendo que o termo imigrantes abrange os indivíduos reconhecidos como refugiados. Assim, ao referir ao termo imigrante, serão abrangidas também as pessoas refugiadas.

O presente artigo tem como objetivo realizar um estudo de caso, buscando analisar a efetividade das ações das empresas frigoríficas na promoção dos direitos humanos a partir da assistência, ou falta dela, dada em relação ao direito à saúde do migrante em período de pandemia, tendo como escopo o papel desempenhado por tais empresas na Operação Acolhida para interiorização dos imigrantes no Brasil.

Embora não se tenha disponível a porcentagem de vagas ofertadas pelas empresas do segmento dentro da Operação Acolhida, a análise do caso se faz relevante diante do papel desempenhado por tais empresas durante a pandemia de Covid-19. Ao passo em que o ramo de indústria de abate e processamento de carnes e derivados foi considerado atividade essencial, foram estabelecidas medidas de prevenção, controle e mitigação dos riscos de transmissão do vírus[2], o que estabelece parâmetros concretos para análise do papel destas empresas na proteção e promoção do direito humano à saúde dos imigrantes.

Objetiva-se, finalmente, através de análise documental e bibliográfica, realizar um estudo de caso, buscando analisar a efetividade das ações das empresas frigoríficas na promoção dos direitos humanos a partir da assistência, ou falta dela, dada em relação ao direito à saúde do migrante e de seu núcleo familiar em período de pandemia, tendo como escopo o papel desempenhado pelas empresas na Operação Acolhida para interiorização dos imigrantes no Brasil.

1. A operação acolhida e a interiorização de venezuelanos através de vagas de trabalho

Entre 2017 e 2019, em decorrência da crise econômica, social e humanitária na Venezuela, mais de 500 mil venezuelanos ultrapassaram a fronteira com o Brasil. Destes, cerca de 20% retornaram à Venezuela, 37% viajaram do Brasil para outros países e 43% ficaram em território brasileiro. O saldo migratório, entre as chegadas e partidas, é de mais de 200 mil venezuelanos no país (Operação Acolhida). Há de se anotar, inclusive, que mesmo durante a pandemia do Covid-19, o Brasil continuou a receber imigrantes venezuelanos, dos quais ao menos 31 foram interiorizados por meio da Operação Acolhida em oferta de vagas de trabalho, sendo alocados nas plantas da JBS em Caxias do Sul e Trindade do Sul[3].

[2] Ministério da Economia/Secretaria Especial de Previdência e Trabalho. Portaria Conjunta n. 19, de 18 de junho de 2020 estabelece as medidas a serem observadas visando à prevenção, controle e mitigação dos riscos de transmissão da Covid-19 nas atividades desenvolvidas na indústria de abate e processamento de carnes e derivados destinados ao consumo humano e laticínios. Brasília, 2020.

[3] De acordo com a reportagem: Teixeira, Taís. **Operação acolhida traz 121 venezualanos ao RS e reúne famílias**: do grupo, 31 seguem para Caxias do Sul e Trindade do Sul para trabalhar de carteira assinada. 2020. Reportagem do Correio do Povo. Disponível em: https://www.correiodopovo.com.br/not%C3%ADcias/geral/opera%C3%A7%C3%A3o-acolhida-traz-121-venezuelanos-ao-rs-e-re%C3%BAne-fam%C3%ADlias-1.540833. Acesso em: 22 jan. 2021.

Apesar dos números serem consideráveis, o Brasil é apenas o quinto maior anfitrião de venezuelanos (Operação Acolhida). Porém, as características deste fluxo migratório fazem com que o impacto social causado seja grande, posto que a maioria destes imigrantes adentraram ao país por Pacaraima (RO), uma cidade de pouco mais de 18 mil habitantes (IBGE), com uma estrutura organizacional pequena.

Em 2018 a Lei n. 13.684 estabeleceu medidas de assistência emergencial para acolhimento a pessoas em situação de vulnerabilidade em decorrência do fluxo migratório por crises humanitárias, criando, para isso, a denominada Operação Acolhida, sobre a qual se passa a discorrer.

1.1. A estrutura de trabalho da operação acolhida: o processo de interiorização

Visando atender a demanda do fluxo migratório venezuelano, a Operação Acolhida trabalha em três eixos: ordenamento da fronteira – documentação, vacinação e operação controle do Exército Brasileiro; acolhimento – oferta de abrigo, alimentação e atenção à saúde; interiorização – deslocamento voluntário de imigrantes e refugiados venezuelanos de RR para outras Unidades da Federação, com objetivo de inclusão socioeconômica[4]. Este artigo terá enfoque na atuação da interiorização.

Tendo em vista que a região de Roraima não possui estrutura para a integração socioeconômica deste contingente migratório, a interiorização se mostra uma alternativa viável para a garantia dos direitos destes imigrantes. Denota-se que o processo é voluntário e gratuito[5], visando um fluxo migratório mais ordenado e seguro.

O projeto se iniciou em abril de 2018 e, até junho de 2020, mais de 38 mil venezuelanos participaram da interiorização. Os imigrantes são transportados via aérea e terrestre. As principais unidades federativas a receber os imigrantes foram Amazonas, São Paulo, Paraná, Santa Catarina e Rio Grande do Sul, porém todos os estados receberem imigrantes.

[4] Operação Acolhida. Ministério da Justiça e Segurança Pública. Histórico: Interiorização. Disponível em: <https://www.gov.br/acolhida/historico/>; Acessado em 20 de dezembro de 2020.

[5] Conforme explica o ACNUR no site: Programa de Interiorização. Disponível em: <https: //help.unhcr.org/brazil/programa-de-interiorizacao/>; Acessado em 20 de dezembro de 2020.

O perfil migratório destes indivíduos revela que 83% viajavam em grupos familiares, o que demonstra que o número de deslocamentos após a interiorização pode ser ainda maior. Isto se dá devido à reunião familiar e a rede de conexões criada através do capital social dos imigrantes (Peixoto, 2017). O capital social dos imigrantes se configura pela capacidade de se beneficiar das redes e de outras estruturas sociais, invocando-as para a compreensão dos trajetos e maneiras de inserção do país de destino (Peixoto, 2017).

Assim, é comum que uma vez estabelecidos, tendo conhecimento de oportunidades de estudo e empregos, os imigrantes passem a atrair outros conacionais para o local em que se estabeleceram. Deve-se considerar, portanto, que o processo de interiorização acaba envolvendo mais indivíduos do que os relatados em números oficiais.

No processo de interiorização, também chamado de deslocamento assistido, a estrutura de atendimento envolve todos os atores da Operação. Os trâmites para o processo dependem da modalidade de interiorização, mas geralmente se alinham à quantidade de vagas disponíveis para o acolhimento, ponto debatido entre governo federal, ONU e municípios, entidades da sociedade civil ou empresas. Depois, com as vagas e requisitos em mãos, são selecionados os refugiados voluntários a participar do programa[6].

É neste ponto que a participação das empresas acontece: cerca de 8% dos homens e 3% das mulheres que participaram da interiorização, fizeram o deslocamento através da oferta de vagas de emprego[7]. Neste tipo de interiorização, as empresas realizam um processo seletivo *in loco*, em Roraima, e o imigrante realiza seu deslocamento já com a contratação. Existe, portanto, um comprometimento firmado desde o princípio entre empresa e Estado, na garantia de bem-estar e integração desta população.

[6] Conforme explica o ACNUR no site: Programa de Interiorização. Disponível em: <https://help.unhcr.org/brazil/programa-de-interiorizacao/>; Acessado em 20 de dezembro de 2020.

[7] Conforme explica o ACNUR no site: Histórico: Interiorização. Disponível em: <https://www.gov.br/acolhida/historico/>; Acessado em 20 de dezembro de 2020.

1.2. A interiorização através de vagas de emprego: o papel das empresas na operação acolhida

Inicialmente, a empresa atua apenas na oferta da vaga e seleção de candidatos, o transporte fica a cargo do exército e o acolhimento do(s) imigrante(s), na cidade da vaga de emprego ofertada, é realizada por entidades da sociedade civil[8]. O contrato de trabalho ofertado pelas empresas garante aos imigrantes que tenham acesso ao mercado de trabalho formal, ainda que muitas vezes não sejam empregos condizentes com sua formação acadêmica.

As cotas ofertadas pelas empresas são gerenciadas pela "célula de internalização", de competência do governo federal. Neste núcleo, são identificadas as vagas, auxiliado o processo de seleção dos trabalhadores refugiados e definido como será realizado o transporte ao local de destino. Importante mencionar que antes da realização da viagem, os indivíduos devem passar por uma revisão médica, verificação de documentação e atualização de registro na ACNUR.[9]

Nos dados oficiais divulgados pela Operação não são apresentadas informações concretas sobre as características dessas empresas, de modo que não há como se afirmar qual a correta porcentagem que as vagas de trabalho ofertadas por empresas frigoríficas de fato representaram na Operação Acolhida. No entanto, tendo em vista o papel deste ramo durante o período pandêmico, delimita-se o estudo de caso para este perfil de vagas.

Conforme acima explanado, o processo de interiorização, iniciado antes da declaração de estado de pandemia, já previa protocolos de saúde e vacinação dos refugiados que se voluntariassem. Porém, a situação de saúde pública desencadeada pela COVID-19 impôs a necessidade de novos protocolos de segurança e higiene. Neste sentido, em junho de 2020, o Portaria n. 19, emitida pelo Ministério da Economia e Secretaria Especial de Previdência e Trabalho, estabelece "medidas a serem obser-

[8] Conforme explica o ACNUR no site: Programa de Interiorização. Disponível em: <https://help.unhcr.org/brazil/programa-de-interiorizacao/>; Acessado em 20 de dezembro de 2020.

[9] Conforme explica o ACNUR no site: Programa de Interiorização. Disponível em: <https://help.unhcr.org/brazil/programa-de-interiorizacao/>; Acessado em 20 de dezembro de 2020.

vadas visando à prevenção, controle e mitigação dos riscos de transmissão da Covid-19"[10] nas empresas frigoríficas.

Dentre tais protocolos, constam determinações acerca de orientações, fornecimento de cartilhas, programas de vacinação de outras enfermidades virais, rastreamento de casos suspeitos, dentre outras medidas que estabeleciam pontos concretos de atuação das empresas.

Assim, observa-se que a atuação destas empresas deveria ser pautada por determinações concretas e específicas para a salvaguarda do direito de seus trabalhadores. Importante destacar que os imigrantes sofrem dificuldades culturais, econômicas e sociais que, somadas às questões normalmente enfrentadas nas relações de trabalho, geram um terreno fértil para a proliferação de violações de direitos (Pires, 2019).

No entanto, estas determinações se tratam de normas gerais, ou seja, destinadas a todos os trabalhadores e colaboradores das empresas, inexistindo, até o momento, uma política única e alinhada de proteção e promoção de direitos humanos de grupos de especial vulnerabilidade, como é o caso dos imigrantes e refugiados.

Cumpre destacar que, de acordo com os Princípios Orientadores da ONU para Empresas e Direitos Humanos, todas as empresas, independentemente do porte, nacionalidade ou composição societária devem respeitar os direitos humanos dos trabalhadores, utilizando sua influência para salvaguardar seus direitos em toda a cadeia produtiva.

Desta forma, além da participação destas empresas no projeto de interiorização, deve-se analisar o compromisso com a efetivação e não violação dos direitos humanos destes migrantes trabalhadores, principalmente o direito à saúde, que exige atenções especiais em período pandêmico. Passa-se, então, à análise da participação e atuação das empresas frigoríficas na efetivação do direito à saúde dos migrantes contratados através da Operação Acolhida.

[10] Ministério da Economia/Secretaria Especial de Previdência e Trabalho. Portaria Conjunta n. 19, de 18 de junho de 2020 estabelece as medidas a serem observadas visando à prevenção, controle e mitigação dos riscos de transmissão da COVID-19 nas atividades desenvolvidas na indústria de abate e processamento de carnes e derivados destinados ao consumo humano e laticínios. Brasília, 2020.

2. O papel das empresas frigoríficas e a conduta no período de covid-19

A disseminação da Doença do Covid-19 foi exponencial, alcançando um número alarmante de mortes e afetando profundamente a economia mundial, em especial os países periféricos. Produtores primários foram severamente afetados na América Latina e África, assim como cadeias de suprimento na Ásia (Tripathi, 2020, p. 252-260).

Para além do rastro de mais de 200 mil mortos, o Covid-19 exacerbou os problemas culturais e históricos existentes no Brasil, com desdobramentos severos sobre as populações vulneráveis: como cientificamente demonstrado, pessoas indígenas (Mondardo, 2020, p. 81-88), quilombolas (Polidoro, 2020), mulheres (Efing, Bertholdi, 2021), migrantes e refugiados (Comissão Europeia) estão mais sujeitos às mazelas causadas pela propagação do vírus, sejam elas de saúde, econômicas ou sociais.

De mesma sorte, as cadeias de produção representam um espaço de grande suscetibilidade aos efeitos da pandemia, eis que geralmente compostas por mulheres e cuidadores/as de suas famílias e comunidades, que enfrentam baixos salários, condições de trabalho perigosas e inseguras e poucas proteções sociais[11].

A preocupação com relação ao tema, em especial na América Latina, é fundada na dificuldade de se deter os abusos praticados pelas transnacionais, motivados essencialmente pela dificuldade de responsabilização das empresas matrizes, cujo poderio econômico e político muitas vezes supera o poder do país periférico (Olsen, Pamplona, 2019). Aponta Humberto Cantú (2017, p. 70) tal dificuldade com relação às cadeias de fornecimento é replicada nas diferentes áreas de atividade industrial, como nos setores automotivo, agroalimentar, têxtil e de telecomunicações, entre outros, configurando, assim, mais um obstáculo para a realização dos direitos humanos.

[11] Veja mais em: BHRRC (Business and Human Rights Resource Centre). Disponível em: https://www.business-humanrights.org/pt/temas-relevantes/surto-de-covid-19-coronav%C3%ADrus/covid19-trabalhadores-da-cadeia-de-suprimentos/. Acesso em 19 jan. 2021.

2.1. As dificuldades enfrentadas pelos trabalhadores imigrantes durante a pandemia

No caso dos trabalhadores imigrantes, somam-se riscos particulares, como condições de vida inadequadas, medidas de contenção severas e discriminação: neste sentido, o *Global Wage Report* 2020 demonstrou que os ganhos de um migrante no Brasil são em média 12,6% menores e sua empregabilidade, apesar de variável, é consideravelmente menor (Amo-Agyei, 2020), tendo sido afetada inclusive pela dificuldade de obtenção de registros em virtude da pandemia (Cavalcanti, Oliveira, Furtado, et al., 2020).

Em estudo recente publicado no site da *Business and Human Rights Centre (BHRRC)*, apontou-se que durante a Pandemia do Covid-19, os trabalhadores migrantes da indústria têxtil em São Paulo tiveram seus vencimentos radicalmente reduzidos, sendo que 84% seguiram trabalhando durante a pandemia, costurando máscaras; no entanto 61% declararam dificuldade para se alimentar durante o período (Novaes, 2020, p. 24). Dos migrantes entrevistados na pesquisa, 80% viviam com familiares e mais da metade possuíam filhos em idade escolar.

Assim, há uma preocupação crescente com os trabalhadores migrantes e refugiados no contexto da pandemia do Covid-19, sobretudo aqueles que integram as cadeias de fornecimento, como é o caso dos trabalhadores das empresas frigoríficas. A área foi apontada como central na difusão espacial da doença, demonstrando ser especialmente deletéria para a qualidade de vida de seus trabalhadores (Heck, Nascimento Júnior, Ruiz, et al., 2020, p. 54-68).

Em um panorama geral, não existe orientação clara quanto a conduta que as empresas devem adotar durante o cenário de uma pandemia, sendo os Princípios Orientadores de Empresas e Direitos Humanos (POs) genéricos e a situação da pandemia absolutamente inimaginável quando de sua criação. Assim, as empresas vinham agindo de maneira independente, tomando medidas limitadas para proteger seus trabalhadores, de eficácia bastante limitada. Cumpre-se entender qual seria a responsabilidade corporativa na atuação em defesa dos migrantes integrados pelo Projeto Acolhida, analisando se no caso concreto as boas práticas em matéria de defesa dos Direitos Humanos vêm sendo implementadas.

Sobre o tema, destacam os Princípios Orientadores que as empresas devem observar questões além da disposição da vaga de emprego em si, preocupando-se igualmente com os direitos humanos em sua integralidade. Dentre os mandamentos destacados no Pilar 2, estão a realização da devida diligência e avaliação dos impactos de suas operações a adoção das medidas possíveis para mitigar os danos de sua atividade; a adoção de medidas para se assegurar que sua conduta não cause ou contribua para o dano; e o uso de sua influência para garantir que os outros atores, incluindo governos, não impactem negativamente em direitos como o direito à saúde.

Deste modo, no período de crise de saúde em decorrência da pandemia causada pelo Covid-19, espera-se das empresas frigoríficas, apontadas como focos de disseminação do novo Coronavírus, que hajam de maneira especialmente protetiva com relação aos trabalhadores, em especial os mais vulneráveis, a exemplo dos trabalhadores migrantes.

2.2. As medidas de proteção durante a pandemia

Neste aspecto, inicialmente espera-se que as empresas estimulem e permitam, na medida do possível, que os trabalhadores trabalhem em casa, fornecendo o equipamento e assistência necessários (Tripathi, 2020, p. 252-260). No caso estudado, os trabalhadores migrantes em sua maioria estão alocados no "chão de fábrica", não sendo possível a realização de tal política. Assim, a responsabilidade da empresa inclui uma série de medidas, como fornecimento de instalações seguras e sanitárias, oferecimento de equipamentos como máscaras faciais, desinfetantes e o que mais for necessário para a integral proteção do trabalhador.

Neste sentido, no caso do Projeto Acolhida, cujos trabalhadores foram direcionados para a empresa JBS, a empresa buscou atender a determinação de "respeitar" os Direitos Humanos prevista nos Princípios Orientadores por meio de políticas internas de proteção, afirmando ter o "propósito inabalável de garantir a saúde e segurança de seus colaboradores", alegando adotar rigoroso Protocolo de controle e previsão da Covid-19[12].

Ademais, fundamental que as empresas pratiquem e encorajem o distanciamento social, redesenhando o local de trabalho para a maior segurança dos trabalhadores. No caso em estudo, o sítio eletrônico da

[12] Os protocolos podem ser consultados em: https://jbs.com.br/comunicacao/covid-19-principais-medidas-de-protecao/higienizacao-e-desinfeccao/. Acesso em 19 jan. 2021.

empresa faz diversas referências ao distanciamento social como prática interna no transporte e áreas de alimentação/descanso dos trabalhadores, mas não esclarece como tal distanciamento tem se operado na atividade laboral em si[13].

Fulcral, ainda, que seja cumprido o dever de informação. As empresas devem disponibilizar informações precisas sobre saúde e boas práticas durante a pandemia, aos seus funcionários, clientes e visitantes, como aquelas facilitadas pela própria Organização Mundial da Saúde (OMS, 2020), atentando-se para eventual necessidade de tradução para melhor compreensão dos migrantes. Não consta, das políticas públicas da empresa, qualquer medida no sentido de adaptar os materiais disponibilizados aos migrantes do Projeto Acolhida.

Apesar da crise econômica que se instalou, Tripathi aponta ainda como fundamental que as empresas criem políticas de estabilidade para os trabalhadores (Tripathi, 2020, p. 252-260), eis que há relatos preocupantes de trabalhadores doentes que se encaminham para o trabalho apesar de apresentar sintomas (Abrams, Silver-Greenberg, 2020, p. 252-260), temerosos de serem demitidos em virtude da falta. Igualmente, não há notícias por parte da JBS de acordos neste sentido com o sindicato dos trabalhadores.

Para além das medidas básicas acima explanadas, algumas medidas específicas às cadeias de suprimento foram delineadas em estudos e documentos oficiais. A rigorosa supervisão de seus fornecedores, incluindo-se o controle de qualidade e para garantir a conformidade com os padrões, abarcando saúde e segurança.

Neste sentido, buscando adequar-se ao Pilar 1 dos Princípios Guiadores, o Governo Brasileiro emitiu um documento intitulado "Orientações gerais para frigoríficos em Razão da Pandemia do Covid-19"[14], no qual recomenda aos empregadores e trabalhadores uma série de medidas que buscam prevenir e diminuir o contágio da Covid-19 nos ambientes de trabalho, mantendo o abastecimento alimentar.

[13] Idem.

[14] Brasil (Ministério da Agricultura, Pecuária e Abastecimento; Ministério da Saúde). **Orientações gerais para frigoríficos em Razão da Pandemia do Covid-19**. Disponível em: https://www.gov.br/agricultura/pt-br/campanhas/mapacontracoronavirus/documentos/manual-orientacoes-gerais-para-frigorificos-em-razao-da-pandemia-da-covid-19. Acesso em 19 jan 2021.

O documento é dividido entre medidas de caráter geral, práticas de boa higiene e conduta, práticas quanto às refeições, práticas referentes ao vestiário, práticas referentes às Comissões Internas de Prevenção de Acidentes (CIPA), práticas referentes ao transporte de trabalhadores, práticas referentes às máscaras de proteção, procedimentos de contingência e retomada de setores e disposições gerais.

Poucos meses depois, com o avanço da Pandemia, foi emitida a Portaria Conjunta n. 19, de 18 de junho de 2020, que traz parâmetros concretos de atuação para a prevenção, controle e mitigação dos riscos de transmissão da Covid-19[15]. Ou seja, percebe-se que desde os primeiros meses do estado pandêmico, já havia diretrizes a serem seguidas e observadas por tais empresas.

Porém, no contexto empírico, deve-se analisar se tais normas e orientações foram suficientes e efetivas para a boa prática empresarial. No cerne desta análise, neste artigo colocam-se os imigrantes e refugiados, diante de seu status de vulnerabilidade especial, tendo-se em consideração que as empresas participaram voluntariamente da Operação Acolhida, devendo zelar pelos direitos dos indivíduos participantes do projeto.

Ante ao exposto, tendo em mente tanto a responsabilidade das empresas em promover e reparar violações aos direitos humanos, partindo-se dos Princípios Orientadores, e das orientações e normas específicas em relação ao Covid-19, analisa-se se houve uma proteção dos direitos humanos dos migrantes que ocuparam vagas de trabalho nas empresas frigoríficas através da Operação Acolhida.

3. (In)Observância aos direitos humanos no processo de interiorização na pandemia de Covid-19

Conforme explanado acima, não existem dados oficiais apontando o contingente de refugiados interiorizados por vagas de empresas ofertadas por empresas frigoríficas, as quais estão parcialmente documenta-

[15] Ministério da Economia/Secretaria Especial de Previdência e Trabalho. Portaria Conjunta n. 19, de 18 de junho de 2020. Estabelece as medidas a serem observadas visando à prevenção, controle e mitigação dos riscos de transmissão da Covid-19 nas atividades desenvolvidas na indústria de abate e processamento de carnes e derivados destinados ao consumo humano e laticínios. Brasília, 2020.

das em reportagens e materiais de promoção publicitária das empresas parceiras. Não obstante, a participação destas empresas no projeto é de grande relevância, ainda mais após a eclosão da Pandemia, posto que a incidência de Covid-19 nos trabalhadores destas empresas foram um dos principais focos de contaminação em algumas cidades, como se abordará a seguir.

As referidas vagas colocaram a cidade de Dourados, no Mato Grosso do Sul (MS), como o quarto principal destino de interiorização, ficando atrás apenas de capitais (Manaus, São Paulo e Curitiba) (Operação Acolhida, 2020). Importante destacar, ainda, que o município foi apontado como um dos focos da doença no Estado do Mato Grosso do Sul, sendo fundamental investigar a relação a interiorização, medidas de segurança da empresa transnacional e a eventual responsabilidade pela propagação do vírus.

A cidade de Dourados se localiza no interior do estado do Mato Grosso do Sul (MS), na região Centro-Oeste do Brasil, a cerca de aproximadamente 130 km da fronteira seca com o Paraguai. Destaca-se que também é uma cidade com polos industriais, destacando-se a atividade desenvolvida por indústrias frigoríficas. Tais operações constam como as principais atividades econômicas privadas do estado (Semagro, 2017).

Entre abril de 2018 e junho de 2020 cerca de 2.734 refugiados que se destinaram ao MS, através da Operação Acolhida. Deste total, aproximadamente 78% foram encaminhados às vagas de emprego em um frigorífico na cidade de Dourados (Operação Acolhida, 2020), de propriedade da Transnacional Brasileira JBS. Observa-se que, apesar de ser uma cidade do interior, Dourados acabou ocupando um papel de destaque no projeto.

Na mesma intensidade foram flagradas violações de direitos humanos relacionadas à normas de saúde e segurança. Em que pesem as orientações e normas transcritas nos documentos "Orientações gerais para frigoríficos em Razão da Pandemia do Covid-19"[16] e na Portaria Conjunta

[16] Brasil (Ministério da Agricultura, Pecuária e Abastecimento; Ministério da Saúde). **Orientações gerais para frigoríficos em Razão da Pandemia do Covid-19**. Disponível em: https://www.gov.br/agricultura/pt-br/campanhas/mapacontracoronavirus/documentos/manual-orientacoes-gerais-para-frigorificos-em-razao-da-pandemia-da-covid-19. Acesso em 19 jan 2021.

n. 19, de 18 de junho de 2020[17], acima mencionados, os casos de Covid-19 registrados entre trabalhadores das unidades frigoríficas na região se mostraram alarmantes na primeira fase da Pandemia[18], chegando a representar 65% dos casos na cidade[19].

Neste aspecto, é interessante apontar que em testagem de massa realizada em mesmo período (julho/2020) a empresa concorrente BRF deparou-se com 73 testes positivos em um universo de cerca de 1.500 pessoas, indicando uma contaminação sensivelmente inferior de 4,87%[20].

Recentemente, a empresa JBS foi processada por seus trabalhadores na cidade de Dourados (MS) em uma Ação Civil Pública proposta pelo Sindicato das Indústrias de Alimento da região[21], buscando indenizações individuais de R$ 200 mil para os funcionários contaminados pelo Covid-19 e R$ 100 mil para os demais que foram expostos à contaminação. Segundo as informações contidas na ação civil pública, dos 4.300 funcionários da planta, 1.075 foram diagnosticados com o novo coronavírus, o que representa 25% dos funcionários, muito acima da média brasileira.

[17] Ministério da Economia/Secretaria Especial de Previdência e Trabalho. Portaria Conjunta n. 19, de 18 de junho de 2020. Estabelece as medidas a serem observadas visando à prevenção, controle e mitigação dos riscos de transmissão da COVID-19 nas atividades desenvolvidas na indústria de abate e processamento de carnes e derivados destinados ao consumo humano e laticínios. Brasília, 2020.

[18] Tal se pode constatar através de notícias veiculas na mídia nacional, como a matéria "Testes em unidades de JBS e BRF em Dourados revelam mais de 1.000 casos de Covid-19", de 03 de julho de 2020, no site da Reuters. Disponível em: https://www.reuters.com/article/alimentos-jbs-brf-idBRKBN2442DA-OBRBS; Acessado em 10 de janeiro de 2021.

[19] Conforme noticiado em mídia local, como a matéria Disponível em: "Funcionários de frigoríficos são 65% dos casos de coronavírus em Dourados", de 16 de junho de 2020, veiculada pelo site Campo Grande News. Disponível em https://www.campograndenews.com.br/cidades/interior/funcionarios-de-frigorificos-sao-65-dos-casos-de-coronavirus-em-dourados>; Acessado em 20 de janeiro de 2021.

[20] Mano, Ana. **Alimentos-jbs-bf**: testes em massa em fábricas da jbs e brf em cidade do centro-oeste revelam mais de 1.000 casos de covid-19. Testes em massa em fábricas da JBS e BRF em cidade do Centro-Oeste revelam mais de 1.000 casos de Covid-19. 2020. Reportagem R7. Disponível em: https://noticias.r7.com/economia/testes-em-massa-em-fabricas-da-jbs-e-brf-em-cidade-do-centro-oeste-revelam-mais-de-1000-casos-de-covid-19-03072020. Acesso em: 22 jan. 2021.

[21] Idem.

Para além das indenizações, os trabalhadores pleiteiam a implementação de medidas de prevenção ao contágio mais aguerridas, com a busca diária por funcionários contaminados e o afastamento imediato daqueles que integram o grupo de risco, que segundo seus relatos, permanecem trabalhando normalmente até a confirmação do diagnóstico.

Ainda, tendo-se em conta que a saúde é reconhecida como um direito humano, e com os migrantes agora identificados como um grupo que merece especial tutela, também no âmbito do trabalho, as empresas devem adotar e estabelecer padrões e procedimentos para promoção e proteção não apenas da saúde dos trabalhadores migrantes, mas de sua família imediata.

Neste ponto, cumpre observar que os documentos de orientação e a portaria com regras de higiene não mencionam, em nenhum momento, medidas a serem tomadas em relação aos familiares dos trabalhadores ou mesmo orientações para descontaminação na chegada ao ambiente doméstico. A contaminação ocorrida dentro da empresa vai além das fronteiras das relações desenvolvidas dentro de suas fronteiras. Prova disso é a correlação entre o aumento de casos de infecção nas Aldeias Indígenas da região de Dourados, através de trabalhadores que foram infectados durante seu período laboral na JBS[22]. Há notícias, ainda, do falecimento de familiares dos trabalhadores da planta da JBS em Dourados[23].

Tampouco se apresenta uma política clara e declarada de proteção especial aos grupos de maior vulnerabilidade. No caso dos imigrantes e

[22] Neste ponto, o pesquisador Cássio Knapp está desenvolvendo um estudo, buscando averiguar se há correlação entre os fatos, como se relata em entrevista concedida pelo historiador ao Instituto Humanitas Unisinos, com a chamada "Casos de covid-19 em frigorífico da JBS ameaçam Reserva Indígena de Dourados, MS. Entrevista especial com Cássio Knapp", veiculada em 02 de junho de 2020. Disponível em: http://www.ihu.unisinos.br/159-noticias/entrevistas/599532-casos-de-covid-19-em-frigorifico-da-jbs-ameacam-reserva-indigena-de-dourados-entrevista-especial-com-cassio-knapp; Acessado em 10 de janeiro de 2021.

[23] SANCHEZ, Izabela. **Venezuelano que perdeu esposa para covid-19 trabalha em frigorífico**: Ele trabalha na JBS e, sem sintomas, foi afastado temporariamente para que não corra risco de aumentar transmissão na empresa. 2020. Campo Grande News. Disponível em: https://noticias.r7.com/economia/testes-em-massa-em-fabricas-da-jbs-e-brf-em-cidade-do-centro-oeste-revelam-mais-de-1000-casos-de-covid-19-03072020. Acesso em: 22 jan. 2021.

refugiados, por exemplo, seria recomendável que fossem disponibilizadas cartilhas e informações em sua língua de origem, garantindo a compreensão das informações e orientações, ampliação das ações informativas aos grupos familiares, dentre outras. Não se tem registro de tais iniciativas.

Assim, não obstante identifique-se uma tentativa de instrumentalizar o dever de proteger os Direitos Humanos por parte do Estado Brasileiro e o dever de respeitar os Direitos Humanos por parte das Empresas, a ausência de determinações mais explicitas quanto a extensão e natureza das medidas que devem ser adotadas, bem como de uma rigorosa fiscalização do poder público, levaram a uma gestão pouco eficiente dos controles da pandemia do Covid-19 por parte das empresas frigoríficas, possuindo especiais implicações na vida dos migrantes venezuelanos integrados pela Operação Acolhida.

Conclusões

Do exposto, observa-se que as empresas parceiras do programa Operação Acolhida, em especial a Transnacional Brasileira JBS, se esforçaram para proteger seus trabalhadores, oferecendo apoio e orientações básicas nas cadeias de suprimentos, bem como adotaram algumas medidas para apoiar os esforços globais para combater o vírus. Muitas das etapas são exemplares.

Infelizmente, no entanto, a complexidade da situação posta, aliada as orientações genéricas e pouco técnicas do poder público, resultaram em políticas de contenção de resultados pouco eficientes, especialmente quando se tem em conta a notícia de contaminação de familiares migrantes e comunidades indígenas a partir da dinâmica de trabalho da indústria frigorífica – empresa esta que atualmente possui a maior receita em todo o país, ultrapassando, inclusive, a estatal Petrobrás.

De se lamentar, ainda, que as empresas e o próprio Poder Público não tenham apresentado, com a clareza necessária, os dados sobre a contaminação e medidas adotadas para a proteção integral dos imigrantes interiorizados a partir da Operação Acolhida. Tais dados são fundamentais para que se compreenda como o vírus afetada esta população, permitindo a construção de políticas públicas assertivas a partir de metodologias de diagnóstico.

É fundamental que as políticas de devida diligência das transnacionais olhem para a população migrante a partir de um prisma próprio, que considere as suas vulnerabilidades e particularidades, substituindo a visão globalizante que acaba por mascarar os problemas enfrentados por esta população.

Outro ponto que deve ser fortalecido é a própria atuação da empresa na transparência e divulgação dos dados e resultados alcançados com tais projetos. No presente caso, verificou-se uma ausência de engajamento das empresas na publicação dos dados envolvendo as contratações realizadas via Operação Acolhida.

Referências

ABRAMS, Rachel. SILVER-GREENBERG, Jessica. Terrified Package Delivery Employees are Going to Work Sick. New York: New York Times, 21 de março de 2020. Disponível em: https://www.nytimes.co / 02 / / / usines / oronavirus--ups-fedex-xpo-workers.html (acessado em 10 de maio de 2020). In: TRIPATHI, Salil. Companies, COVID-19 and Respect for Human Rights. **Business And Human Rights Journal,** [S.L.], v. 5, n. 2, p. 252-260, 8 jun. 2020. Cambridge University Press (CUP). http://dx.doi.org/10.1017/bhj.2020.16.

Alto Comisionado de las Naciones Unidas para los Refugiados (ACNUR), ACNUR: Nota de orientación sobre el flujo de venezolanos. 2018, Marzo 2018. Disponível em: <https://www.refworld.org.es/docid/5aa076f74.html>; Acessado em 20 de janeiro de 2021

Alto-comissariado das Nações Unidas para os Refugiados (ACNUR). Programa de Interiorização. Disponível em: <https://help.unhcr.org/brazil/programa--de-interiorizacao/>; Acessado em 20 de dezembro de 2020.

AMO-AGYEI, Silas. **The migrant pay gap**: Understanding wage differences between migrants and nationals. Organização Internacional do Trabalho. Disponível em: https://www.ilo.org/wcmsp5/groups/public/---ed_protect/---protrav/---migrant/documents/publication/wcms_763803.pdf. Acesso em

BRASIL (Ministério da Agricultura, Pecuária e Abastecimento; Ministério da Saúde). Orientações gerais para frigoríficos em Razão da Pandemia do COVID-19. Disponível em: https://www.gov.br/agricultura/pt-br/campanhas/mapa-contracoronavirus/documentos/manual-orientacoes-gerais-para-frigorificos--em-razao-da-pandemia-da-covid-19. Acesso em 19 jan 2021.

CANTU, Humberto Rivera. **Derechos humanos y Empresas**: Reflexiones desde América Latina. San José: Instituto Interamericano de Derechos Humanos, 2017, p.70.

CAVALCANTI, L; OLIVEIRA, T; FURTADO, A; DICK, P; QUINTINO, F; MACEDO, M. Acompanhamento de fluxo e empregabilidade dos imigrantes no Brasil: Relatório Mensal do OBMigra Ano 1, Número 4, abril de 2020/ Observatório das Migrações Internacionais; Brasília, DF: OBMigra, 2020.

Comissão Europeia. Overcrowded Reception Centres and Informal Settlements Make Migrants Vulnerable to Covid-19. 17 mar. 2020. Disponivel em: https://ec.europa.eu/migrant-integration/news/overcrowded-reception-centres-andinformal-settlements-make-migrants-vulnerable-to-covid-19. Acesso em 12 dez 2020.

Efing, Antônio Carlos Efing. Bertholdi, Juliana. **A importância sistêmica da proteção da consumidora superendividada**: a necessária aprovação do projeto de lei nº 3.515/2015 no cenário pós Covid-19. Revista Eletrônica de Direito do Centro Universitário Newton Paiva. Dossiê Especial de Covid-19, N. 43, jan/abr. 2021.

Heck, Fernando Mendonça; Nascimento Júnior, Lindberg; Ruiz, Roberto Carlos; Menegon, Fabrício Augusto. **Os territórios da degradação do trabalho na região sul e o arranjo organizado a partir da Covid-19**: A centralidade dos frigoríficos na difusão espacial da doença. Metodologias e Aprendizado, v. 3, p. 54-68; 20 jun. 2020.

Instituto Brasileiro de Geografia e Estatística (IBGE). Cidades e Estados: Pacaraima (RO). Disponível em: https://www.ibge.gov.br/cidades-e-estados/rr/pacaraima.html; Acessado em 10 de janeiro de 20221.

Ministério da Economia/Secretaria Especial de Previdência e Trabalho. Portaria Conjunta n. 19, de 18 de junho de 2020. Estabelece as medidas a serem observadas visando à prevenção, controle e mitigação dos riscos de transmissão da Covid-19 nas atividades desenvolvidas na indústria de abate e processamento de carnes e derivados destinados ao consumo humano e laticínios. Brasília, 2020.

Mondardo, Marcos. Povos indígenas e comunidades tradicionais em tempos de pandemia da Covid-19 no Brasil: estratégias de luta e r-existência. In: **Finisterra**, Lisbia, v. 55, n. 115, p. 81-88, jul. 2020. Disponível em: https://revistas.rcaap.pt/finisterra/article/view/20364. Acesso em: 18 jan. 2021.

Novaes, Marina. Mascarando a miséria: a pandemia de covid-19 e as (os) trabalhadoras (es)migrantes da indústria da moda de São Paulo. São Paulo: **Business & Human Rights Resouce Centre**, 2020. 24 p. Disponível em: https://media.business-humanrights.org/media/documents/mascarando_a_miseria_FINAL_AGXfBsi.pd f. Acesso em: 17 jan. 2021.

Olsen, Ana Carolina Lopes; Pamplona, Danielle Anne. **Violações à Direitos Humanos por Empresas Transnacionais Na América Latina**: perspectivas de responsabilização. Revista Direitos Humanos e Democracia, [S.L.], v. 7, n. 13, p. 129-151, 13 set. 2019. Editora Unijui. http://dx.doi.org/10.21527/2317-5389.2019.13.129-151, p. 131.

OMS. Coronavirus Disease (Covid-19) **Technical Guidance**: Infection Prevention and Control / Wash, 2020. Disponível em: https://www.who.in/mergencie/isease/ovel-coronavirus-201/echnical-guidanc/nfection-prevent-and-control. Acesso em 19 jan 2021.

ONU. Princípios Orientadores de Empresas e Direitos Humanos. Disponível em: https://www.gov.br/mdh/pt-br/assuntos/noticias/2019/outubro/Cartilha_versoimpresso.pdf. Acesso em 19 jan 2021.

Operação Acolhida. Ministério da Justiça e Segurança Pública. Brasil – Migração Venezuelana – 2017/2019. Disponível em: https://www.gov.br/acolhida/restapi/sites/default/files/image_1_1596327592.pdf; Acessado em 20 de dezembro de 2020.

Operação Acolhida. Ministério da Justiça e Segurança Pública. Histórico: Interiorização. Disponível em: https://www.gov.br/acolhida/historico/; Acessado em 20 de dezembro de 2020.

Operação Acolhida. Ministério da Justiça e Segurança Pública. Venezuelanos no Brasil: Integração no Mercado de Trabalho e Acesso a Redes de Proteção Social. Disponível em: https://www.gov.br/acolhida/restapi/sites/default/files/image_1_1596325390_0.pdf; Acessado em 20 de dezembro de 2020.

Operação Acolhida. Subcomitê Federal para Interiorização dos Imigrantes. Deslocamentos assistidos de Venezuelanos. Brasil, junho de 2020. Disponível em: http://blog.mds.gov.br/redesuas/wp-content/uploads/2020/03/Informe-de-Interioriza%C3%A7%C3%A3o-_-Janeiro-de-2020-002.pdf; Acessado em 20 de janeiro de 2021.

Peixoto, João. Comunidade – Coletivo de Migrantes. In: Cavalcanti, Leonardo; Botega, Tuíla; Tonhati, Tânia; Araújo, Dina (Orgs.). **Dicionário Crítico de Migrações Internacionais**. Brasília: Editora Universidade de Brasília, 2017.

Pires, Julia Stefanello. **Migrantes Vulneráveis e o Trabalho como Direito Humano**: o caso do Mato Grosso do Sul. Dissertação (Mestrado em Fronteiras e Direitos Humanos – UFGD): Dourados, 2019.

Polidoro, M. et al. Territories Under Siege: Risks of the Decimation of Indigenous and Quilombolas Peoples in the Context of Covid-19 in South Brazil. J. **Racial and Ethnic Health Disparities**, 2020. Disponível em: https://doi.org/10.1007/s40615-020-00868-7. Acesso em 18 jan. 2021.

Semagro. Contas Regionais – Produto Interno Bruto do Mato Grosso do Sul (2010-2016). Campo Grande, MS: Semagro, 2017. Disponível em: http://www.semagro.ms.gov.br/wp-content/uploads/2018/11/PIB-MS2010-2016.pdf; Acessado em 20 de dezembro de 2020.

Tripathi, Salil. Companies, Covid-19 and Respect for Human Rights. Business And Human Rights Journal, [S.L.], v. 5, n. 2, p. 252-260, 8 jun. 2020. Cambridge University Press (CUP). http://dx.doi.org/10.1017/bhj.2020.16.

8. DIREITOS HUMANOS E EMPRESAS: UMA ANÁLISE DO FENÔMENO DE "CONVENCIONALIZAÇÃO" A PARTIR DA JURISPRUDÊNCIA DA CORTE IDH[1]

Mônia Clarissa Hennig Leal
Sabrina Santos Lima

Introdução

O Sistema Interamericano de Proteção aos Direitos Humanos estruturou-se em um contexto em que se passou a valorizar e a reconhecer a necessidade de garantia e proteção de direitos humanos em nível internacional. A Corte Interamericana (Corte IDH), órgão que compõe o aparato institucional do Sistema conjuntamente com a Comissão Interamericana, destaca-se pelas funções que exerce: a consultiva e a juris-

[1] Este artigo foi realizado com apoio da Coordenação de Aperfeiçoamento de Pessoal de Nível Superior (CAPES) – Brasil – Código de Financiamento 001, e é resultante das atividades do projeto de pesquisa ""Fórmulas" de aferição da "margem de apreciação do legislador" (*Beurteiligungsspielraum des Gesetzgebers*) na conformação de políticas públicas de inclusão social e de proteção de minorias pelo Supremo Tribunal Federal e pela Corte Interamericana de Direitos Humanos", financiado pelo CNPq (Edital Universal – Edital 14/2014 – Processo 454740/2014-0) e pela FAPERGS (Programa Pesquisador Gaúcho – Edital 02/2014 – Processo 2351-2551/14-5), coordenado pela Professora Pós-Doutora em Direito Mônia Clarissa Hennig Leal. A pesquisa é vinculada ao Grupo de Pesquisa "Jurisdição Constitucional aberta" (CNPq) e desenvolvida junto ao Centro Integrado de Estudos e Pesquisas em Políticas Públicas – CIEPPP (financiado pelo FINEP) e ao Observatório da Jurisdição Constitucional Latino-Americana (financiado pelo FINEP), ligados ao Programa de Pós-Graduação em Direito – Mestrado e Doutorado da Universidade de Santa Cruz do Sul – UNISC.

dicional. Com relação à última, é possível dizer que a primeira barreira enfrentada foi a necessidade de ruptura do argumento da violação da soberania estatal, que decorreria de uma possível condenação da Corte IDH e da determinação de implementação de medidas internas.

Superada essa questão, outro ponto que merece ser enfrentado é a necessidade de vinculação, também, das empresas, na tarefa de proteção e respeito aos direitos humanos, no contexto do Direito Internacional, tratando-se de um tema ainda timidamente discutido no âmbito acadêmico e mesmo jurisprudencial. Diante desse contexto, o problema que se propõe para o presente artigo consiste em analisar as sentenças proferidas pela Corte IDH que abarcam, ainda que de forma indireta, o tema dos "direitos humanos e empresas", em especial o "Caso Lagos del Campo vs. Perú" e o "Caso Empregados da Fábrica de Fogos de Santo Antônio de Jesus e seus Familiares vs. Brasil", procurando-se identificar se há medidas direcionadas a empresas ou entes privados, qual a sua natureza e os fundamentos utilizados para tanto, a fim de se identificar se é possível falar-se, ainda que de forma implícita, em "empresas e direitos humanos" no âmbito da Corte Interamericana de Direitos Humanos.

A temática mostra-se relevante e estratégica, pois propõe-se a analisar a possibilidade de vinculação das empresas, direta ou indiretamente, no respeito e na garantia de direitos humanos no cenário do Sistema Interamericano de Proteção aos Direitos Humanos. A partir da construção de um aporte teórico aliado à análise jurisprudencial, faz-se possível construir e avançar nessa temática, pretendendo-se ter, cada vez mais presentes, todos os agentes sociais (Estado, sociedade civil e entes privados) na árdua tarefa de garantir e respeitar os direitos humanos.

Para a elaboração e construção do trabalho utiliza-se o método de abordagem dedutivo, o método procedimental analítico e a técnica da documentação indireta. Assim, em um primeiro momento contextualiza-se o cenário do Direito Internacional dos Direitos Humanos e a evolução jurisprudencial da Corte Interamericana de Direitos Humanos (Corte IDH). Após, trabalha-se com a possibilidade de vinculação das empresas ao Direito Internacional, sob o paradigma da dimensão objetiva e da eficácia horizontal dos direitos humanos como fundamentos para a ocorrência de um fenômeno de "convencionalização" do direito privado. E, por fim, analisa-se o Caso Lagos del Campo vs. Perú e o Caso Empregados da Fábrica de Fogos de Santo Antônio de Jesus e seus Familiares vs. Brasil, no intuito de se verificar o posicionamento da Corte IDH com relação à temática, bem como se é possível se falar, ainda que indiretamente, de "empresas e direitos humanos", no Sistema Interamericano de Proteção.

1. O Direito Internacional dos Direitos Humanos e a evolução jurisprudencial da Corte IDH

A Segunda Guerra Mundial, ocorrida entre os anos de 1939 e 1945, trouxe consigo, em razão da extrema violação de direitos humanos, a noção da necessidade de sua proteção e garantia sob uma perspectiva não apenas constitucional, mas também em nível internacional, ensejando a formalização de Convenções e de Tratados sobre a temática, que passou a ser inserida na agenda do direito internacional (Alcalá, 2000).

O termo "direitos humanos" não possui um conceito unívoco, de modo que Alcalá (2000), por exemplo, assevera que são os direitos reconhecidos e garantidos pelo direito internacional. Pérez Luño, por sua vez, coloca que são direitos pertencentes às pessoas e "[...] que, en cada momento histórico, concretan las exigencias de la dignidad, la libertad y la igualdad humanas, las cuales deben ser reconocidas por los ordenamientos jurídicos a nível nacional e internacional" (Pérez Luño, 2003. p. 48). Contudo, fato é que a noção de necessidade de proteção e garantia dos direitos humanos vem se fortalecendo e se expandindo com o passar dos anos, ultrapassando o nível interno, vinculando Estados e, agora, firmando terreno, ainda que timidamente, na seara privada, refletindo na atividade empresarial.

Em 1945, com o término oficial da Segunda Guerra, foi criada a Organização das Nações Unidas (ONU), a qual, no dia 10 de dezembro de 1948, promulgou a Declaração Universal dos Direitos Humanos (DUDH), principal documento que rege o Sistema Global de Proteção (Leite, 2011) aos Direitos Humanos[2], sendo que "dicha declaración es la primera en la historia de la humanidad que teniendo como fundamento la dignidad de la persona humana fue elaborada y aprobada con um alcance y validez universal" (Alcalá, 2000. p. 8).

[2] Cabe lembrar aqui que a Declaração Americana dos Direitos e Deveres do Homem foi aprovada antes, inclusive, da Declaração Universal, também no ano de 1948. Comparato, Fábio Konder. *A afirmação histórica dos direitos humanos*. 2. ed. São Paulo: Saraiva, 2001.

Dessa forma estruturou-se o Sistema Global de Proteção aos Direitos Humanos, que teve como órgão fundador a Organização das Nações Unidas (ONU), sendo o principal documento jurídico que o rege a Declaração Universal de Direitos Humanos, associado a uma série de outros tratados e convenções que reforçam e complementam a ideia de proteção do Sistema.

Aliado a isso, de forma também complementar, foram-se originando sistemas regionais de proteção, em razão das particularidades e diferenças econômicas, sociais, históricas, culturais e políticas de cada local, configurando-se, nessa linha, os sistemas europeu, interamericano e africano de proteção aos direitos humanos[3]. Assim, conforme bem pontua Correia,

> essa distribuição visa a fortalecer os direitos humanos em dois níveis de garantias: o primeiro abrange todas as nações, enquanto que o sistema regional se fortalece pela maior homogeneidade cultural e institucional de seus membros (Correia, 2008, p. 69-70).

O Sistema Interamericano de Proteção aos Direitos Humanos, nesse contexto, está inserido em um cenário em que se prega a garantia e a busca pela efetividade de direitos humanos e, em última análise, da dignidade da pessoa humana. A origem data de 1948, com a criação da Organização dos Estados Americanos (OEA) e, também, com a promulgação da Declaração Americana dos Direitos e Deveres do Homem. Consolidou-se, na sequência, com a Convenção Americana sobre Direitos Humanos (Pacto de San José da Costa Rica), em 1969, e com a estruturação do seu aparato institucional formado pela Comissão e pela Corte Interamericana de Direitos Humanos (Quiroga, 2007).

Percebe-se, assim, que o direito internacional vem se integrando ao direito interno (Alcalá, 2000), em vista dos fenômenos recíprocos de "internacionalização do direito constitucional" e de "constitucionalização do direito internacional", orientando determinadas atuações através, por exemplo, de opiniões consultivas emitidas pela Corte Interame-

[3] Alguns autores falam da existência de um sistema árabe e de um sistema asiático, entretanto, até o presente momento nenhum foi de fato implementado. Correia, Theresa Rachel Couto. *Corte Interamericana de Direitos Humanos*: repercussão jurídica das opiniões consultivas. Curitiba: Juruá, 2008.

ricana, de informes realizados pela Comissão, de sentenças proferidas pela Corte, relatórios anuais, dentre outros mecanismos. Desse modo, os Estados pertencentes à Organização dos Estados Americanos (OEA) e ao Sistema Interamericano de Proteção propriamente dito encontram-se vinculados a essas determinações, em respeito aos princípios da boa-fé e do *pacta sunt servanda* (Cavallo, 2017, p. 425-483), sem que isso resulte em ofensa ao princípio da soberania. Caminha-se, portanto, em direção a uma proteção multinível de direitos (Vergottini, 2011), que vem se consolidando e se fortalecendo no cenário da América Latina.

Essa vinculação[4] dá-se tanto com relação às sentenças condenatórias específicas de determinado Estado, quanto com relação aos estándares interpretativos e normativos firmados pela Corte Interamericana (Arroyo, 2016), na condição de intérprete autêntica e última da Convenção Americana, e pelo *corpus iuris intermamericano*. Diante de tal conjuntura, fala-se no exercício de um controle de convencionalidade, que é justamente a ideia de controle dos atos internos (normativos e concretos), para que estejam em conformidade com os parâmetros fixados pelo Sistema Interamericano e para que se coadunem com a lógica de proteção de direitos humanos estabelecida em nível internacional (Hardman, 2018, p. 207-229). Assim, tal controle pode ser definido como "una garantía destinada a obtener la aplicación armónica del derecho vigente" (Albanese, 2008, p. 15).

Seguindo essa lógica, pautada na proteção multinível de direitos[5], na procura pela proteção máxima dos direitos humanos e fundamentais, na integração e diálogo entre direito internacional e direito interno, na eficácia irradiante desses direitos e até mesmo em razão da sua dimensão objetiva, a construção jurisprudencial do Sistema "se comenzara a aplicar gradualmente en las decisiones de los tribunales constitucionales y las cortes supremas nacionales, y en los últimos tiempos, aun de manera

[4] Essa ideia foi desenvolvida, inicialmente, no caso Cabrera García y Montiel Flores vs. México. Ver: Corte Interamericana de Direitos Humanos. *Caso Cabrera García y Montiel Flores vs. México*: sentencia de 26 de noviembre de 2010 (excepción preliminar, fondo, reparaciones y costas). San José da Costa Rica, 2010. Disponível em: <http://www.corteidh.or.cr/docs/casos/articulos/seriec_220_esp.pdf>. Acesso em: 12 nov. 2020.

[5] Para maior referência sobre o tema, ver: Galindo, G. R. B.; Urueña, R.; Pérez, A. T. *Protección multinivel de derechos humanos*. Barcelona: Red de Derechos Humanos y Educación Superior, 2013.

más débil, en la formulación de algunas políticas estatales" (Abramovich, 2009, p. 7), principalmente nos casos que envolvem grupos em situação de vulnerabilidade.

Inicialmente, o Tribunal de San José adotava uma lógica notadamente repressiva e reparatória, reconhecendo, nas suas sentenças, a violação do direito (quando assim fosse o caso) e determinando, consequentemente, a devida reparação, em geral pecuniária. Verificou-se, contudo, ao longo do tempo, uma tendência de mudança de postura por parte da Corte Interamericana nesse sentido, e também de alguns tribunais nacionais e internacionais[6], principalmente a partir dos anos 2000 (Rojas, 2018, p. 125-145), sobretudo em razão de que "en los últimos años se ha ido consolidando en el SIDH una agenda vinculada a los problemas derivados de la desigualdad y la exclusión social" (Abramovich, 2009, p. 17), que é o cenário principal quando se fala na utilização de sentenças de caráter estruturante. Assim, para além de determinar a reparação das vítimas do caso concreto, a Corte Interamericana passou a adotar uma lógia estruturante, passando a fixar, também, "um cuerpo de principios y estándares" (Abramovich, 2009, p. 10), fortalecendo e aperfeiçoando o sistema de proteção aos direitos humanos.

Essa nova postura se consubstancia, por sua vez, nas chamadas sentenças estruturantes, isto é, nas macro-sentenças, as quais podem ser definidas como sentenças que abarcam uma lógica preventiva e de proibição de repetição da violação (garantias de não-repetição) (Osuna, 2015, p. 91-117), trazem em seu bojo a necessidade de implementação de medidas capazes de modificar uma situação estrutural de violação, quer dizer, de violação massiva e repetitiva de direitos (Abramovich, 2009, p. 13-14), sendo que "la negación de sentencias estructurales dejaría, y deja, muchas situaciones de clara violación de derechos humanos sin solución" (Ferrand, 2015, p. 117-124). Desse modo, de forma recorrente, se vê a determinação de formulação, aperfeiçoamento ou imple-

[6] Cita-se, como exemplo, o Tribunal Constitucional da Colômbia, referência na adoção de sentenças de caráter estruturante. Sobre o tema, ver: Osuna, Néstor. Las sentencias estructurales. Tres ejemplos de Colombia. In: Bazán, Víctor. *Justicia Constitucional y Derechos Fundamentales*: la protección de los derechos sociales – las sentencias estructurales. Bogotá: Fundación Konrad Adenauer, 2015. p. 91-117. E como exemplo de tribunal internacional que adota essa lógica de sentenciar, aponta-se o Tribunal Europeu de Direitos Humanos, através das chamadas "sentenças piloto".

mentação de políticas públicas[7], com o objetivo de prevenir que novas violações no mesmo sentido voltem a ocorrer, bem como com o objetivo de instituir mudanças institucionais (com foco nos Poderes Públicos) e/ ou culturais (com foco na sociedade), refletindo, pois, para além do caso levado ao conhecimento da Corte (LEAL, 2016, p. 288-289).

Pode-se definir, a partir dessa perspectiva, que as sentenças estruturantes são "decisiones adoptadas por el máximo tribunal constitucional para contribuir al adecuado y eficiente funcionamiento del Estado, respetando y maximizando la protección efectiva de los derechos humanos de los ciudadanos" (PÉREZ, 2014, p. 92). A adoção dessa modalidade de sentença se mostra útil e necessária quando se está diante de um panorama em que se verifica uma violação sistemática e repetitiva de direitos, configurando uma situação de violação estrutural, em que o Estado não cumpre com o seu dever de proteção, isso porque passa a agir de forma violadora, quando deveria mostrar uma atitude omissa, ou quando deveria de fato atuar e assim o faz, porém de forma ineficaz e ineficiente (LEAL, 2016, p. 287-300). Desse modo, ao estar diante de uma situação dessa natureza, faz-se necessária a adoção de medidas que venham a modificar os padrões em vigor, trabalhando para a promoção e proteção dos direitos violados, lógica essa que vem sendo adotada pela Corte Interamericana, conforme se verá (ROJAS, 2015, p. 128).

A adoção de ações nesse sentido promove, ao fim e ao cabo, tanto mudanças institucionais, conforme já referido – através de medidas legislativas, modificação, reestruturação e implementação de políticas públicas – como mudanças culturais, através, por exemplo, da educação para a promoção e proteção de direitos humanos, o que irá refletir e contribuir para a superação das raízes e causas que deram origem às violações estruturais (ROJAS, 2015, p. 128-129).

[7] Osuna pontua a existência de críticas com relação às sentenças de caráter estruturante, críticas essas que se desenvolvem com relação ao Tribunal Constitucional da Colômbia, colocando que "persisten las posturas que descalifican este tipo de sentencias por argumentos tradicionales: falta de legitimidad democrática de los tribunales, ruptura del principio de separación de poderes, tiranía judicial". OSUNA, Néstor. Las sentencias estructurales. Tres ejemplos de Colombia. In: BAZÁN, Víctor. *Justicia Constitucional y Derechos Fundamentales*: la protección de los derechos sociales – las sentencias estructurales. Bogotá: Fundación Konrad Adenauer, 2015. p. 91-117. p. 114.

Disso se pode concluir, ainda, que um dos maiores desafios do Sistema Interamericano de Proteção aos Direitos Humanos, especialmente da Corte Interamericana, se consubstancia na pretensão de firmar estándares e padrões comportamentais aos Estados que compõem o Sistema, guiando-os e, quando necessário, impondo medidas para que caminhem em direção à erradicação das violações massivas que assolam determinados grupos, em especial os marginalizados (Abramovich, 2009, p. 17). As obrigações conferidas aos Estados podem, portanto, consistir em mudanças de políticas existentes, "reformas legales, la implementación de procesos participativos para formular nuevas políticas públicas, y muchas veces en la reversión de ciertos patrones de comportamiento que caracterizan el accionar de ciertas instituciones del Estado" (Abramovich, 2009, p. 13).

Uma vez estabelecidas essas premissas, parte-se, na sequência, para o enfrentamento da análise da possibilidade de vinculação das empresas ao direito internacional, adotando-se como parâmetro o paradigma da dimensão objetiva e da eficácia horizontal dos direitos humanos, bem como considerando-se os documentos jurídicos internacionais promulgados sobre a temática, bem como a evolução jurisprudencial da Corte Interamericana de Direitos Humanos nesse sentido, que atua na condição de guardiã e intérprete autêntica da Convenção Americana.

2. A vinculação das empresas ao Direito Internacional sob o paradigma da dimensão objetiva e da eficácia horizontal dos Direitos Humanos

Infere-se, a partir do exposto, que a proteção e a garantia dos direitos humanos no contexto do Direito Internacional vêm avançando e se reforçando, vinculando os Estados de forma robusta, os quais se veem impelidos a respeitar o que se convencionou chamar de *corpus iuris* interamericano, a cumprir com as determinações da Corte Interamericana de Direitos Humanos, e a observar as diretrizes, orientações e recomendações emitidas pela Comissão e demais organismos internacionais de proteção aos direitos humanos (Casal, 2017, p. 365-388). Há que se voltar os olhos, contudo, também para outros atores que atuam no palco das violações de direitos humanos: as empresas. O tema é relativamente recente e vem sendo desenvolvido, paulatinamente, no intuito de fomentar o debate acerca da viabilidade de vinculação dos entes privados no que tange à proteção dos direitos humanos, notadamente no contexto do direito internacional.

Certo é que a competência inicialmente pensada para a Corte Interamericana de Direitos Humanos está delimitada e restrita às ações e omissões estatais, de modo que as medidas impostas pelo Tribunal se destinavam exclusivamente aos Estados, evidenciando uma perceptiva estatocêntrica (Fachin, 2020, p. 324-339) no que tange ao tema da violação de direitos humanos em nível internacional. Muito embora o solo não se mostre tão fértil para o cultivo da vinculação dos entes privados na questão trabalhada, alguns avanços já foram feitos e merecem ser aqui analisados.

O primeiro ponto a ser trabalhado refere-se à dupla dimensão conferida aos direitos humanos e fundamentais: objetiva e subjetiva. É a partir da dimensão objetiva que se fez – e ainda se faz – possível o fortalecimento de sua proteção. Enquanto a dimensão subjetiva está conectada com a ideia de faculdade de cada indivíduo em exigir, judicialmente, a garantia de um direito, a dimensão objetiva ultrapassa a esfera individual, estendendo-se para a coletividade, isto é, ela irradia para a coletividade (sociedade, Estado e âmbito privado) a noção de proteção e garantia de direitos humanos e fundamentais, de modo que todos se veem impelidos a cumprir e preservar os direitos assegurados pelos dispositivos legais, supralegais e constitucionais Canotilho, 1992, p. 544).

Está se falando, pois, de uma dimensão que traz diretrizes e programas a serem seguidos, de modo que "uma norma vincula um sujeito em termos objectivos quando fundamenta deveres que não estão em relação com qualquer titular concreto" (Canotilho, 1992, p. 544). Da mesma forma, assevera Leal que

> [...] a dimensão objetiva atribuída aos direitos fundamentais, decorrente da idéia (sic) de que estes incorporam e expressam determinados valores objetivos fundamentais da comunidade, traz consigo a constatação de que eles – mesmo os clássicos direitos de defesa – devem ter a sua eficácia valorada não só sob um ângulo individualista, isto é, não com base apenas em sua posição perante o Estado, mas também sob o ponto de vista social, da comunidade em sua totalidade (Leal, 2007, p. 68).

Nessa linha, cabe referir que o reconhecimento de uma dimensão objetiva aos direitos humanos e fundamentais é relativamente recente, tendo origem a partir de um caso submetido ao *Bundesverfassungsgericht* (Tribunal Constitucional Alemão), conhecido como caso *Lüth*, julgado no ano de 1958 (Leal, 2020, p. 51).

Na decisão, firmou-se o entendimento de que o respeito aos direitos fundamentais deve ser observado não apenas pelo Estado, mas também pelos particulares, isto é, os direitos fundamentais não são oponíveis somente nas relações entre Estado e indivíduo, mas também nas relações entre privados, de modo que os valores objetivos abarcados pela Constituição (Lei Fundamental) se irradiam para todas as esferas do direito (Feldens, 2008). Assim, a dimensão objetiva fortalece ainda mais a proteção e garantia desses direitos, como bem pontua Alcalá, ao afirmar que "la función de los derechos como principios objetivos constituuye un reforzamiento de la fuerza de validez de ellos en cuanto derechos subjetivos" (Alcalá, 2000, p. 54).

Assim, a partir do reconhecimento de uma ordem objetiva de valores, consubstanciada na irradiação dos direitos humanos e fundamentais para todas as esferas do Direito, bem como a partir da conscientização dos Estados no que tange à necessidade de garantia de direitos humanos e da dignidade da pessoa humana propriamente dita, desenvolve-se um movimento de "internacionalização dos direitos humanos", surgindo organismos internacionais e promulgando-se documentos internacionais com o fim de vincular os Estados a essa noção de proteção e garantia (Proner, 2002)· conforme anteriormente visto. Paralelamente, tendo como pano de fundo o reconhecimento da eficácia horizontal dos direitos fundamentais, ganha força o fenômeno da "constitucionalização do direito privado", cenário em que as questões de direito privado passaram a ser analisadas a partir das lentes dos direitos fundamentais e do direito constitucional.

Alinhada à dimensão objetiva dos direitos fundamentais, consolidou-se o conceito do "dever de proteção estatal" (*Schutzpflicht des Staates*), consubstanciado na ideia de que cabe ao Estado assegurar e proteger, em todos os níveis, os direitos fundamentais, atuando inclusive positivamente, de maneira a assegurar e criar as condições necessárias à sua concretização, bem como preventiva, no sentido de evitar potenciais riscos ou ameaças à sua fruição. Tal dever de proteção, ressalta-se, acaba por produzir reflexos também nas relações privadas, pois

> [...] os efeitos de proteção extrapolam a relação indivíduo-Estado, ou seja, a incidência acaba por ter reflexo nas próprias relações entre privados, de

modo que o dever de proteção deve ser interpretado como um dever estatal em suas relações com os indivíduos, e, principalmente, como um dever de proteção estatal dos direitos fundamentais nas relações privadas (LEAL, 2020, p. 80).

No âmbito interno, portanto, muito já se evoluiu acerca da vinculação das empresas na proteção e garantia de direitos fundamentais. O mesmo não ocorre, contudo, no Direito Internacional, onde, ainda, somente os Estados figuram como sujeitos passivos, sendo condenados pelas violações de direitos humanos (BARROS, 2018, p. 87-99). Nesse contexto, questionam-se os seguintes pontos: qual o posicionamento adotado pela Corte Interamericana de Direitos Humanos quanto à possibilidade de determinação de implementação de medidas a serem adotadas por empresas? E, por fim: é possível falar-se em "convencionalização do direito privado"?

Na Opinião Consultiva 18/2003 (CIDH, 2003), foi ventilada a questão da responsabilidade de terceiros pela violação de direitos humanos, a partir da noção de eficácia horizontal dos direitos humanos, tendo sido destacado pelo juiz Hernán Salgago Pesantes que

> 17. [...] um ponto de particular importância neste Parecer Consultivo é o de estabelecer claramente a **eficácia dos direitos humanos frente a terceiros, em uma concepção horizontal**. Estes aspectos, como se sabe, foram amplamente desenvolvidos pela doutrina alemã (Drittwirkung) e resgatados pelo constitucionalismo de nossa época.
>
> 18. **A obrigação de respeitar os direitos humanos não é só do Estado, é também dos particulares em sua inter-relação com outros particulares.** O âmbito da autonomia da vontade, que predomina no direito privado, não pode ser um obstáculo para que se dilua a eficácia vinculante erga omnes dos direitos humanos.
>
> 19. **Os destinatários dos direitos humanos – além do Estado (âmbito público) – são também os terceiros (âmbito privado), que podem violá-los no campo das relações particulares.**
>
> [...]
>
> 21. No plano da responsabilidade internacional, **toda violação de direitos que realizem os particulares serão imputáveis ao Estado no caso de não ter tomado medidas eficazes para prevenir tal violação, por tolerá-la ou por permitir a impunidade para seus autores.**

> 22. O afirmado significa que **os instrumentos internacionais de direitos humanos também produzem efeitos vinculantes frente a terceiros. E, a responsabilidade dos particulares incide na do Estado e a compromete** (CIDH, 2003).

Em 2005, iniciaram-se os primeiros trabalhos voltados para a temática no âmbito do Direito Internacional, tendo sido nomeado um Representante Especial do Secretário-Geral da ONU, o qual desenvolveu a estrutura intitulada "Proteger, Respeitar e Reparar". A partir desse trabalho inicial, no ano de 2011, foi publicado o *"Guiding Principles on Business and Human Rights – implementing the United Nations "Protect, Respect and Remedy"* Framework (UN, 2011), que funciona como uma guia, elencando e estabelecendo princípios orientadores sobre empresas e direitos humanos. O documento foi estruturado em 3 (três) partes, sendo elas: I) o dever do Estado de proteger os direitos humanos; II) a responsabilidade das empresas de respeitar os direitos humanos; e III) acesso a mecanismos de reparação. Assim,

> esses Princípios Orientadores forneceram a primeira regulamentação global para prevenir e abordar o risco de atividades comerciais terem um impacto negativo sobre os direitos humanos e hoje continuam sendo a estrutura aceita pela comunidade internacional para fortalecer regulamentações e práticas a esse respeito. às empresas e aos direitos humanos (UN, 2011).

Na sequência, no ano de 2012, foi publicado o documento intitulado *"La responsabilidad de las empresas de respetar los derechos humanos – Guía para la interpretación"*, orientando, de forma mais detalhada, a responsabilidade internacional das empresas, cabendo destacar o princípio reitor n. 1:

> Las empresas deben respetar los derechos humanos. Eso significa que deben abstenerse de infringir los derechos humanos de terceros y hacer frente a las consecuencias negativas sobre los derechos humanos en las que tengan alguna participación (UN, 2011).

Diante de tal conjuntura, verifica-se que as empresas se encontram, também, atreladas à noção de proteger e respeitar direitos humanos, consolidando e reverberando o entendimento acerca da dimensão objetiva e da eficácia horizontal dos direitos humanos acima exposto. Contudo, fato é que, muito embora o dever de respeitar seja um entendimento consolidado, a possibilidade de determinar ou induzir as empresas à adoção de políticas e medidas reparadoras e preventivas, em nível internacional, não o é (Feeney, 2009, p. 175-191). O Direito Internacional não admite a possibilidade de entes privados figurarem no polo passivo de ações internacionais, sendo este, nas palavras de Fachin, o "ponto cego" do Direito Internacional dos Direitos Humanos (Fachin, 2017, p. 20-38).

Posto isso, pretende-se, no próximo tópico, analisar o Caso Lagos del Campo vs. Perú e o Caso Empregados da Fábrica de Fogos de Santo Antônio de Jesus e seus Familiares vs. Brasil, procurando-se identificar se há medidas direcionadas a empresas ou entes privados impostas pela Corte Interamericana de Direitos Humanos, qual a sua natureza e os fundamentos utilizados para tanto, a fim de se identificar se é possível falar-se, ainda que de forma implícita, em "empresas e direitos humanos" no âmbito do Sistema Interamericano de Direitos Humanos.

3. O fenômeno da "convencionalização do direito privado": é possível falar em Direitos Humanos e Empresas no sistema interamericano?

Conforme a construção feita até aqui, pode-se dizer que o tema "direitos humanos e empresas" vem firmando o seu espaço a passos lentos, tanto é que ainda são poucas as sentenças proferidas pelo Tribunal de San José que têm, em alguma medida, a referida temática como objeto. Mais precisamente, é nos casos "Ximenes Lopes vs. Brasil", "Gonzales Lluy e outros vs. Equador", "Lagos del Campo vs. Perú" e "Empregados da Fábrica de Fogos de Santo Antônio de Jesus e seus Familiares vs. Brasil"[8] que se podem vislumbrar, em certa medida, questões que envolvem o objeto de estudo e que podem contribuir para a análise aqui proposta e

[8] A metodologia adotada para a busca de decisões que versam sobre o tema consistiu na análise minuciosa do Caso "Empregados da Fábrica de Fogos de Santo Antônio de Jesus e seus Familiares vs. Brasil", a partir do qual, em notas de rodapé, foi possível verificar as referências do próprio Tribunal a outras decisões semelhantes, notadamente nas notas 32 e 195. Frisa-se que foi feita a tentativa de busca de jurisprudência no sítio eletrônico da Corte IDH, por meio das palavras-chave "empresa", "dimensión objetiva", "eficácia horizontal", "particular", contudo, não se obteve resultados satisfatórios.

com a construção do que se pretende chamar de "convencionalização do direito privado", tida como um dos pilares da conformação da noção de "Direitos Humanos e Empresas".

No "Caso Ximenes Lopes vs. Brasil", muito embora o foco da demanda esteja centrado no atendimento de saúde pública (SUS), a Corte IDH, ao final da sentença, adotando uma medida de garantia de não-repetição, determinou que o Estado direcionasse um programa de capacitação de pessoal da área da saúde para todos os profissionais, não fazendo distinção entre os que atuam na área pública e privada, alcançando, portanto, também os particulares[9]. Nesse sentido foi a manifestação do Tribunal:

> o Estado deve continuar a desenvolver um programa de formação e capacitação para o pessoal médico, de psiquiatria e psicologia, de enfermagem e auxiliares de enfermagem, bem como **para todas as pessoas vinculadas ao atendimento de saúde mental**, em especial sobre os princípios que devem reger o tratamento a ser oferecido às pessoas portadoras de deficiência mental, de acordo com as normas internacionais sobre a matéria e as dispostas nesta Sentença (CIDH, 2006).

Seguindo a mesma lógica, no "Caso Gonzales Llluy e outros vs. Equador", a Corte não teceu significativas considerações acerca da vinculação das empresas e/ou entes privados com os direitos humanos. Contudo, mesmo diante da falta dessa construção, deixou transparecer essa noção de vinculação dos particulares, determinando que o Estado realizasse um

> **programa para a capacitação de funcionários em saúde** sobre melhores práticas e direitos dos pacientes com HIV, assim como sobre a aplicação dos procedimentos estabelecidos na Guia de Atendimento Integral para Adultos e Adolescentes com infecção por HIV/SIDA e a adoção de medidas positivas para evitar ou reverter as situações de discriminação que sofrem as pessoas com HIV, e em especial as meninas e os meninos com HIV (CIDH, 2015).

[9] Especialmente porque Damião Ximenes Lopes estava internado em uma clínica privada – ainda que ela prestasse serviços para o SUS. Assim, pode-se vislumbrar, aqui, uma questão de direito administrativo envolvida.

Já a partir do "Caso Lagos del Campo vs. Perú", a Corte IDH passa a alargar a sua manifestação acerca da temática, avançando com relação à vinculação entre empresas e direitos humanos. O caso versa sobre a situação do senhor Alfredo Lagos del Campo, que foi demitido em razão das manifestações decorrentes da sua condição de presidente do Comitê Eleitoral da Comunidade Industrial da Empresa Ceper-Pirelli. O Estado do Peru, diante da violação posta, apenas confirmou a demissão do trabalhador, não adotando uma postura de respeito e de proteção aos direitos humanos, culminando na sua condenação perante a Corte Interamericana de Direitos Humanos. A Corte reiterou o dever de agir do Estado diante de situações de violações de direitos humanos, mesmo que sejam oriundas de relações entre privados, notadamente, aqui, entre empresa e empregado. Nesse sentido:

> las autoridades competentes, sean judiciales o administrativas, **tienen el deber de revisar si las actuaciones o decisiones que se ejercen en el ámbito privado y acarreen consecuencias a derechos fundamentales**, resultan acorde con el derecho interno y sus obligaciones internacionales. De lo contrario, el Estado debe corregir la vulneración a estos derechos y brindarles una adecuada protección (CIDH, 2017).

Não há, contudo, nenhuma medida imposta direta ou indiretamente que venha a atingir a atividade empresarial. O que há é a reafirmação do dever estatal de proteger direitos humanos violados, ainda que a violação decorra de relações entre terceiros. Diferente postura é adotada no caso analisado na sequência, onde se verifica, ainda que timidamente, uma evolução jurisprudencial por parte do Tribunal de San José com relação ao tema dos direitos humanos e empresas, no qual se invocam os "Princípios Orientadores das Nações Unidas sobre Empresas e Direitos Humanos" como forma de reforçar o dever das empresas no respeito aos direitos humanos.

Por fim, o Caso Empregados da Fábrica de Fogos de Santo Antônio de Jesus e seus Familiares vs. Brasil (Caso Fábrica de Fogos) teve sua sentença proferida em 15 de julho de 2020, condenando o Estado brasileiro pela violação dos direitos à vida, à integridade pessoal, aos direitos da criança, à igual proteção da lei, à proibição de discriminação e ao trabalho, às garantias judiciais e à proteção individual. Nessa sentença percebe-se, de forma mais concreta, posicionamentos mais firmes da Corte acerca do tema, podendo-se falar, inclusive, que houve uma evolução jurisprudencial.

Refere-se a uma explosão que ocorreu em uma fábrica de fogos de artifício localizada no município de Santo Antônio de Jesus, na região do Recôncavo Baiano, levando à morte de diversas vítimas, dentre elas homens, mulheres e crianças, e deixando outras feridas, sendo que "no momento da explosão, a fábrica tinha autorização do Ministério do Exército e do Município" (CIDH, 2020).

Muito embora o Estado não possa ser sempre condenado por violações cometidas por particulares ou por fatos decorrentes de casos fortuitos, há que se perceber que "a obrigação de garantia se projeta para além da relação entre os agentes estatais e as pessoas submetidas a sua jurisdição, e abarca o dever de prevenir, na esfera privada, que terceiros violem os bens jurídicos protegidos" (CIDH, 2020). No caso telado, especificamente, a Fábrica de Fogos operava em local desprotegido, sem equipamentos de proteção, sem treinamento dos profissionais que ali desempenhavam suas funções e em uma situação de extrema precariedade, o que era conhecido pelas autoridades estatais. Culminou, assim, na sua explosão, deixando trabalhadores mortos e feridos, os quais encontravam-se em uma situação de grande vulnerabilidade social e econômica, tanto que "a Corte pôde constatar que as supostas vítimas estavam imersas em padrões de discriminação estrutural e intersecional" (CIDH, 2020).

A Corte de San José condenou, desse modo, o Estado brasileiro por não tomar as medidas cabíveis a fim de investigar e punir os responsáveis pelas violações de direitos, deixando os responsáveis pela situação precária e consequente explosão da fábrica, impunes. Isto é, a condenação ocorreu em razão da inércia estatal, tendo em vista que o Estado não agiu quando deveria ter agido, posto que "estava obrigado a regulamentar, supervisionar e fiscalizar as condições de segurança no trabalho, com o objetivo de prevenir acidentes de trabalho ocasionados pela manipulação de substâncias perigosas" (CIDH, 2020). Nesse sentido, muito embora a Corte não faça referência à teoria, é possível dizer que a postura omissa adotada pelo Estado vai de encontro à própria noção do "dever de prevenção" – *Risikopflicht* como uma espécie do "dever de proteção estatal", que impõe ao Estado a tarefa de atuar preventivamente para assegurar e proteger direitos fundamentais (LEAL, 2020).

Além de não efetuar as diligências e punir os responsáveis, também foi fator determinante na sentença o fato de o Estado brasileiro não adotar medidas de prevenção, haja vista que deveria ter interferido no momento anterior à explosão e, por não ter assim feito, permitiu que ela ocorresse. Nesse sentido, é evidente, aqui, a obrigação estatal de prevenir, proteger, bem como punir os responsáveis por violações de direitos humanos, sendo que a inércia estatal foi reconhecida, pela Corte Interamericana de Direitos Humanos, também como violação. No que diz respeito, notadamente à supervisão e fiscalização, a Corte entende que se trata de um dever do Estado, inclusive quando a atividade é exercida por uma entidade privada:

> Nesse sentido, este Tribunal estabeleceu a responsabilidade estatal pelos danos causados por terceiros que prestavam um serviço de saúde, quando esta se deve à falta de fiscalização do Estado, e salientou que a obrigação de fiscalização estatal compreende tanto os serviços prestados pelo Estado, direta ou indiretamente, quanto os oferecidos por particulares (CIDH, 2020).

A Corte trata, especificamente, da responsabilidade do Estado em supervisionar e fiscalizar as atividades desenvolvidas por particulares a fim de verificar se os direitos humanos estão sendo respeitados, pouco sendo tratado acerca da vinculação das empresas e da sua responsabilidade em nível internacional. Resgata, contudo, os *Guiding Principles*, conforme se vê:

> a conclusão acima é reforçada pelos Princípios Orientadores das Nações Unidas sobre Empresas e Direitos Humanos, que afirmam que "[e]m cumprimento do seu dever de proteger, os Estados devem: a) Fazer cumprir as leis que tenham por objeto ou por efeito fazer as empresas respeitarem os direitos humanos e, periodicamente, avaliar a adequação dessas leis e suprir eventuais lacunas [...] (CIDH, 2020).

Por fim, na parte dispositiva, a Corte determina a implementação e aplicação das "Diretrizes Nacionais sobre Empresas e Direitos Humanos": medida destinada ao Estado, mas vinculada às atividades empresariais:

> Levando em consideração que o presente caso se refere também ao tema empresas e direitos humanos, a Corte julga pertinente ordenar ao Estado

> que, no prazo de um ano, **apresente um relatório sobre a implementação e aplicação das Diretrizes Nacionais sobre Empresas e Direitos Humanos**, especialmente no que diz respeito à promoção e ao apoio a medidas de inclusão e não discriminação, mediante a criação de programas de incentivo à contratação de grupos vulneráveis; **à implementação, por parte das empresas, de atividades educacionais em direitos humanos**, com a divulgação da legislação nacional e dos parâmetros internacionais, e de um enfoque nas normas relevantes para a prática das pessoas e os riscos para os direitos humano (CIDH, 2020).

Verifica-se, a partir da análise feita, que as empresas estão, sim, na perspectiva exarada pela jurisprudência da Corte IDH, vinculadas à proteção e à garantia de direitos humanos, devendo seguir, inclusive, estândares internacionais, sendo que a adoção de uma postura diversa, calcada no desrespeito e na não proteção de direitos, pode culminar em sanções internas, as quais, se não forem adotadas pelos Estados, poderão ensejar sua condenação em nível internacional.

Isso significa que a vinculação das empresas ao direito internacional com relação à proteção de direitos humanos se dá pela via indireta, podendo-se desenhar um ciclo de deveres de proteção de direitos humanos pelas empresas: a) dever de respeito aos direitos humanos por parte das empresas (sejam eles relacionados aos trabalhadores ou ao próprio meio-ambiente, por exemplo) b) dever de atuação do Estado para fiscalizar, prevenir e proteger direitos humanos na atividade empresarial, bem como eventualmente punir violações que já se perfectibilizaram c) possibilidade de responsabilização internacional do Estado em razão da inércia ou proteção insuficiente no cenário de violações decorrentes das atividades empresariais.

Salienta-se, assim, que, na atualidade, a atividade empresarial necessita voltar seus olhos para além da mera busca pelo lucro, sendo imperioso que outras pautas façam parte desse cenário, tais como o combate à discriminação, o respeito à diversidade, bem como a responsabilidade com relação aos direitos humanos na cadeia produtiva e no seu entorno, a citar como exemplos o direito ao meio ambiente saudável, o direito ao trabalho decente, o direito à liberdade de expressão e de manifestação, dentre outros.

Nesse contexto, novamente resgatam-se os "*Guiding Principles*", que abarcam trinta e um princípios, os quais se estruturam em três pilares, que se direcionam ao Estado, às empresas e às vítimas de violações de direitos humanos: o Estado no que tange à função de proteger; as vítimas com relação à possibilidade de terem acesso a mecanismos efetivos no caso de violações; e as empresas quanto ao dever de respeitar, adotando as devidas diligências ao longo da cadeia produtiva, ou realizando avaliações de impacto em direitos humanos para mitigar danos. Além, pois, das funções de respeitar, proteger e remediar, é preciso ter-se presente que a as funções de prevenção, bem como de promoção, são indispensáveis em termos de direitos humanos.

Posto isso, verifica-se que houve uma evolução no posicionamento da Corte Interamericana de Direitos Humanos, a partir da análise das suas primeiras manifestações com relação às medidas destinadas a empresas e/ou entes privados, no "Caso Ximenes Lopes vs. Brasil", até a construção realizada no "Caso Fábrica de Fogos vs. Brasil", no que tange à responsabilidade dos entes privados na proteção de direitos humanos. Nos casos Ximenes Lopes vs. Brasil e Gonzales Llluy e outros vs. Equador, a Corte restringiu-se a determinar a realização de um programa de capacitação para profissionais da área da saúde. No "Caso Lagos del Campo vs. Perú", por sua vez, a Corte afirmou a responsabilidade estatal diante da sua omissão perante a violação de direito por parte da empresa envolvida, limitando-se a tratar da temática sob essa perspectiva. Já no último caso – Fábrica de Fogos vs. Brasil –, o Tribunal invocou os "Princípios Orientadores das Nações Unidades sobre Empresas e Direitos Humanos", bem como determinou, na parte dispositiva, a implementação e aplicação de "Diretrizes Nacionais sobre Empresas e Direitos Humanos". Trata-se de uma medida destinada ao Estado violador mas que se reflete, contudo, diretamente na atividade empresarial, vinculando as empresas na tarefa de respeito e garantia aos direitos humanos de forma mais imperativa.

Conclusões

Diante de todo o exposto, verifica-se que o Direito Internacional dos Direitos Humanos passou por transformações desde o início do seu surgimento até os dias atuais. A Corte Interamericana propriamente dita, nesse contexto, também passou por significativas evoluções, cabendo destacar a mudança que se operou na sua forma decidir, passando de uma lógica pautada por sentenças com perfil notadamente reparatório para a adoção das chamadas "sentenças estrututrantes", desenvolvimento da noção de "controle de convencionalidade" e, mais recentemente, de maior abertura para a pauta das empresas e direitos humanos, a partir da perspectiva do fenômeno que se poderia denominar de "convencionalização".

Certamente muito há que se construir e reforçar com relação a esse tema, motivo pelo qual o estudo e o desenvolvimento de pesquisas que tenham como foco essa questão mostra-se, de fato, relevante. Importante frisar, também, o impacto que o reconhecimento da dimensão objetiva e da eficácia horizontal dos direitos humanos causam na tese que sustenta maior vinculação das empresas no respeito e proteção desses direitos, tanto o é que a ideia foi ventilada na Opinião Consultiva nº 18/2003.

Por fim, resgata-se o problema inicialmente proposto, qual seja: analisar as sentenças proferidas pela Corte IDH que abarcam o tema dos "direitos humanos e empresas", em especial os Casos Lagos del Campo vs. Perú e Fábrica de Fogos vs. Brasil, procurando-se identificar se há medidas direcionadas a empresas ou entes privados, qual a sua natureza e os fundamentos utilizados para tanto, a fim de se identificar se é possível falar-se, ainda que de forma implícita, em "empresas e direitos humanos" no âmbito do Sistema Interamericano de Direitos Humanos.

Na pretensão de respondê-lo, verifica-se que a Corte IDH demonstrou uma evolução na sua construção jurisprudencial desde os Casos Ximenes Lopes vs. Brasil e Gonzales Llluy e outros vs. Equador, em que muito pouco tratou do tema, passando pelo Caso Lagos del Campo vs. Perú, onde timidamente avançou na construção, até chegar ao Caso Fábrica de Fogos vs. Brasil – em que abordou, de forma mais profunda, a necessidade de respeito aos direitos humanos por parte das empresas, e sua vinculação aos Princípios Orientadores das Nações Unidas sobre Empresas e Direitos Humanos. Não há, contudo, a imposição de medidas, de forma direta, aos entes privados, sendo que a Corte impõe ao Estado violador a implementação de medidas que, indiretamente, refletem na atividade empresarial, citando-se como exemplo a determinação de implementação e aplicação de "Diretrizes Nacionais sobre Empresas e Direitos Humanos".

Percebe-se, a partir de tal constatação, a aplicabilidade – ainda que implícita – da noção do "dever de prevenção" e do "dever de proteção estatal", conceitos diretamente vinculados à dimensão objetiva dos direitos humanos e fundamentais. Ademais, há que se notar o movimento de "convencionalização" que vem abraçando paulatinamente as empresas, no cenário do Direito Internacional, mostrando-se como um avanço na perspectiva da garantia dos direitos humanos por meio do Sistema Interamericano de Proteção.

Finalmente, entende-se que é possível, nessa perspectiva, falar-se em "empresas e direitos humanos" no âmbito do Sistema Interamericano, tendo-se ciência do fato de que muito ainda há a ser construído e reforçado, desde uma perspectiva tanto teórica quanto jurisprudencial, no sentido de se reiterar o compromisso das empresas com a pauta dos direitos humanos.

Referências

ABRAMOVICH, Víctor. De las violaciones masivas a los patrones estructurales: nuevos enfoques y clásicas tensiones en el sistema interamericano de derechos humanos. **Revista Internacional de Derechos Humanos**, v. 6, n. 11, p. 7-39, dez. 2009.

ALBANESE, Susana. **El control de convencionalidad**. Buenos Aires: Ediar, 2008.

ALCALÁ, Humberto Nogueira. **Teoría de los derechos fundamentales y los derechos humanos**. Montevideo: Ingranusi, 2000.

ARROYO, César Landa. **Convencionalización del Derecho peruano**. Lima: Palestra, 2016.

BARROS, Amon. Empresas e direitos humanos: premissas, tensões e possibilidades. **Organizações & Sociedade**, Salvador, v. 25, n. 84, p. 87-99, jan./mar. 2018.

BARROS, Amon. Empresas e direitos humanos: premissas, tensões e possibilidades. **Organizações & Sociedade**, Salvador, v. 25, n. 84, p. 87-99, jan./mar. 2018.

CANOTILHO, José Joaquim Gomes. **Direito Constitucional**. 5. ed. Coimbra: Almedina, 1992.

CASAL, Maria Angélica Benavides. El control de compatibilidad y el control de convencionalidad (o el problema de la competencia). **Estudios Constitucionales**: Revista del Centro de Estudios Constitucionales, Talca, Ano 15, n. 2. p. 365-388, 2017.

CAVALLO, Gonzalo Aguilar. El juez estatal en la era del constitucionalismo de los derechos humanos. In: LEAL, M. C. H.; ALVEZ, F. D. (Org.) **Diálogos Continentais sobre o Controle de Convencionalidade**. Curitiba: Prismas, 2017, p. 425-483.

COMPARATO, Fábio Konder. **A afirmação histórica dos direitos humanos.** 2. ed. São Paulo: Saraiva, 2001.

CORREIA, Theresa Rachel Couto. **Corte Interamericana de Direitos Humanos**: repercussão jurídica das opiniões consultivas. Curitiba: Juruá, 2008.

CORTE INTERAMERICANA DE DIREITOS HUMANOS. **Caso Cabrera García y Montiel Flores vs. México**: sentencia de 26 de noviembre de 2010 (excepción preliminar, fondo, reparaciones y costas). San José da Costa Rica, 2010. Disponível em: <http://www.corteidh.or.cr/docs/casos/articulos/seriec_220_esp.pdf>. Acesso em: 12 nov. 2020.

CORTE INTERAMERICANA DE DIREITOS HUMANOS. **Caso Empregados da Fábrica de Fogos de Santo Antônio de Jesus e seus Familiares vs. Brasil**: sentença de 15 de julho de 2020 (exceções preliminares, mérito, reparações e custas). San José da Costa Rica, 2020. Disponível em: <https://www.corteidh.or.cr/docs/casos/articulos/seriec_407_por.pdf>. Acesso em: 18 out. 2020.

CORTE INTERAMERICANA DE DIREITOS HUMANOS. **Caso Gonzales Lluy e outros vs. Equador**: sentença de 1 de setembro de 2015 (exceções preliminares, mérito, reparações e custas). San José da Costa Rica, 2015. Disponível em: <https://www.corteidh.or.cr/docs/casos/articulos/seriec_298_esp.pdf>. Acesso em: 08 nov. 2020.

CORTE INTERAMERICANA DE DIREITOS HUMANOS. **Caso Lagos del Campo vs. Perú**: sentencia de 31 de agosto de 2017 (excepciones preliminares, fondo, reparaciones y costas). San José da Costa Rica, 2017. Disponível em: <https://www.corteidh.or.cr/corteidh/docs/casos/articulos/seriec_340_esp.pdf>. Acesso em: 18 out. 2020.

CORTE INTERAMERICANA DE DIREITOS HUMANOS. **Caso Ximenes Lopes vs. Brasil**: sentença de 4 de julho de 2006 (mérito, reparações e custas). San José da Costa Rica, 2006. Disponível em: <https://www.corteidh.or.cr/docs/casos/articulos/seriec_149_por.pdf>. Acesso em: 08 nov. 2020.

CORTE INTERAMERICANA DE DIREITOS HUMANOS. **Parecer Consultivo OC-18/2003, de 17 de setembro de 2003, solicitado pelos Estados Unidos Mexicanos**: a condição jurídica e os direitos dos migrantes indocumentados. San José da Costa Rica, 2003.Disponível em: <https://www.corteidh.or.cr/docs/opiniones/seriea_18_por.pdf>. Acesso em: 08 nov. 2020.

CORTE INTERAMERICANA DE DIREITOS HUMANOS. **Voto concordante do juiz Hernán Salgago Pesantes no Parecer Consultivo OC-18/2003, de 17 de setembro de 2003, solicitado pelos Estados Unidos Mexicanos**: a condição jurídica e os direitos dos migrantes indocumentados. San José da Costa Rica, 2003.Disponível em: <https://www.corteidh.or.cr/docs/opiniones/seriea_18_por.pdf>. Acesso em: 08 nov. 2020.

FACHIN, Melina Girardi. Empresas e direitos humanos: compartilhando valor e responsabilidades. **Revista de Direito Internacional**, Brasília, v. 17, n. 1, p. 324-339, 2020.

FEENEY, Patricia. A luta por responsabilidade das empresas no âmbito das Nações Unidas e o futuro da agenda de advocacy. **Sur**, v. 6, n. 11, de./2009, p. 175-191.

FELDENS, Luciano. **Direitos fundamentais e direito penal**: garantismo, deveres de proteção, princípio da proporcionalidade, jurisprudência constitucional penal, jurisprudência dos tribunais e direitos humanos. Porto Alegre: Livraria do Advogado, 2008.

FERRAND, Martín Risso. Sentencias estructurales. Comentario preliminar al trabajo de Néstor Osuna titulado "Las sentencias estructurales. Tres ejemplos de Colombia". In: BAZÁN, Víctor. **Justicia Constitucional y Derechos Fundamentales:** la protección de los derechos sociales – las sentencias estructurales. Bogotá: Fundación Konrad Adenauer, 2015. p. 117-124.

GALINDO, G. R. B.; URUEÑA, R.; PÉREZ, A. T. **Protección multinivel de derechos humanos**. Barcelona: Red de Derechos Humanos y Educación Superior, 2013.

HARDMAN, Antônio Ítalo. Controle de convencionalidade e a nova Constituição: o interconstitucionalismo à luz do direito interamericano. In: MAIA, L. M.; LIRA, Y. **Controle de convencionalidade**: temas aprofundados. Salvador: Juspodivm, 2018. p. 207-229.

LEAL, Mônia Clarissa Hennig. **Jurisdição constitucional aberta**: reflexões sobre a legitimidade e os limites da jurisdição constitucional na ordem democrática. Rio de Janeiro: Lumen Juris, 2007.

LEAL; ALVES, Felipe Dalenogare. **A Corte Interamericana de Direitos Humanos como indutora de políticas públicas estruturantes:** o exemplo da educação em direitos humanos – uma análise dos casos Ximenes Lopes e Gomes Lund versus Brasil – perspectivas e desafios ao cumprimento das decisões. Revista do Instituto Brasileiro de Direitos Humanos, n. 15, p. 287-300, out. 2016. Disponível em: <http://revista.ibdh.org.br/index.php/ibdh/article/view/318>. Acesso em: 20 out. 2020. pp. 288-289.

LEAL; MAAS, Rosana Helena. **"Dever de proteção estatal", "proibição de proteção insuficiente" e controle jurisdicional de políticas públicas**. Rio de Janeiro: Lumen Juris, 2020.

LEITE, Carlos Henrique Bezerra. Direitos humanos. 2. ed. Rio de Janeiro: Lumen Juris, 2011.

NACIONES UNIDAS DERECHOS HUMANOS. **La responsabilidade de las empresas de respetar los derechos humanos:** guia para la interpretación. Nueva York y Ginebra, 2011. Disponível em: <https://www.ohchr.org/Documents/Publications/HR.PUB.12.2_sp.pdf>. Acesso em: 10 nov. 2020.

OSUNA, Néstor. Las sentencias estructurales. Tres ejemplos de Colombia. In: BAZÁN, Víctor. **Justicia Constitucional y Derechos Fundamentales**: la protección de los derechos sociales – las sentencias estructurales. Bogotá: Fundación Konrad Adenauer, 2015. p. 91-117.

PÉREZ LUÑO, Antonio. **Derechos humanos, Estado de derecho y Constitución**. 8. ed. Madrid: Tecnos, 2003.

PÉREZ, Mónica Liliana Barriga. **Sentencias estructurales y protección del derecho a la salud**. 233 f. Dissertação (Escuela de Posgrado – Maestría en Derecho con Mención en Política Jurisdiccional) – Pontificia Universidad Católica del Perú, Lima, 2014.

PIOVESAN, Flávia; FACHIN, Melina Girardi. **Educação em Direitos Humanos no Brasil**: desafios e perspectivas. Revista Jurídica da Presidência, Brasília, v. 19, n. 117, fev./mai. 2017, p. 20-38.

PRONER, Carol. **Os direitos humanos e seus paradoxos**: análise do Sistema Americano de Proteção. Porto Alegre: Sergio Antonio Fabris Editor, 2002.

QUIROGA, Cecilia Medina; ROJAS, Claudio Nash. **Sistema Interamericano de Derechos Humanos:** introducción a sus mecanismos de protección. Chile: Andros, 2007.

ROJAS, Claudio Nash. **Tutela judicial y protección de grupos**: comentário al texto de Néstor Osuna "Las sentencias estructurales. Tres ejemplos de Colombia". In: BAZÁN, Víctor. Justicia Constitucional y Derechos Fundamentales: la protección de los derechos sociales – las sentencias estructurales. Bogotá: Fundación Konrad Adenauer, 2015. p. 125-145.

UNITED NATIONS HUMAN RIGHTS. **Empresas y derechos humanos**. Disponível em: <https://www.ohchr.org/SP/Issues/Business/Pages/BusinessIndex.aspx>. Acesso em: 10 nov. 2020.

UNITED NATIONS HUMAN RIGHTS. **Guiding principles on business and human rights: implementing the United Nations "Protect, Respect and Remedy" Framework**. New York and Geneva, 2011. Disponível em: <https://www.ohchr.org/documents/publications/guidingprinciplesbusinesshr_en.pdf>. Acesso em: 10 nov. 2020.

VERGOTTINI, Giuseppe. **El diálogo entre Tribunales**. Teoría y Realidad Constitucional, [s.l.], n. 28, p. 335-352, 2011.

9. PRECARIZAÇÃO DA VIDA HUMANA NAS AMÉRICAS: MODELOS DE DESENVOLVIMENTO E ARRANJOS LABORAIS EM MATÉRIA SINDICAL

Mariana Lucena
Valena Jacob Chaves Mesquita

Introdução

O neoextrativismo na América Latina desempenha papel chave na economia atual dos países, acarretando, todavia, impactos negativos no âmbito social, cultural e ambiental, no que para Acosta e Brand (2017, p. 180), não se trata apenas uma estratégia econômica, mas uma forma de exploração altamente complexa, que não só depende da Natureza, mas que estrutura diversas relações sociais de produção e reprodução, trabalho e divisão do trabalho, formas de organização política e âmbitos estatais, subjetividades e imaginários sociais.

O contexto internacional de subordinação dos países do Sul Global, em sua maior parte marcado por redes produtivas pouco diversificadas, impõe um modelo de desenvolvimento focado no crescimento econômico e baseado na apropriação de recursos naturais, no que Eduardo Gudynas (2015, p. 423) conceitua como neoextrativismo, que corresponderia a uma reconfiguração do extrativismo, conceito cunhado para definir um conjunto de estratégias de desenvolvimento ancorado em um grupo de setores econômicos que removem um grande volume de recursos naturais para comercialização após nenhum ou quase nenhum processamento.

Nesse sentido, Danielle Pamplona (2019, p. 285) aponta o que denomina de erro histórico dos países do Sul Global: quando estes deixaram de atuar de forma internacionalmente coordenada a partir da década de 70, frente às agendas e fluxos de investimentos de capitais transnacionais.

Assim, o conceito acima anotado normalmente se refere a atividades desenvolvidas em enclaves e voltadas à exportação, que promove a competição entre países do Sul Global[1] ávidos por investimentos estrangeiros, em um contexto no qual são negociados direitos vitais, como flexibilização das normas trabalhistas e ambientais, expropriação de territórios tradicionalmente ocupados, degradações ambientais, dentre tantos outros. Anota-se aqui o processo de desindustrialização em curso em muitos países da América Latina a partir dos anos 1970, com a instalação de indústrias nos países asiáticos e do leste europeu, em busca de condições mais vantajosas, levando à reprimarização da economia, em reforço à exportação massiva de recursos naturais.

A partir desta análise, o que se percebe é que o paradigma neoextrativista não é uma completa inovação, mas sim uma combinação de aspectos historicamente enraizados nos âmbitos econômicos e políticos latino-americanos e que guarda estreita relação com direitos laborais. Apesar de elementos novos, o aludido modelo de desenvolvimento se constitui pela apropriação e releitura de elementos característicos de períodos passados (2014, p. 09).

1. Modelo de desenvolvimento econômico na América Latina: uma releitura mais que atual

Empresas com características (neo)extrativistas tendem a causar efeitos nefastos sobre os territórios onde se instalam. Em países da América Latina, tais impactos, ao invés de serem minimizados, são agudizados[2].

[1] Nessa compreensão, o neoextrativismo seria um indutor de uma "corrida para o fundo" (*race to the bottom*). Segundo o *Cambridge Dicionário de Inglês para Negócios*, a expressão *race to the bottom* corresponde a uma situação em que as empresas competem entre si para reduzir custos pagando os salários mais baixos ou dando aos trabalhadores as piores condições. Disponível em: <https://dictionary.cambridge.org/pt/dicionario/ingles/race-to-the-bottom>. Acesso em fev./2020.

[2] "Nesse sentido, não se pode fechar os olhos para os impactos das decisões das grandes corporações para o local e as pessoas onde estão instaladas. A possibilidade de alternância de sede, por exemplo, pode representar um forte argumento para exigir algumas concessões. Tudo isso, especialmente em tempos de globalização econômica, com a pesquisa

As atividades extrativistas dos recursos naturais impõem mudanças de grande monta nos locais onde se encontram.

Nas áreas rurais, causam poluição atmosférica e dos cursos d'água, supressão vegetal, erosão, morte de animais, desarticulação, perseguição e violência contra lideranças, dentre outras violações. Nas regiões urbanizadas, os impactos incluem o crescimento desordenado urbano, aumento exponencial da violência, exploração sexual e sobrecarga dos serviços públicos de saúde, saneamento e segurança e vulnerações em proteções trabalhistas.

As populações locais tendem a arcar com a maior porção dos efeitos negativos à mesma medida em que a quase totalidade das benesses é concentrada pelas empresas ou pelos governos locais, caracterizando ampla assimetria na distribuição dos benefícios e prejuízos gerados[3]. A esse respeito, Boaventura de Sousa Santos[4] afirma que há também um "Norte Global" nos países do Sul, constituído pelas elites locais que se beneficiam da produção e reprodução do capitalismo e colonialismo, no que ele denomina de "Sul imperial".

A problemática acima anotada é aqui enfrentada sob uma perspectiva crítica[5] concebendo que o desenho geopolítico atual é desenhado a

de mercado, a necessidade de redução de custos e consequente transferência de cadeia de produção para outros países. É, na verdade, uma situação cujo equilíbrio está longe de ser encontrado." PAMPLONA, Danielle Anne. Um projeto comum para a América Latina e os impactos das empresas em direitos humanos. **Revista Brasileira de Políticas Públicas**, Brasília, v. 9, n. 2 p. 291, 2019.

3 "Produziu-se uma sorte de estratificação social que lesa a muitos e beneficia a poucos. A democracia, ao desterrar o autoritarismo latino-americano, não chegou com a bandeira da igualdade, mas sim marcou o triunfo de elites nacionais excludentes, aliadas a empresas e grupos forasteiros". IBARRA, David. **Revista de Economia Política**. Vol. 31, nº. 02. 2011. O neoliberalismo na América Latina. p. 244. Disponível em: <https://www.scielo.br/pdf/rep/v31n2/04.pdf>. Acesso em jan./2021.

4 Ver mais em: <http://www.boaventuradesousasantos.pt/media/Refundacion%20del%20Estado_Lima2010.pdf>.

5 Para Joaquín Herrera Flores, "o distintivo do pensamento crítico é sua função crítica, isto é, sua riqueza no rigor com que realiza essa tarefa de aumentar a nossa indignação e sua potencialidade de se expandir multilateralmente, tanto no que se refere às questões de justiça como às de exploração". HERRERA FLORES, Joaquín. **A (re)invenção dos direitos humanos**. Florianópolis: Fundação Boiteux, 2009. p. 60.

partir da relação Norte-Sul Globais[6], que não se trata de uma compreensão necessariamente geográfica, e sim metafórica, na qual, no eixo Norte são considerados como pertencentes os países ricos, e, no eixo Sul, o restante do mundo, qual seja: África, América Latina, Oceania e Ásia.

Esse Sul metafórico é aqui analisado sob o viés da dominação colonial[7], no que Aníbal Quijano considera que a situação de dominação presente no Sul Global é definida pelo que denomina de *colonialidade do poder* enquanto relação de exploração.

Aníbal Quijano (2005) definiu a colonialidade do poder como um padrão de dominação-exploração que se configurou sobre uma organização racial do trabalho, e que explica o cenário de dependência histórica-estrutural percebido na América Latina.

Desta feita, levando em consideração a análise dos discursos históricos dominantes e a localização geopolítica dos países do Sul Global, o conceito de colonialidade pode ser lido como uma crítica à análise da história que silencia e apaga a perspectiva dos oprimidos[8], apresentando outras narrativas que vão desde a invasão das Américas, a elaboração do discurso racial e o surgimento desse novo padrão mundo, no que a apre-

[6] Para a própria Organização das Nações Unidas, a divisão de "Norte" e "Sul" é usada para se referir às diferenças sociais, econômicas e políticas que existem entre países desenvolvidos (Norte) e países em desenvolvimento (Sul), no que um país não é definido como Norte ou Sul por localização, mas por certos fatos econômicos e pela qualidade de vida de sua população. Ver mais em: <https://nacoesunidas.org/o-que-e-cooperacao-sul-sul-e-por-que-ela-importa/>. Todavia, convém registrar a existência de severas críticas à compreensão "desenvolvido/em desenvolvimento", especialmente quanto ao atrelamento raso entre crescimento econômico e o aludido desenvolvimento. Por mais que os atuais marcadores utilizados levem em conta certos aspectos ligados à qualidade de vida da população, o pano de fundo segue se dando em termos monetários, sem considerar aspectos como apropriação de recursos naturais, espoliação, despojo, desumanização e precarização dos modos de viver, muitas vezes, de povos e comunidades a milhares de quilômetros do país considerado desenvolvido, e que exemplifica a relação Norte-Sul Globais.

[7] Embora o colonialismo enquanto processo de ocupação e/ou administração remota de territórios do Sul Global tenha praticamente chegado ao fim em torno de 1970, a colonialidade é a característica marcante das relações de poder que se impuseram a partir da modernidade.

[8] Sobre isso, ver mais: "[...] Uma história de vozes torturadas, línguas rompidas, idiomas impostos, discursos impedidos e dos muitos lugares que não podemos entrar, tampouco permanecer para falar com nossas vozes". Kilomba, Grada. **Memórias da plantação: episódios de racismo cotidiano**. Rio de Janeiro: Editora Cobogó. 2019, p. 27.

sentação de novas narrativas pode apontar caminhos que expliquem os atuais padrões de violações de Direitos Humanos em matéria empresarial e assim contribuir teoricamente em formas de luta e mobilizações já existentes.

Fernanda Bragato (2019, p. 27) esmiúça que colonialidade é um conceito cunhado por Anibal Quijano a partir das reflexões da teoria da dependência que lhe permitiram observar que as relações de dependência entre centro e periferia não se limitavam apenas ao âmbito econômico e político, mas se reproduziam também na construção do conhecimento. Com isso, o próprio conhecimento é passível de ser instrumento de colonização.

A colonialidade seria então uma característica do poder exercido nas relações de dominação colonial da modernidade e nisso se distinguiria do colonialismo em si, que seria um processo de poder.

O fortalecimento de estratégias de controles de territórios e acumulação por espoliação (2013) se mostra como um legado colonial que se aproxima à lógica de estruturas políticas e econômicas que apontam para o pensamento ocidental moderno, universal e voltado ao interesse geral de um dado Estado em um atrelamento de desígnios com empresas.

Estabelecendo um paralelo, pode-se afirmar que empresas, especialmente as transnacionais, cometem violações de Direitos Humanos muitas vezes em dimensões superlativas quando comparadas às de outros atores do Direito Internacional, dado seu poderio e alcance exponenciados pelo fenômeno da globalização, que para Aníbal Quijano (2005, p. 120), trata-se da culminação do processo que começou com a constituição da América e do capitalismo colonial/moderno e eurocentrado como um novo padrão de poder mundial, no que um de seus marcos principais seria a classificação social da população mundial de acordo com a ideia de raça, uma construção mental que expressa a experiência básica da dominação colonial e que desde então permeia as dimensões mais importantes do poder mundial, incluindo sua racionalidade específica: o eurocentrismo. Mesmo as grandes empresas estatais podem ser concebidas nesse substrato, e de forma ainda mais acentuada, quando em contextos de privatizações.

Boaventura de Sousa Santos e César Garavito (2007, p. 47) afirmam que a globalização neoliberal não se limita a submeter cada vez mais interações ao mercado ou a elevar a taxa de exploração dos trabalhadores, transformando a força de trabalho em um recurso global ao mesmo tempo que impede a aparição de um mercado laboral global, o que mostra como a exploração se relacionada com tantas outras formas de opressão que afetam as mulheres, as minorias étnicas, os povos indígenas, os campesinos, os desempregados, os trabalhadores informais, os gays, lésbicas, crianças e jovens, no que todas essas expressões de poder opressor criam exclusão. E é a partir desses cruzamentos que a seção seguinte adentrará em questões mais particulares do âmbito laboral.

2. Transformações em curso: políticas neoliberais em contextos laborais

O cenário de privatização em curso das empresas públicas, especialmente do setor industrial e de serviços[9] veio acompanhado por um processo de terceirização da mão de obra, ocasionando uma onda de perdas de postos de trabalho, desmonte de proteções trabalhistas e previdenciárias[10], além de uma competição cada vez mais acirrada para que se tornassem mais atrativas a investimentos internacionais.

Maristela Svampa (2005, p. 229) dá conta que a onda de privatizações na América Latina se deu no contexto de reabertura das democracias após longos períodos ditatoriais, e que dentre os bens e serviços privatizados tem-se a água, produtos agrícolas, telefonia, educação, saúde, previdência, correios, transportes, recursos minerais, etc. Para a autora, tal processo implicou na destruição de capacidades estatais, assim como a construção de monopólios de mercado, paradoxalmente favorecidos pela própria proteção estatal, que asseguram por meio de condições vantajosas de exploração, uma rentabilidade diferenciada.

Assim, as privatizações, a exploração de recursos naturais em grande escala[11] e os programas de reestruturações econômicas visando a atração

[9] Ver Comissão Interamericana de Direitos Humanos. **Empresas y derechos humanos: estándares interamericanas,** OEA/Ser.L/V/II. CIDH/REDESCA/INF.1/19, p. 13.

[10] A esse respeito: **Corte IDH. Caso Muelle Flores Vs. Perú. Exceções Preliminares, Mérito, Reparações e Custas. Sentença de 6 de março de 2019. Série C Nº. 375.**

[11] Não raro, o cenário de (in)justiça ambiental apresenta-se como o pano de fundo da maior parte de tais violações estruturais, que passam pela inobservância do direito à vida, à propriedade, à consulta prévia e consentimento livre e informado, aos direitos trabalhistas, ao meio ambiente, à saúde, à integridade pessoal, à alimentação, ao acesso à água potável e saneamento, à liberdade de expressão, à privacidade, ao acesso à informação e outros, que

de capitais transnacionais provocaram grandes transformações, guiadas por políticas neoliberais em vastos setores da economia, criando uma nova forma de dependência[12], desta vez, com instituições financeiras e empresas transnacionais, e tendo como um dos resultados o incremento das desigualdades sociais.

Em parâmetros laborais, na América Latina são evidenciadas violações relativas a iniquidades de gênero, trabalho escravo, práticas discriminatórias contra pessoas com deficiência – que ainda sofrem estigmas e barreiras de ingresso no mercado de trabalho – trabalhadores temporários estrangeiros, trabalhadores agrícolas sazonais e subcontratados, dentre outros tantos grupos. Além disso, muitas categorias de trabalhadores se vêem mais e mais proibidas de exercerem livremente seu direito à livre negociação coletiva.

Ao dispor sobre o neoliberalismo, Achille Mbembe (2018, p. 15-16) afirma que no momento atual já não há trabalhadores propriamente ditos, antes porém, só existe o que ele denomina de "nômades do trabalho", no que avança sustentando que antes o drama do sujeito era ser explorado pelo capital, mas que a tragédia da multidão hoje é já não poder ser explorada de modo nenhum, sendo relegada a uma "humanidade supérflua", entregue ao abandono, sem "qualquer utilidade" para o funcionamento do capital.

Outro ponto trabalhado pelo autor é a de que a violência do capital aflige inclusive países ricos (e o que eles representam, como as "elites locais" /"Sul imperial"), onde surge uma nova classe de homens e mulheres estruturalmente endividadas e sujeitos a desproteções (2018,

afetam os grupos acima mencionados, bem como trabalhadoras e trabalhadores, pessoas que residem em periferias de grandes centros urbanos, defensoras e defensores de Direitos Humanos, mulheres, idosos, jovens e crianças, pessoas com deficiência e LGBTIQ+, e outros, visto que estes têm sido os grupos mais afetados na exploração econômica desregulada dos recursos naturais.

[12] Sobre neoliberalismo, privatizações, globalização e essa nova dependência, ver mais na obra de Maristela Svampa, **La sociedade excludente: la Argentina bajo al signo del liberalism,** cf. nota de rodapé 22. Especificamente sobre dependência em países latinoamericanos, ver a parte 2 (Pluralismo, demandas sociais e conflitos coletivos, especialmente pgs. 101-104) da Tese de Doutorado de Antonio Carlos Wokmer, disponível em: <https://core.ac.uk/download/pdf/30386501.pdf>. Acesso em fev./2021.

p. 15-16). Como exemplo, o Global Rights Index 2020[13] afirma que as violações dos direitos dos trabalhadores estão aumentando globalmente.

Como dito, a ideia de colonialidade do poder necessariamente perpassa centralmente pela questão da raça, desde a constituição da América e do capitalismo ocidental/moderno, cujo marco principal seria a classificação social da população de acordo com a ideia de raça, no que tal construção mental expressa a experiência básica da dominação colonial, visivelmente notada até os dias atuais.

Porém, nesta pesquisa, não se é possível o enfrentamento aprofundado dos processos de violência e dominação ligados à raça por questões únicas de delimitação do conteúdo. Também não se trata aqui de uma escolha teórica que não garanta a importância que a perspectiva de raça merece nas discussões sobre violações estruturais de Direitos Humanos na América Latina em contextos empresariais e laborais. Ao contrário, os estudos sobre colonialidade dialogam central e fundamentalmente com o racismo, que relega a homens e especialmente mulheres não-brancas, os piores indicadores e postos[14].

Silvio Almeida (2019, p. 172) ao enfrentar o racismo e a *subsunção real do trabalho*[15] *ao capital* afirma que o racismo normaliza a superexploração do trabalho, inclusive com maior exploração física do trabalhador, especialmente na *periferia do capitalismo,* onde em geral se instalou uma lógica

[13] Ver em: <https://www.ituc-csi.org/IMG/pdf/ituc_globalrightsindex_2020_en.pdf>. Acesso em out./2020.

[14] Anota-se aqui a sugestão de aprofundamento da questão da raça na própria obra de Quijano, para melhor compreensão do tema.

[15] "[...] Se, como foi visto, a transição da subsunção formal para a subsunção real do trabalho requereu o controle do capital sobre os processos de trabalho, que se logrou a partir de um processo histórico de alienação do trabalhador, a passagem da subsunção real do trabalho à subsunção real da vida social ao capital vem se realizando por intermédio do controle que o capital tem exercido sobre praticamente todas as atividades de produção e reprodução da vida humana em sociedade, o que vem reduzindo ou eliminando formas alternativas de sobrevivência e cuja implicação tem sido a agudização das contradições da acumulação capitalista e o agravamento da degradação do trabalho". TUMOLO, Paulo Sergio. Trabalho, vida social e capital na virada do milênio: apontamentos de interpretação. **Educ. Soc.**, Campinas, v.24, n.82, p.159-178, 2003. Disponível em: <http://www.scielo.br/scielo.php?script=sci_arttext&pid=S0101-73302003000100007&lng=en&nrm=iso>. Acesso em nov./2020.

colonialista, no que conclui: o racismo não é estranho à expansão colonial e à violência dos processos de acumulação primitiva do capital.

Buscando respostas, o autor desenvolve raciocínio de que a *subsunção real do trabalho,* marcada por abstração, avanço tecnológico e automação se dá no nível concreto das relações sociais, em que experiências sociais das mais diversas são integradas à dinâmica do capitalismo, imbricando racismo e capitalismo, no que conclui que a existência de escravidão ou formas cruéis de exploração do trabalho não é algo que cause estranheza no capitalismo, ainda que nos países considerados *desenvolvidos,* onde predomina o trabalho assalariado[16].

Assim, em suma, cada forma de controle do trabalho desde o início esteve associada a uma raça particular. Nisto, os brancos, tidos como naturalmente superiores nos países que performam o Norte Global (ou as "elites locais" /"Sul imperial) explicam o porquê de a força de trabalho ser predominantemente branca, assalariada e com elevada qualificação e remuneração (para esse grupo)[17].

Sob o signo da desigualdade, seja em contextos como o acima descrito de postos distintos no mercado de trabalho, seja nos de formação híbrida (mas com brancos no topo), com assalariamento parcial e alta informalidade, ou nos locais onde a força de trabalho seja a predominantemente não-branca, com forte presença de formas de escravidão, servidão, subsistência, baixa renda e qualificação, povos e comunidades tradicionais, mulheres, idosos, pessoas com deficiência, migrantes e LGBTQIA+, as violações parecem se repetir, no que se denomina aqui como *padrão de violações.*

16 "[...] no capitalismo dividem espaço e concorrem entre si trabalhadores assalariados bem pagos, mal pagos, muitíssimo mal pagos, escravizados, grandes, médios e pequenos empresários, profissionais liberais etc". Ibidem. p. 176.

17 Nesse mesmo sentido, Silvio Almeida lança luzes afirmando que: "[...] A inserção dos indivíduos em cada uma destas condições formatadas pela sociabilidade capitalista depende de um complexo jogo que mescla uso da força e da reprodução da ideologia a fim de realizar a domesticação dos corpos entregues indistintamente ao trabalho abstrato. O racismo é um elemento desde jogo: será por isso que parte da sociedade não verá qualquer anormalidade na maioria das pessoas negras ganharem salários menores, submeterem-se aos trabalhos mais degradantes, não estarem nas universidades importantes, não ocuparem cargos de direção, residirem nas áreas periféricas nas cidades e serem com frequência pelas forças do Estado". ALMEIDA, Silvio Luiz de. **Racismo estrutural.** São Paulo: Sueli Carneiro; Pólen, 2019. p. 180.

Assim, as proximidades e distanciamentos entre as diferentes violações de Direitos Humanos em contextos empresariais nasce e se justifica no próprio capitalismo e suas formas de exploração/espoliação, onde no mundo todo, cresce a *superexploração* e constante precarização do trabalho – notadamente mais e mais *abstrato* – e, ainda nos países com "melhor economia", mesmo trabalhadores com maiores níveis de instrução, remunerações e prestígio podem/são descartados/descartáveis pelo próprio sistema.

Para os filósofos franceses Pierre Dardot e Christian Laval (2016, p. 16), o neoliberalismo, antes de ser uma ideologia ou uma política econômica, é uma racionalidade e, como tal, estrutura e organiza não somente os governos, mas também dos governados, constituindo um conjunto de discursos, práticas e dispositivos que ditam um novo modo de governo dos homens, segundo o princípio universal da concorrência generalizada.

Desse modo, a análise de violações de Direitos Humanos em contextos laborais na América Latina impõe a compreensão de que existe uma íntima relação entre interesses de mercado (empresariais) e Estados, no que estes últimos acabam atuando diretamente no atendimento de tais intentos, como por exemplo, viabilizando principalmente setores extrativistas que ignoram territórios ancestrais ocupados por povos ou comunidades tradicionais, e atuando diretamente para a flexibilização e desmonte de direitos laborais, de outra banda, como dito[18].

Esta ideia tem permitido dar continuidade a uma organização de mundo baseada na divisão internacional do trabalho e acesso a recursos naturais entre centros e periferias, Norte e Sul Globais. A compreensão de uma superioridade europeia permanece atual à medida que os ideais de progresso e desenvolvimento são manejados como dispositivos epistemológicos de dominação e exploração econômica do Norte sobre o Sul, feita especialmente por meio de atividades empresariais, fundada em uma estrutura étnico-racial de longa duração desde o século

[18] Como outro exemplo, pode ser citada a constante expansão de fronteiras do agronegócio, energia, mineração e outras formas de exploração desenfreada dos recursos naturais, o que demanda que sejam colocados em curso grandes projetos de desenvolvimento, como a construção e ampliação de rodovias, ferrovias, portos, dentre outros, muitas vezes com custeios estatais.

XVI, cujas hierarquias são percebidas, não por acaso, mais severamente pelas vítimas de violações de Direitos Humanos de contextos empresariais.

A crescente atuação de empresas, especialmente as transnacionais, com o auxílio dos governos locais tem sido uma permanente característica nos processos atuais de colonização. Para tanto, parte da ciência jurídica tem sido indispensável para corroborar o mito do desenvolvimento no marco do modelo neoextrativista na América Latina.

Desde uma perspectiva epistemológica, o neoextrativismo seria uma expressão da colonialidade do poder, a qual é uma categoria que faz referência às estruturas hegemônicas de poder e controle que surgiram no colonialismo e que são estendidas até os dias de hoje.

Os espaços de dominação atuais reproduzem práticas semelhantes às coloniais, o que permite concluir que o marco da economia no Sul Global atual é organizado a partir da apropriação de territórios e diversas formas de exploração, ao passo que atua facilitando a instalação de atividades econômicas, no que se ressalta o aparato jurídico/legislativo enquanto um dos instrumentos de dominação existentes.

A esse respeito, Cesar Garavito (2011) assevera que a versão neoliberal privilegia a atuação dos juízes e das instituições em geral que objetivam melhorar o funcionamento do mercado. Desse ponto de vista, as funções essenciais dos tribunais teriam dois propósitos: contribuir para a criação de um clima estável de investimento mediante a aplicação de regras do jogo previsíveis e organizar as condições de ordem pública, necessárias para que funcionem os mercados.

Tais estratégias de dominação se assemelham às que existiram à época do colonialismo, e que atualmente têm assumido novas formas políticas e econômicas que redesenham lógicas próprias dos sistemas coloniais, visto que os governos latino-americanos criam políticas e normas que amparam as atividades econômicas, sob o manto do mito do desenvolvimento (2020).

Avançando até tempos atuais, as práticas neoextrativistas foram beneficiadas pelos processos de enfraquecimento dos Estados e desregulamentação destes, ao tempo em que abriram campo para a expansão de atividades como mineração, agronegócio e energia, dentre outras, seguido de expressivo aumento da exportação de *commodities*. Tudo isso aumentou ainda mais a pressão sobre os territórios onde encontram-se os recursos naturais, ocasionando a remoção de povos e comunidades indígenas, afrodescendentes, campesinas, periferias urbanas, dentre outros grupos, além de diversos outros conflitos socioambientais.

A busca de investimentos do capital estrangeiro cada vez mais móvel e ávido por locais mais vantajosos levou a flexibilizações que permitiram que as empresas por detrás dos *fronts* dos *commodities* pressionassem e "governassem" tanto quanto investissem.

A saber, Quijano aponta uma diferença histórica acerca da modernidade entre a Europa Ocidental (Norte) e a América Latina (Sul), e que esta consiste no tipo de controle do trabalho. Para ele, na Europa existiu a concentração da relação capital-salário, sendo o principal eixo de classificação social e da estrutura de poder, enquanto na América Latina, o controle do trabalho foi o não salarial (servidão/escravidão), elemento responsável pelos destinos diferentes dos dois continentes (2005, p. 120), e que ajuda a explicar a quantidade até, os dias atuais, de incidências de trabalho escravo nos países do Sul Global, quando em comparação com a Europa, por exemplo.

Partindo do que ocorreu na América, compreendendo o binômio espaço/tempo de um novo poder de proporções mundiais, dois processos se reforçaram/reforçam nesse novo *padrão de poder*. O primeiro deles, a diferenciação entre dominadores e dominados pelo crivo da raça, iniciado nesse lugar do mundo e após isso, se expandiu ilimitadamente. O segundo processo foi o controle do trabalho e dos recursos, visando a acumulação do capital e sua projeção no mercado mundial.

Avançando, Enrique Dussel (1997) explica que o modelo econômico dos países desenvolvidos foi copiado pelos países latino-americanos, porém estes não tiveram o mesmo êxito devido ao processo de exploração sentido pelos países da América Latina, que adentraram de maneira desigual na divisão internacional do trabalho.

Como exemplo, o Relatório sobre o Investimento Estrangeiro Direto na América Latina e Caribe correspondente ao ano de 2019 da Cepal aponta que a maior parte do capital que ingressou na região foi oriundo da Europa e dos Estados Unidos (2019, p. 5).

A então busca realizada pelas empresas, com destaque para as transnacionais, por espaços territoriais ampliados que garantissem suas atuações importou no ataque frontal a direitos sociais individuais e coletivos e nefasta degradação ambiental, seguida de ações racistas e discriminatórias contra grupos de vítimas que suportam um amplo leque de violações de Direitos Humanos de forma mais aguda: os não-brancos.

Sobre com quais fins os Estados e os capitais transnacionais se apropriam dos territórios, na América Latina os processos de privatizações e desregulamentações e consequente abertura ao capital internacional desnudam o atrelamento entre os entes e as corporações, visto que se configura no cenário latino-americano uma verdadeira disputa por alocamento desses investimentos transnacionais.

Zubizarreta (2016. p. 17) esclarece que na América Latina, embora todas as áreas ligadas ao bem-estar social e aos direitos da maioria tenham sido desregulamentadas, todos os direitos vinculados a contratos e negócios de grandes corporações foram reajustados. Para ele, a reinterpretação da lei em favor das grandes empresas, juntamente com a assimetria regulatória em relação aos direitos da maioria das populações, está deslocando em risco o Estado de Direito, a separação de poderes e a própria essência da democracia onde, mais do que nunca, a lei é usada para beneficiar uma elite política/econômica que é capaz de operar em nível internacional sem controles regulatórios e com alto grau de impunidade.

No âmbito interno, flexibilizações normativas aparecem em forma de apoio dos Estados, além da adequação dos marcos legais e administrativos de acordo com os interesses do grande capital, sob o argumento desenvolvimentista, visando a ampliação da capacidade de extração para exportação dos recursos naturais. Como exemplo, dentre os dez principais produtos de exportação da América Latina e Caribe, cinco são subprodutos derivados do petróleo e dois ligados ao agronegócio[19], ambas atividades que implicam potenciais impactos no meio ambiente e violações de Direitos Humanos decorrentes da sua exploração.

Neste trabalho, seria inevitável não se abordar a grave emergência sanitária imposta pela violência da pandemia do Covid-19, o número crescente e sem precedentes contemporâneos de pessoas mortas, e o consequente agravamento de situações extremas na América Latina, cujas afetações laborais estão entre as mais sentidas, seguidas da supressão de direitos e ataques a lideranças sindicais.

[19] Ver mais em: <https://www.cepal.org/pt-br/publicacoes/tipo/balanco-preliminar-economias-america-latina-caribe>. Acesso em março/2020.

Ademais, com a expansão da pandemia, segundo a "Global Witness", houve um incremento das táticas utilizadas por Estados e empresas de repressão aos defensores e defensoras de Direitos Humanos, incluídas aí as lideranças sindicais, por meio de criminalizações, prática estas altamente eficaz para desarticular coletivos e embaraçar suas ações que visam a proteção de direitos[20].

Do mesmo modo, a CIDH no relatório temático "Criminalização do trabalho das defensoras e defensores de Direitos Humanos" (2015, p. 51), menciona que líderes de movimentos sindicais são criminalizados como represália à sua participação em greves diante do descumprimento de convenções coletivas ou por exigir melhores condições de trabalho e direitos de conteúdo econômico, social ou cultural, e estão mais sujeitos a outras formas de violência.

O contexto da pandemia, como dito, tão somente agudiza as violações e dificuldades já existentes provocadas pela relação de dependência econômica de investimentos, políticas e práticas de cunho neoliberais, com expansão das atividades extrativistas, cujos projetos repercutem de forma substancial nas vidas, corpos e territórios ora já analisados, impondo grave risco à própria sobrevivência destes.

A esse respeito, Leite (2020) aponta a necessidade de uma discussão tanto política tanto econômica mais profunda acerca dos serviços públicos, dos bens públicos, dos sistemas de proteção social e trabalhista, bem como a necessidade de se (re)discutir o papel do Estado na promoção e na garantida de direitos básicos ligados não apenas ao bem-estar da população, mas à própria vida.

3. Direitos laborais em foco: comentários da agenda no Sistema Interamericano de Proteção dos Direitos Humanos acerca do direito às liberdades de associação e sindical

Acerca do direito à liberdade de associação e liberdade sindical no âmbito do Direito Internacional dos Direitos Humanos (DIDH), estes encontram-se previstos na Declaração Universal de Direitos Humanos; na Declaração Americana dos Direitos e Deveres do Homem (art. 22); no Pacto Internacional dos Direitos Civis e Políticos (art. 22); no Pacto

[20] Ver: <https://www.globalwitness.org/en/campaigns/environmental-activists/>. Acesso em out./2020.

Internacional dos Direitos Econômicos, Sociais e Culturais (art. 8); no Protocolo Adicional à Convenção Americana de Direitos Humanos (art. 8); no Convênio Internacional 87 e 98 da Organização Internacional do Trabalho.

Tais direitos permitem a participação efetiva de trabalhadores em termos de políticas econômicas e sociais, constituindo assim importantíssimo pilar para a democracia, no que, na América Latina, tais coletivos foram salutares nas lutas por redemocratização após duros períodos ditatoriais.

O direito à negociação coletiva, estritamente ligado ao direito à liberdade de associação, também ocupa lugar central, visto que por meio de seu gozo, empregadores e suas organizações e os sindicatos podem estabelecer salários e condições de trabalho justos, garantir a igualdade de oportunidade de gênero, dentre outros aspectos.

O direito ao trabalho é um direito fundamental inseparável e inerente à dignidade humana, no que o seu desenvolvimento é chave para fortalecer os sistemas econômicos e sociais desde um enfoque de direitos, com importância vital para a garantia e desfrute e outros Direitos Humanos e o desenvolvimento autônomo da pessoa, além de constituir uma via para garantir a vida digna das pessoas (CIDH, 2020).

Tais direitos encontram previsão no âmbito do Sistema Regional Americano de proteção dos Direitos Humanos, nos artigos 1, 16 e 26 da Convenção Americana sobre Direitos Humanos (CADH); artigos XIV. XV e XXII da Declaração Americana dos Direitos e Deveres do Homem (DADH) e nos artigos 6, 7 e 8 do Protocolo Adicional à Convenção Americana sobre Direitos Humanos em matéria de Direitos Econômicos, Sociais e Culturais (Protocolo de San Salvador), além de outros instrumentos, como a Convenção Interamericana Para Prevenir, Sancionar e Erradicar a Violência Contra a Mulher (Convenção de Belém do Pará e a Convenção Interamericana Sobre a Proteção dos Direitos Humanos das Pessoas Idosas.

Thomas Buergenthal (1990) sustenta que o Sistema Interamericano de Direitos Humanos (SIDH) possui uma base dupla: uma baseada na Carta da Organização dos Estados Americanos (OEA), e a outra a partir da entrada em vigor da Convenção Americana de Direitos Humanos (CADH). O primeiro subsistema, o criado pela Carta da OEA, diz respeito apenas à Comissão Interamericana de Direitos Humanos (CIDH), enquanto o segundo subsistema, definido pela CADH, institui um tribunal internacional, qual seja, a Corte Interamericana de Direitos Humanos (Corte-IDH), que processa apenas casos em que se discuta a responsabilização internacional estatal por violações de Direitos Humanos, são sendo admitidas demandas contra atores não-estatais.

Por meio de seus relatórios por país e por temas, a CIDH tem dado uma crescente atenção sobre violações de Direitos Humanos em contextos laborais[21]. Não obstante isso, em interpretação evolutiva[22], o órgão judicial do SIDH, a Corte-IDH, tem enfrentado esta problemática em seus julgados, onde estabelece critérios sobre a responsabilidade estatal no que diz respeito a violações de Direitos Humanos em contextos de liberdade de expressão, associação, ameaças a lideranças sindicais e direitos de seguridade em cenários de privatizações de empresas estatais.

Sobre esses critérios, torna-se imperioso destacar duas obrigações estatais previstas no artigo 1º da CADH[23]. São elas as obrigações de respeitar e de garantir direitos. O aludido artigo passou por interpretação da Corte-IDH pela primeira vez no Caso Velásquez Rodriguez *vs.* Honduras (1988), sendo mantido até os dias atuais, de modo que a respon-

[21] Como o relatório sobre Criminalização do trabalho das defensoras e dos defensores de direitos humanos (2015), o relatório Pueblos indígenas, comunidades afrodescendientes y recursos naturales: protección de derechos humanos en el contexto de actividades de extracción, explotación y desarrollo (2015), o Compendio sobre derechos laborales y sindicales. Estándares Interamericanos (2020), além dos relatórios por países, dentre outros.

[22] Sobre interpretação evolutiva, ver: "[...] Em otras oportunidades, tanto este Tribunal como la Corte Europea de Derechos Humanos han señalado que los tratados de derechos humanos son instrumentos vivos, cuya interpretación tiene que acompanhar la evolución de los tiempos y las condiciones de vida actuales. Tal interpretación evolutiva es consecuente com las reglas generales de interpretación consagradas en el artículo 29 de la Convención Americana, así como las establecidas por la Convención de Viena sobre el Derecho de los Tratados." ORGANIZAÇÃO DOS ESTADOS AMERICANOS. Corte Interamericana de Direitos Humanos, **Caso Masacres de Ituango *vs.* Colômbia**. Sentença de Mérito, de 01 de julho de 2006, parágrafo 155.

[23] Artigo 1º – Obrigação de respeitar os direitos 1. Os Estados-partes nesta Convenção comprometem-se a respeitar os direitos e liberdades nela reconhecidos e a garantir seu livre e pleno exercício a toda pessoa que esteja sujeita à sua jurisdição, sem discriminação alguma, por motivo de raça, cor, sexo, idioma, religião, opiniões políticas ou de qualquer outra natureza, origem nacional ou social, posição econômica, nascimento ou qualquer outra condição social.

sabilidade estatal resta reconhecida, decorrente de ação ou omissão de qualquer autoridade pública ou um particular, o que resulta em um fato atribuído ao Estado, consoante previsão na Convenção Americana.

Quanto ao dever de garantir, a responsabilidade internacional também é imputada ao Estado sempre que constatada a ausência da devida diligência em prevenir, investigar, sancionar responsáveis por violações de Direitos Humanos e reparar, no âmbito interno. Assim, as medidas adotadas pelo Estado devem ter por escopo extinguir concreta e efetivamente o risco que o mesmo contribui ou cria para a violação de direitos. Para tanto, entende que o risco envolvido corrobora e majora os deveres especiais de prevenir e proteger.

O Sistema Interamericano e seus órgãos têm contribuído com o desenvolvimento progressivo do Direito Internacional dos Direitos Humanos (DIDH), abordando abusos sistemáticos nas Américas e indicando aos Estados como estes devem proceder, sendo fonte de esperança às vítimas que não encontraram reparação devida no âmbito interno de seus países. Todavia, fatores jurídicos, políticos e econômicos afetam e fragilizam os deveres de proteção.

A Comissão Interamericana de Direitos Humanos (CIDH)[24] aponta contextos interamericanos de especial atenção e repercussão no âmbito laboral, sendo eles justiça transnacional e prestação de contas de atores econômicos; serviços públicos essenciais para a garantia dos Direitos Humanos em contextos de privatizações; mudanças climáticas e degradação ambiental; políticas fiscais, práticas tributárias empresariais e poder de influência na tomada de decisões públicas; a interação entre Estados e empresas no âmbito das tecnologias de informação e comunicação; e, tratados bilaterais e multilaterais de investimentos.

Vários casos conhecidos no SIDH através de seus mecanismos se referem a violações de Direitos Humanos com o envolvimento de empresas, sejam elas estatais ou não, no que muitos deles perpassam por violações de cunho laboral. A CIDH, em inúmeros pronunciamentos e também medidas cautelares reforça que não é causalidade que grande parte das violações analisadas digam respeito a indústrias extrativistas, isso seria reflexo da região, onde grandes projetos de desenvolvimento

[24] Ver: Comissão Interamericana de Direitos Humanos. **Empresas y derechos humanos: estándares interamericanas,** OEA/Ser.L/V/II. CIDH/REDESCA/INF.1/19.

têm lugar em territórios tradicionalmente ocupados em razão dos recursos naturais e seus usos, como anteriormente analisado.

Tais conclusões reafirmam a necessidade premente de defesa dos Direitos Humanos das populações mais vulneráveis a violações, bem como a luta por reparação e justiça frente a abusos cometidos por empresas, estatais ou não, com imenso poderio econômico, no que Estados, organizações e empresas devem, nas palavras de Boaventura, assumir uma necessária gramática de defesa da dignidade humana, com papel importante na resistência contra o esgotamento dos recursos naturais e a perda dos territórios, exigência de direitos territoriais, representação política, preservação da natureza, e liberdade de pensamento, expressão e associação.

Sobre Direitos Humanos ligados à liberdade de expressão, de associação e violações a direitos trabalhistas, o Caso Lagos do Campo *vs.* Peru, sentenciado em 2017 alterou a jurisprudência da Corte-IDH ao firmar seu entendimento acerca da possibilidade de judicialização direta dos direitos econômicos, sociais, culturais e ambientais (Descas), ao atribuir novo sentido ao artigo 26 da CADH, quando afirmou a interdependência dos direitos civis e políticos com os Descas, além da interpretação evolutiva das normas de Direitos Humanos.

Anota-se aqui que tal construção começou no caso Baena Ricardo *vs.* Panamá (2001), onde a Corte-IDH declarou sua competência para analisar violações de direitos previstos no Protocolo de San Salvador. Também no caso Acevedo Buendía e outros (Demitidos e Aposentados da Controladoria) *vs.* Peru (2009), a Corte fez constar em sua sentença algumas considerações acerca da previsão do artigo 26 da CADH. E, no caso Suárez Peralta *vs.* Equador (2013), a Corte atestou a interdependência dos direitos econômicos, sociais e culturais e a sua indivisibilidade com os direitos civis e políticos[25]. Todavia, não obstante em sua

[25] Sobre tal assunto, importante anotar o tratamento normativo diferenciado conferido aos direitos civis e políticos quando comparados aos direitos econômicos, sociais e culturais e ambientais (Descas), com desdobramentos claros inclusive nos mecanismos de monitoramento do cumprimento das obrigações internacionais assumidas, também diferentes, que culminam com a tentativa de verdadeiro fracionamento dos direitos humanos. O entendimento de que a pretensa distinção entre os direitos civis e políticos em relação aos Descas liga-se ao suposto caráter de obrigatoriedade negativa do primeiro gênero de direitos em face dos segundos, onde estes últimos implicariam em prestações positivas, ou seja, a de se

sentença o órgão jurisdicional tenha reconhecido o caráter indivisível e interdependente dos Direitos Humanos, a Corte deixou de encarar a problemática ao não considerar o que realmente levou o caso aquele sistema regional de proteção, qual seja, as implicações do direito à saúde por má conduta médica, com responsabilidade do Estado (2015, p. 411).

Sobre o impacto das privatizações de empresas públicas nos direitos de seguridade, o caso Muelle Flores *vs.* Peru (2019) denunciou que apesar de contar com reconhecimento em decisão judicial transitada em julgado, não teve seu direito à segurança social materializado por mais de 27 anos, causando-lhe gravíssimos danos à sua saúde e qualidade de vida, ante a precariedade econômica que se encontrava em razão da violação sofrida. A Corte-IDH asseverou que o Estado peruano foi responsável pelo não cumprimento de sentenças favoráveis à vítima, bem como pela criação de obstáculos derivados da privatização, e por não reverter os efeitos negativos de tal processo, bem como pela ausência de medidas para remediar a situação por tão prolongado período.

O caso da Associação Nacional de Desempregados e Aposentados *vs.* Peru (2019) impôs responsabilidade do Estado peruano em razão do não cumprimento de decisões judiciais que diziam respeito a direitos previdenciários de ex-trabalhadores do setor público, em contextos

prestar um atendimento positivo. No entanto, tal divisão tem como fundamento, segundo Abramovich, uma visão distorcida e naturalista do papel e do funcionamento da máquina estatal, onde mesmo direitos que parecem ajustar-se mais com a facilidade à caracterização de uma obrigação, ou outra, não necessariamente se amoldem a eles. Assim, os direitos civis e políticos e os Descas são um complexo de obrigações positivas e negativas por parte do Estado, ao passo em que os grupos de direitos distinguem-se quando relacionados a uma questão de gradação, apenas, e não em aspectos substanciais. Ocorre que a compreensão atual dos direitos humanos, pautada especialmente pelos princípios da indivisibilidade e interdependência desses direitos faz com que o SIDH institua meios que proporcionem a justiciabilidade dos Descas, superando as teorias passadas que tenderam à ideia de divisão dos direitos. Nessa mesma esteira, o entendimento de que os dois grupos de direitos reúnem tanto obrigações positivas quanto negativas, imediatas e progressistas. Ainda sobre a interdependência dos direitos, em muitos casos, as violações de direitos civis e políticos afetam também os Descas, e vice-versa, especialmente porque estes últimos caracterizam-se justamente por envolverem um amplo espectro de obrigações estatais. Ver: Abramovich, Víctor y Christian Courtis. **Los derechos sociales como derechos exigibles**. Madrid: Ed. Trotta, 2002.

de privatizações e reestruturações de empresas estatais durante ruptura democrática[26].

O caso Gomez Virula *vs.* Guatemala (2019) diz respeito a violações ligadas a violência, desaparecimento e posterior assassinato do líder sindical. Em suas razões, a CIDH sustentou violação ao direito de associação, ao postular que a morte se deu em contexto de conflito sindical. Todavia, em relação à liberdade de associação, a Corte-IDH no parágrafo 60 da sentença considerou que o Estado não violou tal direito. No entanto, ao enfrentar as alegações de violações do direito às garantias judiciais e à proteção judicial em seu parágrafo 90, o tribunal atribuiu responsabilidade estatal, quando afirmou que não atuou com a devida diligência para investigar o desaparecimento, mesmo sabendo que se tratava de um líder sindical que se encontrava em conflito no seu local de trabalho.

Insta registrar que a Comissão Interamericana de Direitos Humanos (CIDH) e sua Relatoria Especial sobre Direitos Econômicos, Sociais, Culturais e Ambientais (Redesca) submeteram em 31 de julho de 2019 à Corte-IDH uma solicitação de opinião consultiva[27] com base no artigo 64.1 da Convenção Americana de Direitos Humanos, visando obter interpretação conjunta de várias normas interamericanas fundamentais sobre as obrigações dos Estados relacionadas ao exercício da liberdade sindical, incluindo-se aí a negociação coletiva e a greve, como catalisadores para a proteção de direitos trabalhistas, assim como a interpretação dessas normas sob uma perspectiva de gênero.

Conforme a CIDH, a interpretação solicitada inclui o alcance das obrigações sobre as garantias nos processos de formação de sindicatos e nos seus procedimentos eleitorais e de governo interno e as manifestações das relações entre a liberdade sindical, a negociação coletiva e a liberdade de associação, e entre a liberdade sindical, liberdade de expressão, o direito à greve e o direito à reunião, bem como o alcance

[26] Para apontamentos críticos do caso e omissões da sentença, ver: Cerqueira, Daniel. **Comentarios a la sentencia de la Corte Interamericana de Derechos Humanos en el Caso Ancejub-Sunat vs. Perú**. Justicia en las Américas. Blog de la Fundación para el Debido Proceso. Disponível em: <https://dplfblog.com/2020/01/07/jurisprudencia-de--la-corte-idh-en-casos-sobre-desca-entre-lo-retorico-y-lo-impredecible/>. Acesso em fev./2021.

[27] Ver em: <https://www.oas.org/pt/cidh/prensa/notas/2019/185.asp>. Acesso em fev./2021.

das obrigações sobre garantias específicas para a liberdade sindical em face de práticas discriminatórias ou violentas no trabalho baseadas no gênero, e para assegurar a participação efetiva das mulheres como integrantes e líderes sindicais no cumprimento do princípio da igualdade e não discriminação. Adicionalmente, buscam uma interpretação sobre o alcance das obrigações relativas à participação efetiva dos trabalhadores e trabalhadoras através do exercício da liberdade sindical, negociação coletiva e greve, nos processos de planejamento, construção e avaliação de normas e políticas públicas relacionadas ao trabalho em contextos de mudanças no mercado de trabalho em face do uso de novas tecnologias.

Sobre o tema, a CIDH lançou ainda o Compêndio sobre Direitos Laborais e Sindicais (2020), onde deu destaque à liberdade de expressão em contextos laborais, liberdade sindical, negociação coletiva, dentre outros direitos.

Na Resolução 1/2020, "Pandemia e Direitos Humanos nas Américas (2020)", a CIDH pugnou por adequada proteção de salários, liberdade sindical, negociação coletiva, pensões e demais direitos sociais inter-relacionados no âmbito laboral e sindical.

Tais iniciativas evidenciam a proeminência do tema, que necessita, todavia, de melhor construção, enfrentamento e aprofundamento do conteúdo dos direitos laborais em contextos de violações de Direitos Humanos nas Américas.

Conclusões

Considerando a perspectiva contra-hegemônica adotada neste artigo, conclui-se que os dilemas laborais no âmbito regional nas Américas perpassam por relações de dependência históricas, que ligam duas pontas: a exploração desenfreada de recursos naturais e humanos e o controle de grandes capitais para além-mar.

Se faz absolutamente necessário, especialmente no atual momento de políticas e práticas estatais de austeridade, seguida daquilo que se pode chamar de erosão das democracias liberais, de que se reconheça que o direito ao trabalho, para além de ser a base para a realização de tantos outros direitos, tais quais o direito à vida digna, este possui uma função social e impõe uma proteção especial dos trabalhadores e suas formas de organização pelos Estados.

Em tempos de precariedades, especialmente no atual contexto pandêmico, é preciso reafirmar em alto tom que os direitos laborais sindicais conquistados são inalienáveis, de modo que os princípios da progressividade e não-regressividade na órbita dos direitos sociais necessita, mais do que nunca, de observância, dedicação de pesquisas e atuação comprometida de todos, de modo a se fazer cumprir o conteúdo insculpido no art. 26 da CADH, e do art. 1 do Protocolo de San Salvador.

Referências

ABRAMOVICH, Víctor y Christian COURTIS. **Los derechos sociales como derechos exigibles.** Madrid: Ed. Trotta, 2002.

ACOSTA, Alberto; BRAND, Ulrich. **Pós-Extrativismo e Decrescimento: saídas do labirinto capitalista**. Ed. Elefante, 2017.

ALMEIDA, Silvio Luiz de. **Racismo estrutural.** São Paulo: Sueli Carneiro; Pólen, 2019.

ALMEIDA, Silvio Luiz de. **Racismo estrutural.** São Paulo: Sueli Carneiro; Pólen, 2019.

BRAGATO, Fernanda Frizzo. Para além do discurso eurocêntrico dos direitos humanos: contribuições da descolonialidade. **Revista Novos Estudos Jurídicos – Eletrônica**, Vol. 19 – n. 1 – jan-abr 2014.

BURGENTHAL, Thomas. **La protección de losderechos humanos en la América.** Instituto Interamericano de Derechos Humanos. Madrid: Civitas, 1990.

CERQUEIRA, Daniel. **Comentarios a la sentencia de la Corte Interamericana de Derechos Humanos en el Caso ANCEJUB-SUNAT vs. Perú**. Justicia en las Américas. Blog de la Fundación para el Debido Proceso.

Comissão Interamericana de Direitos Humanos. **Compendio sobre derechos laborales y sindicales: estándares interamericanos**. OAS. Documentos oficiales; OEA/Ser.L/V/II. Parágrafo 1.

Comissão Interamericana de Direitos Humanos. **Criminalização ao trabalho das defensoras e dos defensores de direitos humanos**: OAS. Documentos oficiales; OEA/Ser.L.

Comissão Interamericana de Direitos Humanos. **Empresas y derechos humanos: estándares interamericanas,** OEA/Ser.L/V/II. CIDH/REDESCA/INF.1/19.

Corte IDH. Caso Muelle Flores Vs. Perú. Exceções Preliminares, Mérito, Reparações e Custas. Sentença de 6 de março de 2019. Série C Nº. 375.

Corte Interamericana de Direitos Humanos, **Caso Masacres de Ituango *vs.* Colômbia**. Sentença de Mérito, de 01 de julho de 2006, parágrafo 155.

DARDOT, Pierre; LAVAL, Christian. **A nova razão do mundo: ensaio sobre a sociedade neoliberal**. Trad. Mariana Echalar. 1. ed. São Paulo: Boitempo, 2016.

DUSSEL, Henrique. **Oito Ensaios Sobre Cultura Latino Americana e Libertação: Cultura Imperial, Cultura ilustrada e libertação da Cultura Popular**. São Paulo, Paulinas. 1997.

GARAVITO, Cesar Rodriguez. **A Globalização do Estado de Direito: o neoconstitucionalismo, o neoliberalismo e a reforma institucional na América Latina**. In VIEIRA, Oscar Vilhena; DIMOULIS, Dimitri (orgs.). Estado de Direito e o Desafio do Desenvolvimento. São Paulo: Saraiva, 2011.

GUDYNAS, Eduardo. **Extractivismos: ecologia, economia y política de un modo de entender el desarrollo y la Natureza**. Cochabamba: CEDIB, 2015.

HARVEY, David. **O novo imperialismo**. Tradução de Adail Sobral e Maria Stela Gonçalves. 7. ed. São Paulo: Edições Loyola, 2013.

HERRERA FLORES, Joaquín. **A (re)invenção dos direitos humanos**. Florianópolis: Fundação Boiteux, 2009.

IBARRA, David. **Revista de Economia Política**. Vol. 31, nº 02. 2011. O neoliberalismo na América Latina. Disponível em: <https://www.scielo.br/pdf/rep/v31n2/04.pdf>.

Justiça nos Trilhos, **Direitos humanos e empresas: a Vale S.A. e as estratégias de dominação, violações e conflitos envolvendo territórios, água, raça e gênero**, São Luis, 2020.

KILOMBA, Grada. **Memórias da plantação: episódios de racismo cotidiano**. Rio de Janeiro: Editora Cobogó. 2019.

LEITE, Kelen Christina. A (IN)ESPERADA PANDEMIA E SUAS IMPLICAÇÕES PARA O MUNDO DO TRABALHO. **Psicol. Soc.**, Belo Horizonte, v. 32, e020009, 2020 .

MBEMBE, Achille. **Crítica da razão negra.** São Paulo: n-1 edições, 2018.

MILANEZ, Bruno; SANTOS, Rodrigo Salles Pereira dos. **Neodesenvolvimentismo às avessas? Uma análise do atual modelo de desenvolvimento brasileiro**. Disponível em: <http://www.ufjf.br/poemas/files/2014/07/Santos-2014-Neodesenvolvimentismo-%C3%A0s-avessas.pdf>.

PAMPLONA, Danielle Anne . Um projeto comum para a América Latina e os impactos das empresas em direitos humanos. **Revista Brasileira de Políticas Públicas**, Brasília, v. 9, n. 2, 2019.

QUIJANO, Aníbal. Colonialidade do poder, eurocentrismo e América Latina. In: LANDER, Edgardo (org). **A colonialidade do saber: eurocentrismo e ciências sociais. Perspectivas latinoamericanas**. Buenos Aires, Colección Sur Sur, 2005.

SANTOS, Boaventura de Sousa; GARAVITO, César A. Rodriguez. **El derecho y la globalización desde abajo: Hacia una legalidad cosmopolita**. Rubí (Barcelona): Anthropos; México: UAM.Cuajimalpa, 2007.

SANTOS, Mariana Lucena Sousa; TUMA, Erica Fabiola Brito. **A tarefa holística de proteção do direito à saúde e seu trato diferenciado no âmbito do Sistema Interamericano de Direitos Humanos e no Sistema de Justiça Brasileiro.** XXIV Congresso Nacional do CONPEDI – UFMG/FUMEC /DOM HELDER CÂMARA. DIREITO INTERNACIONAL DOS DIREITOS HUMANOS II. Belo Horizonte – MG.

SVAMPA, MARISTELLA. **La sociedade excludente: la Argentina bajo al signo del liberalismo**. Buenos Aires: Taurus, 2005.

SVAMPA, MARISTELLA. **La sociedade excludente: la Argentina bajo al signo del liberalismo**. Buenos Aires: Taurus, 2005.

TUMOLO, Paulo Sergio. Trabalho, vida social e capital na virada do milênio: apontamentos de interpretação. **Educ. Soc.**, Campinas, v. 24, n. 82, p. 159-178, 2003.

ZUBIZARRETA, Juan Hernández; RAMIRO, Pedro. **Against the "Lex Mercatoria": proposals and alternatives for controlling transnational corporations**. Madrid: OMAL, 2016.

10. CASO VOLKSWAGEN: ENTRE VIOLAÇÕES PRETÉRITAS AOS DIREITOS HUMANOS E DILEMAS SOBRE UMA REPARAÇÃO COLETIVA ATUAL E EFETIVA

Inês Virgínia Prado Soares
Lucia Elena Arantes Ferreira Bastos

Nada passa, nada expira
O passado é
Um rio que dorme
e a memória uma mentira
Multiforme
Dormem do rio as águas
E em meu regaço dormem os dias
Dormem
Dormem mágoas
As agonias,
Dormem.
Nada passa, nada expira
O passado é
Um rio adormecido
Parece morto, mal respira
Acorda-o e saltará
Num alarido.
(José Eduardo Agualusa[1])

[1] Poema "Acalanto para um Rio" do livro "O Vendedor de Passados", Lisboa, Dom Quixote, 2004.

Introdução

O presente texto aborda o caso Volkswagen, que versa sobre a responsabilização da empresa por sua cumplicidade com a ditadura brasileira (1964-1985), para analisar as complexidades e desafios da adoção, por empresas e corporações, de iniciativas e medidas que visem reparar as vítimas de violações do passado.

O caso Volkswagen foi iniciado em 2015, no âmbito no Ministério Público Federal (MPF), por provocação do coletivo Memória, Verdade, Justiça e Reparação, formado por integrantes de centrais sindicais, movimentos sociais e outras entidades. A denúncia deu origem a um Inquérito Civil Público (ICP) instaurado para investigar, dentre outras violações, prisões e torturas de 12 ex-funcionários dentro da fábrica da Volkswagen em São Bernardo do Campo, cidade da região metropolitana de São Paulo[2].

Em 23 de setembro de 2020, o caso foi concluído, com a assinatura do Termo de Ajustamento de Conduta (TAC)[3] entre a empresa e os Ministérios Públicos Federal, Estadual (de São Paulo) e do Trabalho. E, em 15 de janeiro de 2021, a Procuradoria Federal dos Direitos do Cidadão (PFDC)[4], órgão do MPF de coordenação e revisão dos trabalhos realizados pelas procuradorias em matéria de cidadania e direitos humanos, homologou o arquivamento do ICP que abrigava o TAC.

A discussão sobre os legitimados, o conteúdo e as formas de reparação se tornaram mais instigantes no cenário local depois da divulgação da assinatura do acordo pela Volkswagen. Isso porque um dos pontos mais interessantes desse caso foi o descolamento entre os atores que deram início à investigação no MPF e os contemplados pelos recursos financeiros destinados à reparação coletiva. Essa desvinculação entre os termos do acordo e as expectativas de parte dos autores da representação no MPF causou indignação ao coletivo que inaugurou o procedi-

[2] Ministério Público Federal, Inquérito Civil n. 1.34.001.006706/2015-26, http://apps.mpf.mp.br/aptusmpf/index2#/detalhe/100000000000067513810?modulo=0&sistema=portal (último acesso em 08 de fevereiro de 2019)

[3] Termo de Ajustamento de Conduta no Caso Volkswagen, disponível em: https://mpt.mp.br/pgt/noticias/tac_final_vw_assinado_sem_anexo.pdf (último acesso em 26 de fevereiro de 2021).

[4] Sobre a Procuradoria Federal dos Direitos do Cidadão (PFDC) ver: http://pfdc.pgr.mpf.mp.br/institucional/sobre-a-pfdc/apresentacao (último acesso em 26 de fevereiro de 2021).

mento investigatório. O grupo inconformado interpôs recurso junto à PFDC com pedido de não homologação do arquivamento do Inquérito Civil Público e, por consequência, do TAC. No entanto, o recurso não foi aceito e em janeiro de 2021, a investigação foi dada por concluída, prevalecendo, para o caso Volkswagen, a reparação prevista no TAC.

Para desenvolvimento do presente capítulo, tomamos como norte os marcos teóricos, as conexões e/ou os pontos comuns existentes entre a justiça de transição, o direito ao desenvolvimento e os princípios direcionadores para empresas e direitos humanos. No primeiro tópico, traremos breves considerações sobre as empresas com passado de violações aos direitos humanos. Em seguida, apresentaremos alguns aspectos que permitem um tratamento conjunto das temáticas da justiça de transição, do direito ao desenvolvimento e dos princípios norteadores das empresas e os direitos humanos, para o desenho de iniciativas reparatórias por empresas cúmplices da ditadura. O penúltimo tópico apresentará o TAC firmado pela Volkswagen, adotando os marcos conceituais de Garapon e Teitel. Por fim, no último tópico, analisaremos o atendimento das medidas de satisfação, que integram o programa reparatório.

1. Empresas com passado de violações aos Direitos Humanos

A construção do longo caminho de responsabilização de atores não-estatais, especialmente de corporações e empresas, por violações de direitos humanos, decorreu de lutas e estratégias das vítimas e de associações que defendiam seus direitos; e demorou décadas. A título de exemplo, podemos citar a BMW e a Volkswagen que foram responsabilizadas por empregar trabalho escravo durante o regime nazista[5].

Bancos[6] e seguradoras[7] suíços foram investigados por não terem pago os ativos e sinistros às vítimas do Holocausto. O Tribunal Criminal Internacional para Ruanda condenou três empresários por sua cumpli-

[5] *CNN Money*, "Nazi-era Slaves Sue Firms", 31 de agosto de 1998, https://money.cnn.com/1998/08/31/companies/holocaust/ (último acesso em 30 de janeiro de 2019).

[6] *The New York Times*, "Switzerland and Banks Agree to a Fund for Holocaust Victims", 24 de janeiro de 1997, https://www.nytimes.com/1997/01/24/world/switzerland-and-banks-agree-to-a-fund-for-holocaust-violents.html (último acesso em 30 de janeiro de 2019).

[7] *Swiss Info*, "Swiss Insurers to Compensate Holocaust Victims", 11 de maio de 2000, https://www.swissinfo.ch/eng/swiss-insurers-to-compensate-holocaust-victims/1483632 (último acesso em 30 de janeiro de 2019).

cidade no genocídio de 1994 (o chamado "Caso de Mídia"), já que esses executivos de mídia usaram uma estação de rádio e um jornal bimestral para inflamar o ódio étnico que acabou levando a massacres em igrejas, escolas, hospitais e bloqueios de estradas[8]. Além disso, julgamentos civis ocorridos no exterior contra empresas envolvidas na cumplicidade com regimes autoritários repressivos foram realizados em tribunais federais dos EUA, como a *class action* movida pelo grupo de apoio à vítima *Khulumani*, da África do Sul, para discutir a cumplicidade de empresas com o regime do *Apartheid*[9].

Inclusive, os estudos mostram que a judicialização dos casos tem tido um efeito positivo: o de ao fazer cessar as violações, mudar a postura das empresas, prevenindo também violações futuras. Além desse efeito dissuasivo, no Judiciário, há também chances de serem obtidas reparações financeiras por danos causados no passado. Sobre essas violações pretéritas, Jeremy Sarkin destaca:

> Maiores avanços no movimento para a obtenção de reparações ocorreram quando se iniciaram nos Estados Unidos as ações judiciais relacionadas ao Holocausto. A primeira dessas reivindicações aconteceu em outubro de 1996, quando uma ação judicial coletiva foi movida no tribunal distrital federal do Brooklyn, em Nova York, contra os bancos suíços – Crédit Suisse, Union Bank of Switzerland e Swiss Bank Corporation. Todos os casos registrados foram reunidos em 1997 sob o título "In re Holocaust Victim Assets Litigation". A reivindicação combinada alegava que os bancos não haviam devolvido ativos neles depositados, haviam negociado ativos pilhados e se beneficiado do comércio de bens produzidos por mão-de-obra escrava. O caso foi liquidado em 1998, com o pagamento por parte dos bancos de 1,5 bilhão de dólares. Não apenas os judeus foram beneficiados nos termos do acordo, mas também homossexuais, deficientes físicos ou mentais, ciganos e testemunhas-de-jeová." (SARKIN: 2004)

[8] *The New York Times*, "Court Finds Rwanda Media Executives Guilty of Genocide", 3 de dezembro de 2003, https://www.nytimes.com/2003/12/03/international/africa/court-finds-rwanda-media-executives-guilty-of-genocide.html (último acesso em 30 de janeiro de 2019).

[9] *Business & Human Rights Resource Center*, "Apartheid Reparations Lawsuits (re So. Africa)", https://www.business-humanrights.org/en/apartheid-reparations-lawsuits-re-so-africa?page=1 (último acesso em 30 de janeiro de 2019).

Ligado a este caso da *In re Holocaust Victim Assets Litigation*, está a punição de empresários em razão da cumplicidade de suas respectivas empresas com o nazismo. Trata-se do grupo *IG Farben*, que dentre suas empresas, produzia o pesticida *Zyklon B*, que era usado nas câmaras de gás dos campos de concentração. O mesmo grupo também possuía uma fábrica para a produção de óleo sintético e borracha, em Auschwitz, e em 1944 esta empresa fazia uso de 83.000 trabalhadores sob regime de trabalhos forçados. Dos 24 diretores da *IG Farben* processados via os "Julgamentos de *Nuremberg*"[10], 13 foram condenados à prisão.

Em 1957, os representantes da *IG Farben*, da *Conference on Jewish Material Claims Against Germany*[11] e o ex-trabalhador forçado de uma das fábricas da referida empresa, Norbert Wollheim, assinaram o chamado "Acordo de Wollheim", em conclusão de uma judicial movida por danos. Naquela época, a *IG Farben* se comprometeu a pagar um total de 30 milhões de marcos alemães às vítimas de trabalhados forçados sob a condição de que seria oferecida imunidade para a empresa em relação à futuras reclamações. No total, cerca de 6.500 dos ex-trabalhadores forçados pleitearam a indenização e receberam tais pagamentos[12]. No final de 2003, o consórcio alemão *IG Farben,* foi declarado insolvente[13] e em

[10] O Caso IG Farben foi um dos doze julgamentos realizados como parte do Tribunal Militar de Nuremberg (TMN). Os Estados Unidos estabeleceram o TMN, em 1946, para julgar um número maior e mais variado de supostos criminosos de guerra do que o Tribunal Militar Internacional (TMI), que julgou vinte e dois líderes políticos nazistas de alto escalão. Juntos, o TMN e o TMI, constituíram o que é usualmente conhecido como os "Julgamentos de Nuremberg". Ver: Brudney, Allie; "The IG Farben Trial: Evidentiary Standards and Procedures and the Problem of Creating Legitimacy", Harvard International Law Journal, vol. 61, 2020, pp. 245-280.

[11] Sobre os trabalhos da Conference on Jewish Material Claims Against Germany, ver: http://www.claimscon.org/about/ (último acesso em 27 de fevereiro de 2021).

[12] Sobre as indenizações pagas mediante o Acordo de Wollheim, ver: https://www.bundesverfassungsgericht.de/SharedDocs/Entscheidungen/EN/2004/12/rs20041207_1bvr180403en.html (último acesso em 27 de fevereiro de 2021).

[13] Deutsche Welle, "Stock of former Nazi chemicals giant to be delisted", 19 de Agosto de 2011, https://www.dw.com/en/stock-of-former-nazi-chemicals-giant-to-be-delisted/a-15327052 (último acesso em 27 de fevereiro de 2021).

2004, manifestou publicamente sua intenção de destinar recursos financeiros para uma fundação a vítimas do Holocausto[14].

Mesmo numa situação de pressão intensa por vítimas e associações, o destaque para esse caso da *IG Farben* sobre o passado diz respeito à adesão voluntária da empresa à reparação pelos danos causados e a posição de que a reparação deve ser coletiva, com a destinação dos recursos para Fundos ligados às vítimas e a temas do Holocausto. Também traz questionamentos sobre o que se esgota quando as corporações assumem seus erros institucionais pregressos, com reconhecimento espontâneo ou em processos administrativos e judiciais, bem como, o quanto é necessário que a empresa invista financeiramente em projetos de reparação.

Fora do embate judicial, desde 2020 – a partir da divulgação de uma relação de corporações que violaram os direitos das pessoas negras, especialmente com sua escravização, feita pelo Centro de Estudos do Legado Escravagista Britânico da Universidade College of London (UCL) [15] – está em curso um rico debate sobre o dever de reparação por violações do passado e as formas de realizá-la. Neste exemplo, empresas conhecidas e tradicionais como a cervejaria Greene King e as financeiras Lloyds, Barclays, Royal Bank of Scotland (RBS) e Danske publicaram notas repudiando suas condutas violadoras, com pedidos de desculpas e informações sobre adoção de reparação.

Ainda sobre o lucro com a escravidão, no final de 2019, foi criado o Comitê Suíço de Reparação da Escravatura (Scores). Essa investigação é uma iniciativa de políticos, personalidades, religiosos e acadêmicos suíços e tem por finalidade a reunião de dados e informações para que

[14] A declaração do Grupo falido não satisfez as associações de vítimas do Holocausto, que entenderam o gesto como insuficiente para indenizar os trabalhadores forçados da IG Farben, *que ainda não haviam sido compensados pelo Acordo de Wollheim*. Essas associações afirmam que o banco Schweizer Bankgesellschaft, antecessor do grupo bancário suíço UBS, que assumiu na década de 1960 parte da fortuna da Interhandel, filial americana do grupo alemão, poderia ter indenizado as vítimas e que a obrigação atualmente seria do UBS. Ver: The Guardian, "Swiss bankers face lawsuit over Nazi legacy", 22 de fevereiro de 2004, https://www.theguardian.com/business/2004/feb/22/theobserver.observerbusiness3 (último acesso em 27 de fevereiro de 2021).

[15] Para maiores informações sobre os trabalhos do *Centre for the Study of the Legacies of British Slave-ownership* ver: https://www.ucl.ac.uk/lbs/ (último acesso em 27 de fevereiro de 2021).

seja possível negociar uma reparação[16]. Neste caso, o que chama atenção é a posição oficial do governo suíço, que alega a ausência de protagonismo do país na colonização e, por consequência, a falta de responsabilidade do Estado em relação às violações praticadas, mesmo sendo notório que empresas, cidades ou mercenários daquele país auferiram lucros com atividades que exploravam a escravidão na África e nas Américas entre os séculos XVI e XIX.

No campo específico dos mecanismos da justiça de transição, embora seus objetivos não impeçam a inclusão de empresas nos esforços de responsabilização e de reparação às vítimas, inicialmente, os abusos cometidos por atores privados durante períodos de repressão e/ou conflito armado não receberam atenção formal na revisitação do passado, principalmente, nas iniciativas mais estruturadas por verdade e justiça. Além disso, reconhece-se que temendo antagonizar as empresas e desencadear a realocação de investimentos para espaços mais permissivos, as iniciativas dos países latinoamericanos em relação ao acerto de contas com o passado violento costumavam evitar a ênfase no papel dos atores econômicos nas violações dos direitos humanos. Certamente, essa atitude também foi facilitada por um contexto internacional em que os paradigmas da justiça de transição foram sendo construídos dentro de uma estrutura ocidental e neoliberal, com foco em violações de direitos civis e políticos, negligenciando-se, portanto, as causas socioeconômicas estruturais que estavam por trás da violência política (Roth-Arriaza: 2016).

Como consequência, a pesquisa conduzida para o banco de dados de Responsabilidade Corporativa e Justiça de Transição (CATJ)[17] verificou

[16] *UOL Notícias*, "O lucro da escravidão" 17 de fevereiro de 2021, https://noticias.uol.com.br/reportagens-especiais/sem-mar-ou-colonias-suicos-abrem-debate-sobre-reparacao-pela-escravidao-/#cover (último acesso em 27 de fevereiro de 2021).

[17] O banco de dados CATJ inclui casos em que empresas foram indicadas em mecanismos de justiça transicional extrajudiciais e judiciais como sendo cúmplices de abusos cometidos no decurso de um regime autoritário ou de um conflito armado. O CATJ inclui 874 observações de empresas identificadas por seu envolvimento em violações de direitos humanos em 37 países que enfrentaram transições para regimes democráticos entre 1945 e 2017. Essa pesquisa mencionada foi realizada pela Universidade de Oxford com as organizações de direitos humanos Andhes, Cels e Dejusticia. Consulte: http://www.tjdbproject.com/# (último acesso em 30 de janeiro de 2019).

que, em 39 relatórios finais de comissões da verdade em todo o mundo, apenas metade deles (22 relatórios ou 56%) reconheceu o papel dos atores econômicos nas violações dos direitos humanos (Payne, Pereira, Costa e Bernal-Bermúdez: 2017). Além disso, a maioria das comissões da verdade[18] têm ignorado a corrupção e os crimes econômicos.

A responsabilização pela cumplicidade econômica com as ditaduras latinoamericanas começa a surgir timidamente no cenário das medidas de reparação pelos crimes da ditadura, como uma medida de satisfação. A Argentina passou a adotar medidas criminais contra violações especialmente qualificadas como "crimes contra a humanidade" (Grosescu: 2019). No Chile, houve o pedido de perdão da Associação Nacional dos Magistrados pelas omissões do Poder Judiciário durante a ditadura[19]. No Brasil, em 2013, tivemos a revisitação do polêmico editorial publicado n'O Globo[20], sendo que dessa vez as Organizações Globo reconheceram ter errado ao apoiar o golpe e a ditadura.

Em complemento, tem-se que a agenda anticorrupção das instituições financeiras internacionais foi impulsionada, em parte, por críticas ao papel que desempenhavam no empréstimo a regimes corruptos e repressivos. No entanto, a retórica de anticorrupção não alcança as condutas do passado e as corporações acabam por não fazerem um exame do seu papel na sustentação de regimes autoritários, embora haja provas da correlação entre dívida externa e ditaduras abusivas (Bohoslavsky e Rulli: 2010).

No cenário local, a responsabilização pública e não-criminal dos atores coletivos que cooperaram para a repressão no regime ditatorial bra-

[18] Por exemplo, entre 1974 e 2004, 34 comissões da verdade foram estabelecidas em todo o mundo e apenas 3 delas se envolveram expressamente com crimes econômicos, violações de direitos socioeconômicos ou um conjunto de crimes que necessariamente incorporam atos passados de corrupção: Chade, Libéria e Serra Leoa. Ver: Ruben Carranza, "Plunder and Pain: Should Transitional Justice Engage with Corruption and Economic Crimes?", The International Journal of Transitional Justice v 2 (2008): 310–330.

[19] EBC, "Juízes Chilenos pedem desculpa por omissão de tribunais durante ditadura", 05 de setembro de 2013, http://memoria.ebc.com.br/agenciabrasil/noticia/2013-09-05/juizes-chilenos-pedem-desculpa-por-omissao-de-tribunais-durante-ditadura (último acesso em 27 de fevereiro de 2021).

[20] Editorial disponível em https://oglobo.globo.com/brasil/apoio-editorial-ao-golpe-de-64-foi-um-erro-9771604 (último acesso em 27 de fevereiro de 2021).

sileiro (1964-1985) ganhou maior atenção na última década. A possibilidade de levar demandas sobre o assunto às instituições do sistema de justiça, bem como a transformações destas demandas em investigações sobre violações de direitos humanos e reparações coletivas e individuais, encontrou esteio nos trabalhos da Comissão Nacional da Verdade – CNV (2012-2014) e na publicação do Relatório final desta Comissão, especialmente em alguns escritos temáticos integrantes do Volume II do mencionado relatório, com realce para o texto intitulado *Violações de Direitos Humanos aos Trabalhadores*, elaborado sob a responsabilidade da conselheira Rosa Maria Cardoso da Cunha[21].

Antes dos trabalhos da CNV, jornalistas, pesquisadores e cineastas já apontavam grupos privados que, de alguma forma, colaboraram com a ditadura brasileira e delineavam a estrutura repressiva e seus colaboradores (Contreiras: 2001; Campos: 2014)[22]. Atualmente, somam-se a esse conhecimento já produzido a persistente sensação coletiva (especialmente do grupo de vítimas diretamente atingidas) de incompletude e de injustiça, bem como o acúmulo de aprendizado decorrente dos resultados das outras comissões da verdade, inclusive da análise acerca do prejuízo ou do avanço advindo de inclusão do tema da participação das empresas para sustentação da política e da máquina repressiva (Assis: 2017).

Depois do encerramento dos trabalhos da CNV, pelo menos 10 casos de corrupção, durante o período militar brasileiro, foram apontados pela imprensa[23], tais como: contrabando praticado por agentes das Forças Armadas, associação entre policiais e traficantes, governadores

[21] Neste texto temático do Relatório da CNV foram apresentados dados reunidos e sistematizados por um Grupo de Trabalho sobre Ditadura e Repressão aos Trabalhadores e ao Movimento Sindical (GT-13 da CNV). Este GT era composto por representantes de dez centrais sindicais brasileiras, comissões e comitês estaduais e municipais da verdade, entidades, associações, centros de memória de trabalhadores e organizações de trabalhadores ex-presos políticos. Texto disponível em http://cnv.memoriasreveladas.gov.br/images/pdf/relatorio/Volume%202%20-%20Texto%202.pdf (último acesso em 27 de fevereiro de 2021).

[22] Ver também o documentário chamado "Cidadão Boilesen" (2009), do Diretor Chaim Litewski.

[23] *Folha de São Paulo*, "Conheça dez histórias de corrupção durante a ditadura militar", 01 de abril de 2015,https://noticias.uol.com.br/politica/ultimas-noticias/2015/04/01/conheca-dez-historias-de-corrupcao-durante-a-ditadura-militar.htm (último acesso em 26 de fevereiro de 2021).

indicados pela ditadura que extorquiam empresas privadas, governadores que auxiliaram a concessão de empréstimos de bancos públicos a empresas de seus familiares em processo de falência, ministro que havia beneficiado uma empreiteira para vencer uma licitação de construção de hidrelétrica, pagamento de propina de multinacionais para venda de locomotivas para o governo federal, peculato para beneficiar agentes e empresários do Estado, e assim por diante.

É inegável que as empresas têm obrigações correspondentes aos direitos humanos, uma vez que estão em condições de proteger e promover os direitos humanos nos locais onde são rotineiramente violados. Aliás, a própria ideia de Responsabilidade Social Empresarial (RSE) se centra na importância da proteção de direitos fundamentais e do bem-estar coletivo. A RSE pode ser compreendida como

> "um conjunto de princípios, diretrizes, valores e práticas compartilhadas que buscam ressignificar o papel dos negócios privados sobre o bem-estar mais amplo das pessoas e da sociedade. A partir desse racional, as empresas e as associações empresarias, de maneira isolada ou em parceria com governos e sociedade civil, passaram a desenvolver uma variedade de iniciativas"[24].

Conforme apontado por Ruggie (2013), "respeitar" os direitos significa não apenas não os violar, mas também não facilitar ou de outra forma se envolver em sua violação. Com base no marco "Respeitar, Proteger e Remediar", foram elaborados 31 princípios, aprovados pelo Conselho de Direitos Humanos da Organização das Nações Unidas (ONU) no documento intitulado Princípios Orientadores sobre Empresas e Direitos Humanos. Esses princípios exigem que as corporações tenham uma posição mais ativa, cabendo às empresas evitar que as suas operações, serviços e produtos contribuam para abusos cometidos por outros grupos ou corporações.

Além dos debates travados pela comunidade internacional, que são incentivados pela ONU e canalizados pelo Grupo de Trabalho sobre

[24] FGV, Centro de Direitos Humanos e Empresa (FGV.CDHeE), *Avaliação de Impactos em Direitos Humanos – o que as empresas devem fazer para respeitar os direitos de crianças e adolescentes.* Disponível em: http://direitosp.fgv.br/sites/direitosp.fgv.br/files/arquivos/guia_de_avaliacao_de_impacto_em_direitos_humanos.pdf (último acesso em 15 de novembro de 2017).

Empresas e Direitos Humanos (GTEDH), as empresas e corporações também têm buscado uma "autorregulação" ou uma adesão voluntária para lidar com a temática socioambiental, elaborando diretrizes que indiquem um caminho de respeito aos direitos humanos.

Além dos debates travados pela comunidade internacional, que são incentivados pela ONU e canalizados pelo Grupo de Trabalho sobre Empresas e Direitos Humanos (GTEDH), as empresas e corporações também têm buscado uma "autorregulação" ou uma adesão voluntária para lidar com a temática socioambiental, elaborando diretrizes que indiquem um caminho de respeito aos direitos humanos.

Essa postura empresarial proativa em relação aos direitos humanos não se restringe a um desenho comprometido com a área ambiental, o desenvolvimento sustentável, o direito ao desenvolvimento ou com o futuro. Ao contrário: o compromisso com o passado tem forte influência na imagem atual da corporação e pode ter reflexo em sua política institucional. Nesse ponto, o reconhecimento de práticas violadoras aos direitos humanos no período da ditadura brasileira e a adesão a um programa de reparação se comunicam com os marcos do direito ao desenvolvimento e da justiça de transição.

3. Justiça de transição, direito ao desenvolvimento e compromisso das empresas com os direitos humanos

As expectativas de um futuro mais justo, com equilíbrio na distribuição de riquezas, com novas oportunidades, com respeito às liberdades (SEN: 1999)[25] e sem repetição de graves violações aos direitos humanos são fortes indícios de que existem muitas conexões entre empresas comprometidas com os direitos humanos, direto ao desenvolvimento e justiça de transição (GREIFF: 2009). A retroalimentação entre o sistema protetivo dos direitos fundamentais e o direito empresarial faz sentido na contemporaneidade.

A justiça de transição, o direito ao desenvolvimento e o dever das empresas com os diretos humanos surgem, no plano internacional, a partir de experiências concretas e de reflexões sobre as formas de cons-

[25] Amartya Sem (1999) relaciona os seguintes tipos de liberdade e suportes para o desenvolvimento humano: a) liberdades políticas; b) aparatos econômicos; c) oportunidades sociais; d) garantias de transparência; e e) segurança protetiva.

truir um futuro mais justo, evitando que graves violações de direitos humanos se perpetuem ou se repitam. Além disso, como temas pertencentes à agenda dos direitos humanos, os três campos são construídos dentro da perspectiva de liberdade e de promoção de justiça social; e partem de uma forte percepção da importância da construção e consolidação de um aparato normativo e institucional que proteja e promova os direitos dos grupos vulneráveis ou desfavorecidos.

A conexão (Greiff: 2009) entre dever das empresas com os direitos humanos, justiça de transição e direito ao desenvolvimento começa a despertar atenção dos pesquisadores e defensores dos direitos humanos[26] (Boraine: 2000; Miller: 2008; Cavallaro e Albuja: 2008; Junne e Verkoren: 2004), embora sejam áreas dos direitos humanos que não estão necessariamente vinculadas, já que foram construídas a partir de pressupostos diversos e têm abordagens, princípios e instrumentos próprios. Porém, compartilham elementos e experiências que permitem reflexões sobre fundamentos e mecanismos para efetividade de direitos fundamentais e acesso a bens da vida bem e também sobre as dificuldades para implementação desses direitos, especialmente no que tange às escolhas e eleições de prioridades nos casos concretos (Mendez: 2010).

A justiça de transição e o direito ao desenvolvimento estão pautados por princípios comuns: da equidade e da inclusão; da *accountability*; da participação e transparência; do fortalecimento (*empowerment*) de grupos hipossuficientes (ou de vítimas); e da cooperação internacional. A atuação das empresas em prol dos direitos humanos, pautada na liberdade, é impulsionada e influenciada pelos princípios comuns dos dois campos.

A abordagem do direito ao desenvolvimento como direitos humanos remete à concepção de que o desenvolvimento não é apenas um direito ligado a demandas econômicas, mas sim um direito que, pela sua natureza de direito indivisível, interdependente e interrelacionado, pressu-

[26] Nesse sentido, a Revista International Journal for Transitional Justice, dedicada à justiça de transição, publicou uma edição especial voltada ao tema Justiça e Desenvolvimento: *International Journal for Transitional Justice 2, no. 3 (2008)*. Ver também a posição de Alex Boraine, que sugere que a "reconciliação sem justiça econômica é cara e perniciosa" (Boraine, 2000, p. 357).

põe uma conciliação entre os catálogos de direitos civis e políticos e de direitos sociais, econômicos e culturais.

Nota-se que a construção dos alicerces para o direito ao desenvolvimento precisa de valores e mecanismos democráticos e de um Estado não somente comprometido com o respeito e a promoção de tais valores, mas principalmente atento para "impedir que os economicamente mais fracos não sejam esmagados pelos economicamente mais fortes *ou que estes causem danos irreparáveis a bens de interesse comum*" (Couto e Silva: 1997).

O direito ao desenvolvimento também ilumina as necessidades das vítimas de regimes autoritários, possibilitando que as políticas públicas sejam pensadas e desenhadas, de modo participativo, para atender aos que ainda não se beneficiaram do desenvolvimento (Robinson: 2005).[27] Por isso, as discussões atuais sobre o enfoque a ser dado ao direito ao desenvolvimento indicam que o exercício desse direito em países que passaram da ditadura para a democracia, como o Brasil, depende da previsão de mecanismos e recursos para cumprimento de todos os deveres estabelecidos pela comunidade internacional: reparação às vítimas, punição dos perpetradores, revelação da verdade e reforma das instituições.

Sob a ótica da necessidade de reparação das vítimas e atendimento de suas expectativas, a justiça de transição foi diretamente influenciada pela atuação das organizações que defendem os direitos humanos e pela normativa internacional (legislação de direitos humanos e legislação humanitária) e atualmente tem parâmetros e enfoques comuns que a identificam como instituto típico da passagem de um período de graves violações dos direitos humanos para outro, cuja expectativa é de paz e de consolidação de valores democráticos (Mezarobba: 2005).

A abordagem de direitos humanos indica que o desenvolvimento está vinculado à possibilidade dos povos e dos indivíduos exercerem suas liberdades fundamentais, sob um patamar mínimo de democracia (Steiner e Alston: 2000), inclusive com a formulação de suas necessidades econômicas (Sen: 1999) e com o acompanhamento da execução das políticas públicas que contemplam estas demandas.

[27] A autora destaca que muitos programas de desenvolvimento causaram miséria e pobreza.

A intrínseca relação entre direito ao desenvolvimento e os fatores sociais, econômicos e políticos é cada vez mais destacada e analisada no plano teórico, especialmente porque estas ligações são essenciais para compreensão das práticas democráticas (KRIELE: 1980) e dos mecanismos que podem contribuir para a proteção da vida humana, com a reversão do quadro de vulnerabilidade e insegurança pessoais (CANÇADO TRINDADE: 1993), bem como para o fortalecimento dos direitos civis.

Enquanto a justiça de transição está estruturada com propósitos retrospectivos (lidar com o passado de graves violações de direitos humanos), o dever das empresas com os direitos humanos e o direito ao desenvolvimento estão fincados numa perspectiva de contemporaneidade, de pensar daqui para frente, projetando e executando ações para melhoria das atuais condições de vida. No entanto, os três campos parecem convergir quando se buscam mecanismos e instrumentos para consolidação de um futuro pautado em valores democráticos, mais justo socialmente e mais equilibrado economicamente.

Nessa ótica, as demandas das vítimas e da sociedade sobre o acerto de contas em relação ao passado se somam a tantas outras necessidades atuais e futuras, que também exigem investimentos financeiros, elaboração e implementação de políticas públicas, oferta de mecanismos participativos etc. Como destaca Jon Elster, em geral, antes de destinarem-se a juízos ou purgas, os recursos humanos e financeiros, delineados nas políticas públicas, são estabelecidos para o futuro, como o "desenho constitucional, a reconstrução econômica ou a transformação econômica" (ELSTER: 2006, p. 248).

A escolha entre atender as demandas atuais de saúde, educação, tutela dos recursos naturais dentre outros e as demandas retrospectivas de justiça, verdade e memória – herdadas de um período ditatorial – é um dos desafios na elaboração de políticas públicas, as quais sempre envolvem ponderações complexas, que vão da limitação orçamentária para atendimento de todas as demandas a disputas de entre grupos legitimados e potencialmente beneficiários das ações desenhadas.

No entanto, este impasse não é enfrentado apenas na elaboração de políticas públicas. O caso Volkswagen mostrou que as opções acordadas – para reparação das violações decorrentes da postura de cumplicidade da empresa com a ditadura brasileira – mesclaram demandas retrospectivas e contemporâneas, com a necessidade de ponderações sobre a destinação dos recursos referentes à reparação pelos danos pretéritos; e de equilíbrio e acomodação de expectativas entre os grupos afetados e as políticas de memória e verdade.

4. O caso da cooperação da Volkswagem com a ditadura brasileira

Após o Relatório da Comissão Nacional da Verdade, de 2014, mencionar expressamente o nome da empresa Volkswagen do Brasil (VW) como colaboradora do regime ditatorial (1964-1985)[28], em dezembro de 2017, a própria empresa também publicou um Relatório (Kopper: 2017), redigido pelo prof. Dr. Christopher Kopper, da Universidade de Bielefeld (Alemanha). Este documento reconheceu que, embora a diretoria da VW estivesse ciente da repressão política e social na ditadura militar brasileira, esta aceitava e banalizava a situação, considerando-a como inevitável, baseando-se, portanto, em uma perspectiva colonialista. Com efeito, o Relatório conduzido pelo prof. Kopper identificou que, em 1969, o denominado Gabinete de Segurança Obras da VW do Brasil iniciou uma colaboração com a polícia política do regime ditatorial (o Departamento de Ordem Política e Segurança - DEOPS) que só terminou em 1979. Em consequência, o Gabinete de Segurança Obras monitorou as atividades de oposição dos empregados da empresa e, por

[28] O Relatório da CNV apontou que as seguintes empresas colaboraram com o regime ditatorial: A. Queiróz Lugó, Acumuladores Vulcânia, Antônio Maurício Wanderley e Cia. Ltda., Armações de Aço Probel S/A, Atlantic, Auto Asbestos S/A, B.F. Goodrich, Brasital S/A, Cia. Carlos Guedes, Cia. Comercial de Madeiras Kirali, Cia. De Acumuladores Prest-O-Lite, Cia. De Cigarros Souza Cruz, Cia. Fiação e Tecidos Lanifício Plástico, Cia. Madeireira Nacional, Dunlop, Duratex S/A Indústria e Comércio, Duratex S/A, Esso Brasileira de Petróleo, Eucatex S/A Indústria e Comércio, Johnson & Johnson, F. Slaviero, Fábrica de Cigarros Caruso, Fábrica de Cigarros Flórida, Fábrica de Cigarros Sudan S/A, Fábrica de Gases Medicinais Cremer, Firestone S/A, Good Year, Indústria Brasileira de Eletricidade, Indústria de Ataduras Gessadas Cristal, Indústria de Feltros Lua Nova S/A, Irmãos Justa Transportes, Irmãos Nocera, João Batista Antonio Alário, M. Lipper S/A, Madeireira Miguel Forte, Moinhos Santista S/A, Moreira Lima e Cia., Ousei Peceniski (Colchoaria Francisco), P. Barelle Ltda, Pfizer Corporation do Brasil, Pirelli S/A, Pneus General, S/A Brasileira de Tabacos Industrializados, Saturnia Acumuladores Elétricos, Serraria Água Branca, Serraria Americana Salim F. Maluf, Serraria Azevedo Miranda, Serraria Bandeirantes, Serrarias Almeida Porto, Serrarias F. Lameirão, Texaco do Brasil S/A, V. Foreinete, Vicari S/A Indústria e Comércio, Volkswagen do Brasil. Ver: Relatório Final da CNV, Volume 2, Texto 8, "Civis que Colaboraram com a Ditadura", p. 321.

meio de sua conduta, auxiliou na prisão de, pelo menos, sete funcionários da VW do Brasil.

Segundo o depoimento de Lúcio Bellentani, ex-trabalhador que fora preso nessas condições de colaboração da VW com o regime ditatorial, que consta no Relatório VW, a atuação do Gabinete de Segurança Obras permitiu que ele não só fosse preso, mas também torturado pelo DEOPS. nas instalações da própria fábrica. Essa colaboração voluntária com os órgãos regulares de policiamento da ditadura teria persistido até a primeira grande greve dos metalúrgicos, em 1979[29]. Além disso, foi confirmado que a VW do Brasil possuía uma política de demitir funcionários por causa de suas atividades sindicais, o que perdurou até 1980.

O Relatório da VW informava que não haviam sido encontradas evidências claras que sustentassem a conjectura de que a VW do Brasil prestara assistência material à operação de centros de tortura (tal como aqueles organizados pelo Destacamento de Operações de Informações – Centro de Operações de Defesa Interna – DOI-CODI). No entanto, admitia-se a possibilidade de que uma contribuição financeira indireta tenha sido feita por meio da adesão da empresa ao pagamento de taxas à confederação da indústria (Federação das Indústrias do Estado de São Paulo – FIESP), e pelo fornecimento gratuito de veículos.

Em acréscimo, o Relatório VW chegou a afirmar que a VW do Brasil provavelmente se beneficiou economicamente de medidas governamentais que enfraqueceram as vantagens trabalhistas, afirmando que medidas – como o controle salarial definido pelo governo e as restrições aos sindicatos –, mantinham os níveis de salários mais baixos do que aqueles esperados numa democracia pluralista, alcançados mediante negociações salariais. Além disso, as restrições ao direito à greve, em última instância, favoreceram a VW, proporcionando-lhe lucros advindos da supressão dos direitos fundamentais do trabalhador (Kopper: 2017).

Com a divulgação do Relatório VW, em dezembro de 2017, a empresa instalou em sua fábrica uma placa em homenagem às vítimas, na qual estava escrito: "Em memória de todas as vítimas da ditadura militar no

[29] Sobre a grande greve dos metalúrgicos de 1979, ver: http://memorialdademocracia.com.br/card/a-grande-greve-dos-trabalhadores-do-abc (último acesso em 28 fevereiro 2021).

Brasil, pelos direitos humanos, democracia, tolerância e humanidade"[30]. Considerando as medidas de justiça de transição e reparações simbólicas, o Relatório VW e sua respectiva placa representam um reconhecimento público do envolvimento da empresa e, em certa medida, uma admissão oficial de que as condutas cometidas pela empresa, levaram, indiretamente, à violação de direitos humanos, o que pode servir para demonstrar a existência de um nexo de causalidade entre o proceder empresarial e os atos de repressão.

É importante destacar que o relatório em comento não atendeu às expectativas de parte dos grupos que pediram, ao MPF, a investigação da cumplicidade da VW, sendo considerado "decepcionante", com teor contraditório. Conforme matéria jornalística veiculada na época do lançamento do relatório, Sebastião Neto, integrante do coletivo Memória, Verdade, Justiça e Reparação e coordenador do grupo que analisou a repressão a trabalhadores e sindicatos da Comissão da Verdade, afirmou que: "É um texto contraditório, que diz que os funcionários da segurança agiam de forma autônoma, mas ao mesmo tempo havia conhecimento tácito da direção" [31].

No entanto, a relevância do relatório não está apenas no conteúdo, já que não trouxe novidades ou informações diferentes (ou inéditas), mas, primordialmente no fato deste ter sido produzido a pedido da VW e ter listado ilicitudes e violações praticadas no período da ditadura.

Por outro lado, é importante observar que os anúncios e reconhecimento da VW não surgiram espontaneamente de uma política da empresa de revisitar o seu passado e reparar funcionários injustiçados. Essa pesquisa histórica foi feita no bojo (ou como consequência) do Inquérito Civil Público (ICP) que tramitava sob a coordenação do Ministério Público Federal (MPF), em São Paulo, desde 2015, bem como, devido aos apontamentos constantes no Relatório Final da CNV, de 2014.

[30] *Isto É Dinheiro*, "A Volks e os Anos de Chumbo", 15 de dezembro de 2017, https://www.istoedinheiro.com.br/volks-e-os-anos-de-chumbo/ (último acesso em 08 de fevereiro de 2019).

[31] Matéria de Talita Bendinelli, de 18.12.2017, disponível em https://brasil.elpais.com/brasil/2017/12/15/politica/1513361742_096853.html. Acesso em 12.12.2018.

A investigação civil, do MPF visava, a princípio, examinar o caso de 12 ex-funcionários que afirmavam terem sido presos e torturados na fábrica da Volkswagen em São Bernardo do Campo, próximo a São Paulo. No entanto, com o aprofundamento da investigação, houve uma ampliação do escopo do Inquérito Civil Público, já que os fatos trazidos à baila indicavam que a empresa colaborava com a repressão de opositores políticos, perseguindo seus funcionários e permitindo que fossem torturados ou capturados dentro das instalações da fábrica, sendo que muitas das evidências trazidas para o ICP do MPF foram coletadas no relatório final da Comissão Nacional da Verdade (CNV).

Ao final, foram apuradas algumas condutas ilícitas da empresa, tais como: permissão para prender funcionários dentro de sua fábrica, assédio a trabalhadores por atividades políticas e sindicais, criação de "listas negras" para impedir a contratação desses profissionais por outras empresas, fornecimento de informações a órgãos de repressão, colaboração financeira com o regime, e permissão para cometer tortura na sede da empresa.

O caso de Volkswagen é paradigmático para a justiça de transição brasileira[32], pois perpassa por tema espinhoso como a eliminação da prescrição que protege as pessoas jurídicas. Embora seja pacífica e consolidada a jurisprudência firmada no STJ sobre a imprescritibilidade das ações por danos morais contra o Estado por torturas sofridas durante a ditadura, não havia precedente semelhante para atores não-estatais[33].

A contratação de um pesquisador independente para produção de um relatório demonstra a existência, no momento atual, de uma política institucional fincada em valores diferentes dos que pautaram sua atuação nas décadas da ditadura brasileira. Nesse enfoque, o investimento na

[32] *Correio Braziliense*, "MPF: Investigação sobre atuação da Volkswagen na ditadura é inédita no país", 14 de dezembro de 2017, https://www.correiobraziliense.com.br/app/noticia/politica/2017/12/14/interna_politica, 648057 / mpf-investigacao-sobre-atuacao-da-volkswagen-na-ditadura-e-inedita-no.shtml (último acesso em 24 de janeiro de 2019).

[33] Ver a Súmula 624 do STJ: "É possível cumular a indenização do dano moral com a reparação econômica da Lei n. 10.559/2002 (Lei da Anistia Política). Igualmente, ver o AgInt no RECURSO ESPECIAL Nº 1.648.124 – RJ (2017/0008485-8), cuja ementa diz: PROCESSUAL CIVIL E ADMINISTRATIVO. NDENIZAÇÃO. REPARAÇÃO DE DANOS MORAIS. REGIME MILITAR. PERSEGUIÇÃO E PRISÃO POR MOTIVOS POLÍTICOS. IMPRESCRITIBILIDADE. INAPLICABILIDADE DO ART. 1º DO DECRETO 20.910/1932. PRECEDENTES. E, no mesmo sentido o RECURSO ESPECIAL Nº 1.815.870 – RJ (2017/0323556-8).

produção de pesquisa sobre o passado e a redenção de homenagem às vítimas foram indicativos do compromisso da corporação com os direitos humanos e com a valorização da memória. Esses gestos também sinalizaram que, a empresa queria encontrar uma solução amistosa e não adotaria uma postura negacionista, nem buscaria "brechas normativas" para se esquivar da sua reponsabilidade com o passado.

Nessa perspectiva, cerca de três anos após a divulgação do Relatório, o caso VW foi resolvido no âmbito extrajudicial, por meio da assinatura de um Termo de Ajustamento de Conduta (TAC), com adesão voluntária da empresa a reparações coletiva e individuais, pelos atos do passado, abrindo mão, por exemplo, da discussão judicial quanto à imprescritibilidade da reparação danos às vítimas da ditadura quando o violador é um ator não-estatal. Ao mesmo tempo, não é possível saber qual seria a estratégia adotada pela corporação se o caso fosse judicializado. No entanto, é importante lembrar que um litígio judicial dessa monta conta com outros fatores e abre um leque de resultados possíveis, especialmente porque não há, no judiciário, parâmetros consolidados para a reparação às vitimas da ditadura.

A imprevisibilidade e o ineditismo do caso VW permite imaginar a invocação do instituto da prescrição, por exemplo; ou a discussão sobre os beneficiários da reparação, bem como sobre os limites para a reparação da coletividade. No mais, a complexidade do litígio permite supor que a solução final da lide poderia durar décadas, até que as Cortes superiores chegassem a um pronunciamento definitivo.

Essa afirmação ganha reforço com a decisão proferida em 2021, pelo Tribunal Regional da 3ª Região, que reformou a decisão de primeiro grau que concedia indenização moral à viúva e filhos de um funcionário da Volkswagen, o ferramenteiro Antonio Torini, vítima de atrocidades durante o regime militar. A ação tinha como ré a União e não a empresa.[34] Na ementa desta decisão consta:

[34] **Processo 5000493-21.2020.4.03.6126**: APELAÇÃO CÍVEL Órgão julgador colegiado: 6ª Turma Órgão Relator Desembargador Federal JOHONSOM DI SALVO, em 05/03/2021. No voto do relator, acompanhado por unanimidade consta que ""Dessa maneira, não se pode indenizar a suposta 'dor moral' de quem se submeteu aos rigores das leis vigentes pela própria vontade consciente, sabendo que infringia a legislação penal da época, onde a investigação, o processo e o julgamento eram as consequências legais, sem falar nas consequên-

RESPONSABILIDADE EXTRACONTRATUAL DO ESTADO – PRETENDIDA INDENIZAÇÃO (REIVINDICADA PELA VIÚVA E FILHOS) PELA INVESTIGAÇÃO, PRISÃO, PROCESSO E CONDENAÇÃO JUDICIAL PERANTE A JUSTIÇA MILITAR, DE FERRAMENTEIRO DEDICADO A MOVIMENTO SUBVERSIVO QUE INTENTAVA IMPLANTAR A DITADURA DO PROLETARIADO NO BRASIL (MOVIMENTO PELA EMANCIPAÇÃO DO PROLETARIADO, POLOP E PCB) APÓS O MOVIMENTO MILITAR DE 1964, VIOLANDO A LEGISLAÇÃO VIGENTE INCLUSIVE ACEITANDO A "VIA ARMADA" – DESCABIMENTO NA ESPÉCIE, AINDA MAIS PORQUE NÃO HÁ QUALQUER PROVA DE QUE O MESMO FOI SUBMETIDO A TORTURAS – INDENIZAÇÃO PAGA ADMINISTRATIVAMENTE APÓS DECISÃO DA COMISSÃO DA ANISTIA QUE NÃO VINCULA O JUDICIÁRIO A CONCEDER INDENIZAÇÃO POR SUPOSTO "DANO MORAL – NÃO É MERECEDOR DESSA INDENIZAÇÃO AQUELA QUE, VOLUNTARIAMENTE, É SUBMETIDO ÀS LEIS DO ESTADO ENTÃO VIGENTES POR CONTA DE ATOS DE SUBVERSÃO DA ORDEM, INEXISTINDO QUALQUER PROVA DE FATO (TORTURAS) QUE ENSEJASSE O DANO "IN RE IPSA" – PERSEGUIÇÃO NO AMBIENTE DE TRABALHO QUE NÃO GERA RESPONSABILIDADE DO ESTADO – SENTENÇA INTEGRALMENTE REFORMADA EM SEDE DE REMESSA NECESSÁRIA QUE É IMPERIOSA NA ESPÉCIE.

1. Está claro que Antonio Torini (marido e pai dos autores) colocou-se, ativamente, contra a ordem então vigente, integrando organizações clandestinas que intentavam substituir o regime vigente pela ditadura do proletariado, inclusive com recurso à violência, de modo que suas ações e condutas amoldaram-se a delitos previstos pela legislação que – mal ou bem – representava o direito repressivo vigente. As condutas confessadamente (na inicial) perpetradas por Antonio Torini encontravam subsunção dentre os então chamados "crimes contra a segurança nacional" os quais, conforme a Constituição Federal então vigente, eram julgados pelas Auditorias Militares e com recursos ao Superior Tribunal Militar-STM, onde o agente foi condenado. Situação que, per si, não gera o dever de indenizar do Estado, pois não se indeniza autores de delitos depois de anistiados porquanto com a anistia é como se um fato – que ocorreu – fosse esquecido juridicamente. Assim, a anistia gera apenas efeitos penais, tanto que os efeitos civis da sentença, como a reparação do dano, permanecem incólumes. 2. A anistia proclamada pela Comissão da Anistia com base em lei especial votada pelo

cias da condenação penal". Voto disponível em https://www.conjur.com.br/dl/quem-combateu-ditadura-assumiu-risco.pdf. Acesso em

Legislativo, que tem sentido mais amplo, deve ser respeitada, mas não vincula o Poder Judiciário perante quem é postulado maior efeito desse ato. 3. É indenizável o dano moral decorrente de torturas sofridas no cárcere, porquanto nem mesmo a Constituição autoritária vigente na época autorizava essa barbárie. No entanto, o fato (tortura) gerador do dano "in re ipsa" não tem um vestígio de prova nos autos e, na singularidade deste processo, não pode ser presumido. 4. Eventual perseguição no ambiente de trabalho da Volkswagen do Brasil S.A. é irrelevante para fazer surdir a responsabilidade pecuniária estatal. 5. Sentença de procedência reformada. Apelo da parte autora intentando aumentar a indenização para 300 mil reais e sua forma de atualização que fica prejudicada.

O caso VW se afastou do litígio judicial e buscou uma solução concertada entre os envolvidos. Em 15 de janeiro de 2021, o Ministério Público Federal encerrou as investigações, uma vez que concordou com os termos acordados no TAC firmado em setembro de 2020, inclusive com a reparação financeira oferecida pela VW[35]. De acordo com tal proposta, a VW pagará o valor de R$ 36.300.000,00 (trinta e seis milhões e trezentos mil reais), cujos recursos[36] serão destinados ao Fundo de Defesa dos Direitos Difusos (FDDD)[37], ao Fundo Estadual de Defesa dos Inte-

[35] *CONJUR*, "Volkswagen vai pagar R$ 36,3 milhões por ter colaborado com a ditadura brasileira", 15 de janeiro de 2021, https://www.conjur.com.br/2021-jan-15/volkswagen--pagar-36-milhoes-colaborar-ditadura (último acesso em 20 de janeiro de 2021).

[36] Parte dos recursos, cerca de R $ 10,5 milhões, servirá para reforçar medidas da Justiça de Transição, como projetos que visam preservar o direito à memória, como iniciativas coordenadas pelo Memorial da Luta por Justiça, cujo projeto vai receber R$ 6 milhões, a fim de concluir a implantação de sua sede, localizada em uma antiga unidade militar na cidade de São Paulo (para informações sobre o Memorial, ver: https://www.oabsp.org.br/noticias/2015/11/memorial-da-luta-pela-justica-ja-pode-sair-do-papel.10499). Os R$ 4,5 milhões restantes irão para a Universidade Federal de São Paulo (Unifesp) para financiar novas pesquisas sobre a colaboração de empresas com a ditadura e para identificar os ossos de presos políticos encontrados na sepultura clandestina do cemitério de Perus. Ver: Ministério Público Federal de São Paulo, "Ministérios Públicos assinam acordo com Volkswagen sobre repressão na ditadura", 23 de setembro de 2020, http://www.mpf.mp.br/sp/sala-de--imprensa/noticias-sp/ ministerios-publicos-assinam-acordo-com-volkswagen-sobre-repressao-na-ditadura (último acesso em 20 de janeiro de 2021).

[37] Sobre o Fundo de Defesa dos Direitos Difusos (FDDD ver: https://www.justica.gov.br/seus-direitos/consumidor/direitos-difusos/institucional (último acesso em 28 de fevereiro de 2021).

resses Difusos (FID)[38], ao Memorial de Luta por Justiça da OAB/SP, à Universidade Federal de São Paulo (Unifesp) e aos ex-trabalhadores da VW no Brasil com uma doação à Associação dos Trabalhadores da Volkswagen [39].

A decisão de encerrar as investigações e aceitar a indenização financeira em troca de um potencial processo foi criticada por membros da sociedade civil e ex-trabalhadores da VW – principalmente, porque: a) não houve destinação de recursos para um lugar de memória específico para os trabalhadores perseguidos durante a ditadura; b) um quarto do valor da reparação, ou seja nove milhões de reais, será revertido para fundos públicos, os quais podem aplicar os recursos em projetos de proteção e valorização de outros direitos coletivos; e ainda c) no curso do Inquérito Civil Público, principalmente nos últimos anos, alguns grupos (que inauguraram a investigação) se sentiram excluídos (ou não ouvidos) do debate sobre os termos do acordo e da reparação.

Apesar dessas críticas, tal caso ilustra o que Teitel (2014) disse ao defender uma visão mais ampla da questão da punição no pilar da justiça criminal no contexto dos métodos aplicáveis à justiça de transição, especialmente, naquelas ocasiões em que a resposta judicial pode ser comprometida ou limitada, e considerando que alternativas como a retribuição financeira também podem ser uma forma de responsabilizar a ordem repressiva do regime antecedente.

Tanto é que Teitel destaca que esses chamados "arranjos alternativos" permitem, igualmente, o desenvolvimento de capacidades que promovem o avanço do Estado de Direito (TEITEL:2014, p.58). Ou seja: há situações que exigem a consideração de que o pilar da Justiça pode não refletir o padrão esperado e o Direito também pode atuar de forma dife-

[38] Para saber mais sobre o FID, ver: https://justica.sp.gov.br/index.php/coordenacoes-e-programas/fundo-estadual-de-defesa-dos-interesses-difusos/ (último acesso em 28 fevereiro de 2021).

[39] Deste montante total fixado no convênio, R$ 16,8 milhões serão doados à Associação Henrich Plagge, formada por trabalhadores da Volkswagen. O valor será dividido entre ex-funcionários que foram assediados por sua atuação no campo político, seguindo critério definido por árbitro independente. Ver: *Ministério Público Federal de São Paulo*, "Ministérios Públicos assinam acordo com Volkswagen sobre repressão na ditadura", 23 de setembro de 2020, http://www.mpf.mp.br/sp/sala-de-imprensa/noticias-sp/ ministerios-publicos-assinam-acordo-com-volkswagen-sobre-repressao-na-ditadura (último acesso em 20 de janeiro de 2021).

rente em determinadas situações concretas, sendo, às vezes, incapaz de atender a todas as expectativas tradicionalmente esperadas, tais como a justiça por meio de um processo judicial.

Nesse sentido, vale a pena refletir sobre o pensamento de Teitel a partir da evolução da Justiça de Transição nas últimas décadas, uma vez que para a referida autora o histórico debate "punição-impunidade" cedeu a um apelo por formas complexas de responsabilização associada ao surgimento de atores privados – como é o caso da VW – que também estão envolvidos nas graves violações aos direitos humanos praticadas no passado ditatorial. Por isso, Teitel defende que devemos adotar uma lente mais ampla através da qual valorizamos o pilar da Justiça, reconhecendo-se que este pode ir além de qualquer retribuição estrita por meio da pena de prisão ou de um efeito dissuador em relação ao crime.

No mais, como já afirmou Garapon (2008), ao analisar as ações coletivas iniciadas por associações judaicas contra os bancos suíços e os despojos da II Guerra Mundial, bem como os casos das tribos indígenas do Canadá e da Austrália – a meta de uma reparação pecuniária no caso dos crimes históricos é mais do que a constatação de delitos, ela se inclina em prol da civilização do mundo, no sentido de prevenir a barbárie e promover o Estado de Direito.

Por fim, é importante destacar que as lições de Teitel e Garapon não se fixam no passado, mas sim no futuro e em como a experiência pretérita de violações e sofrimento pode ser traduzida em ações e políticas que reflitam a justiça para a atual e as futuras gerações.

Se Teitel e Garapon apontam para a necessidade de ampliação das formas de solução dos conflitos do passado, repletos de complexidades, a insurgência de alguns grupos contra o TAC firmado pela VW descortinou, na prática, um ponto cego das soluções para reparação de danos coletivos, que é a dificuldade (ou impossibilidade) de conciliar as expectativas e demandas atuais de grupos distintos cujo denominador comum é uma grave e dolorida violação sofrida no passado. Note-se que os protestos contra os termos do TAC celebrado pelos Ministérios Públicos com a VW não decorreram de posicionamento contrário ao uso da via extrajudicial para solução do caso, e sim da convicção, de determinados atores, de que o resultado da negociação foi injusto e que a impressionante soma aportada para reparação não atingiu, na visão de alguns grupos, sua finalidade.

No pedido de reconsideração, interposto por diversas centrais sindicais, sindicatos e outras entidades da sociedade civil organizada (autoras da representação que deu origem ao presente inquérito) em face do arquivamento do Inquérito Civil Público que abrangeu da celebração do mencionado TAC, foi pedido à PFDC:

> "o retorno dos autos às autoridades responsáveis pela celebração do TAC, para que fundamentem o arquivamento do IC e justifiquem o indeferimento dos pedidos elencados; a realização de prova pericial por "historiadores, sociólogos ou quaisquer outros profissionais especialistas em Direitos Humanos e Justiça de Transição", para que se "avalie a importância e necessidade, no caso específico, sobre a criação de medidas que construam uma memória coletiva sobre as violações de direitos humanos contra a classe trabalhadora", buscando justificar a necessidade de construção do Centro de Memória dos Trabalhadores; sejam aprofundadas as investigações sobre o tema; a expedição de ofício dirigido ao Ministério da Fazenda sobre os benefícios tributários concedidos à VW do Brasil durante o regime militar."

No plano teórico, a indignação dos que discordam do TAC Volkswagen pode ser analisada sob a ótica das medidas de reparação sistematizadas pela ONU, especialmente na Resolução 60/147, da Assembleia Geral da ONU, de 16 de dezembro de 2005. Este documento estabeleceu princípios e diretrizes básicas referentes ao direito das vítimas de violações manifestas das normas internacionais de direitos humanos e de violações graves do direito internacional humanitário.

Nesta Resolução da ONU, a reparação deve ser proporcional à gravidade da violação e às circunstâncias do caso; precisa também ser plena e efetiva, traduzindo-se nas seguintes modalidades: restituição, indenização, reabilitação, satisfação e garantias de não repetição.

A adoção de uma ou mais dessas modalidades tem, na reparação coletiva de violações pretéritas, tem o desafio de garantir que as demandas e mecanismos da justiça de transição se harmonizem com as necessidades atuais das comunidades ou de grupos vulnerados. Com isso, as obrigações estatais no campo dos direitos sociais, culturais e econômicos podem ser conciliadas com iniciativas de atores não-estatais

Além da importância de se reparar expressamente as vítimas identificadas, também é necessário se atentar às oportunidades negadas ou perdidas pela coletividade, ou seja, as perdas anônimas, difusas, que apenas podem ser contabilizadas de modo geral por mecanismo típico da justiça de transição como comissões de verdade, ou por outras iniciativas que se caracterizam como medidas de satisfação, como busca de pessoas desaparecidas e assistência na recuperação, identificação e sepultamento, criação de memoriais, investimento em lugares de memória, oferta de bolsas de estudos e bolsas comemorativas e adoção de medidas socioeconômicas de reparação coletiva, dentre outras.

Conclusões (ou anotações finais sobre "o rio que dorme" na cama da democracia)

O desfecho do caso VW, com levantamento de dúvidas acerca de seu real alcance reparatório, apesar do ineditismo no reconhecimento da cumplicidade empresarial com a ditadura e também com aporte de vultosa soma de recursos financeiros para reparação das vítimas e da coletividade, exemplifica a complexidade das reparações coletivas e da dificuldade de responsabilização de atores não-estatais, especialmente de corporações, por crimes do passado.

No entanto, a insatisfação de determinados grupos e o questionamento acerca das iniciativas empresariais para a reparação de danos coletivos pretéritos não são exclusividades do caso Volkswagen: o debate está presente ao redor do mundo, em relação às empresas que pedem desculpas pelo passado de violação aos direitos humanos e aderem voluntariamente ou não (por imposição de órgãos públicos, especialmente pelo judiciário) a programas reparatórios destinados a grupos atuais, que podem ter necessidades diversas das que teriam as vítimas originárias. Soma-se a este debate, outro também complexo, acerca da coincidência entre o teor das demandas por políticas públicas e por reparações às vítimas por de fatos de um passado recente, mas cuja conjuntura já se alterou.

Com base em documento que traz programa colombiano de reparações coletivas, Catalina Diaz Gomez ressalta que a assimilação das reparações às vítimas no programa ordinário de desenvolvimento social tem várias desvantagens e a principal é que não se apresenta como uma resposta ao sofrimento das vítimas. A percepção da comunidade é que esses programas sociais são um direito seu (visão que é correta) e não uma reparação às vítimas (Diaz-Gomez: 2010). Apesar disso, as políticas públicas adotadas em áreas ou para grupos especialmente afetados pela violência têm grande potencial para atender as necessidades atuais, da população e não devem ser desprezadas.

Nota-se que a reparação prevista no TAC Volkswagem tem fortes traços da modalidade *medidas de satisfação*. Essas medidas, que integram o conjunto de iniciativas de reparação às vítimas de violações aos direitos humanos, são ações que partem do sofrimento suportado pelas vítimas e se projetam para o futuro, tendo por finalidade reconhecer e restabelecer a dignidade dos atingidos por atos ou situações nefastas e contribuir para a reorientação de sua vida ou reposicionamento de sua memória.

Dentre outras ações ou iniciativas que se enquadram nas medidas de satisfação no TAC em comento, destacam-se: a) o ato público de reconhecimento da responsabilidade pelas violações (com pedido de desculpas e ações que indiquem a vinculação aos atos nefastos); b) a divulgação ou difusão da sentença condenatória ou, no caso de solução extrajudicial, do documento que formaliza a existência da responsabilidade pelos atos reprováveis cometidos na ditadura; c) a busca de pessoas desaparecidas; d) bolsas de estudos e bolsas comemorativas; e) medidas socioeconômicas de reparação coletiva; e f) medidas de valorização da memória das vítimas com criação de memorial, construção de monumentos e nomeação de espaços de acesso público.

Nessa ótica, as medidas de satisfação, não somente atendem a necessidades contemporâneas, mas ainda convergem para a perspectiva animadora de pensar o futuro. No caso de cumplicidade de empresas com regimes autoritários, a imprescindibilidade de aportar recursos financeiros para relações individuais e coletivas se soma à necessidade de adoção de medidas que vinculem a empresa às práticas reprováveis do passado.

O TAC Volkswagen não deixou nítidas e evidentes a responsabilidade da empresa e sua vinculação pelos crimes da ditadura. Há certa dificuldade de identificar as medidas de satisfação que vinculam a VW a atos nefastos da ditadura, embora seja inegável que houve uma reparação bastante potente. Assim, além de artigos estabelecendo a destinação de nove milhões de reais aos fundos federal e estadual paulista, nos Considerandos e nos dispositivos do TAC, constam dizeres que destinam verbas vultosas com a finalidade de reparação, mas que não amarram de maneira contundente a empresa a crimes e violações da ditadura.

Aliás, da leitura apenas das cláusulas do TAC, sem compreensão da conjuntura histórica e de toda apuração sobre a cumplicidade da empresa, não é possível extrair a responsabilidade da VW ou mesmo a razão da reparação coletiva. Destacam-se as seguintes passagens:

> "A VW DO BRASIL celebra o presente AJUSTE DE CONDUTA **sem reconhecer qualquer responsabilidade própria ou de seus dirigentes, empregados ou prepostos pelos atos e fatos investigados"; "A VW DO BRASIL possui permanente interesse em desenvolver e apoiar, direta ou indiretamente, projetos culturais e sociais,** inclusive relacionados à promoção de memória e verdade"; "**por deliberação própria,** promoverá doações a entidades que desenvolvam projetos de promoção da memória e verdade em relação a violações aos direitos humanos ocorridas no Brasil durante a ditadura militar de 1964 a 1985"; "**Para a definição dos destinatários a serem beneficiados, VW DO BRASIL considerará a existência de projetos** que incluam a memória de violações aos direitos dos trabalhadores durante a ditadura militar de 1964 a 1985." (grifamos)

A não assunção de responsabilidade, no TAC, pelas violações aos direitos humanos no período da ditadura, é um indicativo de que, ao longo do processo investigatório, as instituições tomadoras do acordo assumiram o papel de legitimados (originalmente do coletivo de vítimas) para definição dos termos do acordo. Ou seja, houve não somente uma ruptura entre a vítima, enquanto sujeito coletivo, e os legitimados para definir a reparação, como também uma desvinculação entre o sujeito coletivo denunciante das atrocidades e a empresa que as praticou. E mais: o TAC se desenvolve dentro de uma normalidade institucional, tanto pelos Ministérios Públicos tomadores do acordo, como pela empresa. Essa percepção é confirada pela destinação de recursos para Fundos públicos, cuja aplicação pode ser para valorização e proteção dos direitos fundamentais coletivos.. O depósito de nove milhões em Fundos públicos reporta a um investimento do Estado no futuro e possibilita que diversos grupos vulnerados sejam contemplados.

Os desdobramentos do caso Volkswagen serão acompanhados de perto pelos pesquisadores, pelos defensores dos direitos humanos e também pelos atores que não se conformaram com o desfecho da investigação que tramitou no MPF por cinco anos. Por enquanto, fica a impressão que avançamos bastante e a vontade de que os próximos acordos aconteçam o mais breve possível. Como diz Agualusa, no poema que abre esse texto: *O passado é/Um rio adormecido/Parece morto, mal respira/ Acorda-o e saltará/Num alarido.*

Referências

ASSIS, Emerson Francisco de, "Das Estranhas Catedrais da Ditadura Civil-Militar à Operação Lava Jato: A Repercussão da Ineficácia do Eixo Memória e Verdade na Justiça de Transição Brasileira", *Contemporânea* – **Revista de Ética e Filosofia Política**, vol. 3/2017, pp. 36-60.

BOHOSLAVSKY, Juan Pablo & RULLI, Mariana, "Corporate Complicity and Finance as a Killing Agent", **Journal of International Criminal Justice**, vol. 8, 2010, pp. 829-850.

BORAINE, Alex, **A Country Unmasked**, Oxford, Oxford University Press, 2000, p. 357. Ver também: MILLER, Zinaida, "Effects of Invisibility: In Search of the'Economic' in Transitional Justice", **The International Journal of Transitional Justice**, vol. 2, 2008, pp. 266-291.

CAMPOS, Pedro Henrique Pedreira; Estranhas Catedrais. As Empreiteiras Brasileiras e a Ditadura Civil-Militar (1964-1985), Niterói, Eduff, 2014.

CANÇADO TRINDADE, Antonio Augusto, **Direitos humanos no meio ambiente: paralelo do sistema de proteção internacional**, Porto Alegre, Sergio Antonio Fabris Editor, 1993.

CAVALLARO, James L. & ALBUJA, Sebastian, "The Lost Agenda: Economic Crimes and Truth Commissions in Latin America and Beyond," in **Transitional Justice from Below: Grassroots Activism and the Struggle for Change**, ed. Kieran McEvoy and Lorna McGregor, Oxford, Hart Publishing, 2008.

CONTREIRAS, Helio; "Segredos do Porão. Documentos Secretos da OBAN Mostram como a Tortura Foi Consentida e Financiada Durante o Regime Militar", Isto é, 21 de janeiro de 2001.

COUTO E SILVA, Almiro do. Os indivíduos e o Estado na realização de tarefas públicas. In: BANDEIRA DE MELLO, Celso Antônio (Org.). **Direito Administrativo e Constitucional: estudos em homenagem a Geraldo Ataliba**. v. 2. São Paulo: Malheiros, 1997, p. 74-110.

DIAZ GOMEZ, *Catalina*. Elementos para un programa administrativo de reparaciones colectivas en Colômbia, **Tareas Pendientes: Tareas Pendientes: Propuestas para la formulación de políticas públicas de reparación en Colombia**, de la mesa de expertos Leonardo Villa Arcila ... [et al.]; Coordinador de la mesa de expertos Santiago Martínez Castilla, Editora académica: Catalina Díaz Gómez, Justicia Transicional, ICTJ, 2010, p. 269-314, p. 290. Disponível em: https://www.ictj.org/sites/default/files/ICTJ-Colombia-Tareas-Pendientes-2010-Spanish.pdf. Acesso em 20.06.2020.

ELSTER, Jon, **Rendición de Cuentas: La justicia transicional em perspectiva histórica**, Buenos Aires, Katz, 2006.

GARAPON, Antoine, **Peut-on Réparer L'Histoire? Colonization, Esclavage,** Shoah, Paris, Odile Jacob, 2008.

GREIFF, Pablo de, "Articulating the Links Between Transitional Justice and Development: Justice and Social Integration", em GREIFF, Pablo de & DUTHIE Roger (editores), **Transitional justice and development – Making Connections**, Social Science Research Council Publications, 2009, p. 28-69.

GROSESCU, Raluca, "Transnational Advocacy Networks and Corporate Accountability for Gross Human Rights Violations in Argentina and Colombia", Global Society, 2019, https://doi.org/10.1080/13600826.2019.1598947.

JUNNE, Gerd & VERKOREN, Willemijn, "The Challenge of Postconflict Development," in **Postconflict Development: Meeting the Challenges**, ed. Gerd Junne and Willemijn Verkoren, Boulder, Lynne Rienner, 2004.

KOPPER, Christopher, **A VW do Brasil na Ditadura Militar Brasileira 1964-1985: Uma abordagem Histórica**, https://www.volkswagenag.com/presence/konzern/documents/history/VW_B_DoBrasil_p_WEB.pdf (último acesso em 08 de julho de 2022).

KRIELE, Martin, **Introducción a la teoria del Estado**, trad. Eugênio Bulygin, Buenos Aires, Depalma, 1980, p. 150.

PAYNE, Leigh A.; PEREIRA, Gabriel; COSTA, Josefina Doz; BERNAL-BERMÚDEZ, Laura, "Pode um Tratado sobre Empresas e Direitos Humanos Ajudar a Alcançar Metas de Justiça Transicional?", **Homa Publica Revista Internacional de Direitos Humanos e Negócios**, vol. 1/2017, pp. 3-33.

MÉNDEZ, Juan E. **Linking Transitional Justice and Development**, Keynote Speech of at the FriEnt (the Working Group on Development and Peace), Panel Discussion on Justice and Development after War and Violent Conflict, Berlim, 28 de Janeiro de 2010.

MEZAROBBA, Glenda. O preço do esquecimento: as reparações pagas às vítimas do regime militar/Tese (Doutorado), USP: São Paulo, 2007.

ROBINSON, Mary. "What Rights can add to good development practice", in: ALSTON, Philip & ROBINSON, Mary (eds.), **Human Rights and Development: towards mutual reinforcement**, Oxford; Oxford University Press, 2005.

ROTH-ARRIAZA, Naomi; "Why Was the Economic Dimension Missing for so Long in Transitional Justice? An Exploratory Essay", in VERBITSKY, Horacio and BOHOSLAVSKY, Juan Pablo Bohoslavsky, The Economic Accomplices to the Argentine Dictatorship: Outstanding Debts, New York, Cambridge University Press, 2016, pp. 19-28.

RUGGIE, John Gerard; **Just Business. Multinational Corporations and Human Rights**, New York, W. W. Norton, 2013.

SARKIN, Jeremy; "O advento das ações movidas no Sul para reparação por abusos dos direitos humanos", Sur – Rev. Int. Direitos Humanos, v. 1, n. 1, 2004. Available from http://www.scielo.br/scielo.php?script=sci_arttext&pid=S1806-64452004000100005&lng=en&nrm=iso (último acesso em 27 de fevereiro de 2021).

SEN, Amartya; **Development as Freedom**, New York, Knopf, 1999.

STEINER, Henry J. & ALSTON, Philip, **International Human Rights in Context**, New York, Oxford University Press, 2000.

TEITEL, Ruti G., **Globalizing Transitional Justice – Contemporary Essays**, Nova York, Oxford University Press, 2014.

11. APLICATIVOS DE RASTREAMENTO DE CONTATOS EM PANDEMIAS: POSSIBILIDADES DE IMPLANTAÇÃO E UTILIZAÇÃO, VULNERABILIDADES E LIMITES

Vivian Lima Lopez Valle
Ana Cristina Aguilar Viana

Introdução: a distopia da realidade pandêmica

> "A teletela recebia e transmitia simultâneamente. Qualquer barulho que Winston fizesse, mais alto que um cochicho, seria captado pelo aparelho; além do mais, enquanto permanecesse no campo de visão da placa metálica, poderia ser visto também. Naturalmente, não havia jeito de determinar se, num dado momento, o cidadão estava sendo vigiado ou não. Impossível saber com que freqüência, ou que periodicidade, a Polícia do Pensamento ligava para a casa dêste ou daquele individuo." (ORWELL, 1949)

O trecho acima, da célebre obra distópica[1] "1984", de George Orwell, descreve a hipotética cidade de Oceania, na qual se exerce uma vigilância frequente. O autor alude a um sistema de controle que muito se assemelha a ordem disciplinar descrita por Michel Foucault. A vigilância exercida em Oceania era frequente, mas dado o caráter panóptico, ela não se dava a todo momento, vez que o sistema panóptico tem como

[1] Por distopia, pode-se compreender: "(...) refere-se à falta de controle do humano do seu destino. Se o objetivo da utopia anterior era propor um tipo alternativo de sociedade, a distopia aponta para suas disfunções". VIANA, Ana Cristina Aguilar. Distopia. in: souza, cláudio andré; alvim, frederico franco; barreiros neto, jaime; dantas, humberto. (org.). *dicionário de eleições*. 1ed.curitiba: juruá, 2020, v. 1, p. 1137.

peculiaridade a ilusão de uma vigilância constante. As semelhanças narradas por Orwell com a vida contemporânea são imensas.

O controle estatal ganha novos contornos em momentos de emergência. A pandemia do Coronavírus evidenciou a relevância dos Estados no cuidado e comando da saúde pública mediante restrições à direitos de liberdades dos cidadãos e cidadãs. A prerrogativa estatal de vigilância emergiu como um verdadeiro dever, e a forma do exercício desse controle foi e é determinante no controle da pandemia pelos governos.

Mas, o outro lado da moeda do exercício desse controle recai sobre as limitações no exercício das atividades das pessoas. A questão que surge é qual o limite de um governo no emprego de suas prerrogativas para suprimir a privacidade e a liberdade das pessoas. No caso do Coronavírus, os governos contam com um ingrediente "a mais", inexistente até então em outras situações de emergência de controle sanitário, como a peste bubônica, ou gripe espanhola. Com as conveniências proporcionadas pelas novas tecnologias, muitas nações têm usado dispositivos digitais para tentar controlar o progresso do vírus.

No entanto, com a permanência da pandemia, o que se nota é a manutenção de um exercício de vigilância sobre as pessoas, intensificando o processo de transformação digital da sociedade e tornando ordinário o exercício dessa vigilância. O que era para ser uma exceção de um tempo de emergência, passa a se tornar uma condição permanente sob a justificativa do monitoramento do vírus e da vigilância sanitária.

Para o exercício deste controle, os governos contam com a colaboração de empresas privadas. Isso porque, a maioria dos instrumentos de uso de monitoramento são de titularidades de empresas privadas. O problema, que não resume ao exercício de controle da propagação dos vírus, mas que provém da própria natureza dos dados no universo digital, chamados por muito como de *dataísmo*, se intensifica quando se fala dentro do espectro da vigilância.

Logo, essas questões saltam questionamentos sobre os limites do controle, o uso dessas tecnologias como meio de controle, fiscalização e vigilância, notadamente em situações que passam da situação de anormalidade excepcional e se tornam ordinárias. O problema resta mais delicado quando se nota a concorrência e uso em conjunto de Estados e empresas privadas. Ou seja, a vigilância sobre as pessoas se dá de um modo híbrido entre aquilo que é pretensamente público e aquilo que é pretensamente privado.

A condição de vigilância digital exercida evidência que direitos e garantias fundamentais passam a sofrer restrições e violações que podem superar aquelas que seriam aceitáveis diante de prerrogativas necessárias concedidas em situações de emergência.

Constatando essa situação, e, sobretudo, a permanência de uma condição emergencial, os instrumentos de controle e vigilância devem ser considerados e estudados. Diante disso, o propósito do presente artigo é discutir os limites das violações a direitos e garantias fundamentais diante das prerrogativas estatais de uso de mecanismos de vigilância para controle sanitário. Trabalha-se com a análise dos impactos negativos, relacionados às violações à proteção de dados, às liberdades pessoais, ao abuso de poder e desvio de finalidade na gestão dos dados, com abordagem sobre sérias e desafiadoras questões éticas, de liberdade, de tutela de direitos e de dimensão democrática.

Neste contexto, o artigo pretende responder a duas perguntas: 1. O controle da pandemia pode justificar restrições e ressignificações a direitos fundamentais, com imposição de utilização de aplicativos para viabilizar controle integral do Estado sobre a localização dos indivíduos e coleta ampliada e generalizada de dados? 2. É possível a coleta de dados por empresas privadas desenvolvedoras de aplicativos e sua monetização e comercialização? Para tanto, inicialmente se examina os tipos de instrumentos eletrônicos e digitais disponíveis para o exercício do controle, para posteriormente examinar o caso concreto, buscando responder as indagações acima.

1. Mecanismos de controle e rastreio digital e a vigilância exercida na Pandemia do Covid 19

Com a revolução das tecnologias da informação (TICS), o mundo se tornou global e junto a ele diversas TICS tornaram-se não apenas instrumentos cotidianos das pessoas, mas também úteis ferramentas para o Estado no exercício de suas atividades. Com a pandemia do Coronavírus, que se iniciou na China no fim de 2019 e se propagou por todo o mundo em 2020, diversos governos passaram a empregar instrumentos eletrônicos e digitais para aprimorar o exercício do controle sanitário.

As opções de realização de vigilância são variadas e dependem dos dispositivos utilizados, os quais podem ser mais ou menos invasivos. GPS, Bluetooth, ou mesmo reconhecimento facial podem ser usados. A geolocalização – GPS, por exemplo, é frequentemente empregada. Ela permite que sejam reconstruídas as movimentações das populações, além de identificar áreas de alta densidade e alto risco, bem como monitorar a conformidade das medidas de contenção de forma global ou individualizada (Cherif, 2020).

O GPS pode ser obtido através de redes sociais como o Facebook e plataformas como o Google Maps, que possuem os dados de localização de seus usuários. Com a pandemia, o Facebook e o Google abriram dados "agregados e anônimos" para pesquisadores e autoridades no contexto da propagação do vírus, buscando auxiliar no exercício do seu controle. Para além dessas empresas, operadoras de telecomunicações possuem diversas informações devido aos dados móveis coletados, que são gerados automaticamente quando uma pessoa utiliza um dispositivo móvel. Embora muito frequente, o GPS é invasivo à privacidade das pessoas, pois coleta a localização das mesmas, seus deslocamentos e atividades.

O controle por Bluetooth não resgata a localização da pessoa, e assim, é considerado menos invasivo. Ele traça apenas as informações do contato, mas não registra suas movimentações. As informações podem ficar guardadas em um sistema central, ou os dados podem ser armazenados de modo descentralizado, muitas vezes permanecendo apenas a informação no aparelho da pessoa. Objetos conectados, tais como cartões de créditos e débitos bancários e cartões de transporte são também modalidades de rastreio. Com eles é possível traçar o roteiro de uma pessoa, seu trajeto, deslocamento, locais de compras e atividades.

As formas mais ofensivas de controle, contudo, são as vigilâncias por vídeo e o reconhecimento facial. Elas são realizadas sem o consentimento das pessoas e são empregadas de modo maciço em locais públicos, constando também em espaços privados (Cherif, 2020). *Drones*, por exemplo, foram utilizados em diversos países para monitoramento dos trajetos realizados pelos transeuntes. Na França, em Paris, a prefeitura instalou *drones* pela cidade para monitorar o deslocamento das pessoas durante o período de confinamento. Observou-se, posteriormente, que devido à alta precisão do aparelho, as câmeras dos *drones* conseguiam gravar a intimidade das pessoas dentro das suas próprias casas, o que ensejou ação em face da prefeitura de Paris.

As ferramentas, portanto, podem ser utilizadas pelas nações para diversas utilidades, sendo que as informações que são resgatadas podem estar para além daquelas que são necessárias para determinada atividade, a exemplo dos *drones* em Paris. Dessas comodidades, contudo, Estados passaram a criar aplicativos ou ferramentas próprias para rastreamento de contatos para o fim de controlar a propagação do vírus do Coronavírus. Ou seja, por meio das tecnologias, criaram-se aplicativos para serem instalados nos celulares dos cidadãos para que esses preenchessem informações e autorizassem o exame de seus dados, auxiliando, assim, na identificação e cartografia do vírus.

Inicialmente, cada país foi desenvolvendo um tipo de programa de rastreio. Alguns foram produzidos localmente por pequenos grupos, enquanto outros se tornaram operações globais. No Instituto de Tecnologia de Massachusetts – MIT, centro de referência de pesquisa de novas tecnologias do mundo, pesquisadores mapearam os diversos aplicativos criados nos países pelo mundo em decorrência do Covid. Como parte da pesquisa realizada sobre essas aplicações, eles identificaram 47 países utilizando aplicações de rastreamento (janeiro de 2021). A tabela abaixo, traz sintetizado os dispositivos empregados que foram encontrados pelo instituto, assim como exemplifica alguns dos países que utilizaram cada ferramenta.

GPS	China, Tailandia, Coréia do Sul, Singaura, Israel, Russia, Estados Unidos, Polônia
Bluetooth	França, Singapura
Cartão de crédito	China, Coréia do Sul, Singaura
Pulseiras	Alemenha, Hong-Kong, Abu-Dhabi
Reconhecimento facial e videos	China, Coréia do Sul, Singaura

Fonte: As autoras

Como se nota, diversos países fizeram uso de aplicativos por meio do auxílio do GPS, a geolocalização. Ou seja, o caráter invasivo da ferramenta – que extrai a localização e trajetos das pessoas – não foi suficiente para inibir seu uso, dado que sua precisão para rastrear e mapear as atividades das pessoas é significativa. A China, por exemplo, fez uso do GPS. O país, que já possuía um dispositivo tecnológico desenvolvido pelo governo através de um sistema de classificação para seus cidadãos chamado *Sesame Credit* (Croquet, 2018).

No início da pandemia, Alipay, uma subsidiária da Alibaba, em cooperação com o governo, desenvolveu um aplicativo próprio para controle sanitário. Adicionado ao sistema de crédito chinês, o aplicativo exibia um código QR colorido que condiciona o nível de liberdade dos cidadãos chineses (Neveu, 2020). Quando era verde, as pessoas podiam sair na rua. O QR vermelho, por sua vez, exigia que a pessoa ficasse em casa. A maioria dos estabelecimentos privados passaram a solicitar a apresentação do QR *code*. Em ambientes públicos, como o uso do transporte, também era obrigatório.

Mas o sistema de monitoramento não se deu apenas na China, como se vê da tabela. Na Alemanha, pessoas chegaram a fazer uso de braceletes e na Polônia muitas foram intimadas a enviar selfies às autoridades locais. Na França o primeiro aplicativo foi cancelado por, em tese, ser invasivo à privacidade das pessoas. Posteriormente, novo foi lançado, buscando-se seguir recomendações de especialistas, a exemplo do uso de *bluetooth* descentralizado. Vale dizer, após períodos de testes, muitas nações passaram a optar por utilizar dispositivos cujas informações fossem descentralizadas e não enviadas a um servidor central, adotando-se, assim com maior frequência, o uso de *bluetooth*.

Mas não foram apenas os países que de modo isolado criaram seus aplicativos. As gigantes de tecnologia mundial também fizeram esforços nesse controle. Em agosto de 2020, a Apple e o Google lançaram uma ferramenta para identificar o coronavírus em todo o mundo. Em conjunto, as empresas criaram um instrumento que possibilita aos países criarem seus próprios aplicativos para controle do vírus. Para tanto, os governos de cada país deveriam encaminhar arquivo de configuração às empresas, a qual serviria de base de processamento do sistema (Mota, 202).

Foi a partir desta ferramenta que diversos países passaram a criar seus próprios aplicativos, tendo um papel determinante no amparo aos governos para o exercício do controle por meio do rastreio. Segundo informações prestadas pelas empresas, as informações são compartilhadas por Bluetooth de modo descentralizado, isto é, as informações ficam armazenadas no próprio aparelho. Ou seja, buscou-se preservar os direitos de privacidade das pessoas, não sendo adotado o GPS ou outras modalidades de controle mais invasivas.

2. Restrições e ressignificações a direitos fundamentais em face de vigilância virtual

Diante da pandemia do Coronavírus governos passaram a empregar dispositivos de controle da propagação da doença com amparo nas tecnologias digitais. Como se viu, os dispositivos são diversos, extremamente variados, estando cada um mais ou menos invasivo, a depender do tipo de tecnologia empregada, bem como o nível de cobrança de um Estado pelo seu uso.

Essa realidade do rastreamento de contatos por aplicativos aumenta os questionamentos acerca dos limites do poder do Estado em relação às garantias individuais. Muitos países estão implementando novas medidas de vigilância para monitorar os movimentos populacionais. Devido a grande quantidade de aplicativos empregados e também a diversidade de ferramentas utilizadas para o exercício do controle, é importante analisar caso a caso a maneira pela qual cada governo vem utilizando os dispositivos.

De qualquer modo, para tanto, é preciso traçar algumas variáveis relevantes a serem consideradas no exame desses aplicativos, sobretudo para analisar o grau de sua invasão na seara privada dos cidadãos. Ou seja, para identificar as vulnerabilidades e limites do emprego desses aplicativos de rastreio é necessário investigar uma série de questões. Primeiro, é preciso saber qual é o aplicativo a ser utilizado e qual a tecnologia empregada. GPS, reconhecimento facial e vídeo são notadamente mais invasivos que um *bluetooth*.

Outras questões relevantes residem em saber onde serão alocadas as informações, isto é, se em um local centralizado de controle dos dados, ou se são descentralizados. A finalidade do uso, o tempo em que será utilizado, as garantias acerca da não utilização para outros fins, bem como as autoridades responsáveis pelo monitoramento com suas devidas justificativas são fatores essenciais na observação dos limites e possibilidades do uso desses aplicativos de rastreamento de contatos. Assim, como se nota, o exame do grau de ofensa a direitos das pessoas pelo uso dos aplicativos depende da análise de uma série de fatores.

No Brasil, o governo optou pelo uso do aplicativo Coronavírus SUS (Android, iOS), o qual foi desenvolvido e integrado ao sistema de Notificação de Exposição da Apple e do Google. O aplicativo do Ministério da Saúde alerta no prazo de um dia quando identificar que uma pessoa foi testada portadora do vírus, enviando assim informações para os casos que tiveram contato com a pessoa infectada. Havia informações, em janeiro de 2021, que o aplicativo estava presente em dez milhões de celulares no Brasil (Mota, 2020).

Tendo em vista que se trata de ferramenta utilizada pelo governo decorrente do aplicativo criado pelas empresas Apple e Google, trata-se de sistema descentralizado por *bluetooth*, cujos dados serão empregados apenas para finalidade do rastreamento. A inserção dos dados no aplicativo se faz de modo automático e anônimo. Ou seja, não existe obrigatoriedade para seu uso por parte do governo, o que discrepa, por exemplo, do governo chinês (Butcher, 2020). Assim, percebe-se que existe no aplicativo brasileiro uma segurança aos dados das pessoas, diante da não compulsividade e descentralização do uso dos dados.

Segundo informações do governo, quando uma pessoa no Brasil recebe notificação de que esteve em contato com alguém que teve Covid, passa-se a informação sobre modos de prevenção a serem adotados, bem como indicações de atenções a serem tomadas para eventual manifestação da doença (Butcher, 2020). Trata-se, mais uma vez, de situação distinta da China, por exemplo, no qual pessoas contactadas devem ficar isoladas por um período de sete dias. Em Hong-Kong, residentes que chegam de viagem do exterior são obrigados a portar pulseiras de monitoramento.

De todo modo, notícias relataram algumas situações sensíveis sobre a ferramenta da Google e Apple. Isso porque, embora as empresas tech tenham afirmado que o uso do rastreio se dava por *bluetooth*, e, portanto, sem uso de geolocalização, algumas pessoas relataram que ao baixar o aplicativo, solicitou-se a localização da pessoa (Butcher, 2020). No caso do aplicativo brasileiro, ele chegou a ter problemas por algumas semanas e ficarem inativas as notificações (Butcher, 2020).

Ou seja, aparentemente há informações de que os aplicativos do Brasil seriam menos invasivos, diante do uso de dispositivos que não adentram em dados de localização. No entanto, fica duvidosa a realidade desta afirmação quando se nota o relato de experiências em que a localização foi solicitada pelo aplicativo.

Para além dessas questões sobre o emprego desses instrumentos, existem outras situações que merecem ser levadas em consideração e que muitas vezes não são abordadas pelos governos ou empresas. Com efeito, a pesquisa do MIT aponta que poucas informações são fornecidas pelos governos sobre os aplicativos. Questões sobre a quantidade de pessoas que fizeram o download dos aplicativos, quais dados serão utilizados e com quem serão compartilhados muitas vezes não são claras. Ainda, ficam nebulosas questões sobre o uso futuro desses dados (Ball Dibb et Degli Esposti, 2020).

Nesse sentido, os limites e vulnerabilidades desses aplicativos ganham novos contornos. Some-se ainda o fato que, se estão sendo tomadas medidas "extraordinárias" para combater o Covid-19, é essencial que o uso de dados pessoais para fins de vigilância seja feito de acordo com a lei e os direitos dos indivíduos. Em outras palavras, além dos valores que residem na contenção de uma pandemia, outros valores devem ser levados em conta (Lyon, 2020). Por isso, alguns princípios são relevantes e precisam ser discutidos quando a vigilância em massa for empregada. Desde a liberdade de ir e vir, passando por limitações de exercício de atividades laborais, ou mesmo de se ter uma vida privada (Casilli, Dehaye et Soufron, 2020).

Conclusões

Privacidade, liberdades civis e direitos humanos são valores fundamentais que devem ser defendidos tanto quanto a proteção da vida, saúde e bem-estar social. Trata-se de jogo de valores e direitos humanos, estando todos eles, como se sabe, em um viés horizontal. Não há, como se sabe, sobreposição de valores humanos ou fundamentais.

Assim, as discussões sobre vigilância devem ocorrer de forma transparente e aberta (international civil liberties monitoring group, 2020). O princípio da autoridade, por exemplo, denota que uma instituição exerce sua autoridade de maneira digna de confiança. Logo, sua aceitação pelo público depende de sua competência, benevolência e integridade. É por meio deste princípio que um rastreamento de contatos será aceito pela comunidade. O uso do aplicativo brasileiro por apenas dez milhões de pessoas num país que possui uma população de mais de 200 milhões é claro em revelar a falta de confiança dos cidadãos com esses aplicativos.

A vigilância em massa também levanta questionamentos sobre os riscos de danos a longo prazo, vez que, para além da proteção à comunidade, preocupações éticas podem ser desconsideradas. Nesse viés, a finalidade do uso dos dados e o tempo do monitoramento é fundamental. O caso da Cambridge Analytica é claro em demonstrar quais são as consequências do uso de dados para finalidades distintas da pretensão original. A empresa, por meio de um aplicativo chamado "*Esta é sua vida digital*" – que foi apresentado na forma de um questionário psicológico – utilizou dados das pessoas nas redes sociais para influenciar a campanha de Brexit e a eleição presidencial de Donald Trump (Casilli, Dehaye et Soufron, 2020).

Em resumo, em virtude do uso de dados não autorizados de indivíduos, foi possível identificar seu comportamento e, com base nisso, procurar influenciar suas decisões políticas. Do caso Cambridge Analytica é possível constatar que o poder de controle tem consequências diretas sobre a realidade, e mais, mostra também a possibilidade de influência comportamental das pessoas. São modelos que consistem no registro das relações quantificadas por sinais. Os transmissores estão associados a uma quantidade que mede a probabilidade de ser um portador do vírus (LUNDI MATIN).

Além disso, com a transformação do mundo analógico para o digital, o controle começa a ser feito através de dados, não de pessoas. Embora os corpos físicos estejam sujeitos a controle e vigilância, eles são, em última instância, considerados como dados acoplados a outros dados automaticamente por meio de algoritmos de cálculo.

Estes feixes e fluxos de controle podem ser exercidos por vários atores. As pessoas são transformadas não apenas em números, mas também em números duplicados, registrados e reproduzidos que servem como material para prever a vontade das pessoas, antecipando seus gostos e manipulando suas escolhas. O indivíduo é finalmente condicionado pelo algoritmo através de números aleatórios. O poder, portanto, depende em grande parte do domínio dos dados e da posse de algoritmos sofisticados e eficientes.

Logo, a vigilância contemporânea se faz com a ajuda do banco de dados os quais estão alocados nos celulares das pessoas. Isto é, a matéria-prima da vigilância não reside apenas nos sujeitos ou corpos físicos, mas notadamente sobre seus dados. Não por acaso, outra crítica levantada reside no fato que todos os aplicativos seguem os dados disponíveis nos smartphones das pessoas, o que pode não refletir a realidade da pessoa física, mas sim de seu *cyborg*, sua visão digital elaborada por dados.

Isto significa que os aplicativos podem inclusive apresentar resultados irreais, já que o controle é feito sobre os dados, e não sobre as pessoas (LUNDI MATIN). A observação de rostos, corpos, pessoas inteiras são apenas um ponto neste sistema híbrido. A vigilância se torna descentralizada. É, portanto, uma amálgama de tecnologia e corpos. Ela é transmitida do espaço material para o ciberespaço, o que implica uma substituição do modelo panóptico de aparência pela superprodução de dados on-line e aumento da circulação de imagens.

Segundo Cynthia Fleury, a defesa das liberdades públicas e individuais é um legado histórico não negociável do Estado de direito. Embora o consentimento dos cidadãos à limitação de seus direitos esteja orientado ao bem coletivo, o conceito de liberdade negativa não pode ser completamente renunciado. Fleury argumenta que o desenvolvimento de uma ferramenta digital de vigilância de controle de propagação de vírus e rastreamento de contatos é sem dúvida desejável, mas deve constar com devidas proteções (Fleury, 2020).

A pandemia, contudo, acelera o processo de controle da sociedade "cibernética" (Helbing, 2015). O grande questionamento que surge é o sacrifício da liberdade pessoal, pois para o exercício dessas atividades de controle é preciso um resgate considerável de dados. As grandes desvantagens desse sistema são justamente a perda de valores conquistados quando do advento do Estado de direito. O ideal iluminista se vê apagado diante das seguranças proporcionadas pela sociedade em rede, pelas tecnologias da informação.

A sociedade do conhecimento e da informação, passa a ser a sociedade do controle, já anteriormente enunciada por Gilles Delleuze (1989). Para Soshanna Zuboff (2015), mesmo antes da pandemia, a sociedade já experimentava o que ela chamava de capitalismo de vigilância, uma sistemática exercida por uma lógica de acumulação capitalista onde o insumo são os dados, que são utilizados pelas grandes empresas digitais. Ou seja, resta claro que segurança e privacidade são os dois lados de uma moeda. A ideia de controle é central na revolução digital e seu uso apenas foi potencializado com o uso dos aplicativos de rastreamento de contatos.

Para Henrik Skaug Saetra, na era do Big Data, diante da sua onipresença na sociedade, a privacidade apenas pode ser defendida mediante uma concepção positiva de liberdade. Para ele, somente a perspectiva negativa é insuficiente. Ou seja, diante da possibilidade de serem utilizados dados para fins distintos daqueles que foram coletados, é preciso uma defesa liberal da privacidade (Sætra, 2019). E tal ideia merece ser observada no caso de rastreamento de contatos para controle da pandemia do Covid.

Finalmente, tendo em vista a vigilância onipresente que se vê intensificada pela pandemia, talvez seja necessário repensar o arcabouço normativo, notadamente no que tange às instituições de direitos humanos, para que seja respeitada a dignidade humana. Ela exige estruturas fortes e eficazes cuja quadratura moderna iluminista não está dando conta. A vida autônoma das pessoas já está ameaçada, ao passo que a dignidade humana é o fundamento constitucional das sociedades (Duwel, 2017).

É preciso, portanto, tal como dispõe Marcus Duwell, uma leitura da vigilância com base nos direitos humanos, o que leva a repensar o quadro normativo para que sejam estabelecidos critérios reais de proteção da liberdade das pessoas. A pandemia apenas evidenciou a vigilância que já é exercida de modo onipresente na sociedade em rede. Tal constatação pode implicar inclusive na criação de uma nova carta de direitos humanos, ou ainda mesmo repensar nas estruturas supranacionais (Duwel, 2017).

Referências

Ball, Kristen; Dibb, Sally; Degli Esposti, Sara. **Why Governments and Corporations Need to Demonstrate Principled Authority in the Face of Global Health Surveillance.** Disponível em: https://medium.com/surveillance-and-society/why-governments-and-corporations-need-to-demonstrate-principled-authority-in-the-face-of-global-ba1bc1573f2c. Acesso em: 02. fev. 2021.

Butcher, Isabel. **Governo adota rastreamento de contatos pelo app Coronavírus SUS**. Disponível em: https://www.mobiletime.com.br/noticias/03/08/2020/brasil-adota-api-de-notificacao-de-exposicao-de-apple-e-google/. Acesso em: 02. fev. 2021.

Casilli, Antonio; Dehaye, Paul; Soufron, Jean-Baptiste. Stopcovid est un projet désastreux piloté par des apprentis sorciers. **Le monde**. Disponível em: https://www.lemonde.fr/idees/article/2020/04/25/stopcovid-est-un-projet-desastreux-pilote-par-des-apprentis-sorciers_6037721_3232.html. Acesso em 01. fev. 2021.

Cherif. A. Tracking du covid-19: comment font les autres pays? **La tribune**. Disponivel em: https://www.latribune.fr/technos-medias/tracking-du-covid-19-comment-font-les-autres-pays-844772.html. Acesso em: 10 jan. 2021.

Cherif. A. Tracking du covid-19: comment font les autres pays? **La tribune**. Disponivel em: https://www.latribune.fr/technos-medias/tracking-du-covid-19-comment-font-les-autres-pays-844772.html. Acesso em: 10 jan. 2021.

Croquet. En Chine, un système de notation des citoyens encore flou mais aux ébauches effrayantes. **Le monde**. Disponível em: https://www.lemonde.fr/pixels/article/2018/12/28/en-chine-un-systeme-de-notation-des-citoyens-encore-flou-mais-aux-ebauches-effrayantes_5403357_4408996.html. Acesso em 06 fev. 2021.

Duwell, Marcus. Human Dignity and the Ethics and Regulation of Technology. **The Oxford Handbook of Law**, Regulation and Technology Edited by

Roger Brownsword, Eloise Scotford, and Karen Yeung. Print Publication Date: Jul 2017 Subject: Law, IT and Communications Law, Law and Society Online Publication Date: Mar 2017 DOI: 10.1093/oxfordhb/9780199680832.013.8.

Fleury, Cynthia. Nous sommes entrés dans une ère de "bien(sur)veillance". **Le monde**, Disponível em: https://www.lemonde.fr/m-perso/article/2020/04/29/cynthia-fleury-nous-sommes-entres-dans-une-ere-de-bien-sur-veillance_6038163_4497916.html. Acesso em: 06. fev. 2021.

Gilles, Deleuze. **Postcript on the Societies of Control**. *59* October 3, 1989.

International Civil Liberties Monitoring Group. **Joint statement**: digital surveillance technologies and covid-19 in canada. Disponível em: https://iclmg.ca/digital-surveillance-covid-19/. Acesso em: 01 fev. 2021.

Lundi Matin. **Stopcovid**: cybernétique, éthique et colégram. Lundi matin *242*. Disponível em: https://lundi.am/stopcovid-cybernetique-ethique-et-colegram. Acesso em: 04 fev. 2021.

Lyon, David. Cellphone tracking might help stamp out covid-19. but at what cost? **Ottawa citizen**. Disponível em: https://ottawacitizen.com/opinion/lyon-cellphone-tracking-might-help-stamp-out-covid-19-but-at-what-cost/wcm/a58e9d06-1709-4152-8ec3-ea57cc9d5d0d/. Acesso em: 02. fev. 2021.

Mota, Renato. **Covid-19**: Apple e Google lançam expansão para sistema de rastreamento. Disponível em: https://olhardigital.com.br/2020/09/01/coronavirus/covid-19-apple-e-google-lancam-expansao-para-sistema-de-rastreamento/ Acesso em 01. fev. 2021.

Neveu. **Comment fonctionne l'application contre le covid-19 en Chine**? futura tech. Disponível em: https://www.futura-sciences.com/tech/actualites/smartphone-fonctionne-application-covid-19-chine-80593/. Acesso em: 05 fev. 2021.

Orwell, George. **1984**. Disponível em: http://home.ufam.edu.br/edsonpenafort/GEORGE%20ORWELL%20-%201984.pdf.

Sætra, Henrik Skaug. **Freedom under the gaze of Big Brother**: Preparing the grounds for a liberal defence of privacy in the era of Big Data. Technology in Society, 2019.

Viana, Ana Cristina Aguilar. Distopia. in: Souza, Cláudio André; Alvim, Frederico Franco; Barreiros Neto, Jaime; Dantas, Humberto. (org.). **Dicionário de Eleições**. 1 ed. Curitiba: Juruá, 2020, v. 1, p. 1137.

Zuboff, Shoshana. Big other: surveillance capitalism and the prospects of an information civilization. Disponível em: https://cryptome.org/2015/07/big-other.pdf.

Helbing, Dirk. The Automation of Society is Next. **How to Survive the Digital Revolution**. Preprint version v0, 2015.

12. ANTICORRUPÇÃO E DIREITOS HUMANOS NAS EMPRESAS: UMA CONEXÃO NECESSÁRIA

Ana Luiza Melo Aranha
Gabriela Almeida

Introdução

A conexão entre as agendas de direitos humanos e anticorrupção nas empresas é um tema que tem emergido no cenário internacional recentemente. Em 2020, o Conselho de Direitos Humanos das Nações Unidas dedicou seu relatório anual ao tema *Connecting the business and human rights and the anti-corruption agendas* (Human Rights Council, 2020) e a oitava sessão da Conferência dos Estados Partes da Convenção das Nações Unidas contra a Corrupção explorou a conexão corrupção e direitos humanos em 2019[1]. Assim sendo, a conexão pode ser pensada em princípio através das normas e padrões internacionais como, por exemplo, a Convenção das Nações Unidas contra a Corrupção, a Convenção antissuborno da OCDE, os Princípios Orientadores e as Diretrizes da OCDE para Empresas Multinacionais. Essas Diretrizes são as únicas diretrizes abrangentes e acordadas multilateralmente para a conduta empresarial responsável. Ao incluir um capítulo sobre direitos humanos e outro sobre a corrupção, pontua que corrupção, negócios e

[1] Como se pode conferir na agenda do evento realizado em 2019: www.ohchr.org/EN/Issues/CorruptionAndHR/Pages/SpecialEventHRGenderCorruption.aspx; Acessado em 10 de jan de 2021.

direitos humanos fazem parte do mesmo pacote de conduta empresarial responsável.

A fim de abordar as lacunas de governança que continuam a criar o tipo de condições em que as atividades comerciais têm impactos adversos sobre os direitos humanos, o Conselho de Direitos Humanos da ONU em 2011 aprovou por unanimidade os Princípios Orientadores (POs) sobre Empresas e Direitos Humanos para a implementação da ferramenta "Proteger, Respeitar e Remediar".[2] Os Princípios Orientadores foram a primeira estrutura endossada pela ONU para definir os respectivos deveres e responsabilidades de governos e empresas, respectivamente, e para prevenir e abordar os impactos sobre os direitos humanos decorrentes das atividades comerciais. Eles fornecem a estrutura internacional para gerenciar os impactos dos direitos humanos relacionados aos negócios. Os Princípios Orientadores também são essenciais para a Agenda 2030 para o Desenvolvimento Sustentável, dada a ênfase no envolvimento e colaboração do setor privado para atingir as metas, que precisam se basear no respeito corporativo pelos direitos humanos. Apesar de não haver um Objetivo do Desenvolvimento Sustentável (ODS) específico para direitos humanos, segundo o estudo do *Danish Institute for Human Rights* mais de 90% das metas têm relação direta com direitos humanos.[3]

Os mecanismos internacionais de direitos humanos, incluindo o Conselho de Direitos Humanos, têm prestado cada vez mais atenção ao impacto negativo da corrupção no gozo dos direitos humanos e feito inúmeras recomendações aos Estados Membros com o objetivo de prevenir e suprimir a corrupção. Dependendo do nível, difusão e forma de corrupção, esta pode ter impactos devastadores sobre os direitos humanos, pois pode prejudicar a disponibilidade, qualidade e acessibilidade de bens e serviços que os Estados devem fornecer para atender às necessidades humanas básicas. Sendo assim, a corrupção tem a capacidade de contribuir direta e/ou indiretamente para a violação dos direitos humanos, especialmente de grupos vulneráveis. Além disso, mina o

[2] Conselho de Direitos Humanos da ONU de acordo com as resoluções 17/4, 26/22 e 35/7.

[3] Ver o curso on-line realizado pelo Danish Institute, disponível em: https://www.humanrights.dk/learning-hub/sustainable-development-goals-sdgs; Acessado em 10 de jan de 2021.

funcionamento e a legitimidade das instituições e enfraquece o Estado de Direito. Grupos e indivíduos marginalizados e discriminados sofrem desproporcionalmente com a corrupção. Também está bem estabelecido que a corrupção envolvendo atores empresariais fere os direitos humanos dos trabalhadores e das comunidades afetadas por ela (SHUTTER, 2016).

Aliado ao desenvolvimento normativo no cenário internacional, as empresas, aos poucos, desenvolveram suas áreas de *Compliance*, principalmente ferramentas para avaliação de riscos de corrupção e têm incorporado valores éticos na cultura corporativa, impulsionadas pela aprovação de diversas legislações anticorrupção ao redor do mundo. Ao mesmo tempo, os Princípios Orientadores consolidaram a expectativa de que os direitos humanos sejam observados nas organizações, viabilizando medidas de prevenção, mitigação e remediação de violações de direitos nas suas operações. A Lei da Escravidão Moderna é um dos exemplos de regulamentação sobre a responsabilidade corporativa de respeitar os direitos humanos. Espera-se cada vez mais que as empresas "conheçam e mostrem" conformidade com os padrões de direitos humanos em suas operações, implementando medidas semelhantes às já prescritas para conformidade anticorrupção. Além disso, procedimentos e políticas bem-sucedidas de direitos humanos podem demonstrar um compromisso genuíno das empresas com o enfrentamento da corrupção, ao torná-las elegíveis para fundos de investimento ético, compras governamentais, oportunidades contratuais e de financiamento de dívidas.

Outras áreas onde a conexão entre as duas agendas foi demonstrada incluem projetos de infraestrutura em grande escala, o setor extrativo, bem como questões sobre trabalho forçado e tráfico. A importância de abordagens baseadas em direitos para combater a corrupção também é um elemento central para a realização dos Objetivos de Desenvolvimento Sustentável (ODS). Abordagens baseadas em direitos para combater a corrupção e implementar os Princípios Orientadores são essenciais para a realização dos ODS.

Este artigo pretende explorar os pontos onde os Princípios Orientadores e a agenda anticorrupção no setor privado se cruzam como, por exemplo: a compreensão dos riscos de corrupção melhora a compreensão e ajuda a abordar os riscos de violações direitos humanos relevantes relacionados aos negócios; a relação direta entre corrupção e violação dos direitos humanos; a integração da devida diligência de direitos humanos em medidas anticorrupção e antissuborno (mudando a lente de risco para o negócio para o risco para as pessoas); como as lições do campo anticorrupção (tanto na esfera de políticas públicas quanto na governança corporativa, bem como dos sistemas de monitoramento existentes e esforços para melhorar a responsabilidade) podem ajudar a informar os esforços para implementar os pilares "Proteger, Respeitar e Reparar" dos Princípios Orientadores e quais modelos podem ser replicados ou adaptados à área de negócios e direitos humanos; quais são as ferramentas mutuamente benéficas, como as ações coletivas.

Essas interconexões significam que os avanços em ambas as áreas podem se reforçar mutuamente. Nas próximas seções abordaremos primeiro a agenda de direitos humanos e as empresas, para em seguida destacar a agenda anticorrupção. Finalizamos ressaltando os pontos de conexão e como as ações coletivas podem ser uma forma eficaz de fazer avançar as duas agendas nas empresas.

1. A agenda de direitos humanos e empresas

A aprovação dos Princípios Orientadores sobre Empresas e Direitos Humanos foi resultado de seis anos de consultas com grupos *multistakeholders* e liderado pelo professor John Ruggie, da Universidade de Harvard, que culminou na sua aprovação por unanimidade no Conselho de Direitos Humanos da ONU. Tais princípios são compostos por três pilares: o dever do Estado na proteção dos direitos humanos por meio de políticas, regulação e julgamento apropriado; a responsabilidade das Empresas no respeito aos Direitos Humanos, em especial por meio da realização de devida diligência (*due diligence*, em inglês), que inclui a abordagem de impactos negativos que as organizações possam ter em suas operações diretas ou indiretas; em caso de qualquer violação de tais direitos, seja pelo Estado ou pelas Empresas, é necessária a reparação efetiva das vítimas.

Sabe-se que os Estados sempre foram e devem continuar sendo os principais garantidores dos direitos humanos para todos os cidadãos. Contudo, com a atuação cada vez mais transnacional das empresas, fez-se necessária a criação de um instrumento internacional, mesmo que não vinculante no seu primeiro momento, o que significou grande avanço para a comunidade internacional. Os Princípios Orientadores são um dos principais marcos da responsabilização e proposta de atuação do setor privado em relação aos direitos humanos. Se antes muito se perdia nas legislações trabalhistas ou mesmo de direitos humanos de alguns Estados que têm maior flexibilidade jurídica, hoje é inegociável que as empresas têm que estar em conformidade com o padrão mínimo aceitável de direitos internacionais, visto que as perdas financeiras e reputacionais são imensuráveis em caso de violações.

2. Os marcos jurídicos da agenda de direitos humanos e empresas

Após a aprovação dos Princípios Orientadores o que se havia conquistado no tema direitos humanos e empresas ganhou mais força e mobilização de Estados para a incorporação de partes desses princípios na sua legislação interna.

IMAGEM 1: Linha do tempo de leis nacionais implementando os Princípios Orientadores (tradução versão inglês, abaixo)

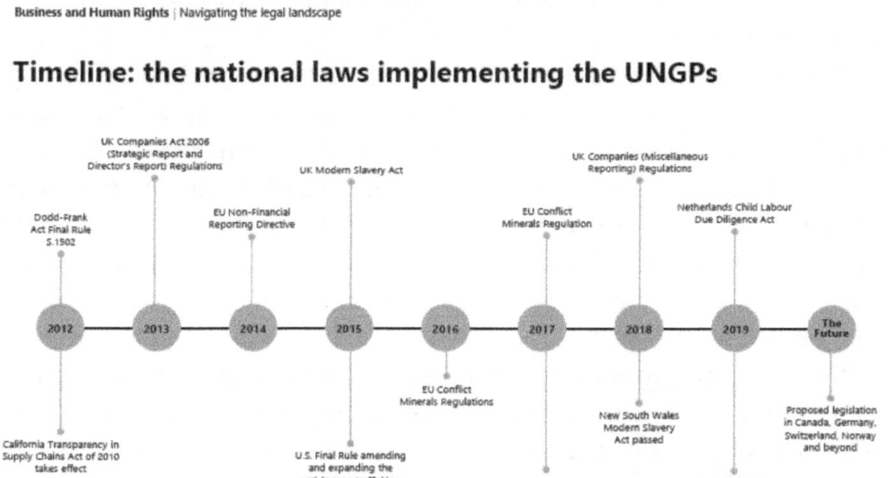

Fonte: sem autor. Business and Human Rights, Navigating the legal landscape, página 9. Freshfields Bruckhaus Deringer LLP e Global Compact.

No ano de 1976, a Organização para Cooperação e Desenvolvimento Econômico (OCDE) lançou as Diretrizes para Empresas Multinacionais, que recentemente foi atualizada e para incorporar a devida diligência mandatória de direitos humanos para empresas, estendendo para a cadeia de valor requisitos obrigatórios de direitos humanos mais explícitos, com uma lente maior nas operações de negócios de empresas transnacionais e na conduta de direitos humanos. Riscos e impactos (positivos e negativos) estão no centro dessas discussões, onde ninguém deve ser deixado para trás.

Além disso, no ano de 2017 a Organização Internacional do Trabalho (OIT) fez a revisão na Declaração Tripartite de Princípios sobre as Multinacionais Empresas e Política Social[4], incluindo também os Princípios Orientadores no documento por meio de orientações no processo de devida diligência em direitos humanos com foco no trabalho decente e nos negócios inclusivos e sustentáveis (referenciado no ODS 8 – Trabalho decente e crescimento econômico).

O que se nota é que nessa última década, impulsionada pela aprovação dos Princípios Orientadores, a tendência da atuação empresarial em direitos humanos voluntária e como exclusivamente prática de responsabilidade social mudou para uma conduta obrigatória de respeitar os direitos humanos.

Com esse contexto de mudança no cenário internacional e de legislações internacionais as empresas devem considerar o que é legalmente exigido e globalmente aceito para salvaguardar os interesses dos detentores de direitos [5]. Um dos processos mais recentes, que até o presente momento está em consulta pública, é a mandatoriedade de devida diligência em direitos humanos na União Europeia (UE), seja para as empresas que têm sede em seus países integrantes, seja para as que fazem negócios na região.

Nota-se uma evolução contínua do ambiente legislativo e regulatório no tema da devida diligência, onde as empresas estão cada vez mais sujeitas a obrigações de relatórios não financeiros nas jurisdições em que operam, que geralmente incluem divulgações sobre seu desempenho em direitos humanos. Existem vários exemplos importantes de legis-

[4] Conforme noticiado em março de 2017: "OIT revisa sua histórica Declaração sobre Empresas Multinacionais". Disponível em: https://www.ilo.org/brasilia/noticias/WCMS_548359/lang--pt/index.htm; Acessado em 10 de jan de 2021.

[5] Conforme descreve a organização Social Protection sobre os detentores de direitos humanos, disponível: https://socialprotection-humanrights.org/key-issues/universality-of--protection-and-effective-access/rights-holders/; Acessado em 10 de jan de 2021.

lação nacional que exigem especificamente das empresas informações relacionadas aos direitos humanos, como por exemplo:

- Em 2010, pouco antes da aprovação dos Princípios Orientadores sobre empresas e Direitos Humanos na Califórnia, nos Estados Unidos, foi pioneira nas legislações de reporte em direitos humanos pelas empresas. A lei de Transparência das Cadeias de Fornecimento da Califórnia (California Transparency in Supply Chains Act of 2010, em inglês), que iniciou em 2012, menciona que grandes empresas que fazem negócio com toda região da Califórnia devem publicar em seus sites ações específicas para o enfrentamento e erradicação de trabalho escravo e tráfico humanos nas suas cadeias de valor.
- no Reino Unido foi aprovado em 2015 a Modern Slavery Act, sendo a primeira lei nacional desse tipo impôs obrigações legais a empresas, que faturam acima de 36 milhões de libras esterinas, o relato de ações tomadas para identificar e mitigar os riscos da escravidão moderna em seus negócios e cadeias de valor (Gov UK).
- na Austrália em 2018 também foi aprovado a Modern Slavery Act, inspirada na versão do Reino indo, mas dando um passo além por ter a necessidade de ações de remediação para os riscos de escravisão moderna (Kelly, 2020).
- o Canadá anunciou em 2018 a criação do cargo de Ouvidoria para Empresas Responsáveis, que têm a tarefa de monitorar os abusos dos direitos humanos de empresas canadenses no exterior. Além disso, o Canadá também vem avançando na agenda e propôs a Modern Slavery Act e lei de transparência na cadeia de valor (Terry, Lax, Allen, 2020).

Independentemente da normativa do país, as empresas que são listadas em todo o mundo enfrentam requisitos adicionais. No Reino Unido, por exemplo, as organizações que estão listadas nas principais Bolsas de Valores do mundo, como a Bolsa de Valores de Londres, a Bolsa de Valores de Nova York e NASDAQ precisam relatar ações no tema de direitos humanos que estão relacionados ao seu negócio e em conformidade com quaisquer outras polícias de direitos humanos em vigor. A União Europeia também está atirando na mesma direção, assim como algumas Bolsas de Valores na Ásia que estão exigindo das empresas enviem relatórios de Responsabilidade Social Corporativa (RSC), onde o tema de direitos humanos é transversal na área.

O Estado como principal garantidor dos direitos humanos é responsável por certificar que todas as compras públicas estão garantindo os direitos humanos. Empresas estatais têm essa dupla responsabilidade: se por um lado o Estado deve dar o exemplo, por outro a organização deve respeitar os direitos humanos.

Apesar de se celebrar 10 anos dos Princípios Orientadores dos Direitos Humanos esse ano, em 2021, o tema é relativamente novo para muitos países e, em consequência, suas empresas. Propostas de legislações em direitos humanos estão cada vez mais frequentes em diversas regiões e as organizações precisam se adaptar e estar alertas para essas mudanças. Nos Estados Unidos, por exemplo, foi-se incorporada sanções econômicas para empresas que violam os direitos humanos, resultado de uma ampliação de uma própria estrutura jurídica existente no país.

Por fim, ainda que avanços no tema são crescentes e notáveis, segundo o Corporate Human Rights Benchmark de 2020 quase metade (46,2%) das maiores empresas do mundo que foram avaliadas não apresentaram qualquer evidência de identificação ou mitigação de questões de direitos humanos nas cadeias de valor. Além disso, no mesmo ano 176 investidores internacionais enviaram uma solicitação para melhoria nas ações de direitos humanos para as 95 empresas que não pontuaram nos indicadores de devida diligência. Dessas 95 empresas, somente 11 empresas saíram da pontuação zero (World Benchmarking Alliance, 2020).

3. Mandatoriedade da devida diligência em direitos humanos

Desde que os Princípios Orientadores foram aprovados por unanimidade em 2011, uma nova era de empresas sustentáveis e responsáveis tomou forma e continua ganhando força. Como mencionado neste artigo, a devida diligência em direitos humanos é a principal ação sugerida pelos Princípios Orientadores para que as empresas conduzam suas ações e impactos em direitos humanos.

Em face aos diversos desafios sociais e econômicos, que foram exacerbados com a pandemia do Coronavírus, a devida diligência em direitos humanos torna-se uma ferramenta chave para avançar com a agenda, pois permite que as empresas concentrem esforços (financeiros e humanos) nos riscos mais graves aos direitos humanos (os que possam ter maior escala e sejam mais irreversíveis), além de identificar os riscos reais ou potenciais para as pessoas como parte de qualquer resposta às crises.

A tendência de requisitos normativos para negócios responsáveis está afetando os negócios no mundo inteiro. Segundo o Relatório de Riscos Globais de 2021, lançado no Fórum Econômico Mundial, os riscos intangíveis como ambientais, sociais e tecnológicos vem ganhando força, ao contrário dos riscos unicamente econômicos. Isso demonstra que as empresas precisam ter ações claras para prevenir e remediar seus impactos nessas áreas.

Imagem 2: Os principais riscos globais por probabilidade desde 2012 até 2021

Fonte: The Global Risks Report 2021, 16th Edition. Insight Report, página 14.World Economic Forum.

Legenda:
Verde – riscos ambientais
Vermelho – sociais
Roxo – tecnológicos
Laranja – geopolíticos
Azul – econômicos

Cada vez mais o setor privado e investidores, juntamente com organizações da sociedade civil, estão exigindo uma legislação eficaz de mandatoriedade de devida diligência em direitos humanos.

Nesse sentido, muitos dos avanços dessa agenda têm como base os compromissos de combate à corrupção e aos requisitos legais dos Estados, seja por meio de tratados internacionais ou mesmo de legislações nacionais. O respeito pelos direitos humanos não mais se trata de uma questão unicamente de ação voluntária, mas sim de estar em conformidade legal. Muitas empresas já possuem práticas avançadas de conformidade em anticorrupção e já realizam a devida diligência e avaliação de risco mais robustas devido a esses programas já pré existentes. A devida diligência em direitos humanos adiciona algumas camadas a mais de avaliação de riscos (potenciais ou reais) e impactos que os negócios possam ter nas suas operações, na comunidade que estão inseridos e na cadeia de valor. Prevenir tais impactos e remediar quaisquer riscos sobre as pessoas é o principal objetivo de incluir a lente de direitos humanos na devida diligência. Segundo o relatório do Grupo de trabalho de Direitos Humanos na ONU, publicado em julho de 2021, intitulado "Conectando empresas, direitos humanos e as agendas de anticorrupção" (*Connecting the business and human rights and the anti-corruption agendas*, em inglês) diz que a devida diligência obrigatória de direitos humanos ajudaria a combater a corrupção e promover os direitos humanos.

Requisitos obrigatórios para devida diligência em direitos humanos, como um dever legal, introduzidos no nível nacional ou regional, forçaria mudanças no comportamento corporativo de forma que as empresas realizassem devida diligência de direitos humanos em suas próprias operações e cadeias de suprimentos ou de valor. Isso resultaria em maior segurança jurídica, mais igualdade de condições, maior alavancagem nas cadeias de valor e melhor gestão integrada de riscos. Por esses motivos, as empresas costumam exigir regulamentações consistentes e abrangentes. Uma pesquisa com empresas multinacionais sediadas no Reino Unido indicou que as empresas prefeririam direitos humanos e legislação ambiental mais rígida, espelhando as disposições sobre corrupção na Lei do Suborno de 2010, que tornava uma ofensa para uma empresa não prevenir o suborno (Hood, 2020). Como padrões obrigatórios induz maior conformidade do que as voluntárias, os Estados devem promulgar legislação exigindo que as empresas conduzam a devida diligência de direitos humanos e anticorrupção em suas cadeias de abastecimento.

4. A agenda anticorrupção e as empresas

Em primeiro lugar é preciso destacar que, embora não haja uma definição universal de corrupção, a Convenção das Nações Unidas contra a Corrupção (UNCAC) aborda de forma abrangente o tema, incluindo, suborno, tráfico de influência, enriquecimento ilícito, nepotismo, clientelismo, abuso da função, corrupção privada, dentre outros tipos de corrupção (UNCAC, 2019) Essa Convenção, um dos tratados internacionais mais amplamente ratificados, é o único instrumento universal anticorrupção juridicamente vinculativo.

A Convenção é fruto do destaque que o fenômeno da corrupção assumiu globalmente nas últimas décadas. Especialmente na década de 1990 e 2000, surgiram vários esforços internacionais de combate à corrupção e à lavagem de dinheiro além da UNCAC, como a Convenção Interamericana contra a Corrupção, a Convenção da OCDE sobre Combate da Corrupção de Funcionários Públicos Estrangeiros em Transações Comerciais Internacionais e o Grupo de Ação Financeira (GAFI).

Em termos de conexão entre a agenda anticorrupção e direitos humanos, as Nações Unidas reconhecem vínculos intrínsecos[6]. Por exemplo, a corrupção pode ter efeitos devastadores e duradouros no desfrutar dos direitos humanos, ao prejudicar a disponibilidade, qualidade e acessibilidade de bens e serviços que os Estados precisam fornecer para cumprir suas obrigações internacionais.[7] Além disso, a corrupção mina o funcionamento e a legitimidade das instituições e enfraquece o Estado de Direito. Sobretudo grupos e indivíduos marginalizados e discriminados sofrem desproporcionalmente com ela (UNITED NATIONS DEVELOPMENT PROGRAMME, 2010) e a corrupção envolvendo o setor privado prejudica os direitos humanos dos trabalhadores e das comunidades (SHUTTER, 2016). Os índices internacionais de corrupção, como o Índice de Percepção de Corrupção da Transparência Internacional,

[6] Para aprofundar no tema, ver Resoluções do Conselho de Direitos Humanos 35/25, 29/11, 23/9 and 21/13; A/HRC/41/20, A/HRC/32/22, A/HRC/28/73, A/HRC/26/42, A/HRC/23/26, A/HRC/4/71, e o site da OHCHR sobre boa governança, disponível em: www.ohchr.org/EN/Issues/Development/GoodGovernance/Pages/GoodGovernanceIndex.aspx; Acesso em 10 de jan de 2021.

[7] Para aprofundar no tema, acessar os relatórios: www.u4.no/topics/human-rights/basics e www.oecd-ilibrary.org/governance/consequences-of-corruption-at-the-sector-level-and-implications-for-economic-growth-and-development_9789264230781-en

demonstram fortes correlações entre altos níveis de corrupção nos países e violações generalizadas dos direitos humanos (Cardona, Ortiz, Vázquez, 2018).

Como exemplificado acima, a explor, ação da conexão entre direitos humanos e corrupção tem se concentrado amplamente nos danos que a conduta corrupta dos Estados causa aos detentores de direitos. Quando as empresas se envolvem em corrupção – por exemplo, quando pagam propina – também elas podem estar causando abusos aos direitos humanos ou contribuindo para abusos cometidos na promoção de suas atividades comerciais. Da mesma forma, as violações dos direitos humanos podem alimentar a corrupção. Os atores internacionais têm se concentrado principalmente em evitar que as empresas se envolvam em subornos. Embora este certamente tenha impactos negativos, inclusive na economia, há muito mais a explorar. Dado que as empresas podem ser motivadoras e beneficiárias da corrupção, é imperativo reconhecer que atos além do suborno, como, por exemplo, a grande corrupção, têm impactos significativos sobre os direitos humanos. Por exemplo, bancos, advogados e outros atores do setor privado permitem que empresários e políticos se envolvam em corrupção[8].

Existem setores e contextos que merecem um exame mais aprofundado quando se trata da conexão entre corrupção e violação dos direitos humanos no setor privado. As próximas subseções exploram as interconexões entre os dois fenômenos nos contratos e concessões públicas, na aquisição e regulamentação de terras, no setor extrativo, além dos impactos desiguais de ambos os fenômenos para as mulheres.

4.1. Contratos públicos e concessões

A contratação pública – a compra de bens, serviços e obras e a atribuição de concessões governamentais – é bastante suscetível à corrupção, por exemplo na forma de suborno, peculato, abuso de funções, fixação de preços, cartéis e outras práticas anticompetitivas (UNODC, 2019). Os riscos são exacerbados pelo volume de transações, os interesses financeiros em jogo e a complexidade do processo, a estreita interação entre

[8] Ver a reportagem "The Rise of Kleptocracy: Laundering Cash, Whitewashing Reputations" de janeiro de 2018, disponível em: www.journalofdemocracy.org/articles/the-rise-of--kleptocracy-laundering-cash-whitewashing-reputations/; Acesso em 10 jan de 2021.

funcionários públicos e empresas e a multiplicidade de partes interessadas (OECD, 2016). Algumas empresas pagarão subornos para ganhar um contrato ou concessão, às vezes seguindo pedidos de funcionários do governo. Em alguns casos, serviços públicos essenciais para a realização dos direitos humanos, como saúde, educação e habitação, são parcialmente ou não fornecidos.

De acordo com a Organização Mundial do Comércio (OMC), em média, as compras governamentais correspondem de 10 a 15% do PIB de uma economia (World Trade Organization, 2020). Nos países membros da OCDE, 12% do Produto Interno Bruto (PIB) é gasto em compras públicas[9]. A OCDE descobriu que 57% dos casos de suborno analisados à luz da sua Convenção sobre o Combate ao Suborno de Funcionários Públicos Estrangeiros em Transações Comerciais Internacionais envolveram pagamentos de suborno relacionados com concessões de contratos públicos (OECD, 2016).

O Estado como ator econômico (proprietário, credor e comprador) tem influência para impulsionar boas práticas. Em consonância com o artigo 9 da UNCAC, que exige que os Estados tomem medidas para reformar os processos de compras públicas para prevenir a corrupção, muitos países exigem que as empresas assumam compromissos anticorrupção ao competir por contratos ou concessões governamentais. Contudo isso não é replicado para os compromissos de direitos humanos. Apesar de algumas práticas emergentes, as autoridades públicas geralmente não operacionalizam o dever do Estado de proteger os direitos humanos por meio das compras públicas – o comentário ao sexto dos Princípios Orientadores esclarece que o dever do Estado de proteger os direitos humanos se estende às compras públicas e que os Estados têm uma oportunidade única de promover a conscientização e o respeito pelos direitos humanos por parte das empresas com as quais realiza transações, inclusive por meio termos contratuais.

4.2. Aquisição e regulamentação de terras

Uma fraca governança fundiária, onde o direito à terra e aos recursos naturais não são devidamente documentados, são fracamente aplicados

[9] Ver as publicações sobre o tema no site da OECD, disponíveis em: https://www.oecd.org/gov/public-procurement/; Acesso em 10 jan de 2021.

ou não são efetivamente reconhecidos, juntamente com transparência limitada, permite que funcionários públicos e empresas corruptas prosperem (SHUTTER, 2016). O suborno prevalece particularmente em contextos de aquisição de terras, como quando funcionários públicos aceitam subornos de empresas para ter acesso ou para registrar terras. A corrupção também ocorre quando a polícia, o Judiciário ou outras autoridades do Estado permitem a apropriação indébita de terras. Embora a aquisição de terras em grande escala seja necessária para muitas atividades, como agronegócio e projetos de infraestrutura, a corrupção neste contexto muitas vezes resulta em um grande número de pessoas sendo desapropriadas de suas terras. A violação da relação entre as pessoas e a terra torna a experiência dos povos indígenas de perder terras devido à corrupção particularmente pronunciada.

É fundamental que os Estados fortaleçam as instituições de governança fundiária e garantam que as pessoas possam efetivamente obter títulos de propriedade e reconhecimento de seus direitos à terra. É preciso prevenir os abusos dos direitos humanos que podem surgir quando pessoas são injustamente despojadas ou privadas de suas propriedades e meios de subsistência (SHUTTER, 2016). Os governos precisam fortalecer a coerência das políticas em relação às avaliações de impacto ambiental, projetos de desenvolvimento em grande escala, gestão de terras e conservação das florestas (SHUTTER, 2016).

4.3. Setor extrativo

No setor extrativo ocorrem atividades corruptas significativas, muitas vezes relacionadas ao acesso a concessões governamentais lucrativas (OECD, 2016). A OCDE constatou que um quinto dos casos de suborno transnacional concluídos entre 1999 e 2014 ocorreram nesse setor (OECD, 2014).

Embora alguns governos tenham explorado maneiras de incentivar a devida diligência de direitos humanos por empresas extrativas, inclusive por meio de regulamentação e divulgação obrigatórias,[10] permanecem questões recorrentes relacionadas à falta de avaliações de impacto sobre os direitos humanos em processos de concessão de licença, direitos de

[10] Ver, por exemplo, the Extractive Sector Transparency Measures Act adotadas pelo Canadá.

mineração, ou de exploração de petróleo e gás. A Iniciativa de Transparência das Indústrias Extrativas (EITI), uma estrutura de múltiplas partes interessadas para combater a corrupção no setor extrativo, foi endossada pelo G20 e G8, e a Assembleia Geral das Nações Unidas aprovou nota da Iniciativa, o que demonstra consenso sobre um problema global que precisa de solução (Lujala, Rustad et Billon, 2017).

Apesar de algumas boas práticas em relação às cadeias de abastecimento (OECD, Mineral Supply Chain) e devida diligência em direitos humanos (Princípios do ICMM), os impactos da corrupção sobre os direitos humanos continuam significativos no setor extrativo. Em comunidades indígenas, por exemplo, a mineração extensiva e a extração de petróleo e gás afetam os direitos à saúde e a um ambiente adequado para o bem-estar[11]. Concessões sem avaliações adequadas de risco ambiental ou social, por exemplo, levam a uma série de abusos dos direitos humanos que têm impacto na população local. As queixas referem-se, por exemplo, à falta de consultas significativas com as comunidades locais, em particular os povos indígenas, e o não cumprimento da exigência de consentimento livre, prévio e informado no contexto das atividades comerciais em suas terras, estabelecido na Declaração das Nações Unidas sobre os Direitos dos Povos Indígenas (Oeigwg, 2020).

4.4. Dimensões de gênero

Mulheres e meninas experimentam os impactos adversos das atividades empresariais de maneira diferente e desproporcional em comparação com homens e meninos – a Comissão Interamericana de Direitos Humanos já destacou o impacto diferenciado da corrupção sobre os indivíduos que enfrentam discriminação, incluindo mulheres e crianças. A corrupção no setor empresarial pode aumentar a marginalização econômica das mulheres, inclusive limitando seu acesso a crédito e financiamento. No setor informal, é mais provável que as mulheres sejam solicitadas a pagar subornos e impostos coletados ilegalmente.

[11] Para aprofundar o tema, ver documentos e relatórios sobre o tema, disponíveis em: https://www.un.org/press/en/2017/hr5357.doc.htm; https://globalexchange.org/2016/06/02/the-devastating-effects-of-extractive-activities-on-perus-indigenous-peoples/; e www.europarl.europa.eu/RegData/etudes/STUD/2014/534980/EXPO_STU(2014)534980_EN.pdf.

A corrupção permite a intersecção de formas de discriminação, exclusão, injustiça, preconceito e desigualdade. Visto que as mulheres vivenciam a corrupção de maneira diferente dos homens, uma lente de gênero deve ser aplicada a todos os esforços anticorrupção.

4.5. Conectando as agendas

O reconhecimento dos vínculos entre os direitos humanos e a conformidade anticorrupção pode ajudar as empresas a cumprir sua responsabilidade de respeitar os direitos humanos de forma sistemática e estruturada e, em última instância, incorporar o respeito aos direitos humanos na cultura corporativa. Construir essas conexões também pode ajudar a melhorar a gestão de riscos corporativos, otimizando os sistemas de conformidade, tornando as práticas e políticas anticorrupção mais robustas e preparando melhor as empresas para os padrões obrigatórios de direitos humanos.

O impacto adverso sobre os direitos humanos e a corrupção representam riscos semelhantes para as empresas, incluindo zonas geográficas de risco coincidentes e o perigo de exposição financeira e de reputação. O gerenciamento eficaz desses riscos apresenta às empresas desafios comuns, como a detecção de má conduta na organização empresarial e nas cadeias de suprimentos, e exige a devida diligência nos parceiros de negócios, como agentes contratados e fornecedores. A implementação bem-sucedida dos direitos humanos e conformidade anticorrupção também pode contribuir para a sustentabilidade e lucratividade corporativa.

Ou seja, as empresas ganham se adotarem uma abordagem integrada na sua avaliação de riscos. Os riscos de corrupção nas operações de uma empresa, relacionados a cadeia de suprimentos, parcerias ou operações em países com corrupção elevada, significam que não há apenas o risco de suborno, mas também um risco maior de violações dos direitos humanos. Portanto, as empresas devem se envolver em devida diligência de direitos humanos juntamente com avaliações de risco de corrupção. Da mesma forma, a postura de uma empresa em relação à corrupção pode aumentar ou diminuir sua probabilidade de causar ou contribuir para abusos de direitos humanos. Em locais onde a corrupção é predominante, as empresas precisam considerar os direitos humanos e as medidas anticorrupção relacionadas. Por exemplo, em situações em que os funcionários públicos esperavam subornos, abusos de direitos humanos também eram prováveis. Em situações em que a corrupção é endêmica dentro de um Estado ou instituições, as empresas precisam se engajar na devida diligência para preveni-la e identificar o alto risco de abusos dos direitos humanos (OECD, Mineral Supply Chain).

Embora muitas empresas tenham implementado programas de conformidade anticorrupção para gerenciar riscos, respondendo às leis antissuborno e mitigando as sanções previstas, elas não o fizeram em relação aos direitos humanos. Isso geralmente ocorre devido à ausência de requisitos legais. A conformidade anticorrupção é em grande parte uma resposta às disposições de responsabilidade civil e criminal, por exemplo, conforme contidas na FCPA dos Estados Unidos e na Lei Antissuborno do Reino Unido, bem como nas convenções internacionais. O potencial de responsabilidade leva as empresas a prevenir, detectar e responder à corrupção em suas operações. A abordagem antissuborno que algumas empresas seguem incorpora a prevenção nos níveis de governança e tomada de decisão para manter os padrões de integridade em todas as operações.

Os principais atores, incluindo a OCDE e o Pacto Global das Nações Unidas, defendem uma abordagem holística e integrada para a conduta empresarial responsável. Os Dez Princípios do Pacto Global enfatizam que as empresas devem operar de forma que cumpram as responsabilidades fundamentais de respeitar os direitos humanos e combater a corrupção (UN GLOBAL COMPACT). Em sua contribuição, o Pacto Global afirmou que, como as empresas enfrentam riscos semelhantes de impactos adversos aos direitos humanos e corrupção, devem identificar sinergias entre direitos humanos e conformidade anticorrupção para cumprir a responsabilidade de respeitar os direitos humanos de forma sistemática e estruturada, e incorporar o respeito pelos direitos humanos à cultura corporativa.

Apesar disso, e da abordagem semelhante adotada pela OCDE, as empresas ficam para trás na implementação de processos de devida diligência em direitos humanos. A maioria das empresas não demonstra práticas que atendam aos requisitos definidos pelos Princípios Orientadores, o que pode indicar que os riscos para os trabalhadores e as comunidades não são gerenciados de forma adequada, apesar da crescente conscientização e compromissos (OEIGWG, 2020).

O cenário começou a mudar incentivado por iniciativas de benchmarking, pressão dos investidores, desenvolvimentos legais e tendências em direção à transparência na responsabilidade corporativa. Boas práticas estão surgindo, como os processos de devida diligência em vigor para tratar de riscos específicos (OEIGWG, 2020). Construir um case de integridade além da mera conformidade tem sido o foco principal de algumas equipes de Compliance, que estão focadas na preparação de suas empresas para o futuro, permitindo-lhes aumentar a resiliência por meio de práticas de negócios sustentáveis[12].

As boas práticas empresariais existentes para reduzir violações aos direitos humanos e os riscos de corrupção alinham a implementação de programas de conformidade anticorrupção e processos de devida diligência de direitos humanos, incluindo:

a) Incorporar os direitos humanos aos procedimentos anticorrupção e garantir a ênfase, inclusive por parte de líderes empresariais, em uma cultura corporativa de integridade;

b) Garantir que os advogados e gerentes que lidam com riscos legais e de conformidade estejam cientes dos Princípios Orientadores;

c) Garantir que os riscos de corrupção e direitos humanos sejam considerados nos sistemas de integração dos funcionários;

d) Ter códigos de conduta ou de ética adotados pelo Conselho e garantir a inclusão de cláusulas contratuais (inclusive em contratos com intermediários) incorporando direitos humanos e cláusulas anticorrupção;

e) Inclusão de direitos humanos e corrupção como áreas cobertas pela auditoria não financeira;

f) Capacitação através da inclusão de direitos humanos no treinamento anticorrupção;

g) Integrar a identificação do risco aos direitos humanos e a identificação do risco anticorrupção;

h) Incorporar riscos de corrupção na devida diligência de direitos humanos, envolvendo o departamento de conformidade da empresa;

i) Organizar a aprendizagem entre pares setoriais;

[12] Conforme publicação de janeiro de 2020, sobre "Compliance Alert: Anti-corruption and human rights efforts will converge in 2020", disponível em: https://fcpablog.com/2020/01/03/compliance-alert-anti-corruption-and-human-rights-efforts-will-converge-in-2020/; Acessada em 10 de jan de 2021.

j) Integrar as considerações de direitos humanos nos mecanismos de denúncias e relatórios, inclusive por meio de linhas diretas e mecanismos de reclamação,

No entanto, apesar dessas boas práticas, os desafios às abordagens holísticas persistem. Dentre eles está integrar os departamentos de sustentabilidade, cadeia de suprimentos e direitos humanos, por um lado, e departamentos jurídicos e de conformidade, por outro. Ainda trabalhando de forma independente em silos, tal separação resulta em comunicação deficiente, falhas na diligência, falta de objetivos compartilhados; processos de auditoria desafiadores onde os sinais de alerta são perdidos; falta de coordenação, compartilhamento de informações e colaboração dentro de diferentes departamentos de uma empresa ou entre escritórios geográficos e sedes diferentes; má gestão de informação relativa a direitos humanos e casos e questões de combate à corrupção; treinamento, orientação e apoio insuficientes sobre como implementar as responsabilidades empresariais e de direitos humanos e medidas anticorrupção paralelamente; e resistência dos que fazem a operação, cansados de lidar com múltiplos interlocutores.

Os colaboradores têm enfatizado que não há uma abordagem única para todos e nenhuma tendência concreta para que as empresas desenvolvam uma conformidade integrada única ou estruturas de risco que cubram a corrupção e os direitos humanos. O objetivo da devida diligência de direitos humanos é eliminar os riscos para as pessoas, e essa devida diligência é um esforço orientado por valores. Uma vez que a conduta empresarial responsável se concentra na prevenção da corrupção e no respeito aos direitos humanos, é fundamental para os conselhos e gerentes corporativos garantir que ambas as prioridades apoiem de forma incremental uma cultura corporativa holística.

Na prática, no contexto anticorrupção, a diligência se enquadra em várias categorias, incluindo diligência de funcionários, diligência de terceiros (ou relacionada à transação), diligência de fusões e aquisições e diligência operacional, incluindo avaliações de risco anticorrupção. A incorporação dos direitos humanos parece mais fácil em algumas dessas categorias do que em outras. Por exemplo, integrar questões relacionadas aos direitos humanos na triagem de linha de base para funcionários em potencial e terceiros (ou para transações), muitas vezes em plataformas automatizadas, apresenta menos desafios do que incorporar os direitos humanos em fusões e aquisições ou conduzir avaliações operacionais, que exigem maior experiência.

4.6. Conexões possíveis: reformas

Embora grande parte das reformas anticorrupção tenham se concentrado na execução criminal e civil, permitindo uma maior investigação e julgamento de suborno e crimes relacionados, as reformas ressaltadas aqui apontam para uma implementação dos compromissos de combate à corrupção que reflete também sobre os direitos humanos. Os exemplos abaixo destacam reformas que promovem ambos os objetivos: combater a corrupção e promover os direitos humanos:

4.6.1. Transparência do beneficiário final

Muitas empresas de fachada e fundos de investimento são registrados enquanto o verdadeiro proprietário que se beneficia por trás do véu corporativo é desconhecido. Estados e partes interessadas identificaram o uso de empresas de fachada como meio para que funcionários e indivíduos corruptos e outros tipos de criminosos ocultem seus bens e identidades. A prática também permite que empresas anônimas ou investidores individuais evitem a responsabilidade por abusos de direitos humanos relacionados a um determinado negócio ou projeto. Essas empresas estão muitas vezes ligadas à escravidão moderna e ao tráfico de pessoas (Factocoalition, 2020). A divulgação da pessoa natural beneficiária final da empresa pode ajudar a combater a corrupção e promover o respeito aos direitos humanos, principalmente ao permitir transparência e responsabilidade. Isso ocorre porque as regras atuais podem ser utilizadas indevidamente para ocultar a propriedade e o controle de ativos adquiridos ilicitamente. Simplificando, se alguém não pode saber quem está se beneficiando de um ativo, como saber contra quem apresentar queixas ou processos legais e, portanto, buscar remédio para os danos causados? Da mesma forma, como saber a quem instar para que se tome medidas preventivas?

A transparência do beneficiário final permitiria a conscientização pública sobre o verdadeiro proprietário de um ativo/empresa. O simples fato de saber o nome de uma holding ou empresa de fachada não garante a responsabilidade ou o acesso a soluções. Um elemento encorajador é a promessa contida no comunicado da Cúpula Anticorrupção de 2016 para garantir que informações precisas e oportunas sobre propriedade beneficiária estejam acessíveis para aqueles com necessidade legítima (Gov UK).

4.6.2. Compras públicas

É necessário reformar as compras públicas para implementar mais plenamente as obrigações de direitos humanos juntamente com as obrigações anticorrupção. Por exemplo, os direitos humanos podem ser integrados em materiais de orientação sobre compras públicas e critérios para adjudicação de contratos. A orientação deve incluir as etapas necessárias para conduzir avaliações de risco e adotar medidas apropriadas em cada estágio do processo de compras (OEIGWG, 2020). As empresas muitas vezes perderão o direito de participar de exercícios de compras governamentais se for determinado que se envolveram em suborno e é possível explorar uma abordagem semelhante com relação às reclamações relacionadas aos direitos humanos (OEIGWG, 2020). Informações relevantes sobre condenações por corrupção e, possivelmente, abusos de direitos humanos, devem ser disponibilizadas às autoridades contratantes para informar as decisões sobre a suspensão ou exclusão dos licitantes.

Existem algumas boas práticas nessa área que podem ser ressaltadas. Um exemplo é a revisão dos códigos de conduta para fornecedores, de modo que os que concorrem a compras públicas devem cumprir todos os direitos humanos aplicáveis e leis anticorrupção e devem garantir que seus próprios fornecedores tenham processos robustos para garantir que os subcontratados em sua cadeia de abastecimento cumpram essas obrigações (Gov UK). Outra é simplificar e digitalizar os processos de contratação pública por meios eletrônicos. Isso poderia eliminar oportunidades para as empresas subornarem funcionários públicos para contornar os requisitos burocráticos, e eliminar o uso de discricionariedade por funcionários públicos. Essa digitalização também ajudaria na detecção da corrupção, fornecendo trilhas de auditoria (OECD, 2016).

A *Partnering Against Corruption Initiative* considerou como os sistemas de aquisição baseados em blockchain podem ajudar. Outra ferramenta são Pactos de integridade (EUROPEAN COMMISSION), nos quais uma autoridade contratante e os licitantes concordam em cumprir as melhores práticas e a máxima transparência, e um terceiro, geralmente uma organização da sociedade civil, monitora o processo de aquisição em relação a esses compromissos (Transparency International). A organização da sociedade civil ou outro monitor independente garante a boa execução dos projetos e a legitimidade dos processos licitatórios. Os pactos de integridade poderiam ser estendidos para incluir um compromisso das empresas licitantes com o respeito aos direitos humanos.

5. Expandindo o escopo dos mecanismos de governança

Os mecanismos de governança de múltiplas partes interessadas abordam setores-chave como os setores marítimo, de construção extrativista e de esportes em busca de maior transparência e integridade.[13] Uma vez que a corrupção envolvendo negócios frequentemente leva a abusos dos direitos humanos, as partes interessadas devem considerar como uma abordagem mais integrada pode prevenir os dois tipos de atos prejudiciais. Ao desenvolver novos mecanismos de governança, ou aprimorar os existentes, os esforços para implementar os Princípios Orientadores devem ser incorporados aos esforços anticorrupção.

Existem excelentes exemplos de processos com várias partes interessadas tanto na área de combate à corrupção quanto na área de direitos humanos. A já citada Iniciativa de Transparência das Indústrias Extrativas (EITI) promove a gestão transparente e responsável dos recursos extrativos, e seu padrão exige a divulgação de informações ao longo da cadeia de valor da indústria extrativa, incluindo como os direitos de extração são concedidos, como as receitas são gerenciadas e alocadas pelo governo, e como eles beneficiam o público (EITI, 2019). Nos 53 países implementadores, a Iniciativa é apoiada por coalizões de representantes do governo, empresas e atores da sociedade civil. Embora tenha tido algum sucesso no avanço das mensagens anticorrupção, um ponto fraco é que alguns Estados-chave que enfrentam a corrupção no setor de petróleo, gás e mineração não são membros da Iniciativa (EITI, 2019). A Iniciativa afirma acertadamente que, embora os custos da transparência para a indústria sejam baixo, os benefícios podem ser

[13] Ver, por exemplo, the Maritime Anti-Corruption Network (www.maritime-acn.org/) e Infrastructure Transparency Initiative (http://infrastructuretransparency.org/).

substanciais porque a transparência gera confiança entre as partes interessadas e as comunidades locais, permite uma melhor gestão de riscos e pode melhorar a reputação de uma empresa por meio de responsabilidade e liderança demonstradas. A Iniciativa poderia alinhar requisitos para Estados e empresas com os Princípios Orientadores, garantindo que ambos estejam comprometidos com os direitos humanos, anticorrupção e compromissos de transparência.

A devida diligência de direitos humanos deve envolver consulta significativa com grupos potencialmente afetados e outras partes interessadas relevantes, com a consulta a defensores dos direitos humanos e outros atores da sociedade civil sendo incentivada quando não for possível envolver as partes interessadas diretamente. A Convenção das Nações Unidas contra a Corrupção tem requisitos claros de engajamento da sociedade civil – o Artigo 13 exige que os Estados Partes promovam a participação ativa da sociedade civil. Essa participação deve ser fortalecida por medidas como aumentar a transparência dos processos de tomada de decisão, garantir que o público tenha acesso efetivo à informação, realizar programas de educação pública e respeitar, promover e proteger a liberdade de buscar, receber, publicar e divulgar informações relativas à corrupção. O envolvimento da sociedade civil em relação à Convenção fornece lições para a implementação dos Princípios Orientadores.

O envolvimento de várias partes interessadas é a chave para abordar as questões conectadas de corrupção e abusos de direitos humanos relacionados a negócios. E uma das ferramentas que melhor permite esse envolvimento são as ações coletivas.

5.1. Conexões possíveis: ações coletivas

Conforme definido pelo Banco Mundial, a ação coletiva é um processo colaborativo e sustentado de cooperação das partes interessadas que aumenta o impacto e a credibilidade da ação individual e nivela as condições de competição (Un Global Compact). Ações coletivas têm, de modo geral, o objetivo de garantir a livre e justa concorrência entre as empresas. Elas criam espaços seguros para o desenvolvimento de boas práticas de negócio, minimizando as oportunidades para que empresas operem na ilegalidade e promovendo a igualdade entre os competidores. Empresas concorrentes, juntamente com outros parceiros, podem, assim, promover um ambiente de negócios mais transparente que gera negócios mais justos para todos (Un Global Compact).

Não existe uma regra fixa sobre como realizar uma ação coletiva, mas existe um consenso internacional de que é uma ferramenta de sucesso no combate à corrupção no setor privado. Este artigo defende que a ferramenta de ação coletiva pode ser usada de forma a integrar as agendas anticorrupção e de defesa dos direitos humanos no setor privado. As empresas podem trabalhar com suas concorrentes e outras partes interessadas para criar as condições necessárias de concorrência justa. Esta, por sua vez, garante que as transações sejam decididas com base em fatores comumente acordados, como qualidade e preço, em vez de serem distorcidas por suborno.

As empresas têm percebido que a corrupção apresenta vários riscos e ameaças para os negócios e que pode não ser suficiente combater a corrupção apenas por meio de ações individuais. As ações coletivas tornam mais frequentes as práticas de negócios mais justas e aumentam a ação individual ou alcance de atores mais vulneráveis, por meio de uma aliança de organizações com objetivo comum. Estrategicamente, fazer parte de uma ação coletiva demonstra comprometimento do negócio aos princípios de responsabilidade social corporativa e a programas de compliance realmente efetivos. Benefícios potenciais incluem uma maior chance de seleção justa como fornecedor, maior acesso aos mercados, proteção contra penalidades legais, economia de custos anteriormente pagos como subornos e melhoria da reputação, entre outros. As ações coletivas são especialmente relevantes para países, regiões e setores de alto risco de corrupção.

As ações coletivas têm 3 pilares:

1. Várias partes interessadas entram em acordos formais
2. Organizações da sociedade civil atuam como facilitadores
3. Setor público participa como parte ou promotor/iniciador.

As ações coletivas anticorrupção podem se organizar em torno de temas específicos ou de setores particularmente vulneráveis ou com questões problemáticas compartilhadas (Transparência Internacional, 2020).

Uma série de ferramentas são manejadas para concretizar e facilitar estes esforços de ação coletiva, sendo fundamental a atuação de terceiros, usualmente organizações da sociedade civil ou organizações internacionais, para organizar e impulsionar estes esforços.

A proposta de combinar ações coletivas nas áreas de combate à corrupção e direitos humanos está alinhada com o reconhecimento de que o ODS 16 não deve ser visto de forma isolada. A iniciativa "Desbravadores de Sociedades Pacíficas, Justas e Inclusivas", liderada pelo Brasil, Serra Leoa e Suíça, reconhece que, sem paz, justiça e inclusão, nenhum dos ODS pode ser cumprido integralmente.[14] A violência e a injustiça tornam inevitável que pessoas e comunidades sejam deixadas para trás. Os padrões de exclusão podem levar à insegurança e à violência. Instituições fracas e uma governança inadequada tornam impossível para as sociedades atingirem seu pleno potencial de desenvolvimento. Por outro lado, o progresso social, econômico e ambiental desempenha um papel importante na criação de condições para sociedades pacíficas, justas e inclusivas. O crescimento econômico inclusivo e o desenvolvimento social reduzem os riscos de violência e conflito e ajudam as sociedades a trabalhar juntas por um futuro melhor.

Conclusões

Há uma compreensão cada vez maior da ligação entre anticorrupção e direitos humanos nas empresas. A corrupção desvia recursos de serviços públicos essenciais, afetando a prestação de direitos humanos básicos. As empresas podem operar em regiões que são zonas de alto risco para corrupção e violações dos direitos humanos. Além disso, estar associado a alegações de corrupção ou violação de direitos humanos causa riscos de reputação e de negócios para as empresas, que podem resultar em oportunidades de investimento perdidas, relações públicas prejudicadas, afetando o consumo, parceiros de negócios e funcionários. Os procedimentos e políticas de direitos humanos e anticorrupção bem-sucedidos – como os que uma Ação Coletiva de Integridade poderia desenvolver – podem servir para demonstrar um compromisso corporativo genuíno com as agendas anticorrupção e de direitos humanos, elegendo as empresas para fundos de investimento éticos, compras governamentais, oportunidades contratuais e financiamento de dívidas.

[14] Ver no site "Pathfinders" sobre o tema, disponível em: https://www.sdg16.plus/about-us; Acesso em 10 de janeiro de 2021.

Referências

Anti-corruption Summit | London 2016 – Communiqué (12 May 2016). Disponível em <https://assets.publishing.service.gov.uk/government/uploads/system/uploads/attachment_data/file/522791/FINAL_-_AC_Summit_Communique_-_May_2016.pdf>. Acesso em: 03 de março de 2021.

Burger, Julian. **Indigenous Peoples, extractive industries and human rights.** United Kingdom, University of Essex: 2014. Disponível em: <https://www.europarl.europa.eu/RegData/etudes/STUD/2014/534980/EXPO_STU(2014)534980_EN.pdf>. Acesso em: 10 de janeiro de 2021.

Cardona, Luz; Ortiz, Horácio; Vázquez, Daniel. **Corruption and Human Rights:** Possible Relations. Human Rights Quarterly, vol. 40 no. 2, 2018, p. 317-341. Project MUSE. Disponível em: <https://muse.jhu.edu/article/694699/pdf>. Acesso em: 10 de janeiro de 2021.

Cooley, Alexander; Heathershaw, John; Sharman, J.C. **The Rise of Kleptocracy: Laundering Cash, Whitewashing Reputations**. Journal of Democracy 29, no. 1 (2018): 39–53. Disponível em: <https://www.journalofdemocracy.org/articles/the-rise-of-kleptocracy-laundering-cash-whitewashing-reputations/>. Acesso: 10 de fevereiro de 2021.

Corruption in the extractive value chain: typology of risks, mitigation measures and incentives. OECD, 2016. Disponível em: <http://www.oecd.org/dev/Corruption-in-the-extractive-value-chain.pdf>. Acesso em: 15 de janeiro de 2021.

Eiti International Secretariat. **Eiti Standard 2019**. Policy document, 2019. Disponível em: <https://eiti.org/document/eiti-standard-2019?utm_source=Media+Contacts&%20utm_campaign=9b18c6eed2-EMAIL_CAMPAIGN_2020_01_17_10_16_COPY_01&utm_%20medium=email&utm_term=0_6ae237370b-9b18c6eed2->. Acesso em: 10 de janeiro de 2021.

European Commission. **Integrity Pacts**. Disponível em: <https://ec.europa.eu/regional_policy/en/policy/how/improving-investment/integrity-pacts/>. Acesso em: 10 de janeiro de 2021.

Factocoalition. **Anonymous Companies and Human Trafficking**. Factocoalition, 2020. Disponível em: <https://thefactcoalition.org/fact-sheet-anonymous-companies-and-human-trafficking/?utm_medium=policy-analysis/fact-sheets#_edn8>. Acesso em: 20 de janeiro de 2021.

First online global workshop on government procurement concludes. World Trade Organization, 2020. Disponível em: <https://www.wto.org/english/news_e/news20_e/gpro_17dec20_e.htm>. Acesso em: 20 de janeiro de 2021.

Gillies, Alexandra. **The EITI's Role in Addressing Corruption**. Norway, 2019. Disponível em: https://eiti.org/files/documents/eitis_role_in_addressing_corruption_en.pdf. Acesso em: 10 de janeiro de 2021.

Government Commercial Function. **Supplier Code of Conduct v2: Delivering better public services together.** United Kingdom, 2019. Disponível em <https://assets.publishing.service.gov.uk/government/uploads/system/uploads/attachment_data/file/779660/20190220-Supplier_Code_of_Conduct.pdf>. Acessado em 03 de março de 2021.

Hood, Peter et al., 2020. A UK Failure to Prevent Mechanism for Corporate Human Rights Harms. British Institute of International and Comparative Law, 2020. Disponível em: <www.biicl.org/publications/a-uk-failure-to-prevent-mechanism-for-corporate-human-rights-harms>. Acesso em: 20 de janeiro de 2021.

Human Rights Council. **Connecting the business and human rights and the anticorruption agendas.** Forty-fourth session, 2020. Disponível em: <https://www.ohchr.org/Documents/Issues/Business/A_HRC_44_43_AdvanceEditedVersion.pdf>. Acesso em: 05 de janeiro de 2021.

Icmm. **Mining Principles.** Disponível em: <http://www.icmm.com/mining-principles>. Acesso em: 10 de janeiro de 2021.

Infrastructure Transparency Initiative. **Our five-year plan for success: Strengthening economies and improving lives.** Disponível em: <https://infrastructuretransparency.org/>. Acesso em: 10 de janeiro de 2021.

Kelly, Matt.What Is the Australian Modern Slavery Act & How Does It Differ from UK's. Judsupra, 2020. DIsponível em: <https://www.jdsupra.com/legalnews/what-is-the-australian-modern-slavery-26073/>. Acesso em: 20 de janeiro de 2021.

Lefevre, Natalie. **The Devastating Effects of Extractive Activities on Peru's Indigenous Peoples.** Global Exchange, 2016. Disponível em: <https://globalexchange.org/2016/06/02/the-devastating-effects-of-extractive-activities-on--perus-indigenous-peoples/>. Acesso em: 10 de janeiro de 2021.

Lujala, Päivi; Rustad, Siri; Billon, Philippe. **Has the Eiti been successful? Reviewing evaluations of the Extractive Industries Transparency Initiative**. Michelsen Institute, 2017. Disponível em: <https://www.cmi.no/publications/6300-has-the-eiti-been-successful>. Acesso em: 10 de janeiro de 2021.

Measuring 230 global companies on their human rights performance. World Benchmarking Alliance. Disponível em: <https://www.worldbenchmarkingalliance.org/publication/chrb/>. Acesso em: 20 de janeiro de 2021.

Nações Unidas. **Convenção das Nações Unidas contra a Corrupção**. Nações Unidas, Escritório contra Drogas e Crime. Disponível em: <https://www.unodc.org/documents/lpo-brazil//Topics_corruption/Publicacoes/2007_UNCAC_Port.pdf> . Acesso em: 20 de janeiro de 2021.

Oecd. **A Global Standard Towards responsible mineral supply chains.** Disponível em <http://mneguidelines.oecd.org/Brochure_OECD-Responsible--Mineral-Supply-Chains.pdf>. Acesso em: 10 de janeiro de 2021.

OECD. **Consequences of Corruption at the Sector Level and Implications for Economic Growth and Development.** OECD. Disponível em: <https://www.oecd-ilibrary.org/governance/consequences-of-corruption-at-the-sector-level-and-implications-for-economic-growth-and-development_9789264230781-en>.

OECD. **OECD Foreign Bribery Report: An Analysis of the Crime of Bribery of Foreign Public Officials.** OECD, 2014. Disponível em: <https://www.oecd-ilibrary.org/governance/oecd-foreign-bribery-report_9789264226616-en>. Acesso em: 2021.

OECD. **Preventing Corruption in Public Procurement.** OECD, 2016. Disponível em: <http://www.oecd.org/gov/ethics/Corruption-Public-Procurement-Brochure.pdf>. Acesso em: 20 de janeiro de 2021

OECD. **Public Procurement**. Disponível em: <http://www.oecd.org/gov/public-procurement/>. Acesso em: 15 de janeiro de 2021.

OFFICE OF THE HIGH COMMISSIONER OF HUMAN RIGHTS. **Connecting the business and human rights and anti-corruption agendas.** OHCHR, 2020. Disponível em: <https://www.ohchr.org/EN/Issues/Business/Pages/Connecting-business-and-human-rights-and-anti-corruption-agendas.aspx>. Acesso em: 10 de janeiro de 2021.

OFFICE OF THE HIGH COMMISSIONER OF HUMAN RIGHTS. **Mandatory human rights due diligence (mHRDD).** United Nations Human Rights Office of the High Commissioner. Disponível em: <https://www.ohchr.org/EN/Issues/Business/Pages/MandatoryHRDD.aspx>. Acesso em: 15 de janeiro de 2021.

OHCHR and Good Governance. United Nations Human Rights Office of the High Commissioner, 2020. Disponível em: <https://www.ohchr.org/EN/Issues/Development/GoodGovernance/Pages/GoodGovernanceIndex.aspx>. Acesso em: 10 fevereiro de 2021.

OIT. **OIT revisa sua histórica Declaração sobre Empresas Multinacionais. Organização Internacional do Trabalho, 2017.** Disponível em: <https://www.ilo.org/brasilia/noticias/WCMS_548359/lang--pt/index.htm>. Acesso em: 10 de janeiro de 2021.

PATHFINDERS. **About us.** Disponível em: <https://www.sdg16.plus/about-us>. Acesso em: 05 de janeiro de 2021.

PUBLISH an annual modern slavery statement. **Gov UK, Crown.** Disponível em: <https://www.gov.uk/guidance/publish-an-annual-modern-slavery-statement#who-needs-to-publish-a-statement>. Acesso em: 20 de janeiro de 2021

RIGHTS-holders. **Social Protection – Human Rights, 2015**. Disponível em: <https://socialprotection-humanrights.org/key-issues/universality-of-protection-and-effective-access/rights-holders/>. Acesso em: 15 de janeiro de 2021.

RUGGIE, John Gerard. **Quando negócios não são apenas Negócios.** Nova York, Estados Unidos: 2013.

sem autor. **BUSINESS and Human Rights, Navigating the legal landscape**. Freshfields Bruckhaus Deringer LLP e UN Global Compact.

SHUTTER, Olivier. **Tainted Lands: Corruption in Large-Scale Land Deals**. ICAR e Global Witness, 2016. Disponível em: <https://icar.ngo/publications-2017--5-9-tainted-lands-corruption-in-large-scale-land-deals/>. Acesso: 20 de janeiro de 2021.

TAYLOR, Alison. **Compliance Alert: Anti-corruption and human rights efforts will converge in 2020**. The FCPA Blog, 2020. Disponível em: <https://fcpablog.com/2020/01/03/compliance-alert-anti-corruption-and-human-rights-efforts--will-converge-in-2020/>. Acesso em: Disponível em: 10 de fevereiro de 2021.

TERRY, J.; LAX, T.; ALLEN, H. **Modern Slavery Legislation Introduced In Senate: Canadian Companies To Report On Prevention Of Forced And Child Labour. Mondaq, 2020.** Disponível em: <https://www.mondaq.com/canada/directors-and-officers/1009736/modern-slavery-legislation-introduced-in--senate-canadian-companies-to-report-on-prevention-of-forced-and-child--labour>. Acesso em: 20 de janeiro de 2021.

THE Global Risks Report 2021, 16th Edition. Insight Report.World Economic Forum. Disponível em: <http://www3.weforum.org/docs/WEF_The_Global_Risks_Report_2021.pdf>. Acesso em: 20 de janeiro 2021.

TORBRAND, Cecilia Muller. **Reasons to work collectively to treacle corruption – International Anti-Corruption Day 9 Dec,** 2020. Disponível em: <https://macn.dk/>. Acesso em: 10 de fevereiro de 2021.

TRANSPARÊNCIA INTERNACIONAL. **Sectoral Corruption in Brazil:** a look at the health, agribusiness and construction sectors, 2020. Disponível em: <https://www.u4.no/publications/sectoral-corruption-in-brazil>. Acesso em 12 nov. 2020.

TRANSPARENCY INTERNATIONAL. **Integrity Pacts – Civil Control Mechanism for Safeguarding EU Funds.** Disponível em: <https://www.transparency.org/en/projects/integritypacts>. Acesso em: 10 de fevereiro de 2021.

U4 ANTI-CORRUPTION RESOURCE CENTER. **Corruption and Human Rights.** Disponível em: <https://www.u4.no/topics/human-rights/basics>. Acesso em: 10 de fevereiro de 2021.

UN GLOBAL COMPACT. **The Ten Principles of the UN Global Compact.** Disponível em: <https://www.unglobalcompact.org/what-is-gc/mission/principles>. Acesso em: 20 de janeiro de 2021.

UNITED NATIONS DEVELOPMENT PROGRAMME. **Corruption, Accountability and Gender: Understanding the connections.** (2010). Disponível em <https://www.google.com/url?sa=t&rct=j&q=&esrc=s&source=web&cd=&ved=2ahUKEwiUoePpsJTvAhU6IbkGHQ-MCdQQFjAAegQIARAD&url=https%3

A%2F%2Fwww.undp.org%2Fcontent%2Fdam%2Faplaws%2Fpublication%-2Fen%2Fpublications%2Fwomens-empowerment%2Fcorruption-accountability-and-gender-understanding-the-connection%2FCorruption-accountability-and-gender.pdf&usg=AOvVaw00hOLcz9vbM9kiRvtJwGIf>. Acessado em 03 de março de 2021.

United Nations Global Compact. A Practical Guide for Collective Action Against Corruption. New York, 2015. Disponível em: <https://www.unglobalcompact.org/library/1781>. Acesso em: 15 de janeiro de 2021.

United Nations. **Speakers Underline Health Risks, Environmental Threats Posed to Indigenous Peoples by Extractive Industries, Energy Projects, as Permanent Forum Continues.** (03 May 2017). Disponível em <https://www.un.org/press/en/2017/hr5357.doc.htm>. Acessado em 03 de março de 2021.

Unodc. **Corruption in public procurement. The Doha Declaration: Promoting a Culture of Lawfulness, 2019**. Unodc. Disponível em: <https://www.unodc.org/e4j/en/anti-corruption/module-4/key-issues/corruption-in-public-procurement.html>. Acesso: 10 de janeiro de 2021.

Oeigwg. Second Revised Draft, 06.08.2020. Disponível em: <https://www.ohchr.org/Documents/HRBodies/HRCouncil/WGTransCorp/Session6/OEIGWG_Chair-Rapporteur_second_revised_draft_LBI_on_TNCs_and_OBEs_with_respect_to_Human_Rights.pdf> Acesso: 10 de janeiro de 2021.

13. (DES)IGUALDADE DE GÊNERO NA MATÉRIA DE EMPRESAS E DIREITOS HUMANOS: A PROPOSTA DO DIÁLOGO MULTINÍVEL

Melina Girardi Fachin
Giulia Fontana Bolzani

Introdução

A agenda dos direitos humanos e empresas têm ganhado força no âmbito da Organização das Nações Unidas desde a aprovação dos Princípios Orientadores para Diretos Humanos e Empresas, em 2011, culminando na recente apresentação da segunda minuta de um tratado vinculante para a matéria. A violação a direitos humanos perpetrada por empresas transnacionais e o crescente poder político destes atores que não são considerados sujeitos do direito internacional e, portanto, possuem responsabilização limitada, vem gerando preocupação crescente, especialmente em um contexto de globalização neoliberal.

O que se pretende ressaltar com o presente artigo é que os impactos da atuação empresarial transnacional afetam desproporcionalmente as mulheres, quando mais a partir de uma abordagem interseccional. É o que se pretende abordar no primeiro ponto, demonstrando a ausência de uma abordagem suficiente à questão de gênero na matéria, embora as mulheres muitas vezes sejam responsáveis por carregar nos ombros os custos da guerra pelo lucro.

O segundo ponto avança na demonstração da lacuna existente no direito positivo com pretensão universal, tratando os diferentes como iguais, e a insuficiência deste modelo na efetivação da igualdade de gênero. Disserta-se sobre a abertura de portas conferidas pelo diálogo constitucional multinível e o pluralismo jurídico como possibilidade e o Ius Constitucionale Commune na América Latina como alternativa. Contudo, tendo em vista que as empresas transnacionais não são consideradas sujeitos do direito internacional, algumas especificidades e desafios adicionais se aplicam, é o que se analisará no terceiro ponto, com enfoque nas desigualdades de gênero.

O diálogo entre jurisdições é inerente à matéria de direitos humanos e empresas, haja vista sua atuação transnacional. O principal documento na matéria, os já citados Princípios Orientadores, evidenciam a situação ao ressaltar o papel tanto dos Estados quanto das empresas transnacionais; o diálogo faz-se necessário, quando menos entre o direito internacional e o direito interno. A relação, contudo, vai além, especificamente no contexto da América Latina. O papel do Sistema Interamericano de Direitos Humanos é essencial, principalmente no avanço da igualdade de gênero. Ademais, considerando que a luta pela igualdade substancial de gênero demanda a ressignificação de questões inerentes às estruturas do próprio sistema, o avanço somente se concretizará com a somatória de instâncias e o estabelecimento de objetivos comuns. O diálogo constitucional multinível e o projeto do Ius Constitutionale Commune encontram-se como luz no final de um longo túnel tomado pela neblina.

1. A necessidade de uma abordagem específica de gênero na matéria de empresas e direitos humanos.

A preocupação com o aumento do poder corporativo, especialmente de empresas transnacionais, em esquemas de corrupção, interferência política e violação a direitos humanos encontrou um divisor de águas na década de 1970, quando o tema entrou na pauta internacional e especificamente na agenda da Organização das Nações Unidas (ONU) (Emmerij, 2009, p. 01) A demanda partiu principalmente de países em desenvolvimento, já preocupados com as consequências da nova ordem econômica global e clamando pela organização e revisão da maneira como estavam ocorrendo os investimentos estrangeiros (Emmerij, 2009, p. 01).

Na mesma década foram diversas as iniciativas no âmbito da ONU para a codificação das condutas das empresas transnacionais e a criação de um instrumento vinculante (Isa, 2002, p. 100), chegando a ser criado em 1974, a Comissão e Centro sobre as Empresas Transnacionais (*United Nations Centre on Transnational Corporations – UNCTC*), no âmbito do

Conselho Econômico e Social da ONU (United Nations, 2004). As iniciativas, contudo, não foram exitosas, em grande parte devido à pressão corporativa devido à falta de interesse por parte das empresas na regulação da matéria.

Aproximadamente quatro décadas após os primeiros projetos para a codificação de princípios na matéria de empresas transnacionais foi apresentado o relatório final de John Ruggie, Representante Especial do Secretário Geral da ONU, dos Princípios Reitores para Empresas e Direitos Humanos, em 2011, consolidando os parâmetros da ONU para proteger, respeitar e reparar (United Nations, 2011). Até o presente, trata-se do principal documento na matéria, embora voluntário, – enquanto ainda em tratativas o tratado vinculante – e elencando trinta e um princípios a serem seguidos por empresas e estados em relação aos direitos humanos nas atividades empresariais. São três os pilares do documento: o dever dos Estados de proteger direitos humanos, a responsabilidade das empresas de respeitar os direitos humanos e a garantia do acesso a reparação (United Nations, 2011).

Observa-se, contudo, da análise do marco normativo existente na temática, que a sua elaboração prescindiu de uma lente de gênero, o que foi constatado pelo próprio Grupo de Trabalho, que, em 2019, implementou um documento voltado a conferir uma dimensão de gênero aos Princípios Reitores para Empresas e Direitos humanos (United Nations, 2011).

John Ruggie aponta entre os casos paradigmáticos de empresas e direitos humanos que levou o assunto para a pauta internacional o caso Nike, na década de 1990. A empresa foi uma das primeiras a terceirizar sua produção, principalmente para o sudeste asiático, visando aumentar o lucro com a mão de obra mais barata. Frequentes denúncias apontaram que a produção da Nike, que empregava mais de 24.000 trabalhadores, a maioria mulheres e utilizava frequentemente trabalho infantil, condições abusivas de trabalho e salários baixos (Ruggie, 2013). Em outras palavras, nada obstante o caso paradigmático da Nike na década de 1990, a questão específica da discriminação desproporcional e da violência contra as mulheres não integrou a agenda do Business and Human Rights.

Envolvendo também o setor, em 2013 ocorreu o desabamento do Rana Plaza, que concentrava a produção de vestuário em oito andares, para as principais marcas de roupa, matando mais de 1300 trabalhadores, a maioria também mulheres[1]. Os efeitos da pandemia do Covid-19 agravam e denunciam as situações de desigualdade, como comprova o cancelamento de contratos afetando aproximadamente 50 milhões de trabalhadores da indústria de vestimentas globalmente, a maioria mulheres[2].

Observa-se o impacto direto da globalização e do poder corporativo nos exemplos citados no ramo da vestimenta e que são emblemáticos, já que a mão de obra empregada é primordialmente feminina, na demonstração de que a questão de gênero merece especial atenção na temática de empresas e direitos humanos. Seja na questão relatada do "*outsourcing*" e da composição das cadeias de fornecimento das empresas transnacionais.

As mulheres possuem um importante papel na economia como um todo e especificamente no desempenho das empresas, contudo sofrem desproporcionalmente os ônus, sem que a elas seja revertido os benefícios do desenvolvimento econômico. Portanto, a necessidade de uma abordagem de gênero nas questões corporativas não surge em 2019, mas deriva das desigualdades do próprio processo de globalização neoliberal e de desenvolvimento econômico (Eistein, 2005, p. 498).

A globalização, como nova ordem global, diminuiu as fronteiras e permitiu o surgimento de novos atores internacionais[3], dentre eles as empresas transnacionais, o que gerou uma ressignificação da soberania dos Estados, tendo em vista que, atualmente, dos 100 agentes econômicos mais ricos do mundo, 69 são transnacionais e dos 200 maiores, apenas 47 são Estados.

[1] Disponível em: <https://www.business-humanrights.org/en/the-rana-plaza-building-collapse-in-bangladesh-one-year-on-0.> Acesso em 3 ago 2020.

[2] Disponível em: https://www.business-humanrights.org/en/blog/garment-workers-are-facing-a-humanitarian-crisis-but-dont-only-blame-covid-19/ . Acesso em 3 ago 2020.

[3] Enquanto a ordem global do século passado se resumia ao total das ordens locais, cada qual mantida por um Estado, a partir do pós-guerra, passa a ser construída uma nova ordem mundial, caracterizada pela velocidade de troca de informações, diminuição das distâncias entre as fronteiras e o surgimento de novos atores influentes que passam a interferir nas relações entre os Estados." Bauman, Zygmunt. **Globalização: As consequências humanas**. Rio de Janeiro: Jorge Zahar Editora, 1999, p. 62.

Os Estados, responsáveis primários pela garantia dos direitos humanos[4], como resultado da globalização, perceberam sua soberania sendo deslocada para o domínio do mercado (Marques Neto, 2010). Visando atrair investimento estrangeiro para impulsionar o crescimento econômico, os Estados adaptaram suas barreiras econômicas e financeiras à vontade das empresas transnacionais, concedendo regulação favorável, envolvendo incentivos fiscais e flexibilização de leis trabalhistas (Westaway, 2012, p. 65). Este novo cenário entre a necessidade de investimento dos países em desenvolvimento e a expansão do poder corporativo instaurou uma competição para baixo (*race to the bottom*) (Westaway, 2012, p. 65).

Herrera Flores aponta ainda para as características da globalização neoliberal, que possui como características, para além da já mencionada proliferação dos centros de poder para além dos Estados, também às corporações e organizações globais multilaterais, o ataque aos direitos sociais e trabalhistas, convertendo a pobreza em vantagem corporativa para a atração de investimento (Flores, 2010, p. 103). Flávia Piovesan (2006, p. 23) também aponta que os desafios concernentes aos direitos humanos incluem principalmente a flexibilização dos direitos sociais.

Com a privatização, a prestação de serviços que era anteriormente dos Estados passa também em grande escala às empresas transnacionais. Visando o lucro e não o desenvolvimento holístico dos direitos humanos, o impacto nos direitos sociais é sofrido desproporcionalmente por mulheres, sofrendo as consequências negativas da globalização (Women Alliance, 2016). A falta da redistribuição do lucro das privatizações, ao invés de aumentar a qualidade de vida de todas e todos, diminuindo as desigualdades, tem como vítimas as mulheres, aumentando o distância na realização da igualdade de gênero (Eistein, 2005, p. 493-494). Para Herrera Flores, trata-se do mal-estar do desenvolvimento, tendo em vista que o progresso tecnológico e o aumento no lucro não beneficiaram a maioria da população global. Dani Rodrick (2011, p. 136) quantifica essa conclusão. Se na Revolução Industrial a diferença era na ordem

[4] O document dos Guiding Principles dispõe que: "*States individually are the primary duty-bearers under international human rights law, and collectively they are the trustees of the international human rights regime.*"

de 2:1, atualmente a proporção é de 20:1; o gap entre o país mais rico para o país mais pobre é na ordem de 80:1.

Políticas de implementação da igualdade substancial de gênero a partir de abordagem interseccional têm sido renegadas em prol do lucro, e quando abordada a questão, deve ser analisada criticamente para não se cair na armadilha do discurso vazio do marketing das empresas. Em oposição ao movimento dos últimos séculos, inaugurado com a Declaração Universal dos Direitos Humanos, o presente modelo neoliberal promove o esvaziamento dos direitos humanos individuais e coletivos, ao invés de promovê-los (Marques Neto, 2010, p. 11). Neste sentido que o reconhecimento dos direitos humanos em geral e dos direitos humanos das mulheres em particular tem sido ameaçado (Leuprecht, 1999, p. 17).

O contexto fragiliza a posição já precária do direito das mulheres, tendo em vista que, de acordo com Martha Nussbaum, houve negligência da igualdade de gênero nos primórdios do desenvolvimento econômico e no direito internacional dos direitos humanos (Nussbaum, 2000, p. 07) Portanto, os direitos das mulheres que nunca foram devidamente considerados enfrentam novas violações com a inserção da atuação das corporações transnacionais em meio à globalização com o ademais enfraquecimento o papel dos Estados (Marques Neto, 2010, p. 116). Para Nussbaum, a política internacional e econômica deve ser feminista e também voltada aos problemas das mulheres, tendo em vista ser essencial para a confrontação da pobreza e do desenvolvimento (Nussbaum, 2000, p. 07).

A atual abordagem, promovida pelo Banco Mundial e por corporações transnacionais, como é o caso da Fundação Nike[5], tratam a questão de gênero como um meio e não como um fim em si mesmo, ocorrendo o que algumas autoras chamam de privatização do feminismo pelo neoliberalismo em prol do lucro.[6] A utilização deturpada do conceito dos

[5] "According to the Girl Effect, the empowerment of girls, who Maria Eitel has frequently referred to as 'economic powerhouses' and 'unexploited resources' is 'smart economics.'" Hengeveld, Maria. **The Feminist Wire 'How Nike's Neoliberal Feminism Came to Rule the Global *South*'.** Disponível em: http://www.thefeministwire.com/2015/09/nike-neoliberal-feminism/. Acesso em: 24 set 2020.

[6] My focus here has been on the asepects of feminism that have been co-opted into the enterprise of ex-panding the global reach of corporate capitalism, rather than on those

direitos humanos em geral e das mulheres em específico utilitariza e monetariza os direitos, moldados à lógica do mercado (Leite, 2018, p. 10), aprofundando e enraizando as desigualdades, ao invés de combate-las. Ausente do discurso e das políticas de empresas transnacionais a compreensão dos direitos humanos como indivisíveis e interdependentes, no reconhecimento de que a igualdade de gênero compreende os direitos fundamentas de ordem política, civil, social, cultural e econômica 2018, p. 13).

Apesar dos tratados internacionais na matéria dos direitos das mulheres ratificados por Estados, bem como jurisprudência progressista no combate à desigualdade de gênero pelos sistemas regionais, como é o caso das decisões proferidas pela Comissão e Corte Interamericana de Direitos Humanos, no que se refere às empresas transnacionais, não há instrumento vinculante na matéria e tampouco preocupação latente com a questão de gênero no principal documento da matéria. Portanto, visando garantir os direitos humanos das mulheres frente à atuação das corporações transnacionais, mister se faz investigar como a compreensão do diálogo multinível pode ser uma solução para o enfrentamento da questão diante da lacuna existente.

2. O papel do diálogo constitucional multinível na luta pela igualdade de gênero frente à lacuna a ser preenchida.

O debate sobre as (des)igualdades demanda uma compreensão histórica, no intuito de compreender tratar-se de uma questão arraigada na composição do próprio sistema hegemônico. De acordo com Herrera Flores, no plano jurídico-cultural, há tensão nas relações entre as categorias de identidade e diferença. Aponta o autor que desde os debates da Assembleia Revolucionária na França pós 1789 se falava na necessidade de um mínimo de homogeneidade para a construção de um Estado Democrático. Entendia-se que os cidadãos deveriam possuir traços comuns para que fosse possível falar na "igualdade perante a lei". Qualquer diferença real entre as pessoas ou grupos entra no debate jurídico quando não provoque discriminação perante a lei; há, portanto, sobre-

that point to an alternative vision of economics and politics. But it is just such an alternative vision that is now desperately needed. EISTEIN, Hester. 2005. "A Dangerous Liaison? Feminism and Corporate Globalization." Science and Society 69, 3 (July): 487-518, p. 511.

posição da identidade à diferença nas teorias formais ou procedimentais de justiça. Para estas teorias, as propostas feministas são obstáculo cujo risco é o retorno à falácia naturalista. As diferenças – mesmo as de gênero – são vistas como interferência do processo de construção jurídica e política que requer a homogeneidade como base imprescindível (Flores, 2010, p. 79).

Flores defende que o debate de gênero se centrou na denúncia do "mal-estar da emancipação". Significa dizer, a conquista da igualdade de direitos não impulsionou o reconhecimento e o respeito pelas diferenças: *"El afán homogeneizador há primado sobre el de la pluralidad y diversidad"*. A figura do contrato, ademais, baseada em conjunto de abstrações, normalizam, legitimam e legalizam as desigualdades, sendo as diferenças renegadas ao privado (Flores, 2010, p. 79): *"De ahí las dificultades que la teoría política liberal encuentra a la hora de reconocer institucionalmente la proliferación de reivindicaciones de género, raciales o étnicas."*

É neste sentido a crítica lançada por Herrera Flores às normativas e textos das Nações Unidas; o sentido individualista, abstrato e formalista consolidado como a visão universal deixa de reconhecer as diferenças de gênero e sua abordagem interseccional. Defende o autor que se faz necessário o reconhecimento público e jurídico destas diferenças para que haja impactos na inversão da discriminação e dos privilégios que são usufruídos pelos grupos que dominam a construção social e normativa (Flores, 2010, p. 87), da qual não fazem parte as mulheres.

Há assim dificuldade de inclusão nas normas, a nível jurídico e institucional, das expectativas de grandes parcelas da população, excluídas pela cultura jurídica dominante. Neste sentido Flores defende a necessidade da transformação do procedimento jurídico para construir um novo que seja favorável aos coletivos que foram marginalizados, como é o caso das mulheres. Para tanto, é necessária uma abordagem crítica à compreensão parcial da realidade, o que demanda uma concepção do direito que contemple os aspectos formais, estruturais e culturais (Flores, 2010, p. 96).

Tove Stang Dahl aponta que o direito das mulheres possui "poucos indicativos formais na lei" (Dahl, 1993, p. 29) e reforça o argumentado por Herrera Flores no sentido de que "a igualdade técnica pode ter a discriminação de fato como resultado, tal como a discriminação pode promover a igualdade de fato" (Dahl, 1993, p. 58) e é neste sentido que a hegemonia masculina em detrimento da igualdade de gênero decorre em grande parte do direto positivista e da lei enquanto instituição. Isso porque, a igualdade demanda tratamento desigual afim de suprir o tratamento diferente conferido histórica, política, jurídica e culturalmente às mulheres.

Neste sentido, o Conselho dos Direitos Humanos das Nações Unidas ressalta que, nada obstante as constituições e leis de muitos países possuírem provisões de não discriminação na base do gênero, na prática, as mulheres ainda sofrem discriminação e violência, decorrente de normais sociais discriminatórias, estruturas de poder patriarcal e estereótipos de gênero (United Nations, 2009). Outro exemplo é estudo realizado em 2018 que indicou que de 189 países, 45 não possuíam leis sobre a violência doméstica e 59 não tinham leis contra o assédio sexual no trabalho[7].

Tendo em vista que o texto da lei por si só não sana as desigualdades, a análise deve ir também além, verificando os efeitos reais às mulheres, em uma abordagem interseccional que considere o contexto das injustiças, eis a abordagem feminista do direito (Dahl, 1993, p. 17). Neste tocante que, para Dahl, em oposição a este positivismo, se encontra o pluralismo de fontes (Dahl, 1993, p. 29).

Os entraves do positivismo em razão do surgimento de novos atores estatais e o exercício do poder além das fronteiras dos estados, extrapolando os limites do modelo estatocêntrico é ressaltado também por Paola Alvorado: "*la incapacidad del Estado, del derecho nacional y de la tradicional concepción del derecho internacional para afrontar los nuevos retos, nos obliga a re-pensar el alcance de la soberanía y las relaciones entre el derecho nacional y el derecho internacional*" (Acosta, 2013, p. 167). De acordo com Melina Fachin (p. 66-82, p. 67), "A concepção contemporânea da proteção dos direitos humanos inaugurou uma nova esfera da responsabilidade quanto à sua implementação estes deixaram de ser tema exclusivo da soberania estatal-constitucional".

Neste contexto de ressignificação da soberania estatal e da interferência das empresas transnacionais como significativos atores do direito internacional, faz-se necessário também o repensar da tutela dos direi-

[7] Disponível em: https://www.worldbank.org/en/news/press-release/2018/03/29/many-governments-take-steps-to-improve-womens-economic-inclusion-although-legal-barriers-remain-widespread. Acesso em: 21 set 2020.

tos humanos, fazer frente aos novos cenários e manter a coerência do direito internacional: "*la humanización nos obliga a reconocer un nuevo eje del ordenamiento internacional y, por lo tanto, una nueva manera de construir, enfocar y hacer eficaz este sistema legal*" (Acosta, 2013, p. 167).

Em matéria de direitos humanos e empresas, tendo em vista a atuação transnacional, e o envolvimento de diversas jurisdições, bem como a ausência de legislação suficiente para controlar a atividade destes atores, a constitucionalização do direito internacional e do diálogo multinível se apresenta como possibilidade, tendo em vista que as empresas transnacionais não são sujeitos do direito internacional e não possuem contra estes atores não estatais mecanismos de responsabilização.

Paola Alvarado define a constitucionalização multinível como "un proceso escalonado que articule diversos niveles (vertical, horizontal y funcional) – que dé lugar a un sistema de redes constitucionales antes que a un régimen constitucional único" (Acosta, 2013, p. 182). Considerando a atuação transnacional de empresas e a multiplicidade de regimentos incidentes sobre sua atuação, a abordagem das responsabilidades no tocante aos direitos humanos demanda a análise de um processo envolvendo os diversos níveis, garantindo os direitos positivados internacionalmente tanto quanto os previstos nas constituições nacionais. O constitucionalismo multinível não busca a criação de um regime constitucional único, mas a articulação dos diversos espaços jurídicos em prol dos objetivos constitucionais (Acosta, 2013, p. 287).

Ressalta Alvarado que o constitucionalismo multinível está atrelado igualmente ao pluralismo constitucional, que significa o reconhecimento de diversos cenários e autoridades constitucionais que não se relacionam hierarquicamente, mas de maneira complementar, como uma rede (Acosta, 2013, p. 186). Boaventura de Sousa Santos desenvolve sua teoria crítica também a partir das noções do pluralismo jurídico, definindo esta relação como constelações legais que interligam os níveis locais, nacionais e globais (Santos, 2009, p. 51).

É justamente no direito internacional dos direitos humanos, segundo Alvorado, que visa a proteção de alguns dos valores mais importantes para a comunidade internacional, que está a peça chave do processo de constitucionalização enunciado (Santos, 2009, p. 202), bem como é prova por excelência do processo constitucional, cuja consolidação demonstrou a existência de uma comunidade internacional, obtendo sucesso em estabelecer normas e mecanismos para a proteção desses direitos como valores fundamentais (SANTOS, 2009, p. 203).

Tal qual Alvorado, o projeto do Ius Constitucionale Comune na América Latina (Iccal) ressalta a relevância do constitucionalismo multinível para a região latino americana, tendo como norte o Sistema Interamericano de Direitos Humanos. Armin Von Bogdandy ressalta que um dos aspectos do Iccal "é a nova abertura dos sistemas jurídicos estatais latino-americanos para um denominador comum em direito internacional público, sobretudo em relação à Convenção Americana" (BOGDANDY, 2015, p. 20).

Um dos principais desafios a que se pretende combater o projeto do Ius Constitucionale Comune é a questão da igualdade e da redistribuição que se resume no desafio do combate à exclusão, pois "possibilita uma visão abrangente de sociedades cujas capacidades de integração se encontram ameaçadas quando um grande número de pessoas não é levado em conta pelas instituições" (BOGDANDY, 2015, p. 20).

Ressalta-se que as mulheres se encontram entre os grupos que não são levados em conta pelas instituições, ficando de fora do processo decisório. Neste sentido o interesse da abordagem do constitucionalismo multinível e a abordagem do Iocal no sentido do fortalecimento mútuo dos direitos constitucionais estatais e do direito internacional público visando assegurar as promessas constitucionais rumo a um desenvolvimento regional comum (BOGDANDY, 2015, p. 22).

Bogdandy aponta para a importância da superação das injustiças e da violência no projeto do direito constitucional comum e ressalta a preconização da américa latina em alguns desses pontos. Especificamente no que toca ao direito das mulheres, o emblemático caso Maria da Penha julgado pela Comissão Interamericana criou necessárias balizas para a legislação de combate à violência contra a mulher, recepcionada pelo direito interno brasileiro em importante diálogo. Igualmente, o conceito de feminicídio inaugurado pela Corte Interamericana de Direitos Humanos no caso Campo Algodonero (CORTE IDH, 2009). Os casos acima são um exemplo de realização de importância diálogo, ampliando a proteção das mulheres em um sistema machista e patriarcal. Neste tocante que o diálogo em rede e a compreensão das constelações, primando pelos direitos humanos em geral e a igualdade de gênero em específico encontra-se como luz no final do túnel. Especificamente no enfrentamento de violações cometidas por atores não estatais, principalmente empresas transnacionais, o diálogo multinível é medida que se impõe como luta contra hegemônica da igualdade de gênero em sua visão interseccional.

3. O diálogo constitucional multinível: igualdade de gênero e empresas e direitos humanos no âmbito local, regional e global.

Embora não seja recente a preocupação com a limitação e as responsabilidades da atuação transnacional de empresas, o principal documento na matéria, a consolidação dos Princípios Reitores para Empresas e Direitos Humanos, foi aprovado pelo Conselho de Direitos Humanos das Nações Unidas somente em 2011 e é visto como standard global em relação à mitigação de danos a direitos humanos por empresas. Na esteira do criticado por Herrera Flores, o texto declarou as obrigações dos Estados e empresas sem se debruçar especificamente sobre questões de grupos vulneráveis, ressalta-se para os fins do presente artigo, a ausência da abordagem suficiente da questão de gênero.

Dentre os 31 princípios que fazem parte dos parâmetros para proteger, respeitar e reparar, a palavra "mulher" e "gênero" aparecem apenas quatro vezes cada. Considerando o impacto de atividades empresariais, e da globalização neoliberal como um todo, desproporcional nas mulheres, principalmente a partir de uma abordagem interseccional das formas de discriminação sofrida por mulheres nas atividades econômicas que envolve idade, cor, classe, etnia, religião, língua, alfabetismo, acesso a recursos econômicos, status conjugal, orientação sexual, identidade de gênero, deficiência, residência em área rural, migração, indígena ou status minoritário

Prova da insuficiência da abordagem de gênero nos Princípios Reitores é que em, 2019 o Programa das Nações Unidas para o Desenvolvimento e o Grupo de Trabalho das Nações Unidas para Empresas e Direitos Humanos criaram um livreto apresentando uma dimensão de gênero aos Princípios Reitores, conferindo a cada um dos 31 princípios uma leitura específica, aprovado no âmbito do Conselho de Direitos Humanos da ONU.

O mesmo documento aponta, em relação ao princípio reitor 23, que tratar a questão do alcance substancial da igualdade de gênero em relação à atividade empresarial demanda o respeito às leis nacionais e standards regionais e internacionais na matéria dos direitos humanos das mulheres (United Nations, 2019). O alcance multinível da questão é evidente.

Ressalva deve ser feita ao fato de que os Princípios Reitores não são vinculantes aos Estado ou às empresas, mas consistem um documento de *soft law*, o que impede a responsabilização direta dos agentes envolvidos na violação a direitos humanos com base em violação aos Princípios. Embora violações perpetradas por estados a direitos humanos possam ser demandas a nível nacional, regional – como é o caso do Sistema Interamericano de Direitos Humanos – ou global – como é o caso do Cedaw, no âmbito da ONU, a responsabilização direta de empresas encontra óbice seja no fato de não ser considerada sujeito do direito internacional, seja pelas manobras na organização transnacional das empresas e nas cadeias de produção.

Portanto, embora o principal documento na matéria de direitos humanos e empresas tenha sido elaborado no âmbito da Conselho de Direitos Humanos da ONU, é nos sistemas regionais e nos estados é que deve ser conferida a aplicabilidade ao documento. Considerando a ausência da temática de gênero suficiente para fazer frente à condição desigual a que estão sujeitas mulheres, o diálogo com as constituições e legislação específica nacionais que preveem a igualdade de gênero e a jurisprudência avançada do Sistema Interamericano na matéria permite a maior efetividade da garantia dos direitos das mulheres frente ao poder corporativo.

Neste tocante, a Corte Interamericana de Direitos Humanos já fez referência ao Princípios Reitores na sentença Kaliña Lokono v. Suriname (Corte IDH, 2015) ao reconhecer que os danos ambientais e as violações aos direitos do povo indígena foram causadas por atores privados, nominalmente pela empresa Suralco e posteriormente pela *joint venture* BHP Billiton-Suralco (Corte IDH, 2015). Neste ponto, aludiu a Corte aos Princípios Orientadores da ONU:

> *224. In this regard, the Court takes note of the "Guiding Principles on Business and Human Rights," endorsed by the Human Rights Council of the United Nations, which establish that businesses must respect and protect human rights, as well as prevent, mitigate, and accept responsibility for the adverse human rights impacts directly linked to their activities. Hence, as reiterated by these principles, "States must protect*

against human rights abuse within their territory and/or jurisdiction by third parties, including business enterprises. This requires taking appropriate steps to prevent, investigate, punish and redress such abuse through effective policies, legislation, regulations and adjudication."

225. Thus, the Special Representative of the Secretary-General of the United Nations on the issue of human rights and transnational corporations and other business enterprises has indicated that businesses must respect the human rights of members of specific groups or populations, including indigenous and tribal peoples, and pay special attention when such rights are violated.

Observe-se neste tocante a relevante jurisprudência da Corte Interamericana referente aos direitos dos povos indígenas e a aproximação da temática com aquela dos direitos humanos e empresas. Apesar da ausência de condenação das empresas, relevante a aplicação específica dos Princípios em relação aos povos indígenas, mediante a leitura conjunta destes com a Convenção Americana e a Convenção 169 da OIT. Assim, se os Princípios Reitores não conferem o embasamento necessário à proteção dos grupos vulneráveis, o diálogo multinível abre espaços para a interpretação conforme o melhor interesse e a garantia dos direitos humanos desse grupo.

Por outro lado, o estado brasileiro recepcionou os Princípio Orientadores por intermédio do Decreto 9.571 de novembro de 2018 (Brasil). O Decreto, apesar de ser salutar o diálogo entre a esfera global e a nacional, é voluntário e, portanto, esbarra no mesmo óbice dos Princípios Orientadores. Outrossim, constata-se igualmente uma ausência quanto à preocupação com a desigualdade no tratamento de mulheres e os níveis de discriminação sofridos desproporcionalmente pelas mulheres na atividade empresarial. Os termos "mulheres" e "gênero" aparecem apenas duas vezes cada.

Ressalta-se, não obstante, a possibilidade que se abre à nível nacional para a aplicabilidade prática dos Princípios Orientadores na tutela dos direitos humanos em geral e dos direitos das mulheres em particular, vejamos o inciso IV, artigo 10 do Decreto:

> Artigo 10: É responsabilidade das empresas estabelecer mecanismos operacionais de denúncia e de reclamação que permitam identificar os riscos e os impactos e reparar as violações, quando couber, em especial:

> IV – divulgar os canais internos de denúncia e os canais públicos de denúncias de ofensas a direitos humanos, tais como o Disque 100 e a Central de Atendimento à Mulher – Ligue 180, entre outros.

A recepção pelo direito pátrio, no exemplo acima, permite a especificação de medidas que possibilitam o atendimento das vítimas a nível nacional, como é o caso da Central de Atendimento à Mulheres. Apesar dos muitos avanços que se fazem necessários, grande passo na tutela da mulher contra violência doméstica foi fruto de decisão proferida pela Comissão Interamericana de Direitos Humanos no caso Maria da Penha, que teve como resultado a criação da Lei Maria da Penha, n. 11.340/2006.

Neste sentido, a Resolução nº. 5 de 2020 do Conselho Nacional dos Direitos Humanos, ao dispor sobre as diretrizes para uma Polítca Pública sobre Direitos Humanos e Empresas, fundamenta suas premissas não só na Constituição Federal e nos Princípios Reitores, mas também nos Objetivos de Desenvolvimento Sustentável das Nações Unidas, Sessão de Conferência e Convenções da Organização Internacional do Trabalho, o Pacto Internacional de Direitos Econômicos, Sociais e Culturais e a Convenção Americana de Direitos Humanos.

Outro exemplo relevante de diálogo ente a Corte Interamericana e o direito brasileiro refere-se ao já mencionado conceito de "feminicídio", inaugurado pela Corte no caso Campo Algodoero v. México. A tipificação do crime foi incluída no código penal brasileiro pela Lei 13.104/2015 como qualificadora do crime de homicídio e como crime hediondo (Brasil). Nada obstante os exemplos acima não envolverem empresas transnacionais, verifica-se a importância do estabelecimento de balizar para a proteção das mulheres contra a violência do sistema, demonstrando a necessidade do pluralismo jurídico e do diálogo multinível para a concretização destes, possibilitando uma aproximação dos Princípios Reitores e demais documentos referentes a empresas com a matéria de gênero.

Veja-se que nada obstante a garantia constitucional prevista no artigo 5º, I, de que homens e mulheres são iguais em direitos e obrigações, a concretização da idealização está longe de ser atingida, e a inserção de empresas transnacionais como novos agentes violadores de direitos humanos que não possuem meios de serem diretamente responsabilizados representa um passo atrás às conquistas realizadas. Enquanto não houver um instrumento vinculante para empresas e direitos humanos que seja efetivo, os estados e os sistemas regionais de direitos humanos permanecem sendo a saída para tutelar o direito das mulheres, devendo incluir em suas agendas o diálogo entre os mecanismos existentes nas diversas áreas.

Não se deve olvidar, ademais, apesar de ser necessário grande cautela e exercício crítico (Hengeveld, 2020), que enquanto poderosos atores, as empresas possuem igualmente potencial transformador em matéria de igualdade de gênero e devem ser consideradas no diálogo a ser realizado. Estudo realizado por Marianna Vargas de Freitas Cruz Leite analisou como o conceito de gênero estava sendo aplicado por quatro grandes empresas multinacionais, dentro de uma perspectiva do pluralismo jurídico: Vale S.A., Banco do Brasil, Braskem e Eletrobrás. A Vale S.A. não respondeu ao questionário. O questionário respondido pelo sindicato responsável pelo Banco do Brasil demonstrou: "que a retórica da igualdade ainda está longe da realidade. Mulheres ainda ganham menos que os homens operando nas mesmas funções, ainda tem dificuldades em acessar posições de liderança e ainda sofrem violência no ambiente de trabalho como e o caso do assédio sexual e da discriminação" (Leite, 2020, p. 7).

A Braskem indicou que não existe política específica de empoderamento das mulheres, apesar de parceria realizada com a ONU Mulheres e a realização do Fórum Braskem Mulheres (Leite, 2020, p. 8). Contudo, a resposta ao questionário pelo setor de políticas inclusivas demonstrou amplo conhecimento em relação a políticas e regras internacionais de direitos humanos, o que demonstra que há conhecimento, porém não há aplicabilidade técnica suficiente para proporcionar a mudança da cultura organizacional (Leite, 2020, p. 9). A Eletrobrás citou a Agenda 2030 e os Objetivos de Desenvolvimento Sustentável, o Pacto Global, tratados e convenções da Organização Internacional do Trabalho e os Princípios do Empoderamento das Mulheres, ressaltando a necessidade de mudanças estruturais e abordagem holística para a promoção da equidade de gênero (Leite, 2020, p. 10).

As conclusões do trabalho realizado pela autora atraem a atenção para os fins do presente artigo. Primeiro, o fato de que "as empresas têm um papel fundamental na mudança dessas estruturas desiguais – elas podem ser coniventes com um sistema opressor, podem reconhecer a desigualdade sem de fato desafiá-la ou podem assumir a postura de ativos agentes de mudança". Em segundo, "muitas empresas se utilizam da retórica de direitos humanos para seus próprios propósitos de marketing sem estar de fato comprometidas do ponto de vista ético e moral e/ou propagam e estimulam uma cultura de não transparência (...)". Em terceiro lugar, "a importância de se reconhecer que a igualdade de gênero efetiva só ocorrerá quando trabalharmos com as causas estruturais da desigualdade como é o caso do patriarcado e sua reverberações".

Enquanto a segunda conclusão convida a uma desconfiança e olhar crítico às iniciativas empresariais, questão já abordada no tópico acima, a primeira e terceira giram em torno da necessidade da mudança nas estruturas desiguais e o importante papel das empresas neste ponto. Neste tocante, ressalta-se a relevância do *Ius Constitucionale Commune* na América Latina e seu potencial transformador na questão da igualdade de gênero e do desafio frente às empresas transnacionais. Isso porque, nada obstante a universalidade da desigualdade de gênero, os países da América Latina têm um passado histórico comum e suas veias continuam abertas, parafraseando Galeano.

Os desafios a serem enfrentados e os entraves do sistema são similares nos países Latino-Americanos, e um objetivo comum ao combate às desigualdades de gênero arraigadas no sistema permite a criação de um sistema constitucional comum frente às arbitrariedades cometidas por empresas. Em que pese a responsabilização de atores privados ser novidade no âmbito internacional, é importante ressaltar que os constitucionalismos pátrios já desenvolveram meios de responsabilização de atores privados por violação a direitos fundamentais. É o exemplo da teoria do *drittwirkung*, que se traduz na eficácia horizontal direta dos direitos fundamentais.[8] Referida teoria foi recepcionada igualmente pelo Sistema Interamericano de Direitos Humanos em relevantes casos de responsa-

[8] "Quando se fala em aplicabilidade direta dos direitos fundamentais nas relações entre particulares, quer-se dizer que, da mesma forma como são aplicados nas relações entre o Estado e os cidadãos, não é necessária nenhuma ação intermediaria para que sejam também aplicáveis nas relações interprivadas." SILVA, Virgílio Afonso da. A constitucionalização do Direto. Os direitos fundamentais nas relações entre particulares. 3ª Ed. São Paulo: Editora Malheiros, 2011, p. 86.

bilização do Estado por violações a direitos humanos cometidas pelos Estados.[9]

Ainda que os instrumentos internacionais de direitos humanos produzam efeitos vinculantes frente a terceiros, a responsabilidade no âmbito do Sistema Interamericano incide exclusivamente nos Estados. No caso das empresas transnacionais, contudo, a mera aplicação da teoria horizontal com a consequente responsabilização dos Estados não se faz suficiente tendo em vista o grande poder das empresas que muitas vezes supera o dos próprios Estados. Há assim necessidade de contínua adaptação do direito constitucional para garantir a igualdade substancial de todos e todas.

Conclusões

Se no século passado as regulações dos mercados eram feitas a nível nacional, a expansão das cadeias de produção ao âmbito global denuncia que a restrição do controle somente por Estados não é mais suficiente (Dejardin, 2009). Da mesma maneira, em matéria de direitos humanos, o modelo estatocêntrico inaugurado pela Declaração Universal dos Direitos Humanos tampouco é suficiente, frente às violações cometidas por atores não estatais e a impotência dos Estados em relação ao poder político e econômico internacional de grandes empresas transnacionais.

Este novo mercado de trabalho inserido no contexto da globalização neoliberal e em políticas de empresas transnacionais que visam o lucro acima de um desenvolvimento sustentável e inclusivo a todas e todas, apresenta-se como ameaça aos direitos sociais (Piovesan, 2006, p. 23) e possuem impacto desproporcional em relação às mulheres. Como medida de superação dos desafios impostos à igualdade de gênero, é tempo de conferir tratamento diferente aos desiguais, na medida de suas desigualdades.

Em matéria de direitos humanos e empresas transnacionais, não há enfoque no tratamento necessário aos grupos vulneráveis, conforme

[9] A primeira vez em que a Corte IDH enfrentou diretamente a questão da eficácia horizontal dos direitos humanos em relação a particulares foi na Opinião Consultiva 256 18-03 sobre a condição jurídica e direitos dos imigrantes indocumentados. Corte IDH. Juridical Condition and Rights of the Undocumented Migrants. Advisory Opinion OC-18/03 of September 17, 2003. Series A No. 18., par. 86.

demonstrado no caso dos Princípios Orientadores para Direitos Humanos e Empresas. Impõe ademais desafio adicional na garantia do direito das mulheres em relação a abusos cometidos por empresas, que é a impunidade destes atores, tendo em vista não serem considerados sujeitos do direito internacional.

Diante destes três desafios: impacto desproporcional das atividades de empresas transnacionais nas mulheres, ausência de tratamento específico na matéria do direito das mulheres e a ausência de mecanismos vinculantes para fazer frente às empresas transnacionais, o diálogo constitucional multinível se apresenta como possibilidade. Especialmente no âmbito da América Latina, conforme projeto do *Ius Constitucionale Commune*, a presença do Sistema Interamericano de Direitos Humanos com importante jurisprudência transformadora em matéria da igualdade de gênero, aliado às constituições nacionais que preveem a igualdade entre homens e mulheres e possuem já mecanismos constitucionais para a garantia dos direitos humanos. Soma-se a estas instâncias o âmbito global tendo em vista os relevantes avanços, embora ainda incipientes, na matéria de empresas e direitos humanos.

A ausência nas esferas nacional, regional ou global, de uma resposta ao problema da desigualdade de gênero na atuação de empresas transnacionais demonstra que o diálogo entre os três níveis, tirando proveito do que de melhor tem a oferecer cada um dos sistemas, a partir de uma abordagem da constitucionalização do direito internacional, é importante ferramenta que deve ser usada. A união dos esforços dos países da América Latina, com um objetivo comum de reforçar as garantias constitucionais à igualdade de gênero frente às ameaças corporativas é medida que se impõe.

A terra já se encontra plainada no âmbito do constitucionalismo multinível na América Latina para a tutela das mulheres frente ao desafio da atuação transnacional empresarial. As sementes devem ser plantadas a partir de uma rede de proteção já existe, mas precisa se ater às ameaças e violações dos novos atores, criando objetivos comuns para preencher a lacuna ainda existente no direito internacional dos direitos humanos. Nada obstante a iminência de um tratado internacional vinculante na matéria de responsabilização de empresas, a igualdade de gênero somente será alcança a partir de rupturas paulatinamente promovidas no sistema, promovidas de baixo para cima.

Referências

ACOSTA, Paola Andrea Alvarado. **Del diálogo interjudicial a la constitucionalización del derecho internacional: la red judicial latinoamericana como prueba y motor del constitucionalismo multinivel.** 2013. Tese (Doutorado em Direito Internacional e Relações Internacionais) – Universidade Complutense de Madrid, Instituto Universitário de Investigação Ortega e Gasset, Madrid, 2013.

BAUMAN, Zygmunt. **Globalização: As consequências humanas.** Rio de Janeiro: Jorge Zahar Editora, 1999.

BOGDANDY, Armin von. Ius Constitucionale Commune na América Latina. **Uma reflexão sobre um constitucionalismo transformador.** Revista de Direito Administrativo, Rio de Janeiro, v. 269, p. 13-66, maio/ago. 2015.

Corte IDH. Caso González y Otras ("Campo Algodonero") *vs.* México, Sentença de 16 de novembro de 2009 (Excepción Preliminar, Fondo, Reparaciones y Costas), Serie C, n. 205.

Corte IDH. **Juridical Condition and Rights of the Undocumented Migrants.** Advisory Opinion OC-18/03 of September 17, 2003. Series A No. 18.

DAHL, Tove. **O Direito das Mulheres uma Introdução à Teoria do Direito Feminista.** Lisboa: Fundação Calouste Gulbenkian, 1993, p. 17.

DEJARDIN, Amelita King. **Gender (in)equality, globalization and governance.** International labour Office, Policy Integration and statistics department. Working paper no. 92.Geneva: ILO, 2009.

EISTEIN, Hester. 2005. "**A Dangerous Liaison? Feminism and Corporate Globalization.**" Science and Society 69, 3 (July): 487-518, p. 511.

EMMERIJ, Lois; JOLLY, Richard. **The UN and Transational Corporations.** UN Intellectual History Project, Briefing Note Numer 17, jul. 2009.

FACHIN, Melina Girardi. **Constitucionalismo Multinível: Diálogos e(m) direitos humanos.** Revista Ibérica do Direito, Ano I, Vol. I, Núm. I, Jan/Abr 2020, pp. 66-82.

FLORES, Joquín Herrera. **Direitos humanos e globalização: fundamentos e possibilidades desde a teoria crítica.** Los Derechos Humanos en el Contexto de la Globalización: Tres Precisiones Conceptuales. Org. David Sánchez Rúbio, Joaquín Herrera Flores, Salo de Carvalho. 2. Ed. Porto Alegre: EDIPUCRS, 2010.

HENGEVELD, Maria. **The Feminist Wire 'How Nike's Neoliberal Feminism Came to Rule the Global *South*'.** Disponível em: http://www.thefeministwire.com/2015/09/nike-neoliberal-feminism/. Acesso em: 24 set 2020.

ISA, Felipe Gómez. **Empresas Transnacionales y los Derechos Humanos.** Anuário Ibero-Americano de Direitos Humanos (2001/2002). Coordenadores David Sánchez Rubio, Joaquin Herrera Flores e Salo de Carvalho. Rio de Janeiro: Lumen Juris, 2002, p. 100.

LEITE, Marianna Vargas de de Freitas Cruz. **Um recorte de gênero para empresas e direitos humanos: 'empoderamento' das mulheres**. ISSN 2526-0774. Vol. IV. Jan.-Dez. 2020.

LEITE, Marianna Vargas de Freitas Cruz. **O conceito de igualdade de gênero e empresas multinacionais: uma proposta metodológica**. Revista internacional de direitos humanos e empresas. ISSN 2526-0774. Vol. II, nº 02. Fev.-Jul. 2018, p. 13.

LEUPRECHT, Peter. "The World Trade Organisation – Another Playground of Pan-Economic Ideology", in Malini Mehra (ed.), **Human Rights and Economic Globalisation: Directions for the WTO**, 1999, p. 17.

MARQUES NETO, Agostinho Ramalho. **Neoliberalismo: O Declínio do Direito**. Direitos humanos e globalização: fundamentos e possibilidades desde a teoria crítica. Org. David Sánchez Rúbio, Joaquín Herrera Flores, Salo de Carvalho. 2. Ed. Porto Alegre: EDIPUCRS, 2010.

NUSSBAUM, Martha C. **Women and Human Development: The Capabilities Approach**. Nove Iorque: Cambridge University Press, 2000, p. 4.

PIOVESAN, Flávia. **Direitos Humanos e Justiça Internacional – Um estudo comparativo dos sistemas regionais europeu, e africano**. São Paulo: Saraiva, 2006.

RODRIK, Dani. **The Globalization Paradox: Democracy and the Future of the World Economy**. New York: W.W. Norton & Company Ltd, 2011, p. 136.

RUGGIE, John. **Just Business: Multinational Corporations and Humans Rights**. New York: W. W. Norton & Company, 2013. Paginação irregular.

SANTOS, Boaventura. **Sociología jurídica crítica. Para un nuevo sentido común del derecho**. Bogotá: ILSA, 2009.

SILVA, Virgílio Afonso da. **A constitucionalização do Direto**. Os direitos fundamentais nas relações entre particulares. 3ª Ed. São Paulo: Editora Malheiros, 2011.

UNITED NATIONS. **Guiding Principles on Business and Human Rights: Implementint the United Nations "Protect, Respect and Remedy" Framework**. HR/PUB/11/04. Geneva: United Nations, 2011.

UNITED NATIONS. **List of publications of foreign direct investment and transnational corporations (1973-2003)**. UNCTAD/ITE/2004/1. United Nations Conference on Trade and Development: Geneva, 2004, p. III.

WESTAWAY, Jennifer. **Globalization, Transnational Corporations and Human Rights – A New Paradigm**. Canadian Center of Science and Education. International Law Research. Vol. 1, No. 1, 2012. ISSN 1927-5234. P. 65.

WOMEN ALLIANCE. **Corporations & Globalization: women's economic and social rights**. Vol. 111, nº 1, 2016. Bern: Alliance Internationale des Femmes, 2016. Disponível em: https://womenalliance.org/wp-content/uploads/2016/08/IWNews-Vol-111-No-1-2016-dual-pages.pdf.

14. LICENÇA PARENTAL: INSTRUMENTO DE EMPODERAMENTO SOCIAL E CORPORATIVO PARA O CUMPRIMENTO DO ODS 5 NO BRASIL

Ana Cláudia Ruy Cardia Atchabahian
Marcella Oldenburg Almeida Britto

Introdução

Apesar dos progressos, a sociedade brasileira ainda apresenta diferenças e desigualdades entre mulheres e homens, especialmente nas responsabilidades que lhes foram atribuídas, nas atividades realizadas, no acesso e controle sobre recursos, bem como nos espaços de decisões e cargos de chefia (McKinsey & Company, 2018). Não obstante a igualdade entre homens e mulheres seja um preceito internacional universal, um direito humano fundamental e inviolável, as mulheres continuam a enfrentar a discriminação, marginalização e exclusão.

A autonomia econômica das mulheres não considera somente a promoção da igualdade de oportunidades das mulheres no mercado de trabalho, mas também a democratização e divisão equânime dos trabalhos comumente atribuídos às mulheres, para que se tenha igualdade de condições dentro e fora de seus lares. O crescente ingresso das mulheres no mercado de trabalho pode ter criado uma emancipação financeira feminina, contudo, não alterou suficientemente os papéis familiares de homens e mulheres.

Ao conceder 120 (cento e vinte) dias de licença-maternidade e 5 (cinco) dias de licença-paternidade, a Constituição Federal desconsiderou a corresponsabilidade dos pais nos cuidados com o filho recém-nascido ou recém-adotado, atribuindo a função das tarefas domésticas majoritariamente para a mãe, reforçando uma estrutura patriarcal enraizada no Brasil.

A licença-parental surge como alternativa para que haja uma divisão de trabalho mais parelha entre homens e mulheres, eis que concede a ambos os genitores a possibilidade de um afastamento temporário do trabalho, devidamente remunerado, ocasionando uma igualdade plena, material.

Os pressupostos de uma licença parental dialogam com proximidade com a Agenda 2030 da Organização das Nações Unidas, que visa o alcance de um mundo com mais igualdade e justiça social. Seus 17 objetivos, com metas a serem monitoradas em cada um deles, ficaram conhecidos como Objetivos de Desenvolvimento Sustentável (ODS). Dentre os 17 ODS, o de número 5 refere-se especificamente à igualdade de gênero, mediante o qual pretende-se eliminar, até 2030, todas as formas de discriminação contra as mulheres e meninas em toda sociedade.

Destarte, o presente trabalho possui como escopo analisar os efeitos positivos da licença parental no Brasil, demonstrando como tal modelo poderia contribuir para o empoderamento feminino no mercado de trabalho e no ambiente doméstico, também em respeito e observância ao ODS 5.

Em um primeiro momento será feita uma explanação acerca dos institutos da licença-maternidade e licença-paternidade no Brasil e, em seguida, uma contraposição com os preceitos da licença-parental, a qual já possui aplicação em outros Estados. Após, será destinado um capítulo para o empoderamento como forma de igualdade das mulheres nas empresas e na sociedade, oportunidade em que será demonstrada como a licença-parental exerce um papel fundamental na busca pela equidade de gênero no mercado de trabalho. Ao final, haverá uma breve explicação acerca da criação dos Objetivos de Desenvolvimento Sustentável da ONU, sendo, então, realizado um cotejo entre a licença parental e o ODS 5 como forma de empoderamento feminino no ambiente corporativo.

O presente trabalho seguirá o método dedutivo e se valerá de metodologia de pesquisa bibliográfica e documental de fontes primárias e secundárias para o alcance das principais conclusões.

1. Licença maternidade e licença parental: principais aspectos e diferenças

Inicialmente, com o intuito de lançar luzes para a importância da inserção de um modelo alternativo de afastamento laboral, propício a atender as demandas femininas de igualdade no seio familiar e no mercado de trabalho, com a pavimentação de um caminho que se destine à uma paternidade cada vez mais colaborativa, cabe demonstrar as especificidades das licença-maternidade e licença-paternidade, legalmente aplicadas em nosso país.

Após, um breve panorama acerca da licença parental será feito, apontando as principais diferenças entre os modelos tradicionais e este instituto, de modo a destacar as vantagens na criação de um afastamento a ser usufruído também pelos pais, capaz de propiciar o estabelecimento de vínculos mais fortes com os filhos recém-nascidos e/ou adotados.

1.1. Notas sobre o afastamento temporário do trabalho para mães e pais no Brasil

Com o advento da Constituição Federal de 1988, a licença-maternidade foi inserida como um direito social destinado a todas as mulheres trabalhadoras. Previsto no artigo 7º, XVIII, referido benefício confere à gestante um afastamento remunerado de suas atividades laborais pelo prazo de 120 (cento e vinte) dias, sem comprometimento de seu cargo ou ocupação.

No plano internacional, a Organização Internacional do Trabalho – OIT (1966), por força da Convenção 103, já havia adotado proposições em amparo à maternidade, havendo o Brasil reforçado seu compromisso diante das recomendações na oportunidade da implementação da licença em questão.

Os pais também possuem garantias a serem usufruídas neste período: a partir da licença-paternidade, são conferidos 5 (cinco) dias de afastamento após o nascimento do filho, consoante disposição do artigo 7º, XIX, da Constituição Federal.

A Lei nº 11.770/2008 (Brasil, 2008), regulamentada pelo Decreto nº 7.052/2009 (Brasil, 2009), criou o programa "Empresa Cidadã", o qual objetiva, por meio de concessão de incentivo fiscal, a prorrogação da licença-maternidade por mais 60 (sessenta) dias. Para além dos 120 (cento e vinte) dias, passíveis de prorrogação, ainda se garante às mães os direitos de estabilidade à gestante, desde a confirmação da gravidez até cinco meses após o parto, bem como salário família, intervalo para amamentação e existência de creche a ser custeada pela empresa (Matos; Silva, 2015).

No mesmo sentido, o Estatuto da Primeira Infância, previsto na Lei nº 13.257/2016 (Brasil, 2016), especialmente no seu artigo 38, II, trouxe inovações no tocante à licença-paternidade, oportunizando a ampliação de 5 (cinco) para 20 (vinte) dias nos casos em que colaborador possuir vínculo com empresa cadastrada no Programa Empresa Cidadã.

Consoante o artigo 1º, §1º, II, da Lei nº 11.770/2008, referida extensão do benefício é concedida quando a solicitação se dá no prazo de dois dias úteis após o parto e desde que comprovada a participação em programa ou atividade de orientação sobre paternidade responsável pelo empregado. Em contrapartida, a empresa tributada com base no lucro real poderá deduzir do Imposto sobre a Renda da Pessoa Jurídica (IRPJ) devido, em cada período de apuração, o total da remuneração dos trabalhadores pagos no período de prorrogação de sua licença, sendo vedada a dedução como despesa operacional (Receita Federal, 2016).

Nesta toada, vislumbra-se que a aludida lei não apresenta um caráter de universalidade, eis que engloba somente corporações que se enquadram no modelo de lucro real, excluindo a participação de diversas empresas e diversos trabalhadores. Neste aspecto, ressalte-se que a expressiva maioria das empresas brasileiras recolhe seus tributos pelo Simples Nacional ou pela sistemática do Lucro Presumido, ficando, então, excluídas da possibilidade de proporcionar, aos seus empregados, a licença-maternidade e licença-paternidade estendida, nos moldes do Programa (Folloni; Peron, 2014).

Não obstante tenha havido a extensão da licença-paternidade em alguns casos específicos, observa-se que a legislação ainda desconsidera o protagonismo da figura paterna na criação de seus filhos ao conceder ínfimos dias de afastamento, não sendo proporcionado aos homens a possibilidade de comprometimento com o exercício de uma paternidade responsável e deixando de privilegiar a repartição da parentalidade e das tarefas domésticas. O vínculo entre recém-nascido ou recém-adotado e pai não é estimulado no Brasil, fato este que obstaculiza o adequado desempenho da função afetiva pelo homem e consagra a imagem patriarcal de que a participação do pai, na família, deve ser apenas no sentido de prover sua prole (MATOS; OLIVEIRA; NATIVIDADE, 2016), excluindo também desta relação a possibilidade de outros vínculos parentais.

A divisão sexual do trabalho acaba por naturalizar a função de cuidados da casa e dos filhos como papel majoritariamente feminino, trazendo impactos à vida profissional das mulheres, as quais tendem a procurar ocupações que permitam jornadas parciais e/ou flexíveis para conciliar com os afazeres domésticos, submetendo-as a uma dupla – e, por vezes, tripla – jornada de trabalho (BRASIL, 2020).

Assim sendo, a partir de divisões como atividades reputadas "femininas" e "masculinas", em que se impôs o trabalho reprodutivo como responsabilidade da mulher, as definições de papeis entre pais e mães, enraizadas na sociedade patriarcal brasileira e internacional, possuem o condão de influenciar as escolhas na hora da contratação. Ao optar por contratar uma mulher, o empregador deve se submeter às disposições legais da licença-maternidade e, a partir de um ideal capitalista de sociedade, este fato pode ser entendido como um "prejuízo financeiro" à empresa (PINHEIRO; GALIZA; FONTOURA, 2009).

Esta naturalização do papel das mulheres como responsáveis pela reprodução da família se reflete ainda nas oportunidades de acesso a cargos de maior responsabilidade e hierarquicamente superiores, vez que é presumido por empregadores que elas teriam menos disponibilidade e interesse em se dedicar a um trabalho considerado produtivo, o qual é frequentemente atribuído ao homem, reforçando a valorização desigual do trabalho (PINHEIRO; GALIZA; FONTOURA, 2009).

Neste sentido, Arruzza, Bhattacharya e Fraser (2019) argumentam que:

> Como o capitalismo atribui o trabalho reprodutivo sobretudo às mulheres, ele restringe nossa capacidade de participar de forma plena, como iguais, no mundo do 'trabalho produtivo', com o resultado de que a maioria de nós acaba em empregos sem futuro que não pagam o suficiente para sustentar uma família.

Portanto, se por um lado a licença-maternidade foi inserida no texto constitucional como um reconhecimento pelo Estado da maternidade como uma função social, por outro é preciso refletir o quanto este afastamento remunerado prolongado em relação apenas às mulheres não representa mais uma barreira a dificultar a participação igualitária feminina no mercado de trabalho.

Destarte, é essencial pensar em novos arranjos familiares, com vistas a ampliar os benefícios trabalhistas aos trabalhadores homens com responsabilidade na seara familiar. Neste sentido, Maria Berenice Dias (2006) expressa:

> Faz-se necessário ter uma visão pluralista da família, abrigando os mais diversos arranjos familiares, devendo-se buscar a identificação do elemento que permita enlaçar no conceito de entidade familiar todos os relacionamentos que têm origem em um elo de afetividade, independentemente de sua conformação. O desafio dos dias de hoje é achar o toque identificador das estruturas interpessoais que permita nominá-las como família. Esse referencial só pode ser identificado na afetividade. É o envolvimento emocional que leva a subtrair um relacionamento do âmbito do direito obrigacional – cujo núcleo é a vontade – para inseri-lo no direito das famílias, que tem como elemento estruturante o sentimento de amor que funde as almas e confunde patrimônios, gera responsabilidades e comprometimentos mútuos.

Assim sendo, em face das transformações decorrentes das modificações dos núcleos familiares, o foco está cada vez mais nas estruturas baseadas no sentimento e na afeição mútuos, que objetivam promover a satisfação pessoal de seus indivíduos e evitar a repetição de meros padrões, os quais refletem uma visão ultrapassada. E é neste sentido que se propõe o sistema da licença parental.

1.2. Noções gerais acerca da licença parental

A licença parental consiste em garantir tanto à mãe quanto ao pai o direito ao afastamento das atividades laborais com manutenção integral do salário para prestar os cuidados ao filho. Ou seja, o direito à licença pode ser utilizado indistintamente pelo pai ou pela mãe quando do nascimento da criança. Trata-se de uma licença compartilhada, de forma a tornar possível para homens e para mulheres a conjugação de trabalho e família (Matos; Oliveira; Natividade, 2016),

Nas palavras de Pinheiro, Galiza e Fontoura (2009) sobre o tema:

A previsão de licenças compartilhadas representa uma ação proativa do Estado na garantia da aplicação do mesmo dever e do mesmo direito de cuidado com os filhos a mães e pais. Tal perspectiva contribui para a reconstrução de valores e expectativas relacionadas ao papel de homens e mulheres na sociedade e no âmbito da família.

Ressalte-se que a Teoria da Proteção Integral, devidamente introduzida no ordenamento jurídico brasileiro pelo artigo 227, da Constituição Federal de 1988, consiste no dever da família, da sociedade e do Estado de promover o cuidado com as crianças. Neste aspecto, pais e mães possuem as mesmas obrigações, assim como apresentam as mesmas capacidades de cuidar de seus filhos.

Desta forma, além de garantir a recuperação da gestante ou o fortalecimento dos vínculos por parte da adotante, o afastamento laboral de ambos os genitores é essencial para que haja o estabelecimento destes vínculos, não restando somente à mãe o direito a este laço e o dever de cuidado, como também ao pai (no caso, em famílias heteroafetivas, mas não excluindo o raciocínio para os demais arranjos familiares) ter participação e responsabilidades neste processo.

Não obstante possa aparentar ser uma medida neutra em termos de gênero, eis que destinada a ambos os progenitores, este afastamento remunerado tem como objetivo estimular a participação igualitária no mercado de trabalho, assim como na divisão dos afazeres domésticos, o qual inclui os cuidados com os filhos (Matos; Oliveira; Natividade, 2016).

A licença parental tem como escopo a busca pela igualdade plena, material, em que haja repartição de tarefas no ambiente familiar, permitindo às mulheres a presença nas discussões e a possibilidade de disputar espaços profissionais em melhores condições.

A Suécia foi um Estado pioneiro em substituir o sistema de licença-maternidade vigente para o sistema único de licença parental no ano de 1974. Este modelo afetou de uma maneira muito positiva outros sistemas e efetivou a extensão para outros países nórdicos, experiência esta que muito tem contribuído no que diz respeito à emancipação e autonomia das mulheres. Constitui-se, assim, um novo paradigma para a construção de novas formas de intervenção estatal (Pinheiro; Galiza; Fontoura, 2009).

A França, além da licença-maternidade e paternidade, também possui a previsão de licença conjunta ou parental, possibilitando, assim, que tanto a mãe quanto o pai possam ter seu contrato de trabalho suspenso por determinado período. Não obstante tal afastamento não seja remunerado pela empresa, o governo oferece uma ajuda financeira à família, a qual pode se usufruída até os três anos da criança (Matos; Silva, 2015).

Na Espanha, a partir de 1º de janeiro de 2021, a licença-paternidade passou a ser equiparada à licença-maternidade, tendo ambos os pais, pelo menos, 16 (dezesseis) semanas de afastamento do trabalho. Trata-se de licenças 100% remuneradas e intransferíveis, ou seja, se o pai não utilizar os dias de folga, não mais poderá usufrui-los posteriormente (El País, 2021).

No contexto da América do Sul, observa-se que, em 2011, o Chile institui a licença parental. Desta forma, o regime de licença-paternidade em que se era destinado apenas 5 (cinco) dias de afastamento à figura paterna, a partir deste marco temporal passou a contemplar a divisão da licença, a contar da sétima semana de licença-maternidade (Casas; Herrera, 2012).

No Brasil ainda se caminha a passos lentos, porém já é possível vislumbrar que algumas empresas estão se movimentando no sentido da promoção da equidade de gênero ao tornar o afastamento temporário do trabalho para a dispensação de cuidados aos filhos mais equânime. É o caso do Grupo Boticário, o qual ofertou aos seus 12.000 (doze mil) colaboradores, a partir do segundo semestre de 2021, o direito à licença parental de 120 (cento e vinte) dias, abarcando homens, casais homoafetivos e pais de filhos adotivos, independentemente da idade (Revista Exame, 2021).

No mesmo sentido, inspirada pela legislação sueca, e também com o intuito de promover a igualdade de gênero, os colaboradores da Volvo Cars Brasil serão beneficiados com a nova política de licença parental da empresa, podendo fazer uso de um afastamento igualitário para mães e pais de 06 (seis) meses (Automotive Business, 2021).

Nota-se, contudo, que nestes casos não houve iniciativa regulatória por parte do Estado, mas sim movimento corporativo voluntário de se adequar a padrões reconhecidos internacionalmente, independentemente de previsão normativa expressa.

Frise-se, então, que a licença parental não satisfaz exclusivamente a funcionalidade de atendimento ao recém-nascido ou recém-adotado, mas alinha-se também à questão da funcionalidade global de promover condições e oportunidades isonômicas a homens e mulheres, bem como no propósito de alterar papéis historicamente enraizados (Matos; Oliveira; Natividade, 2016).

A partir dessas breves noções acerca da licença parental, vislumbra-se a existência de uma gradual descentralização da figura materna nos cuidados com as crianças, de modo a proporcionar um protagonismo ao pai diante dessa corresponsabilidade, assim como na compreensão de arranjos familiares plurais, fatores que impactam positivamente para o empoderamento feminino perante a sociedade e igualmente no âmbito das empresas, conforme veremos a seguir.

2. Licença parental e o empoderamento feminino nas empresas e na sociedade

Uma vez compreendidas as premissas que englobam a ideia de licença parental, parte-se para uma análise do papel desempenhado pelas mulheres nas empresas e nas sociedades e de que forma pode-se alcançar a igualdade. Em seguida, serão feitas reflexões a respeito das consequências da adoção do modelo alternativo de afastamento temporário de mães e pais – a licença parental –, no crescimento das mulheres no mercado de trabalho.

2.1. O empoderamento feminino a partir da igualdade nas empresas e na sociedade

A inserção das mulheres no mercado de trabalho ocorreu de maneira gradativa e não se apresentou da mesma forma para todas. Para as mulheres de classes mais baixas, a entrada no mercado de trabalho se deu como resposta a uma necessidade de complementar a renda familiar. Assim, já era uma realidade há muito mais tempo do que o crescimento global do trabalho feminino. De todo modo, as taxas de participação feminina aumentaram substancialmente nas últimas décadas, especialmente durante a década de 1990, e estão associadas às transformações culturais e ao gradual aumento no nível de escolaridade (Pinheiro; Galiza; Fontoura, 2009).

As mulheres passaram a se envolver em profissões que, de alguma maneira, representassem uma extensão do trabalho doméstico, voltado sobretudo ao cuidado (Venturi; Godinho, 2013). Se em casa, eram responsáveis pelo cuidado com a faxina ou com o fogão, viraram faxineiras ou empregadas domésticas, cozinheiras e lavadeiras. Se em casa, cuidavam da educação dos filhos, passaram a ser babás e, no topo, professoras (Instituto Ethos, 2016). Essa inserção inicial no mercado de trabalho fazia com que as mulheres tivessem que provar a todo instante que mereciam a "oportunidade" que lhes estava sendo oferecida, muito embora estivessem mais atraídas por outro setor, que oferecesse melhores condições de trabalho, o qual ainda não poderiam estar por ser considerado "trabalho de homem".

Embora haja uma ampla presença feminina no mercado de trabalho (Cardia, 2015), persistem a existência de barreiras geradas por estereótipos de gênero nas estruturas políticas, jurídicas e sociais. E nesta seara, o trabalho doméstico masculino é visto prioritariamente como mera "ajuda" (Matos; Silva, 2015).

O ordenamento jurídico e as políticas públicas são baseados nas concepções de família tradicional, em que há uma evidente separação dos papéis do homem e da mulher. Conforme citado no capítulo anterior, ainda há insuficiente participação masculina nos afazeres domésticos, o que dificulta o ingresso da mulher no mercado de trabalho, haja vista a sobrecarga social e pessoal que causa prejuízo ao seu pleno desenvolvimento.

Consoante a cartilha referente aos Princípios de Empoderamento das Mulheres, documento criado pela ONU Mulheres (2016) com o objetivo de respeito e implementação por empresas, verifica-se que o empoderamento feminino é essencial para que economias fortes sejam construídas e para que sociedades sejam estabelecidas de forma mais justa e estável. A importância do tema ainda recai no alcance dos direitos humanos internacionalmente reconhecidos.

A partir desse documento, é fornecido um conjunto de considerações que ajudam o setor privado a se concentrar nos elementos-chave para a promoção da igualdade entre homens e mulheres no local de trabalho, no mercado e na comunidade. São sintetizados em sete princípios: (i) Estabelecer liderança corporativa de alto nível para a igualdade de gênero; (ii) Tratar todos os homens e mulheres de forma justa no trabalho – respeitar e apoiar os direitos humanos e não-discriminação; (iii) Garantir a saúde, a segurança e o bem-estar de todos os trabalhadores e trabalhadoras; (iv) Promover a educação, a formação e o desenvolvimento profissional das mulheres; (v) Implementar o desenvolvimento empresarial e as práticas da cadeia de suprimentos e de marketing que empoderem as mulheres; (vi) Promover a igualdade através de iniciativas e defesa comunitária; (vii) Mediar e publicar os progressos para alcançar a igualdade de gênero.

A pesquisa "A diversidade como alavanca de performance", elaborada pela empresa de consultoria Mckinsey&Company (2018), obteve resultados no sentido de que a diversidade de gênero está correlacionada tanto com a lucratividade como com a criação de valor. Comprovou-se também, por meio das pesquisas "Diversity matters: America Latina" e "Diversity still matters" (McKinsey & Company, 2020) que as equipes executivas das empresas de performance superior têm mais mulheres em cargos de liderança do que em outras funções.

Não obstante essas informações positivas quanto ao desempenho das mulheres dentro das empresas, existem dados do Instituto Ethos (2016) dando conta de um afunilamento hierárquico no corpo de funcionários, sendo observada uma menor inclusão de mulheres à medida em que aumentam as atribuições de comando. Da supervisão à gerência, por exemplo, elas perdem 7,5 pontos percentuais; da gerência ao quadro executivo, mais 18 pontos percentuais.

No tocante à diferença salarial, de acordo com dados do Retrato das Desigualdades de Gênero e Raça (2016), o rendimento médio real das mulheres brasileiras equivale a 70% do que recebem os homens. Adotado o recorte racial, a disparidade salarial entre homens brancos e as mulheres negras é ainda maior. O rendimento das mulheres negras acima de 16 anos corresponde a menos de 42% do que os homens brancos auferem.

Todavia, o fator determinante das desigualdades de gênero no trabalho está na distribuição desigual de cuidados não remunerados e das tarefas domésticas. Segundo o estudo "Mulheres no Trabalho – Tendências 2016", realizado pela Organização Internacional do Trabalho – OIT (2016), essa realidade está presente tanto nos países em desenvolvimento, quanto naqueles desenvolvidos. Segundo os dados apresentados, as mulheres realizam, em média, pelo menos duas vezes e meia mais tarefas domésticas não remuneradas e de cuidados do que os homens.

Quando a jornada no trabalho reprodutivo é acrescida do trabalho produtivo, elas se ocupam de 58 (cinquenta e oito) horas semanais – 06 (seis) horas a mais do que os homens (IPEA, 2016). Isto decorre do fato de que as escolhas são feitas com vistas a compatibilizar a atividade profissional com as responsabilidades familiares, o que acaba por prejudicar sua formação profissional e reduz as chances de alcançar maiores cargos e melhores salários (WORLD ECONOMIC FORUM, 2020). Insta ressaltar que a desigualdade se faz ainda mais presente naquelas famílias monoparentais, em que há a presença de maior número de filhos menores.

Para modificar o atual cenário de desigualdades, é preciso que a igualdade de gênero se torne um compromisso a ser assumido pela alta liderança para que ocorram mudanças estruturais na corporação. Ao definir referida pauta como prioridade estratégica, o próximo passo é desdobrá-la em metas e objetivos de toda a empresa e vinculá-los aos indicadores de gestão. Por se tratar de um compromisso a longo prazo, as empresas devem criar não apenas estruturas institucionais, como também culturais na organização para que a igualdade de gênero se torne um valor compartilhado por todos e todas, com um alcance em toda a cadeia de produção (ONU MULHERES, 2016).

Do mesmo modo, cabe às empresas melhorar substancialmente a representatividade de talentos diversificados em seus quadros de funcionários, bem como utilizar efetivamente a inclusão e a diversidade como facilitadores do impacto comercial. Muito embora o progresso na representatividade possa ocorrer relativamente rápido se houver um bom conjunto de iniciativas, a consolidação desta inclusão dentro organização pode levar anos e, muitas vezes, exige ações fora dela (MCKINSEY & COMPANY, 2018).

Neste sentido, a licença parental aparece sob a perspectiva de fomentar a atuação das mulheres nas mais diversas funções dispostas no mercado de trabalho.

2.2. A Licença parental como instrumento de crescimento das mulheres no mercado de trabalho

Como mencionado anteriormente, a licença parental objetiva a igualdade plena, material, apontando para uma repartição de tarefas no ambiente familiar, de maneira a viabilizar a presença de mulheres nas discussões e a possibilidade de disputa de espaços profissionais em melhores condições.

Segundo dados do IBGE (2019), no ano de 2019, a maior taxa de realização de afazeres domésticos ocorreu entre as mulheres pretas (94,1%), contra 91,5% das brancas e 92,3% das pardas. As taxas de realização de afazeres domésticos pelas mulheres brancas (91,5%), pretas (94,1%) ou pardas (92,3%) são sempre mais altas que as dos homens dos mesmos grupos de cor ou raça (80,4%, 80,9% e 76,5%, respectivamente). A atividade de auxílio nos cuidados pessoais (com crianças e idosos, por exemplo), que inclui alimentar, vestir, pentear, dar remédio, dar banho e colocar para dormir, ainda pesa muito sobre as mulheres: 85,6% delas realizam essa tarefa, enquanto a taxa entre os homens é de 67,9%. O auxílio nas atividades educacionais também apresentou diferença marcante (11,1 pontos percentuais a mais para as mulheres).

No mais, apontou-se que a realização de afazeres domésticos aumenta conforme cresce o nível de instrução. Em 2019, a taxa era de 81,9% entre as pessoas sem instrução ou com fundamental incompleto e de 90,3% entre aqueles com ensino superior completo, uma diferença de 8,4 pontos percentuais.

Vale dizer que a relação homem-mulher, em nossa sociedade, baseia-se na conversão do que é diferença em desigualdade e as consequências são traduzidas em dominação, exploração e opressão. A diferença entre seres humanos plurais é convertida em desigualdade extrema dentro das relações laborais homem-mulher, a qual se avulta no exercício tanto do labor produtivo quanto do labor reprodutivo, aquele especialmente desvalorizado e este particularmente invisibilizado (Oliveira; Silva; Melo, 2020).

Com a inserção de uma licença que abarcasse ambos os pais, haveria maior democratização de papéis e funções justamente pela forçosa distribuição igualitária dos encargos familiares, não os destinando apenas à população feminina, como imposto há séculos na nossa sociedade. Sobre o tema, Thereza Cristina Gosdal (2003) expõe que:

> O que se pode discutir é acerca da concessão de licença-parental, ao invés de licença-gestante, que poderia ser usufruída em parte pelo pai, para cuidar da criança. Isso porque os empresários ainda continuam considerando mais elevados os custos com a contratação de mulheres. Na hipótese de gravidez da empregada, o empregador não arca com o salário maternidade, mas continua recolhendo a contribuição previdenciária da empregada que se encontra em licença e também com os custos de sua substituição, além de estar sujeito a maior absenteísmo da empregada nos primeiros anos de vida da criança.

A licença parental seria a quebra de um paradigma e um caminho voltado à busca por igualdade no núcleo familiar, face à repartição mais equânime das tarefas domésticas e do cuidado com os filhos. No que tange às oportunidades do mercado de trabalho, possuindo maior flexibilidade de horário e reduzindo a carga mental derivada da dupla e tripla jornada, a mulher poderia desenvolver suas expertises, se profissionalizar de uma forma mais adequada e estar cada vez mais apta para disputar vagas e salários melhores (Oliveira, 2003).

Além disso, este modelo alternativo de afastamento do trabalho poderia retirar das mães um injusto e pesado fardo que consiste na necessidade de optar entre a criação de um filho e a vida profissional, analisados como fatores excludentes entre si. Portanto, pensar em políticas de ajuste do equilíbrio trabalho-família têm o condão de propiciar a homens e mulheres a congregação das duas esferas, possibilitando a democratização da órbita pública e privada e, com isso, oportunizar maior participação das mulheres no mercado de trabalho (Matos; Oliveira; Natividade, 2016).

Um ponto importante a ser levantado se dá a partir da constatação de que uma parcela expressiva das mulheres não retorna ao trabalho após a licença-maternidade. De acordo com os dados colhidos pela empresa Robert Half (2016), 53% das funcionárias voltam à sua ocupação; contudo, 27% encontram dificuldades nesta retomada.

Ainda, de acordo com estudo realizado na Fundação Getúlio Vargas (FGV) sobre as consequências da licença-maternidade no mercado de trabalho (Machado; Pinho Neto, 2016), inicialmente se obteve resultados no sentido de que a probabilidade de emprego das mães no mercado de trabalho formal aumenta gradualmente até o momento da licença, sendo observado uma visível redução após tal período. Referida queda no emprego se inicia imediatamente após o período de proteção ao emprego garantido pela licença (quatro meses). Após 24 (vinte e quatro) meses, quase metade das mulheres que tiram licença-maternidade está fora do mercado de trabalho, um padrão que se perpetua inclusive 47 (quarenta e sete) meses após a licença. Menciona-se que a maior parte das saídas do mercado de trabalho se dá sem justa causa e por iniciativa do empregador.

A pesquisa em questão enfatiza ainda que os efeitos são bastante diversos a depender da educação da mãe. Nesta toada, as trabalhadoras que possuem maior nível de escolaridade apresentam queda de emprego de 35%, 12 (doze) meses após o início da licença, enquanto a queda é de 51% para as mulheres com nível educacional mais baixo.

Nesta toada, as mulheres são muitas vezes preteridas de cargos diante de seus benefícios trabalhistas, havendo uma discriminação no mercado de trabalho. Acrescente-se, ainda, a recorrente ausência de vagas em creches, somado à quantidade insatisfatória de mulheres em empregos capazes de resguardar condições mínimas à conciliação do trabalho e do cuidado com as crianças, como fatores decisivos na autonomia econômica das mulheres, eis que dificultam o acesso e a permanência de mulheres no mercado de trabalho.

Cumpre ressaltar que a discussão acerca dos benefícios trabalhistas também pode explicar, em certa medida, a diferença salarial entre homens e mulheres. Neste sentido, é possível inferir que os menores salários destinados às mulheres podem estar atrelados à necessidade que as empresas impõem de compensar os custos associados ao trabalho feminino (Pinheiro; Galiza; Fontoura, 2009).

Assim, coloca-se em reflexão os institutos da licença-maternidade e paternidade, os quais podem ser substituídos, após a fase obrigatória de repouso da gestante, pela licença parental. Diante desse novo formato, vislumbra-se a existência de garantias à figura materna, especialmente quanto à sua sustentação no mercado de trabalho, da mesma maneira que tal modelo desencadearia um incentivo para a paternidade participativa e responsável, assim como para a divisão do trabalho doméstico (Matos; Silva, 2015).

Dessa maneira, tornam-se perceptíveis as vantagens da maior participação feminina no ambiente corporativo a partir de uma melhor divisão do trabalho doméstico e do cuidado dos filhos no plano doméstico. Este equilíbrio dialoga diretamente com um ideal de sustentabilidade, tal qual determinado nos Objetivos de Desenvolvimento Sustentável – e sobretudo no ODS 5, que será analisado no item subsequente.

3. Adoção da licença parental no Brasil em cumprimento ao ODS 5 e suas metas

No presente item será feita uma breve análise sobre os Objetivos de Desenvolvimento Sustentável, bem como serão levantadas questões referentes à imprescindibilidade de um diálogo entre o modelo de licença parental e o cumprimento do ODS 5, que tem por objetivo alcançar a igualdade de gênero e empoderar todas as mulheres e meninas.

3.1. A Agenda 2030 para o Desenvolvimento Sustentável

Os Objetivos de Desenvolvimento Sustentável foram idealizados em 2012, durante a Rio+20 ou Conferência das Nações Unidas sobre o Desenvolvimento Sustentável, oportunidade em que houve a renovação do compromisso do desenvolvimento sustentável assumido nas conferências anteriores, como a Conferência de Estocolmo, a Rio-92 e Rio+10 (Plataforma Agenda 2030, 2015).

Deste evento, houve a criação do documento O futuro que queremos (ONU, 2012), dando ênfase a questões relacionadas à utilização de recursos naturais e questões sociais, como, por exemplo, a falta de moradia e igualdade de gênero.

Nesta ocasião, também restou realizada uma avaliação dos Objetivos de Desenvolvimento do Milênio (ODM), os quais foram estabelecidos no ano 2000, sendo compostos por oito metas de combate à pobreza e à mortalidade infantil, promoção do empoderamento feminino, entre outras, a serem atingidas até o final de 2015. Após a devida análise dos resultados, verificou-se que foram realizados progressos significativos.

A partir disso, reconhecendo o sucesso dos ODM, estabeleceu-se um Grupo de Trabalho Aberto para elaborar um novo conjunto de metas de desenvolvimento sustentável, com vistas a finalizar o trabalho proposto no ano 2000.

Desta forma, depois de mais de um ano de deliberações consultivas abrangentes e intensivas, o Grupo de Trabalho Aberto propôs 17 objetivos específicos com 169 metas associadas como um plano de ação para as pessoas, para o planeta e para a prosperidade. As negociações intergovernamentais sobre a composição das metas duraram mais de dois anos e contaram com numerosas e expressivas contribuições da sociedade civil e outros atores interessados.

Em setembro de 2015 ocorreu em Nova York, na sede da Organização das Nações Unidas, a Cúpula de Desenvolvimento Sustentável liderada pelos Estados-membros e com a participação dos principais grupos e partes interessadas da sociedade civil (ONU, 2020).

Nesse encontro, 193 países definiram os Objetivos de Desenvolvimento Sustentável (ODS) como parte de uma nova agenda, cujo escopo é finalizar o trabalho dos Objetivos de Desenvolvimento do Milênio. Ou seja, os ODS se constroem face ao legado dos ODM e pretendem concluir o que estes não conseguiram alcançar, trazendo um diferencial importante em relação ao seu antecessor: a necessidade de Estados e demais sujeitos e atores de Direito Internacional atuarem em prol do alcance de suas metas.

Com prazo para o cumprimento de todas as metas estipuladas até 2030, mas com o trabalho iniciando desde a sua elaboração, essa agenda passou a ser conhecida como a Agenda 2030 para o Desenvolvimento Sustentável.

Os 17 Objetivos de Desenvolvimento Sustentável foram separados da seguinte forma: 1. Erradicação da pobreza; 2. Fome zero e agricultura sustentável; 3. Saúde e bem-estar; 4. Educação de qualidade; 5. Igualdade de gênero; 6. Água potável e saneamento; 7. Energia limpa e acessível; 8. Trabalho decente e crescimento econômico; 9. Indústria, inovação e infraestrutura; 10. Redução das Desigualdades; 11. Cidades e Comunidades Sustentáveis; 12. Consumo e Produção Responsáveis; 13. Ação contra a mudança global do clima; 14. Vida na água; 15. Vida terrestre; 16. Paz, justiça e instituições eficazes; e 17. Parcerias e meios de implementação.

Cumpre mencionar que os ODS são interligados, integrados e indivisíveis, ou seja, devem ser pensados e promovidos como um todo, em conjunto. Nesta toada, ressalta-se que a Agenda 2030 tem como lema "Não deixar ninguém para trás" (Plataforma Agenda 2030, 2015), o que se vislumbra a partir do estabelecimento de metas que devem ser cumpridas de maneira holística por sujeitos e atores da sociedade internacional, o que inclui Estados e empresas.

Por conseguinte, referida Agenda apenas ganhará efetividade se houver um esforço coletivo em prol da consecução de todos os objetivos, sem que nenhum grupo fique para trás, e, dentre eles, o grupo formado por mulheres, à luz do ODS 5, o que se verá a seguir.

3.2. Licença parental em diálogo com o ODS 5: empoderamento feminino no ambiente corporativo a partir de mudanças estruturais

No tocante ao ODS 5, foco do presente trabalho, este expõe a necessidade de alcançar a igualdade de gênero e empoderar todas as mulheres e meninas. Neste ponto, oportuno dizer que a igualdade deve ser avaliada para além dos direitos humanos e liberdades fundamentais, como também deve ser analisada sob o prisma de igualdade de oportunidades como forma de empoderamento.

As Nações Unidas, em seu "Glossário de termos do Objetivo de Desenvolvimento Sustentável 5" (PNUD, 2016), preconiza que:

> Igualdade não significa que mulheres e homens são os mesmos, mas que os direitos, responsabilidades e oportunidades dos homens e das mulheres não devem depender do fato de nascerem do sexo masculino ou feminino. Igualdade de gênero indica que os interesses, necessidades e prioridades de homens e mulheres devem ser levadas em consideração, reconhecendo a diversidade dos diferentes grupos de homens e mulheres. A igualdade de gênero não é uma questão das mulheres, mas deve envolver igualmente homens e mulheres. Igualdade entre mulheres e homens é uma questão de direitos humanos e também condição para e indicador de desenvolvimento sustentável centrado nas pessoas.

Em consonância com o relatório "Transformando promessas em ação: Igualdade de Gênero na Agenda 2030 para o Desenvolvimento Sustentável" (UN WOMEN, 2018), elaborado pela ONU Mulheres, somente haverá desenvolvimento sustentável se esse for capaz de beneficiar igualmente homens e mulheres. Deste modo, é essencial a incorporação de uma perspectiva de gênero na implementação e no monitoramento dos Objetivos do Desenvolvimento Sustentável.

Conforme já exposto em dados ao longo do texto, a realidade que se apresenta é a de que as mulheres ainda enfrentam discriminação, marginalização e exclusão, sobretudo no mercado de trabalho. Assim sendo, são expressivas as dificuldades para conquistar boas posições e remuneração no mercado de trabalho, precisando conciliar trabalho e cuidados com filhos e casa, eis que continuam sendo as principais, quando não únicas, responsáveis pelas atividades reprodutivas.

O combate à discriminação é uma das metas do ODS 5 – precisamente da meta 5.1, que pretende acabar com todas as formas de discriminação contra todas as mulheres e meninas em toda parte (ONU, 2015) – devendo ser enfrentado para o alcance da igualdade de gênero. A Convenção sobre a Eliminação de Todas as Formas de Discriminação contra a Mulher – CEDAW (BRASIL, 2002) aponta em seu artigo 1º o conceito de discriminação:

> Artigo 1º Para os fins da presente Convenção o, a expressão "discriminação contra a mulher" significará toda a distinção, exclusão ou restrição baseada no sexo e que tenha por objeto ou resultado prejudicar ou anular o reconhecimento, gozo ou exercício pela mulher, independentemente de seu estado civil, com base na igualdade do homem e da mulher, dos direitos humanos e liberdades fundamentais nos campos político, econômico, social, cultural e civil ou em qualquer outro campo.

Destarte, da mesma forma como os governos devem garantir a proteção da maternidade a todas as mulheres, em conformidade com as normas internacionais do trabalho, sem nenhuma exceção, e aumentar a oferta das licenças remuneradas para os pais e promover os seus níveis de utilização (OIT, 2016), as empresas também devem seguir a mesma premissa.

A Agenda 2030 vem reforçar tratados firmados anteriormente que, apesar de terem proporcionado progressos em todos os campos, continuam deixando para trás uma parcela enorme da população, privada desses direitos humanos fundamentais, como é o caso da marginalização das mulheres no mercado de trabalho.

A desigual distribuição de cuidados não remunerados e das tarefas domésticas entre homens e mulheres é um fator determinante das desigualdades no trabalho. Desta forma, a licença parental é um meio de divisão de tarefas com vistas a partilhar responsabilidades mais equitativamente entre o pai e a mãe. Ademais, se faz necessário a adoção de medidas de reintegração no trabalho para permitir que as trabalhadoras com responsabilidades familiares sejam reintegradas no mercado de trabalho após o afastamento temporário das atividades profissionais para desempenhar os cuidados com o filho (OIT, 2016).

O ODS 5 – Igualdade de Gênero possui 8 (oito) metas, dentre elas a meta 5.5. que consiste em "garantir a participação plena e efetiva das mulheres e a igualdade de oportunidades para a liderança em todos os níveis de tomada de decisão na vida política, econômica e pública" (ONU, 2015).

Tendo em vista que as empresas figuram como entidades sociais com potencial de transformação em razão de seu poder de influência e controle, ações implementadas por elas são fundamentais não só no que diz respeito ao alcance da sustentabilidade empresarial, como também na geração de impactos positivos para além dos limites empresariais e contribuir para a promoção de equidade de gênero na sociedade (Bonatto, 2020).

Uma das melhores maneiras de se garantir a participação plena e efetiva das mulheres e a igualdade de oportunidades no mercado de trabalho é colocar as mulheres ao lado dos homens na linha de partida. É oferecer melhores condições de aprimoramento, de acesso, afastando a sobrecarga advinda da divisão desigual das tarefas domésticas. Ao permitir que homens também se afastem de suas atividades laborais por período determinado para cuidar do filho recém-nascido e/ou adotado, faz com que os cuidados se igualem, permitindo às mulheres a oportunidade de estar em pé de igualdade dentro das empresas e evitando eventual discriminação em razão do benefício de licença-maternidade conferido.

Outrossim, a responsabilidade compartilhada implica na responsabilidade distribuída de maneira equilibrada entre os vários integrantes do lar e da família, contribuindo para a redução da desigualdade de gênero. Deste modo, a Convenção 156 da OIT (1983) sobre a Igualdade de Oportunidades e de Tratamento para Homens e Mulheres Trabalhadores considera que tais questões são relativas à família e à sociedade e que, portanto, devem ser tomadas em consideração pelas políticas nacionais.

O ODS 5 ainda traz reflexões no tocante à fundamental participação ativa das mulheres e a incorporação da perspectiva feminina em todos os níveis de tomada de decisão para que seja possível atingir os objetivos de igualdade, desenvolvimento e paz (PNUD, 2016). Consoante exposição no item 2, a diversidade de gênero está correlacionada tanto com a lucratividade como com a criação de valor, restando comprovado que equipes que possuem mulheres em cargos de liderança apresentam performance superior. Assim sendo, a participação igualitária das mulheres na tomada de decisões não é apenas uma exigência de simples justiça ou democracia, mas também conduz a resultados muito positivos para a empresa.

Portanto, a licença parental seria uma medida que possibilitaria a plena justiça e igualdade na seara familiar. Tendo em vista que abarca os deveres de ambos os genitores na questão da criação dos filhos, possivelmente, teria o condão de gerar uma gradativa divisão das tarefas domésticas. Essa licença, ademais, incontestavelmente assinalaria grande avanço legislativo, com vistas à promoção do princípio constitucional da igualdade (Matos; Silva, 2015). Deste modo, reforçaria o dever de corresponsabilidade entre pais e mães no que diz respeito à criação dos filhos, expressamente exposto na Teoria da Proteção Integral.

Para que seja possível o empoderamento feminino com a concretização da igualdade nas empresas e na sociedade, é imperioso repensar as atuais estruturas que dividem trabalhos de mulheres e de homens e impor uma nova cultura que beneficia a divisão do trabalho, especialmente aquele voltado ao filho recém-nascido/recém adotado.

Desta forma, a licença parental destina-se a rever os papeis de gênero engessados na sociedade e proporcionar uma maior participação das mulheres no mercado de trabalho, em cumprimento às metas do ODS 5, de modo a alavancar a corresponsabilidade dos pais nos cuidados com os filhos recém-nascidos/recém-adotados, para que seja possível às mulheres conciliarem trabalho e afazeres domésticos como os homens já vêm fazendo há séculos.

Conclusões

A igualdade de gênero até hoje não foi alvo de suficiente estímulo no Brasil, seja na sociedade, na política ou na economia. A divisão de papéis familiares, parentais e domésticos mantém-se organizada conforme predisposições de gênero, assim, sobrecarregando as mulheres. Sob um contexto econômico, a participação feminina no mercado de trabalho, embora crescente nos últimos anos, segue cotidianamente desafiada por indicadores que anotam o desequilíbrio da trabalhadora em relação ao trabalhador.

A divisão sexual do trabalho confere ao homem a responsabilidade pelas atividades produtivas e à mulher as reprodutivas e de cuidado. E, sendo naturalizada, torna-se crença de que esses são papéis realmente distintos, porque são seres também distintos.

Na contramão deste pensamento, a licença parental aparece como uma possibilidade de trazer maior equilíbrio nas funções exercidas por mães e pais, apontando para uma repartição de tarefas no ambiente familiar. Assim sendo, oportuniza-se às mulheres maiores chances de inserção no mercado de trabalho, diante da possibilidade de compatibilizar de maneira mais adequada a carreira e os filhos, assim como de competir por melhores cargos e salários.

Para que se possa alcançar uma efetiva igualdade entre homens e mulheres no trabalho, é essencial que as sociedades reconheçam que ambos, homens e mulheres, têm o direito e a responsabilidade de trabalhar e prestar cuidados. Ainda, necessário se faz colocar a figura paterna igualmente no centro das discussões relativas a vínculos e cuidados com o filho recém-nascido ou adotado.

Alcançar a igualdade entre homens e mulheres, em conformidade com a Agenda 2030 para o Desenvolvimento Sustentável, é um requisito prévio indispensável para a realização de um desenvolvimento sustentável que não deixe nenhuma mulher para trás e garanta sua plena atuação no mercado de trabalho.

O ODS 5 traz a necessidade de alcançar a igualdade de gênero e empoderar todas as mulheres e meninas e as empresas também são parte importante para a construção da paridade de gênero no mundo e para a mobilização dos meios necessários para constituir uma parceria global revitalizada, em atenção à Agenda 2030.

Para que ocorra o empoderamento feminino com a concretização da igualdade nas empresas e na sociedade, é imperioso repensar as atuais estruturas que dividem trabalhos de mulheres e de homens e impor uma nova cultura que beneficia a divisão do trabalho, especialmente aquele voltado ao filho recém-nascido/adotado, devendo ser um compromisso a ser assumido pela alta liderança para que ocorram mudanças estruturais na corporação. Ao rever os papeis de gênero, a licença parental possui o condão de proporcionar uma maior participação das mulheres no mercado de trabalho, em cumprimento às metas do ODS 5 e dos demais instrumentos de direitos das mulheres internacionalmente consagrados.

Referências

ALMEIDA, Silvio. **Racismo estrutural**. São Paulo: Pólen Produção Editorial LTDA., 2019.

ARRUZA, Cinzia; BHATTACHARYA, Tithi; FRASER, Nancy. **Feminismo para os 99%**: Um manifesto. 1ª ed. São Paulo: Boitempo. 2019.

AUTOMOTIVE BUSINESS. **Volvo Cars Brasil cria licença parental igualitária para pais e mães**. 2021. Disponível em: https://www.automotivebusiness.com.br/noticia/32791/volvo-cars-brasil-cria-licenca-parental-igualitaria-para-pais-e-maes. Acesso em: 05 jun. 2021.

BONATTO, Marina. Responsabilidade Social Corporativa na promoção da igualdade de gênero. In: **Novas reflexões sobre o Pacto Global e os ODS da ONU**. 1ª ed. Curitiba: NCA Comunicação e Editora, 2020.

BRASIL. **Decreto nº 4377**, de 13 de setembro de 2002. Promulga a Convenção sobre a Eliminação de Todas as Formas de Discriminação contra a Mulher, de 1979, e revoga o Decreto no 89.460, de 20 de março de 1984. Disponível em: http://www.planalto.gov.br/ccivil_03/decreto/2002/d4377.htm. Acesso em: 05 jun. 2021.

BRASIL. **Decreto nº 7052**, de 23 de dezembro de 2009. Regulamenta a Lei no 11.770, de 9 de setembro de 2008, que cria o Programa Empresa Cidadã, destinado à prorrogação da licença-maternidade, no tocante a empregadas de pessoas jurídicas. Disponível em: http://www.planalto.gov.br/ccivil_03/_ato2007-2010/2009/decreto/d7052.htm. Acesso em: 31 maio 2021.

BRASIL. **Lei nº 11.770**, de 09 de setembro de 2008. Cria o Programa Empresa Cidadã, destinado à prorrogação da licença-maternidade mediante concessão de incentivo fiscal, e altera a Lei no 8.212, de 24 de julho de 1991. Disponível em: http://www.planalto.gov.br/ccivil_03/_ato2007-2010/2008/lei/l11770.htm. Acesso em: 30 maio 2021.

BRASIL. **Lei nº 13.257**, de 08 de março de 2016. Dispõe sobre as políticas públicas para a primeira infância e altera a Lei nº 8.069, de 13 de julho de 1990 (Estatuto da Criança e do Adolescente), o Decreto-Lei nº 3.689, de 3 de outubro de 1941 (Código de Processo Penal), a Consolidação das Leis do Trabalho (CLT), aprovada pelo Decreto-Lei nº 5.452, de 1º de maio de 1943, a Lei nº 11.770, de 9 de setembro de 2008, e a Lei nº 12.662, de 5 de junho de 2012. Disponível em: http://www.planalto.gov.br/ccivil_03/_ato2015-2018/2016/lei/l13257.htm. Acesso em: 31 maio 2021.

BRASIL. **Relatório Anual Socioeconômico da Mulher 2017/2018**. Brasília: Secretaria Nacional de Políticas para as Mulheres. 2020.

CARDIA, Ana Cláudia Ruy. **Empresas, direitos humanos e gênero:** desafios e perspectivas na proteção e no empoderamento da mulher pelas empresas transnacionais. Porto Alegre: Buqui, 2015.

CASAS, Lidia; HERRERA, Tania. **Maternity protection vs. maternity rights for working women in Chile**: a historical review. Reproductive Health Matters. 2012. Disponível em: https://pubmed.ncbi.nlm.nih.gov/23245419/ Acesso em: 29 maio 2021.

DIAS, Maria Berenice. **Manual de Direito das Famílias**. São Paulo: Editora Revista dos Tribunais, 2006.

EL PAÍS. **Espanha equipara licença paternidade e maternidade, e avança na igualdade de gênero**. 2021. Disponível em: https://brasil.elpais.com/internacional/2021-01-01/espanha-equipara-licenca-paternidade-e-maternidade-e--avanca-na-igualdade-de-genero.html?fbclid=IwAR2GzBbiIJk0vtPMtku7caUfNAH6kjGYnyBEbBOifam0C2SD7DEWn7TnoVc. Acesso em: 05 jun. 2021.

FOLLONI, André; PERON, Rita de Cássia Andrioli Bazila. Tributação extrafiscal e direitos fundamentais: Programa Empresa Cidadã e licença-maternidade. **Espaço Jurídico Journal of Law (EJJL)**. Chapecó, v. 15, n.2, jul./dez.2014.

IBGE. **Mulheres dedicam mais horas aos afazeres domésticos e cuidados de pessoas**. 2019. Disponível em: https://agenciadenoticias.ibge.gov.br/agencia-sala-de-imprensa/2013-agencia-de-noticias/releases/24266-mulheres-dedicam-mais-horas-aos-afazeres-domesticos-e-cuidado-de-pessoas-mesmo-em-situacoes-ocupacionais-iguais-a-dos-homens. Acesso em: 05 jun. 2021.

INSTITUTO DE PESQUISA ECONÔMICA APLICADA – IPEA. **Mulheres e Trabalho: breve análise do período de 2004-2014**. Brasília, 2016. Disponível em: http://repositorio.ipea.gov.br/handle/11058/6524. Acesso em: 05 jun. 2021.

INSTITUTO ETHOS. **Perfil social, racial e de gênero das 500 maiores empresas do Brasil e suas ações afirmativas**. 2016. Disponível em: http://www.onumulheres.org.br/areas-tematicas/empoderamento-economico/estudo/. Acesso em: 05 jun. 2021.

MACHADO, Cecília; PINHO NETO, Valdemar. **The Labor Market consequences of maternity leave policies**: Evidence from Brazil. 2016. Disponível em: https://portal.fgv.br/think-tank/mulheres-perdem-trabalho-apos-terem-filhos. Acesso em: 05 jun. 2021.

MATOS, Ana Carla Harmatiuk; OLIVEIRA, Ligia Ziggioti de; NATIVIDADE, João Pedro Kostin Felipe de. Licença parental como agenda para a igualdade de gênero: diálogos entre os modelos suecos e brasileiro. **Revista da Faculdade de Direito – UFPR**. Curitiba, vol. 61, n. 03, Set/Dez 2016. Disponível em: https://revistas.ufpr.br/direito/article/view/48053. Acesso em: 29 maio 2021.

MATOS, Ana Carla Harmatiuk; SILVA, Débora Simões da. Licença-parental e o enfrentamento da desigualdade de gênero no mercado de trabalho e âmbito familiar. **Revista Brasileira de Direito Civil**. Volume 5 – Jul/Set 2015. Disponível em: https://rbdcivil.ibdcivil.org.br/rbdc/article/view/88. Acesso em: 31 maio 2021.

MCKINSEY & COMPANY. **A diversidade como alavanca de performance**. 2018. Disponível em: https://www.mckinsey.com/business-functions/organization/our-insights/delivering-through-diversity/pt-br. Acesso em: 05 jun. 2021.

MCKINSEY & COMPANY. **Diversity matters:** Latin America. 2020. Disponível em: https://www.mckinsey.com/br/our-insights/diversity-matters-america-latina. Acesso em: 05 jun. 2021.

MCKINSEY & COMPANY. **Diversity still matters**. 2020. Disponível em: https://www.mckinsey.com/featured-insights/diversity-and-in-clusion/diversity-still-matters. Acesso em: 05 jun. 2021.

OLIVEIRA, Fernanda Abreu de; SILVA, Bruna Isabelle Simioni; MELO, Ezilda. Divisão sexual do trabalho e violência doméstica no Brasil pandêmico: da liquidez das relações. In: **Covid-19 e Direito brasileiro – Mudanças e Impactos**. 1ª ed. São Paulo: Tirant lo Blanch, 2020.

Oliveira, Rosiska Darcy de. **Reengenharia do tempo**. Rio de Janeiro: Rocco, 2003.

Onu Mulheres. **Estudos.** 2016. Disponível em: http://www.onumulheres.org.br/areas-tematicas/empoderamento-economico/estudo/. Acesso em: 05 jun. 2021.

Onu Mulheres. **Princípios de Empoderamento das Mulheres**. 2016. Disponível em: http://www.onumulheres.org.br/areas-tematicas/empoderamento-economico/empresas/. Acesso em: 05 jun 2021.

Organização das Nações Unidas (onu). **O futuro que queremos**. 2012. Disponível em:http://www.rio20.gov.br/documentos/documentos-da-conferencia/o-futuro-que-queremos/index.html. Acesso em 29 maio 2021.

Organização das Nações Unidas (onu). **A ONU e o meio ambiente.** 2020. Disponível em: https://brasil.un.org/pt-br/91223-onu-e-o-meio-ambiente. Acesso em: 29 maio 2021.

Organização das Nações Unidas (onu). **Objetivo de Desenvolvimento Sustentável 5**. 2015. Disponível em: https://brasil.un.org/pt-br/sdgs/5. Acesso em: 29 maio 2021.

Organização Internacional Do Trabalho (oit). **Convenção 103 – Amparo à Maternidade**. 1966. Disponível em: https://www.ilo.org/brasilia/convencoes/WCMS_235193/lang--pt/index.htm. Acesso em: 31 maio 2021.

Organização das Nações Unidas (onu). **Mulheres no Trabalho – Tendências 2016**. Disponível em: https://www.ilo.org/brasilia/publicacoes/WCMS_457096/lang--en/index.htm. Acesso em: 05 jun. 2021.

Organização das Nações Unidas (onu). **Convenção 156** 1983. Disponível em: https://www.ilo.org/brasilia/convencoes/WCMS_242709/lang--pt/index.htm. Acesso em: 05 jun. 2021.

Osdal, Thereza Cristina. **Discriminação da mulher no emprego**: relações de gênero no direito do trabalho. Curitiba: Gênesis, 2003.

Plataforma Agenda 2030. **A Agenda 2030 para o Desenvolvimento Sustentável**. 2015. Disponível em: http://www.agenda2030.com.br/sobre/. Acesso em: 29 maio 2021.

Plataforma Agenda 2030. **Conheça a Agenda 2030**. Disponível em: http://www.agenda2030.com.br/sobre/. Acesso em: 29 maio 2021.

Pinheiro, Luana; Galiza, Marcelo; Fontoura, Natália. New family arrangements, old gender social conventions: parental leave as public policy to deal with these tensions. **Revista Estudos Feministas**, Florianópolis, v. 17, n. 3, Set/Dec. 2009. Disponível em: https://www.scielo.br/scielo.php?script=sci_arttext&pid=S0104-026X2009000300013. Acesso em: 29 maio 2021.

Pnud. **Glossário ODS 5**. 2016. Disponível em: https://www.br.undp.org/content/brazil/pt/home/library/ods/glossario-do-ods-5.html. Acesso em: 31 maio 2021.

Receita Federal. **Programa Empresa Cidadã.** 2016. Disponível em: https://www.gov.br/receitafederal/pt-br/assuntos/orientacao-tributaria/isencoes/programa-empresa-cidada/orientacoes. Acesso em: 05 jun. 2021.

Revista Exame. **Grupo Boticário estende licença parental de 120 dias aos funcionários.** 2021. Disponível em: https://exame.com/negocios/grupo-boticario-estende-licenca-parental-de-120-dias-a-todos-funcionarios/. Acesso em: 05 jun. 2021.

Robert Half. **Mulheres e o Mundo Corporativo**. 2016. Disponível em: https://www.roberthalf.com.br/central-do-conhecimento/carreira-e-mercado/mulheres-e-o-mundo-corporativo. Acesso em: 29 maio 2021.

Un Women. **Turning Promises into Action**: Gender Equality in the 2030 Agenda for Sustainable Development. 2018. Disponível em: <http://www.onumulheres.org.br/wp-content/uploads/2018/02/SDG-report-Gender-equality-in-the-2030-Agenda-for-Sustainable-Development-2018-en.pdf> Acesso em: 05 jun. 2021.

Venturi, Gustavo. Godinho, Tatau (Org.). **Mulheres brasileiras e gênero nos espaços público e privado**: uma década de mudanças na opinião pública. São Paulo: Editora Fundação Perseu Abramo: Edições Sesc SP, 2013.

World Economic Forum. **Global Gender Gap Report 2020**. Disponível em: http://www3.weforum.org/docs/WEF_ GGGR_2020.pdf. Acesso em: 05 jun. 2021.

15. DIREITOS HUMANOS E EMPRESAS: IMPLANTAÇÃO DAS DIRETRIZES NACIONAIS EM UMA PERSPECTIVA INTERSECCIONAL

Danielle Anne Pamplona
Sandra Mara Flügel Assad
Nathália de Oliveira Martins

Introdução

A constatação de que atividades empresariais podem afrontar os direitos humanos internacionalmente reconhecidos fomenta a necessidade de reflexão sobre os mecanismos que tenham por objetivo evitar e reparar os danos causados. As Diretrizes Nacionais sobre Empresas e Direitos Humanos (Diretrizes), estabelecidas por meio do Decreto nº 9.571/2018, se apresentam como uma dessas ferramentas de proteção. Todavia, a concepção das Diretrizes brasileiras não ocorreu dentro dos parâmetros sugeridos pelo Grupo de Trabalho da ONU sobre Empresas e Direitos Humanos (GT-EDH) para a elaboração de Planos Nacionais de Ação sobre o tema, o que pode comprometer a efetividade das medidas previstas nas Diretrizes. Acrescente-se a isso a necessidade de conjugar o conteúdo das Diretrizes com a compreensão de que uma grande parcela da população brasileira convive com vulnerabilidades múltiplas decorrentes de seu gênero, raça e classe social.

Este trabalho se propõe a utilizar ferramentas conceituais da teoria da interseccionalidade, desenvolvidas pela doutrina, e de modo especial, por Patricia Hill Collins, para direcionar as ações de Estados e empresas à proteção de direitos humanos, sobretudo de mulheres e meninas. Com o objetivo de contextualizar o problema no território brasileiro, o trabalho examinará a decisão da Corte Interamericana de Direitos Humanos (CtIDH) que condenou o Brasil por violações aos direitos humanos no caso que envolve a explosão de uma fábrica de fogos de artifício em Santo Antônio de Jesus-BA.

Na primeira seção o trabalho tratará das Diretrizes Nacionais sobre Empresas e Direitos Humanos a partir das orientações do GT-EDH da ONU. Na seção seguinte, apresentará de forma objetiva os fundamentos da condenação do Estado brasileiro pela Corte Interamericana no caso escolhido como modelo. E, na terceira seção, utilizará instrumentos desenvolvidos pela teoria da interseccionalidade para a analisar tanto a conjuntura em que ocorreram as violações de direitos humanos no caso paradigma, como a possibilidade de utilização de uma perspectiva interseccional na implementação das Diretrizes a fim de tutelar os direitos humanos de meninas e mulheres que trabalham em condições inseguras no Brasil.

1. Diretrizes Nacionais sobre Empresas e Direitos Humanos

Em 2011, o Conselho de Direitos Humanos da ONU adotou os Princípios Orientadores sobre Empresas e Direitos Humanos (POs) e criou o Grupo de Trabalho da ONU sobre Empresas e Direitos Humanos (GT-EDH) para fomentar a adoção de tais princípios pelos Estados membros. Trata-se de um avanço eis que "a comunidade internacional reconhece que a responsabilização de empresas é um passo necessário para a evolução na proteção dos direitos humanos" (Pamplona e Silva, 2015, p. 150). O GT-EDH da ONU publicou Orientação para elaboração de Planos Nacionais de Ação sobre o tema, onde assinala que a legitimidade de um plano nacional de ação depende do grau de participação de indivíduos e grupos afetados, como instituições nacionais de direitos humanos, representantes empresariais, sindicados, organizações da sociedade civil, representantes de grupos da população que possam estar particularmente expostos a abusos a direitos humanos relacionados com a atividade empresarial (ONU, 2016).

Embora o Brasil não tenha elaborado um plano nos moldes indicados pelo GT-EDH, editou o Decreto nº 9.571/2018 que estabeleceu as Diretrizes Nacionais sobre Empresas e Direitos Humanos, destinadas, conforme o seu artigo 1º, às médias e grandes empresas, inclusive às multinacionais que exerçam suas atividades no país, possibilitando-

-se, também, o seu cumprimento pelas microempresas e empresas de pequeno porte, na medida de suas capacidades.

As Diretrizes brasileiras abordam os temas próprios dos Planos Nacionais, todavia destes se afastam no que diz respeito à legitimidade e à obrigatoriedade (Hobeika, 2020, p. 87). Veja-se que, embora a necessidade de participação de todos os *stakeholders* interessados seja incansavelmente apontada pelos organismos internacionais como fundamental para a legitimidade dos Planos, na elaboração das Diretrizes não houve colaboração da sociedade civil. Além disso, as Diretrizes expressamente estabelecem que seus dispositivos são de cumprimento voluntário pelas empresas, e tal voluntariedade é amplamente criticada pela doutrina, que reivindica a coexistência de dispositivos compulsórios claros que indiquem quais são as condutas estatais e corporativas adequadas para que os direitos sejam protegidos e respeitados (Olsen; Pamplona, 2016). Em relação ao conteúdo, as Diretrizes brasileiras reafirmam os três pilares dos Princípios Orientadores, quais sejam, o dever do Estado de proteger os direitos humanos em atividades empresariais, a responsabilidade das empresas em respeitar aos direitos humanos e a disponibilização de mecanismos de reparação àqueles que tiveram seus direitos afetados (Camargos; Collesi, 2019, p. 139).

A implantação dos Princípios Orientadores no Brasil é urgente face à condição de negação de direitos humanos em que inúmeras pessoas vivem e prestam serviços no território nacional. Com o propósito de demonstrar a premência do Estado agir para prevenir e punir ações de empresas que desrespeitam, dentre outros, o direito à vida, à dignidade e à igualdade dos trabalhadores, e, de modo particular, os direitos de mulheres e meninas, serão abordadas algumas violações a que estavam submetidas as trabalhadoras que morreram em decorrência da explosão de uma fábrica de artefatos pirotécnicos. A mencionada tragédia, ocorrida há mais de 20 anos, e que foi objeto de julgamento pela Corte Interamericana de Direitos Humanos, retrata a importância do gênero, da raça e da classe social como elementos definidores da amplitude do impacto suportado pelas vítimas de abusos de direitos humanos. Embora os acontecimentos sejam anteriores à adoção pela ONU dos Princípios Orientadores e à publicação das Diretrizes Nacionais, a Corte Interamericana fez expressa referência às Diretrizes em sua decisão, como veremos a seguir.

2. Violações de direitos humanos decorrentes de atividade empresarial

No dia 11 de dezembro de 1998, uma explosão destruiu uma fábrica de fogos de artifício situada na Fazenda Joeirana, zona rural da cidade em Santo Antônio de Jesus-BA. A tragédia envolvendo trabalhadores que estavam laborando expostos a material perigoso, causou perplexidade eis que dentre as sessenta vítimas fatais, cinquenta e nove eram mulheres, das quais dezenove meninas e quatro gestantes.

Inicialmente é importante ressaltar que, à época da catástrofe, a fábrica contava com as autorizações exigidas para o funcionamento do negócio (OEA, 2020, 78), o que não impedia que as condições de produção e de armazenamento dos materiais perigosos fossem inaceitáveis. As trabalhadoras e os estoques de explosivos dividiam os mesmos espaços físicos, estando as mulheres sujeitas a circunstâncias insalubres e degradantes. Não eram observadas as normas técnicas que tratam da saúde dos trabalhadores, tampouco as normas que estabelecem as condições de segurança necessários ao manejo dos fogos. A comprovada ausência de fiscalização do meio ambiente de trabalho por parte da autoridade pública competente concorreu para o desfecho fatal (OEA, 2020, 78).

Em 2001 foi apresentada denúncia[1] à Comissão Interamericana de Direitos Humanos que, em 2008, concluiu ser o Brasil responsável "pela violação dos direitos à vida e à integridade pessoal, em relação ao dever de especial proteção da infância, do direito ao trabalho, à igualdade e não discriminação, às garantias judiciais e à proteção judicial, estabelecidos nos artigos 4.1, 5.1, 19, 24, 26, 8.1 e 25.1 da Convenção Americana" (OEA, 2018, 175). Conforme se extrai do Relatório de Admissibilidade e Mérito nº 25/18, a Comissão Interamericana recomendou ao Brasil a adoção de uma série de providências, dentre elas a reparação integral dos direitos humanos, com pagamento de indenização, a disponibilização de atendimento à saúde física e mental das vítimas sobreviventes e dos familiares diretos das vítimas e a realização de investigação em prazo razoável a fim

[1] Os autores da denúncia foram o Centro de Justiça Global, o Movimento 11 de Dezembro, a Comissão de Direitos Humanos da Ordem dos Advogados do Brasil – Subseção de Salvador, o Fórum de Direitos Humanos de Santo Antônio de Jesus-BA e, ainda, Ailton José dos Santos, Yulo Oiticica e Nelson Portela Pellegrino.

de identificar responsabilidades e impor sanções (OEA, 2018, 176). Entretanto, como não houve manifestação do país acerca das recomendações, o caso foi submetido à Corte Interamericana de Direitos Humanos.

Finalmente, em julho de 2020, a CtIDH reconheceu a responsabilidade do Estado brasileiro por violações a direitos humanos no caso da Fábrica de Fogos de Santo Antônio de Jesus (OEA, 2020, 133-139). A Corte declarou que foi violado o direito à vida e o direito à integridade pessoal das vítimas do acidente, e que o Estado não cumpriu o seu dever de fiscalizar as condições de segurança em que eram realizadas as atividades empresariais sabidamente perigosas. Além disso, a Corte reconheceu que foram desrespeitados pelo Estado o direito de igual proteção da lei, o direito à proibição de discriminação, o direito a condições adequadas de trabalho e a proibição de trabalho infantil.

A decisão ressalta que o Brasil não adotou nenhuma providência que possibilitasse a reversão da situação de vulnerabilidade social, pobreza, marginalização e discriminação enfrentadas pelas vítimas do acidente, as quais viviam em lugares com problemas estruturais – o que incluía ausência de saneamento básico –, e que não tinham acesso à educação formal. Disso decorre que havia um ciclo de baixa renda e de baixo nível de educação que se alimentava e que conduzia à precarização do trabalho, em uma região na qual não há grande oferta de empregos (Tomasoni, 2015, p. 42-45). Observe-se que não passou despercebido pela CtIDH que, em 2018, foram estabelecidas as Diretrizes sobre Empresas e Direitos Humanos no Brasil, razão pela qual a Corte estabeleceu um prazo para que o Estado brasileiro relate quais foram as medidas tomadas para a concretização de tais Diretrizes.

A CtIDH também verificou que o setor de fogos de artifício se utiliza predominantemente de mão de obra de mulheres que não concluíram o ensino fundamental, que começam a trabalhar na indústria entre os 10 e os 13 anos, e que aprendem o ofício com familiares e vizinhos, sem receber nenhum tipo de capacitação formal. Essas meninas e mulheres, em sua maioria negras ou pardas, com baixa qualificação profissional, estão inseridas em um contexto de pobreza e vulnerabilidade social (Barbosa Júnior, 2008, p. 16). E não é apenas a necessidade de colaborar com a subsistência da família que leva crianças a trabalhar nas fábricas desde tenra idade, mas também a ausência de uma rede de apoio às mães, o que as compele a levar os filhos para o local de trabalho.

A Comissão Interamericana de Direitos Humanos reiteradamente alerta para o fato de que "as mulheres são afetadas em maior medida pela pobreza e se encontram em particular desvantagem no exercício tanto de seus direitos civis e políticos como econômicos, sociais e culturais" (OEA, 2017, 304). Quando nascem em áreas assoladas pela pobreza, as oportunidades para que as mulheres obtenham um trabalho decente são bastante diminutas (Danish Institute, 2018, p. 14), e o trabalho que se inicia na infância é mais um sintoma do crônico ciclo de pobreza, marginalização e estigma social por elas enfrentado desde a meninice (Barbosa Júnior. 2008, p. 49-50). Aliás, aquelas que se encontram em condições de extrema pobreza sofrem violações múltiplas e interconexas de direitos, que lhes negam dignidade e igualdade e impossibilitam até mesmo a luta por seus direitos (ONU, 2012).

A extensa lista de impactos sentidos pelas mulheres e meninas no caso da explosão ocorrida em Santo Antônio de Jesus, revela o quanto o gênero, a classe social e a cor da pele são fatores determinantes para que a pessoa se torne vítima da ausência do Estado e da irresponsabilidade das empresas. A própria decisão, em seus fundamentos, reconhece que a situação econômica e social vivida por mulheres e meninas no município alcança a discriminação interseccional. Em seu voto concordante, o juiz Ricardo Pérez Manrique afirma que a interseccionalidade é a "confluência numa mesma pessoa ou grupo de pessoas, como vítimas de discriminação, da violação de diferentes tipos de direitos" (CtIDH, 2020, 22). E essa multiplicidade causa um efeito devastador na dignidade humana das mulheres e meninas, provocando violação de direitos mais intensa e diversa da que ocorre quando há somente um direito sendo violado, exigindo um esforço a mais do Estado para garantir a proteção dessas pessoas.

Uma vez evidenciado que as mulheres que pereceram na explosão em Santo Antônio de Jesus eram pobres, em sua maioria negras ou pardas e pouco instruídas, e que tais condições as impeliram a se sujeitarem ao trabalho em condições degradantes, cumpre indagar de que forma o Estado brasileiro irá implementar as Diretrizes sobre Empresas e Direitos Humanos a fim de evitar que tais formas de violações aos direitos humanos se perpetuem.

3. Implantação das Diretrizes Nacionais em uma perspectiva interseccional

A tragédia ocorrida com as trabalhadoras da fábrica de fogos evidenciou que as mulheres são afetadas de modo diferente pelas atividades empresariais, seja em razão do gênero, da cor de pele, do nível de educação, do acesso a recursos econômicos, do estado civil, do local de residência. Disso decorre que o Estado deve atuar para evitar violações de direitos humanos por parte das empresas e de forma a confrontar o "sistema de relações sociais, simbólicas e psíquicas no qual homens e mulheres estão diferentemente alocados" (HARAWAY, 2004, p. 35). Como ressalta FLÁVIA PIOVESAN, a existência de características que levam à diferenciação de tratamento permite concluir que alguns sujeitos de direitos, bem como algumas violações de direitos humanos, demandam o emprego de soluções específicas e particularizadas (2012, p. 73).

É certo que a doutrina admite que as violações de direitos humanos ocorridas em consequência das atividades empresariais atingem com mais frequência algumas parcelas da população, dentre elas mulheres, pessoas de pele negra e crianças, e, portanto, o debate referente aos direitos humanos e empresas deve considerar tais singularidades (LOPES e TRENTIN, 2018, p. 11-12), todavia sempre de uma forma relacional. Nesse mesmo sentido, a decisão da Corte Interamericana antes examinada reflete a necessidade de que as Diretrizes brasileiras sejam implementadas com uma perspectiva interseccional. E essa demanda responde ao reconhecimento de que os Planos Nacionais de Ação e as políticas e códigos de conduta de empresas não dão atenção suficiente à interseccionalidade. As condutas que buscam enfrentar a questão são reduzidas a um exercício de *tick-box* e não indicam uma séria reflexão sobre o tema (ONU, 2019). Para tanto, é necessário identificar, no contexto em que elas serão implementadas, se existem situações decorrentes de gênero, grupo racial e classe social que afetem o modo como as pessoas estão inseridas na sociedade e no meio ambiente laboral. Ademais, é importante verificar se não existem outras interações relacionadas àquelas categorias de análise, como idade, sexualidade, etnia ou nacionalidade. Entretanto, conforme explicita PATRICIA HILL COLLINS, ao tratar do problema da violência contra mulheres, as soluções não devem ser buscadas com a utilização de lentes monocategóricas, como, por exemplo, lentes de gênero ou lentes raciais, mas sim com o uso de uma lente interseccional (2022, p. 56-57).

Importa para o objetivo deste trabalho destacar que as premissas de que "raça, classe e gênero como sistemas de poder são interdependentes", e que "a intersecção das relações de poder produz desigualdades sociais complexas", além de moldar "experiências individuais e coletivas" são apontadas por Hill Collins como orientadoras dos projetos interseccionais (2022, 74) e também podem guiar as ações de Estados e empresas quando se trata da proteção específica de direitos humanos das mulheres. A investigação interseccional, apresentada por Kimberlé Crenshaw (1989) como uma metáfora para melhor compreensão dos sistemas de opressão que se sobrepõem, expandiu-se e, segundo Hill Collins, também passou a ser utilizada para definir "estratégias de ação sobre como avançar na resolução de problemas sociais" (2022, p. 55) e para "repensar os importantes construtos sociais de identidade e subjetividade" (2022, p. 58), situações em que assume um caráter heurístico. Além disso, Hill Collins admite que os estudos e a prática da interseccionalidade catalisaram "mudanças de paradigma em muitos campos de estudo" (2022, p. 65), o que inclui "mudanças de paradigma no pensamento sobre como as relações de poder mutuamente construídas determinam os fenômenos sociais" (2022, p. 67).

Com efeito, assegurar o exercício e gozo dos direitos humanos pelas meninas e mulheres é um dever do Estado brasileiro. A Convenção Interamericana para Prevenir, Punir e Erradicar a Violência contra a Mulher, conhecida como a Convenção de Belém do Pará (1994), estabelece em seu artigo 4º que "toda mulher tem direito ao reconhecimento, desfrute, exercício e proteção de todos os direitos humanos e liberdades consagrados em todos os instrumentos regionais e internacionais relativos aos direitos humanos", e passou a integrar o conjunto normativo brasileiro em 1996 (Decreto nº 1.973/1996). Seguindo a mesma lógica, a Convenção sobre a Eliminação de Todas as Formas de Discriminação contra a Mulher, promulgada pelo Brasil por meio do Decreto nº 4.377/2002, preceitua em seu artigo 3º a necessidade de os Estados Partes tomarem as medidas apropriadas "para assegurar o pleno desenvolvimento e progresso da mulher, com o objetivo de garantir-lhe o exercício e gozo dos direitos humanos e liberdades fundamentais em igualdade de condições com o homem".

Tais compromissos assumidos pelo Estado brasileiro evidenciam que a formulação e a execução de ações relacionadas às Diretrizes devem considerar as diversas interações entre gênero, raça e classe social. O GT-EDH sugere uma estrutura de gênero para os POs que se resume a três passos relevantes para a obrigação estatal de proteger direitos, para a responsabilidade corporativa de respeitar direitos e para a necessidade de que sejam previstos mecanismos de reparação adequados. Primeiro, é preciso fazer uma avaliação da situação dos direitos humanos, levando-se em consideração os impactos diferenciados, interseccionais e desproporcionais sobre os direitos das mulheres. Segundo, é necessário adotar medidas que transformem o *status quo* no que afeta as mulheres em suas diferentes características. Por fim, é substancial estabelecer instrumentos de reparação que também levem em consideração as diferentes especificidades das mulheres.

Posto que a CtIDH determinou que o Brasil indique quais foram as medidas tomadas para garantir o respeito à promoção e ao apoio a medidas de inclusão e não discriminação, entende-se possível inserir essas exigências na estrutura apresentada pelo GT-EDH. O texto das Diretrizes indica que o Estado deve criar programas de incentivo à contratação de mulheres (art. 3º, III). Como o problema exposto pela situação levada à CtIDH não é, exatamente, de ausência de contratação, é preciso interpretar a exigência da Corte. À evidência, as Diretrizes se referem à contratação efetuada de acordo com as regras protetivas ao trabalho existentes no país, entretanto, é preciso ir além. Na medida em que a decisão em comento escancara a discriminação interseccional vivida por essas mulheres e meninas, é a isso que a Corte se refere quando exige conduta adequada do país. E quais são, na prática, as condutas esperadas? O país deve implementar políticas públicas que não só incentivem a contratação de mulheres negras e pobres – respeitadas as normas vigentes –, mas também que permitam a essas mulheres fazer escolhas que lhes pareçam mais adequadas no que diz respeito às atividades profissionais que desejam executar, o que passa por ações direcionadas à conscientização a respeito de direitos e incremento na educação. Há um comando claro dirigido ao Estado brasileiro a partir da condenação na CtIDH e o Estado não pode se esquivar de suas obrigações. Esta exigência se enquadra na necessidade de efetuar avaliação de gênero responsiva, capaz de reagir a impactos adversos diferenciados, intersetoriais e desproporcionais sobre os direitos humanos das mulheres, bem como a normas discriminatórias e estruturas de poder patriarcais (ONU, 2019).

Por fim, mas não menos importante, o país deverá demonstrar que cumpre com o disposto no artigo 5º, inciso III, segundo o qual cabe às empresas a promoção e apoio às medidas de inclusão e de não discriminação. Trata-se de verdadeira medida transformadora com base no gênero (ONU, 2019), capaz de ocasionar mudanças na estrutura patriarcal que sustenta a discriminação e a violência baseada no gênero. Perceba-se que, neste ponto, as Diretrizes não se dirigem ao Estado, mas às empresas. Uma é a regra reflexa da outra, cada uma destinada a um ator. O leitor desatento pode indagar como poderia o Estado estar obrigado a demonstrar o cumprimento de uma obrigação que não está a ele dirigida e cujo cumprimento é voluntário. Ocorre que a responsabilidade do Estado tem sua origem em obrigação de direito internacional de proteção aos direitos humanos, que foi realçada nos Princípios Orientadores da ONU, e que exige sua atuação positiva. Especialmente pelo fato de ter escolhido atribuir às empresas condutas voluntárias, sem previsão de sanções para o caso de descumprimento, cabe ao Estado, no mínimo, exercer seu papel de estimular tais condutas, eis que chamou para si a responsabilidade de praticar ações que incentivem as empresas a adotarem condutas condizentes com a proteção e fruição dos direitos humanos das pessoas que com elas se relacionem, direta ou indiretamente.

Considerações

A investigação sobre o modo como a teoria da interseccionalidade pode contribuir para que o Estado brasileiro cumpra com o seu dever de implementar mecanismos eficazes para evitar a violação de direitos humanos das mulheres por parte das empresas, norteou as reflexões apresentadas neste artigo.

Em primeiro lugar foi estabelecida uma relação entre os Princípios Orientadores sobre Empresas e Direitos Humanos, adotados pela ONU em 2011, e as Diretrizes Nacionais sobre Empresas e Direitos Humanos, introduzidas no Brasil pelo Decreto nº 9.571/2018, tendo sido detectado que as Diretrizes brasileiras padecem de legitimidade, pois a sociedade civil não foi consultada para sua elaboração. Além disso, tratou-se do problema da voluntariedade de cumprimento das Diretrizes pelas empresas e suas possíveis consequências.

A seguir, no intuito de aprofundar a análise sobre a necessidade de o Estado brasileiro atuar para prevenir e punir ações de empresas que desrespeitam os direitos humanos, e, de modo particular, os direitos de mulheres trabalhadoras, passou-se a apresentar o caso referente à explosão da fábrica de fogos de Santo Antônio de Jesus, apreciado pela Corte Interamericana de Direitos Humanos em 2020. Em sua decisão, a Corte reconheceu a responsabilidade do Estado brasileiro em razão do descumprimento do seu dever de fiscalizar as atividades perigosas desenvolvidas pela indústria pirotécnica, o que concorreu para a tragédia de levou à morte de 59 mulheres e de 1 homem. Foram expostos e contextualizados os fundamentos do julgamento que evidenciou a grave violação dos direitos humanos de mulheres que trabalhavam desde a infância na indústria pirotécnica, em sua maioria negra ou parda, sem acesso à educação básica e vivendo em condições de extrema pobreza.

Por fim, foram articulados conceitos e princípios da teoria da interseccionalidade, não apenas para possibilitar uma reflexão sobre os diversos marcadores sociais que afetam as mulheres, mas também para demonstrar a necessidade de que as Diretrizes brasileiras sejam implementadas com uma perspectiva interseccional, de maneira que seja possível interromper o ciclo de desrespeito aos direitos humanos decorrentes das atividades empresariais.

As Diretrizes Nacionais sobre Empresas e Direitos Humanos prescrevem o dever de o Estado garantir que os direitos humanos sejam respeitados em atividades empresariais, mas também estabelecem a responsabilidade das empresas. E tanto os instrumentos internacionais de proteção às mulheres ratificados pelo Brasil, quanto a doutrina, evidenciam que alguns sujeitos de direitos são particularmente vulneráveis quando se trata de direitos humanos. Tais argumentos sustentam a hipótese de que a implantação das Diretrizes Nacionais brasileiras deve ser guiada pela premissa de que gênero, classe e raça são interdependentes e de que suas intersecções geram desigualdades ainda mais acentuadas, conforme preconiza a teoria da interseccionalidade.

Referências

BARBOSA JÚNIOR, José Amândio. **A produção de fogos de artifício no município de Santo Antônio de Jesus/BA**: uma análise de sua contribuição para o desenvolvimento local. Santo Antônio de Jesus: UNEB, 2008, 134 f. Dissertação (Mestrado em Cultura, Memória e Desenvolvimento Regional). Orientadora:

Rocio Castro Kustner. Departamento de Ciências Humanas, Universidade do Estado da Bahia, Santo Antônio de Jesus, 2008. Disponível em: http://livros01.livrosgratis.com.br/cp083827.pdf. Acesso em: 11 jul. 2022.

BRASIL. **Decreto nº 1.973, de 1º de agosto de 1996**. Promulga a Convenção Interamericana para Prevenir, Punir e Erradicar a Violência contra a Mulher, concluída em Belém do Pará, em 9 de junho de 1994. Disponível em: http://www.planalto.gov.br/ccivil_03/decreto/1996/d1973.htm. Acesso em: 10 jul. 2022.

BRASIL. **Decreto nº 4.377, de 13 de setembro de 2002**. Promulga a Convenção sobre a Eliminação de Todas as Formas de Discriminação contra a Mulher, de 1979, e revoga o Decreto nº 89.460, de 20 de março de 1984. Disponível em: http://www.planalto.gov.br/ccivil_03/decreto/2002/d4377.htm. Acesso em: 10 jul. 2022.

BRASIL. **Decreto nº 9.571, de 21 de novembro de 2018**. Estabelece as Diretrizes Nacionais sobre Empresas e Direitos Humanos. Disponível em: http://www.planalto.gov.br/ccivil_03/_ato2015-2018/2018/decreto/D9571.htm. Acesso em: 10 jul. 2022.

CAMARGOS, Ana Amélia Mascarenhas; COLLESI, Paula Castro. Empresas e direitos humanos: considerações sobre a agenda da ONU e o Decreto nº 9.571/2018, que estabeleceu as Diretrizes Nacionais Sobre Empresas e Direitos Humanos. **Revista do Advogado**, São Paulo, n. 143, pp. 132-142, ago. 2019. Disponível em: http://ovidiocollesi.adv.br/wp-content/uploads/2019/09/Artigo-Empresas-e-direitos-humanos.pdf. Acesso em: 9 jul. 2021.

CRENSHAW, Kimberlé. Demarginalizing the intersection of Race and Sex: A Black Feminist Critique of Antidiscrimination Doctrine, Feminist Theory and Antiracist Politics. **University of Chicago Legal Forum**, Vol. 1989: Iss. 1, Article 8. Disponível em: http://chicagounbound.uchicago.edu/uclf/vol1989/iss1/8. Accesso em: 11 jul. 2022.

COLLINS, Patricia Hill. **Bem mais que ideias**: a interseccionalidade como teoria social crítica. Tradução: Bruna Barros e Jess Oliveira. São Paulo: Boitempo, 2022.

HATAWAY, Donna. «Gênero» para um dicionário marxista: a política sexual de uma palavra. Tradução: Mariza Corrêa; Revisão: Iara Beleli. In: **Cadernos Pagu**, 22, 2004, p. 201-246. Disponível em: https://www.scielo.br/j/cpa/a/cVkRgkCBftnpY7qgHmzYCgd/?format=pdf&lang=pt. Acesso em: 10 jul. 2022.

HOBEIKA, Monica Defilippi. As recentes ações do Brasil sobre direitos humanos e empresas se afastam das diretrizes internacionais eficazes sobre o assunto. In: **Derechos humanos desde la interdisciplinariedad en ciencias sociales y humanidades**. DÍAZ, Ramón Luis Soriano (Ed.); et. al. Dykinson: Madrid, 2020, pp. 81-92. Disponível em: https://bit.ly/3wDI0PS. Acesso em: 9 jul. 2022.

LOPES, Raphaela; TRENTIN, Melisanda. Elementos para uma política brasileira de direitos humanos e empresas: o acúmulo do GT Corporações. In: **Para uma política nacional de direitos humanos e empresas no Brasil**: Prevenção, Responsabilização e Reparação. Friedrich Ebert Stiftung (FES) Brasil, São Paulo, 2018, pp. 4-17. Disponível em: https://bit.ly/3c215TI. Acesso em: 7 jul. 2022.

MATOS, Marina Muniz Pinto de Carvalho. Pobreza e discriminação estrutural no caso dos empregados da fábrica de fogos de Santo Antônio de Jesus e seus familiares: uma análise à luz do sistema interamericano de direitos humanos. **Polifonia: Revista Internacional da Academia Paulista de Direito**, n. 5, pp. 317-335, maio 2020. Disponível em: https://apd.org.br/wp-content/uploads/2020/07/TEXTO-12-.pdf. Acesso em: 7 jul. 2022.

OLSEN, Ana Carolina L.: PAMPLONA, Danielle Anne. Violações a direitos humanos por empresas transnacionais na América Latina: perspectivas de responsabilização. **Revista de Direitos Humanos e Democracia**, v.7, p. 129-151, 2019.

ORGANIZAÇÃO DAS NAÇÕES UNIDAS. **Conselho de Direitos Humanos**. Princípios Orientadores para Empresas e Direitos Humanos. Disponível em: https://www.ohchr.org/documents/publications/guidingprinciplesbusinesshr_en.pdf. Acesso em: 7 jul. 2022.

ORGANIZAÇÃO DAS NAÇÕES UNIDAS. **Conselho de Direitos Humanos**. Princípios Orientadores sobre Extrema Pobreza e Direitos Humanos, de 18 de julho de 2012. Disponível em: https://www.ohchr.org/Documents/Issues/EPoverty/GuidingPrinciplesinPortuguese.pdf. Acesso em: 11 jul. 2022.

ORGANIZAÇÃO DAS NAÇÕES UNIDAS. **Convenção sobre a Eliminação de Todas as Formas de Discriminação contra a Mulher**. 3 de setembro de 1981. Disponível em: https://www.onumulheres.org.br/wp-content/uploads/2013/03/convencao_cedaw1.pdf. Acesso em: 10 jul. 2022.

ORGANIZAÇÃO DAS NAÇÕES UNIDAS. **Gender dimensions of the Guiding Principles on Business and Human Rights**. Assembleia Geral, A/HRC/41/43, 2019. Disponível em: https://www.ohchr.org/sites/default/files/Documents/Issues/Business/Gender_Booklet_Final.pdf. Acesso em: 10 jul. 2022.

ORGANIZAÇÃO DAS NAÇÕES UNIDAS. **Human rights and transnational corporations and Other business enterprises**. Assembleia Geral, A/72/162, 2017. Disponível em: https://digitallibrary.un.org/record/1298796. Acesso em: 10 jul. 2022.

ORGANIZAÇÃO DAS NAÇÕES UNIDAS. **Orientación para los Planes de Acción Nacionales sobre las Empresas y los Derechos Humanos**. Grupo de Trabajo de la ONU sobre las Empresas y los Derechos Humanos. Genebra, 2016. Disponível em: https://globalnaps.org/wp-content/uploads/2018/06/gruop-de-tranajo-de-la-onu-empresa-y-ddhh-orientacin-sobre-los-pans-sobre-las-empresas-y-los-ddhh.pdf. Acesso em: 10 jul. 2022.

ORGANIZAÇÃO DOS ESTADOS AMERICANOS. **Comissão Interamericana de Direitos Humanos**. Relatório de Admissibilidade e Mérito nº 25/18. Caso 12.428. Informe de Admissibilidade e Mérito de 02 de março de 2018. EMPREGADOS DA FÁBRICA DE FOGOS DE SANTO ANTÔNIO DE JESUS E SEUS FAMIliares – Brasil. Disponível em: https://www.oas.org/es/cidh/decisiones/corte/2018/12428FondoPt.pdf. Acesso em: 7 jul. 2022.

Organização dos Estados Americanos. **Convenção Interamericana para Prevenir, Punir e Erradicar a Violência contra a Mulher**, de 9 de junho de 1994. Disponível em: http://www.cidh.org/basicos/portugues/m.belem.do.para.htm. Acesso em: 10 jul. 2022.

Organização dos Estados Americanos. **Corte Interamericana de Direitos Humanos**. Caso Empregados da fábrica de fogos de Santo Antônio de Jesus e seus familiares *vs*. Brasil. Sentença de 15 de julho de 2020. Disponível em: https://www.corteidh.or.cr/docs/casos/articulos/seriec_407_por.pdf. Acesso em: 7 jul. 2022.

Organização dos Estados Americanos. **Corte Interamericana de Direitos Humanos**. Caso Empregados da fábrica de fogos de Santo Antônio de Jesus e seus familiares vs. Brasil. Sentença de 15 de julho de 2020. Voto concordante proferido pelo juiz Ricardo Pérez Manrique. Disponível em: https://www.corteidh.or.cr/docs/casos/articulos/seriec_407_por.pdf. Acesso em: 8 jul. 2022.

Organización de los Estados Americanos. **Comisión Interamericana de Derechos Humanos**. Informe sobre pobreza y derechos humanos en las Américas, de 7 de septiembre de 2017. Disponível em: https://www.oas.org/es/cidh/informes/pdfs/PobrezaDDHH2017.pdf. Acesso em: 8 jul. 2022.

Pamplona, Danielle Anne; Silva, Ana Rachel Freitas da. Os Princípios Orientadores das Nações Unidas sobre Empresas e Direitos Humanos: houve avanços? In: Benacchio, Marcelo (Coord.). **A sustentabilidade da relação entre empresas transnacionais e Direitos Humanos**. Curitiba: CRV, 2016, pp. 147-168.

Piovesan, Flávia. A proteção internacional dos direitos humanos das mulheres. **Revista EMERJ**, Rio de Janeiro, v. 15, n. 57, pp. 70-89, jan.-mar. 2012. Disponível em: https://bit.ly/3hUIvRd. Acesso em: 10 jul. 2022.

The Danish Institute for Human Rights. **Women in Business and Human Rights**. A mapping of topics for state attention in United Nations Guiding Principles on Business and Human Rights implementation processes, 2018. Disponível em: https://www.humanrights.dk/publications/women-business-human-rights. Acesso em: 11 jul. 2022.

Tomasoni, Sônia Marise Rodrigues Pereira. **Dinâmica socioespacial da produção de fogos de artifício em Santo Antonio de Jesus-BA**: território fogueteiro. São Cristóvão: UFS, 2015, 167 f. Tese (Doutorado em Geografia). Orientadora: Vera Lúcia Alves França. Núcleo de Pós-Graduação em Geografia, Universidade Federal de Sergipe, São Cristóvão, 2015. Disponível em: https://bit.ly/3yMqB9u. Acesso em: 7 jul. 2022.